JINXIANGRONG
WENJI

金祥荣 著

金祥荣 文集

ZHEJIANG UNIVERSITY PRESS
浙江大学出版社

图书在版编目（CIP）数据

金祥荣文集 / 金祥荣著. —杭州：浙江大学出版
社，2016.9
ISBN 978-7-308-16101-5

Ⅰ.①金… Ⅱ.①金… Ⅲ.①经济－文集 Ⅳ.
①F-53

中国版本图书馆 CIP 数据核字（2016）第 181887 号

金祥荣文集

金祥荣　著

策划编辑	陈丽霞	
责任编辑	杨利军	
文字编辑	沈巧华	
责任校对	丁沛岚	
封面设计	湖南闯江文化传媒有限公司	
出版发行	浙江大学出版社	
	（杭州市天目山路 148 号　邮政编码 310007）	
	（网址：http://www.zjupress.com）	
排　　版	杭州中大图文设计有限公司	
印　　刷	浙江海虹彩色印务有限公司	
开　　本	710mm×1000mm　1/16	
印　　张	28.75	
字　　数	371 千	
版 印 次	2016 年 9 月第 1 版　2016 年 9 月第 1 次印刷	
书　　号	ISBN 978-7-308-16101-5	
定　　价	68.00 元	

自 序

今年是我在浙江大学从教 30 周年，也正恰年近 60，以此鼓励自己整理出版这本文集。文集收录了我或与业师、同事和门下攻读博士学位弟子们合著的主要中文论文，这本文集基本展现了我 30 多年来人生和学术追求的足迹。

我出生于江苏无锡一个当时政治上不能入党、参军的农村家庭，1975年高中毕业后，进了当地的公社机关工作；恢复高考头两年没有什么动力参加高考，直到受公社领导的打压，才毅然辞职，于 1979 年考入兰州大学经济系政治经济学专业，开启了我的人生征程。在我人生学业路上，有三个人生坐标很重要，值得回味，想起来都与"9"有关系，那就是"1979"、"1989"和"1999"。与我的同辈们一样，在改革开放之初，考上大学是震动当地远近的大事，自然也是人生的最大拐点。考入兰州大学经济系后，我倍加珍惜机会，是当时在班上出名的"认真"读书的学生，四年认真修读了《资本论》为主的马克思主义经济学，基本领会并掌握了如何通过"引经据典"的逻辑来解释世界。当时，凭着一定要回南方的意志，于 1983 年又考入原杭州大学经济系，师从蒋自强教授攻读外国经济思想史硕士学位。正是由于导师和专业的业缘，我有机会接触西方经济学，开始感悟到主流经济学对真实世界的解释力，受"报酬递增"的理性驱使，我走上了开始学术转型的路途。1990年,在没有参加排队和外语考试的情形下,学校安排我出国访学。在德国基尔大学经济系学习的一年,是我学业路上的又一重要转折点,真的看到了他们的"月亮"比我们的圆!他们的"草"比我们的长得好!眼见为实,这是对我难以言语的心灵和认知的冲击。作为职业学者,当然会进行深层思考。在基尔大学,我较系统地研读了一大批有关经济学著作文献,令我沮丧地发现主流经济学积累形成了十分完美且逻辑性很强的理论体系,中国式学者动不动就要创建新体系的想法简直是痴人说梦,即使是边际创新也是很难。1999年是浙江大学原四校真正开始融合的年头,也是我从业路上的另一个重要环节,在中国这样一个行政化主导的体制背景下,可拥有触角和伸张能力更强的教学科研平台;后不久,我与史晋川教授合作创建了浙江大学民营经济研究中心,开始依托浙江这块中国经济转型故事多的"学术沃土",从事大规模的社会调查,尝试转向"真实世界经济学"的研究范式;寻找中国经济问题的"真相"。我的人生和走向学术追求的这种"变迁",也基本上是中国"文化大革命"前出生的一代经济学者学术转型的一个缩影,这种转型的部分性质是身不由己的,部分是靠个人的悟性和内省自发展开的;这种转型是有阻力的,从批判为主到边批边用,再到只用不批,从官方到身边是有实实在在阻力的;这印证了一个道理:路是靠人(很多人)走出来的。

如果有人生格言的话,我给自己的为人概括为三个守:守信、守心、守业。做一个诚实的人一直是我做人的准则;守住善良的心是做人的基本底线,我相信好人驱逐坏人是人类社会演化的不变定律;手中无招,心中一定要有招,用一生去守住和追求心中的那"一招"一定是值得的,其乐融融。

金祥荣

于杭州浙江大学经济学院

2016 年 6 月

目　录

第二部分 开放型经济

第三部分 中国改革问题

第四部分 马克思主义问题

第一部分

区域与产业经济

对专业市场的一种交易费用经济学解释[*]

根据科斯交易费用的经典理论,通过企业组织对市场组织的替代,使原料阶段到顾客(消费者)阶段的流通渠道伸向企业内部,形成内部组织化,由此可以减少交易上的种种浪费和不确定性,以降低交易费用。科斯理论的经典意义在于包含内部组织化在内的企业组织,比起互不协调的、相互竞争的独立经济主体之间的市场交易,具有更明显的效益。

因此,从科斯的立场看,产品销售并不是关于市场中的独立主体之间的交换过程问题。而是把其交换过程内部组织化,并转换为一个更有效的内部交易过程的企业一般活动体系的问题。这里销售管理的制度前提是企业组织的存在。目的是通过形成外延组织,节省交易费用。这种外延组织既包括选择形成流通渠道这种企业狭义的外延组织,也包括到消费阶段为止的广义的外延组织,即扩大企业的知名度、开发各种新产品,对固定客户提供服务等。但是,专业市场(典型是第一代专业市场或农村专业市场)降低交易费用的途径却是把上述交换过程或两类(两层)外延组织外部化,

---

  * 本文原发表于《经济研究》1997 年第 4 期,是本书作者与柯荣住合作所著。

而不是内部化;不是通过内部化过程来实现企业对市场的替代,而是通过外部化过程来实现"前店后厂"式的市场对企业的"倒替代",形成一个可供共同享用的销售网络。因此进入专业市场的企业大多不通过或不靠自己的商标、品牌、厂牌来扩大企业知名度进而拓展市场;而是依靠专业市场的知名度,通过专业市场搜索、集中和反馈各种信息,这不仅能增加交易量,而且可以大大节省单位交易量的市场交易费用。

那么,究竟是什么决定企业采取这种降低交易费用途径的呢?我们将先建立一个市场交易方式演变的抽象模型,然后以此为基础,探讨现实中市场交易方式和组织选择的决定因素。

一、交易方式或交易组织演变的一般理论

只有当一种交易方式和市场组织能给交易各方带来交易费用的节约时,它才有可能被创新。在这里,我们要先舍象掉产品的技术特征,只对买卖双方的构成和交易方式的演变进行抽象分析。

假定存在 n 个卖方和 m 个买方,它们进行一种 n 对 m 的交易。我们假定发生交易所要搜索的关系次数就是交易成本高低的指标,那么在 n 对 m 的交易中,互相搜索信息所要发生的关系次数为 $k(n,m)=n\cdot m$,这便是 n 对 m 个人的交易在没有市场组织下的交易费用的度量。这种交易的成本极高,属于一种最原始的交易方式。如果各交易方为了节约交易费用发展了一个有形的古典式市场,例如一个集市,那么交易费用便可大大降低, n 个卖方和 m 个买方不必直接地搜索对方的信息。通过市场,买卖双方可以集中地获取对方的信息,只需搜索市场上的信息便可,这里发生的关系次数便降为 $k(n,m)=m+n$。

从 n 对 m 个人的直接交易发展到以市场为中介的交易,是一场伟大的变革过程,这无疑大大地降低了交易成本,集市这种市场组织正是在这

种背景下产生的。但是这种交易组织的交易费用并非是最低的，这就发展成一种通过订货或长期契约来建立一种长期稳定的供货关系的交易（假定 $n>m$）。

n 个卖方中有 m 个卖方和 m 个买方订立了长期的供货关系，它们无须通过市场搜索其他主顾的信息。剩下 $n-m$ 个卖方，如果剩余的 $n-m$ 个人只对 m 个买方中的唯一一个发生交易，则有 $k(n,m)=n$，如果是和 m 个买方中任何一个都发生交易，则 $k(n,m)=m(n-m+1)$。这第三种交易方式关系数目介于 n 和 $m(n-m+1)$ 之间。第三种交易方式还可以有所发展，而形成第四种情形。这里出现了一个规模较小的调剂产品余缺的市场，因为已经有 m 个卖方和它的大宗买方订立合约，剩下的 $n-m$ 个卖方，可以通过一个小规模的市场和 m 个买主发生交易。在这种情况下，关系数目 $k(n,m)=n+m$。这与第二种的交易方式的交易费用相同，但和第二种相比其市场规模已大大缩小。

如果我们选择一个度量市场交易相对于 n 对 m 的直接交易的相对效率的量度 $F(n,m)=\dfrac{n\cdot m}{n+m}$，我们可以得到以下结论：

（1）当 $n=1$ 或 $m=1$，即存在买方或卖方独家垄断的情况下，$F(n,m)<1$，这时，古典式市场组织的存在将失去意义，实际上也不会出现。

（2）当 $n=2,m=2$，即买卖双方都是双寡头垄断时，$F(n,m)=1$，这时古典市场组织的存在对交易费用并无影响。

（3）在不满足上述条件的任何情况下，$F(n,m)>1$，这表示这时的古典市场组织或交易方式是有效率的，而且交易者越多市场带来的交易费用的节约也越明显（$\dfrac{\partial F}{\partial n}>0$，$\dfrac{\partial F}{\partial m}>0$），但相对效率的增加却是递减的（$\dfrac{\partial^2 F}{\partial n^2}<0$，$\dfrac{\partial^2 F}{\partial m^2}<0$）。而且对于给定的相对交易费用节约程度[$F(n,m)$固定]，$m$ 对 n 或 n 对 m 边际替代率是递减的（$\dfrac{\partial m}{\partial n}<0$），这说明了古典式市场交易方式降

低交易费用的途径来自众多交易方的"原子式"竞争,竞争越充分(即 n 越多, m 也越多),则市场的效率越能得到体现,充分的竞争是古典式市场存在的充分条件,但非必要条件。

二、现实中交易方式和交易组织选择的决定因素

现实中,商品的供求可分为两方面,一种是经典文献所分析的数量上的供求,另一种是商品多样性下关于商品种类的[①]供求,这两方面是不同的。

假定市场上一个代表性厂商的供给为

$$G^s = \{Q_1^s, Q_2^s, \cdots, Q_n^s\}$$

G^s 便是一个商品供给的集合或可称商品空间,商品的种类 n 即是空间 G^s 的维数,一般受其资产专用性程度的影响; $Q_i^s(i=1,2,\cdots,n)$ 则为空间 G^s 在各个维度上的坐标(或分量),受其规模经济性的影响。产量和产品种类生产都受其投资总量的约束,生产者的最优化选择往往是选择 n 和 $Q_i^s(i=1,2,\cdots,n)$ 的恰当组合。

同样,对于市场上的消费者(买方)他的商品需求便为

$$G^d = \{Q_1^d, Q_2^d, \cdots, Q_m^d\}$$

则他的商品量的需求 $Q_i^d(i=1,2,\cdots,m)$ 受其预算约束的影响,而同时他对产品种类的需求 m 还要受其偏好的多样性的影响。每一个理性的消费者也追求 $Q_i^d(i=1,2,\cdots,m)$ 和 m 的恰当组合,市场上的一般均衡是所有厂商的总供给的集合 $G^s = [G_1^s, G_2^s, \cdots, G_i^s]^{\mathrm{T}}$ 能由消费者(买方)的商品需求的集合 $G^d = [G_1^d, G_2^d, \cdots, G_p^d]^{\mathrm{T}}$ 和非负参数向量 $\lambda = (\lambda_1, \lambda_2, \cdots, \lambda_p)$ ($\forall i$[②] 有 $\lambda_i > 0$)线性表示,即 $G^s = \lambda \times G^d$。

---

① 这里的商品分类涉及目录级别的选择问题,选择哪一级目录应由商品间互补程度的大小来决定。

② $\forall i$ 表示"对于任意的 i,有…",下同。

但是对于个别生产者(卖方)和消费者(买方),n 和 m 及 Q_i^d 和 Q_i^s 不一定完全相等,这就可以组合成多种不同的情况,每一种情况对应的交易方式会有所不同,下面我们对此逐一分析。

(1)$n < m$,G^s 中至少有一个 i,使 $Q_i^s > Q_i^d$。这类产品供给的多样性程度比需求的多样性程度小,对于一个厂家来说,它无法也不可能生产各种各样、品种齐全的产品,但是它却可以大批量生产某一类商品(例如某一款式的西服,某一种式样的纽扣);而同时,对于一个买方(消费者、中间商)来说它的需求往往是多样的,它所想知道的产品的种类往往要超过一个厂商所能供给的产品种类,一个厂家在产品种类上的供给满足不了买方的需求($n < m$),但是它对一种商品的量上的需求却不会很大,如个人消费服装,它不可能购买某一厂家的某款式的所有服装而只能买一两件,这时,消费者在某种商品量上的需求又小于供方的供给(G^s 中至少有一个 $Q_i^s > Q_i^d$)。在这种情况下,卖方必须同时搜索多个买方的信息以便发生交易时使它的产品数量余额为零,买方也必须同时搜索多个卖方的信息以便满足它的多样性的需求。服装类商品便是典型的例子。在这里,一般说由大商场来代替专业市场也是不合算的,大商场不可能搜索到像专业市场所能达到的这么多种类产品的信息[①],它更大程度上只能充当类似于一个服装店(批发商)这样的功能。而且更进一步说,如果 n 比 m 大出越多,Q_i^d 比 Q_i^s 大出越多,这时专业市场的作用越明显。这在浙江经济事实中很容易得到证明,大量由家庭工厂分散生产的经济模式,要由大商场去搜索产品信息承担交易的成本是极为高昂的。这正是诸如义乌小商品市场、桥头纽扣市场特别发达的重要原因。

(2)$n > m$,G^d 中至少存在一个 i 使 $Q_i^s < Q_i^d$。这类产品看起来似乎有可能与第一种情形相类似,可以通过外部化的组织进行交易。但是这和第

---

① 义乌小商品市场有摊位 23000 个、面积几十万平方米、产品 10000 多种,而杭州最大的商场的柜台只有几千多平方米、商品几百种。

一种情况主要的不同是:①有些产品,由买者去搜索卖方的种类信息和由卖方去搜索买方的种类信息的难易程度(搜索成本)是不同的。同样由买方去搜索卖方的数量信息和由卖方去搜索买方的数量信息的难易程度(搜索成本)也不一样,例如服装和汽车配件两种商品,对于前者,由卖方去搜索买方的种类信息是较难的;对于后者,由卖方去搜索买方的种类信息却是较易的(因为汽车零件一般都有一定的标准)。这就会导致同样是 n 对 m 的直接交易,由于它的信息搜索的方向和性质不同,它的交易费用也不一样。这会影响专业市场的形成和规模。②和第一种情况的另一重要区别是,如果买方的种类需求很单一,也即说它的资产的专用性程度很强而量上的需求经常不能被满足时,长期的订货关系甚至垂直一体化更为可能,通过市场交易不是最节约的。当然这也受到契约的监督和实施费用的影响。

总的来说,这类产品的组织外部化的要求不会比第一种产品强烈,这是由于资产专用性程度的影响使这类产品更有可能采用垂直一体化的交易,它是符合威廉姆逊分析范式的。

(3) $\forall i$ 有 $Q_i^s > Q_i^d$,$n > m$($i=1,2,\cdots,m$);$\forall i$ 有 $Q_i^s < Q_i^d$,$n < m$($i=1,2,\cdots,n$)。对于这两类产品,完全可通过建立一种长期契约关系来进行交易。前者,如笨重的能源产品和轻小螺钉、螺帽、变压器等①,宜由多个买方向一个卖方进货,发生的关系数目 $k(n,m)=m$;后者如腈纶、棉纱、棉花等产品②,可通过多个卖方向一个买主供货的方式进行交易,发生的关系数目为 $k(n,m)=n$。它们都比建立一个专业市场的关系数目 $k(n,m)=n+m$ 少。这些产品甚至也可能不需要建立诸如那样的市场。这类产品的

---

① 现实中如标准化系列的变压器、低压电器的专业市场便是一例。温州柳市的电器市场以后有可能走这样的路子。

② 这可以在温州苍南宜山的腈纶和棉纱专业市场的发展历程中找到证实,那里的专业市场和义乌小商品市场有很大不同,那里已产生了"中间商"、"代理商"等销售方式来替代专业市场的现象,大量的棉花、棉纱交易是通过场外进行的。

专业市场的形成是由于后面所要分析的交易技术(工具)和制度因素造成的,它将随着制度的规范而萎缩,也将在较短时间内被第三种或第四种交易方式所替代。

(4) $\forall i: Q_i^s = Q_i^d, n \gtreqqless m$;或 $\forall i: Q_i^s \lesseqqgtr Q_i^d, n = m$。在这几种情况下,建立长期的合约关系都是可能而且有效的。对于这几类产品,在初期虽然可以通过有形市场如集贸市场等形式来进行交易以达到交易费用的节约,但却不是最优的,其必然会被具有更低的交易费用的交易方式所代替。

综合起来,前面各种不同类型产品的适宜的交易方式可由下表给出:

不同类型产品的适宜的交易方式

$\frac{n}{m}>1$	$\frac{n}{m}=1$	$\frac{n}{m}<1$
$\forall i: Q_i^s > Q_i^d$ 多个买方对一个卖方的长期契约	$\forall i: Q_i^s > Q_i^d$ 多个买方对一个卖方的长期契约	至少有一个 i 使 $Q_i^s > Q_i^d$ 外部化的市场交易,如专业市场等
$\forall i: Q_i^s = Q_i^d$ 多个买方对一个卖方的长期契约	$\forall i: Q_i^s = Q_i^d$ 单个买方和单个卖方的长期契约	$\forall i: Q_i^s = Q_i^d$ 多个卖方对一个买方的长期契约
至少有一个 i 使 $Q_i^s < Q_i^d$ 垂直一体化	$\forall i: Q_i^s < Q_i^d$ 多个卖方对一个买方的长期契约	$\forall i: Q_i^s < Q_i^d$ 多个卖方对一个买方的长期契约

说明:当 $n \geq m$ 时,$i = 1, 2, \cdots, m$;当 $n \leq m$ 时,$i = 1, 2, \cdots, n$。

从上表可以看到,除右上角那种情况外,其他的所有情况都不宜采用如专业市场或旅行社这种市场交易外延组织外部化交易方式,而通过建立第四种市场如商店、百货公司进行交易,更大程度上符合科斯意义上的组织内部化的交易。这是我们对什么样的产品适宜建立诸如专业市场这样的外部化组织的销售形式的详尽说明。这可以从历史和现实中得到证明。当然,这里也应考虑浙江省经济中的小批量、小规模的分散式经营对形成右上角这种市场交易制度的重要作用。它主要是影响了即使不必采用组织外部化进行销售的产品也加入采用组织外部化销售的行列,这使实际进入专业市场的产品类型的外延比由一般意义上所确定的产品类型的外延要大。这也是专业市场大量产生于以小规模企业为主的浙江省的原因。由此,也可以做这样的判断,专业市场是使浙江省的"轻、小、集、加"经济发展模式能向全国市场伸展的重要制度前提,也是这一模式具有竞争力的重要效率来源。

三、我国专业市场形成的因素分析

在我国特殊的体制背景下,主要与在城市的国合商业交易制度形成对比,专业市场还有另一种降低交易费用的因素,主要包括以下几方面:

(1)专业市场是面对国合销售渠道的"体制壁垒"而诱发的制度创新。我国拥有一系列规模庞大、体系复杂的国合销售渠道,但它主要为城市国有大中型企业所独占,主要适用于计划体制下的产品供销体制,乡镇企业、个体、私营企业很难进入。又因为最初被"拒之门外"的这些小企业,难以直接动用现代化的传播媒介、公关手段等营销方式,所以它们只能选择简单的人员购销方式来采购原材料和推销产品,形成成千上万的农民购销大军。由于缺乏规模经济效益和市场的秩序性,这种交易形式具有较高的交易成本,而专业市场把大量的卖者集中在某一固定地点,使具有信息优势的卖主的摊位固定下来;采用较为标准化的交易和企业经营形式,有利于抑制各交易主体的机会主义倾向。这既有利于卖者,也有利于买者。从这个角度讲,专业市场是成千上万农民在无法进入国合销售渠道时被"逼"出来的制度创新,它是一种迫不得已的选择。但是一旦选择,就有了"路径依赖"性。

(2)专业市场管理中"体制灰区"的存在。不可否认,专业市场交易中存在着体制灰区,这体现在税收和租金方面,专业市场的税负较低,很多地方政府为了吸引客商,采取低税等优惠条件。如采取一次性征税、包税等形式,使专业市场得到了较多税收优惠,优惠政策还体现在政府对摊位占用土地、建市场征用土地等方面的地价优惠,也使摊位房租成本下降,而房租和税收两项可占影响专业市场可比成本的因素比例高达20%以上。

（3）专业市场交易主体的行为较国合销售渠道更追求效率。专业市场,尤其摊位经营是以股份合作、个体私营经济为前提的,以追求利润最大化为唯一目标。而适用于原来的计划经济体系的国合销售渠道却并非如此。在市场经济体系下,前者的行为更接近于经济理性,而后者往往存在行为的制度扭曲,所以前者交易的效率往往是较高的。专业市场中的摊位经营者对进货的相对价格及其变化,各项成本—收益的核算具有更理性的反应。据调查,仅进货渠道就使专业市场的产品比国有商场具有10%左右的成本优势。此外,专业市场中的摊位经营机制和国合销售渠道也是不同的,前者是一种能提供激励、监督并分担风险的有效率的机制,而后者往往不能提供足够的激励和有效地分担风险,这也使得两者在经营绩效上产生较大的差别。专业市场的激烈竞争往往能使最有经营才能的人成为经营者,所以,专业市场这种交易费用的降低来源于一种效率更高的交易组织制度或市场制度对另一种市场制度（国合商业组织）的替代,这把许多城市的国有企业的和大型乡镇企业（实施科斯式交易费用效率化的大企业）的产品也吸引"下乡"入场。近年来,专业市场发展又进入一个以农村为主走向城市为主的新阶段,许多名牌企业也进入专业市场的事实更体现了这一点。但是,这种市场的替代显然不同于科斯意义上的企业对市场的替代,而是由于体制效率或"制度落差"所致。

（4）中小企业普遍存在科斯式降低交易费用途径的障碍。这表现在:①收入需求弹性低、以轻小商品为主、规模经济不显著的非国有经济（包括中小型国有企业）推行科斯式的内部化组织的市场交易,是得不偿失的;②上述类型的企业经营者管理素质和能力低下,是另一种障碍,是使组织成本急剧上升的因素;③制度歧视的制度环境,非国有经济"化私为公"、国有经济"化公为私"的制度预期,是各种所有制企业资本积累、扩大规模从而实施科斯式降低交易费用意识形态障碍。这些障碍导致了企业不愿意建立一体化的内部组织化销售网络,使得诸如专业市场这样的交易方式大有用武之地。

(5)其他宏观经济体制方面的因素。例如合同仲裁,违约监督赔偿制度及其执行效率等,也会影响企业间订立长期契约的交易费用。在这些制度不完善或保障不力的情况下,企业间很难建立互相信任的关系,而更愿意采取机会主义行为,从而使本可以通过建立长期契约关系从事交易的企业也宁愿选择专业市场这种短期交易方式。

四、结论

通过前面的分析,我们简单地归纳以下几点:

(1)专业市场作为一种市场交易方式,具有"技术上"的效率。它特别适用于一些特定类型的商品,如服装、玩具等。对这类商品一般有 Q_i^s/Q_i^d >1,n/m<1,后式比值愈小,专业市场的技术效率愈明显。但对于其他各种类型的产品,采用专业市场交易就未必是最优的。而且从动态角度看,Q_i^s/Q_i^d 和 n/m 也不是一成不变的。一般地说,Q_i^s 受生产的规模经济程度的影响,n 受资产的专用性程度的影响;Q_i^d 体现了需求量的大小,m 则受需求多样性的影响。它们的变化及相互关系的变动会对专业市场的规模和存在产生持久而重要的影响。这会使以后的专业市场发展产生分野,不能满足上述条件的商品的专业市场将萎缩。而且上述条件仅是一种必要条件而非充分条件,它还要受交易技术、交易工具和手段发展的影响。

(2)我国专业市场的兴起,是对科斯的企业替代市场这一交易费用节约经典理论的挑战。符合前文所述技术特点的小规模生产企业不该通过对企业的交易过程及其外延组织内部化,而应通过专业市场将其外延组织外部化来实现市场对企业的替代,以降低交易费用。

(3)企业规模大小或规模边界决定取决于生产成本和交易成本这两项成本的综合比较和最小化。对于那些生产上规模经济不显著,而可以通过交易的外延组织外部化即通过专业市场实现市场替代企业来大大节约交易费用的生产企业来说,实现小规模经营更好。

(4)体制转换将影响专业市场的演化。在我国特定的体制背景下,专业市场的产生和发展并非完全由上述技术性因素及一般规律所决定,而可能会产生一批不符合上述条件的专业市场,或者人为地扩大由一般规律所决定的专业市场规模。而这将随体制规范,如"制度落差"、体制"灰区"的消失而收缩。

专业化产业区的起源与演化 *

——一个历史与理论视角的考察①

在国外文献中，专业化产业区通常称为产业区（industrial districts）或产业群（industrial cluster）。意大利学者贝卡蒂尼（Becattini,1991）将产业区定义为以同业工人及其企业簇群在特定地域内大规模自然地、历史地形成为特征的地域性社会实体。巴格拉等（Bagella et al.,2000）认为产业区是存在投入产出关系、受共同的社会规范约束、相互之间充满正负两种溢出的中小企业在特定地理区域内高度集中形成的企业网络。美国经济学家克鲁格曼（Krugman,1991）考察了报酬递增对制造业地理集聚的作用机理，在这一框架中制造业支出占总支出的份额（μ）、产品之间的替代弹性（σ）和运输成本（τ）三个参数是决定制造业企业地理集聚的关键因素。克鲁格曼的报酬递增模型很好地解释了制造业部门的地理集中现象和农业部门的地理分散现象，但制造业内部的不同产业之间的地区专业化现象无法在这一框架内得到很好的说明；而这种制造业内部不同产业的地理集中比起克鲁格曼的制造业相对于农业的地理集中更有研究价值，这已引起意大利、德国等欧洲国家从事经验研究经济学家的广泛关注。因此，有必要

* 本文原发表于《经济研究》2002 年第 8 期，是本书作者与朱希伟合作所著。

① 作者感谢浙江大学经济学院汪丁丁教授对本文提出了中肯的批评与建议，文责自负。

提出一种制造业内部不同产业的地区产业专业化理论来解释同类产品生产企业在特定地理区域内高度集聚的专业化产业区现象。

一、专业化产业区兴起的历史逻辑:产业特定性要素的空间集聚

在浙江,专业化产业区十分普遍,许多产业区不仅历史十分悠久,而且规模相当巨大。据 1998 年调查,在有资料汇总的浙江 66 个县(市、区)中,专业化产业区产值超过 1 亿元的有 306 个,合计总产值 2664 亿元,平均规模达 8.7 亿元。不同于浙江的"原发型"专业化产业区,广东的专业化产业区大多依靠改革开放后外资企业进入而发展起来,属于"嵌入型"专业化产业区,如表 1 所示。

表 1　浙江、广东两省部分专业化产业区概况

专业化产业区产品名称	所在地理区域			企业数(家)	产值(量)/营业额(亿元)	统计年度	备注
	省	市县(市)、区	镇				
服装	浙江	宁波		1275	8.8(亿件)	1996	(1)
纺织印染	浙江	绍兴	柯桥	1180	307	1996	(2)
五金机械	浙江	金华	永康	6500	108.5	1997	(2)
低压电器	浙江	温州	乐清	柳市	1080	64	1996	(2)
皮革皮件	浙江	嘉兴	海宁		4000	72	1999	(3)
领带	浙江	绍兴	嵊州		1165	33.1	2000	(4)
袜子	浙江	绍兴	诸暨		8498	83.7	2000	(4)
鞋业	浙江	温州	鹿城		905	60	2000	(5)
电子信息产品	广东	东莞		2652	800	1996	(6)
灯饰	广东	中山		古镇	1400	20	2000	(7)

资料来源:(1)浙江省委政策研究室,《浙江区域特色经济研究》,第 150 页;(2)浙江省委政策研究室,《小企业集群研究》,第 59 页;(3)浙江省委政策研究室,《浙江区域特色经济研究》,第 170 页;(4)浙江省委政策研究室,《浙江非国有经济年鉴 2001》,第 133 页;(5)温州市鹿城区政协学习文史委员会,《鹿城文史资料第十三辑》,第 117 页;(6)http://www.dongguan.gov.cn/dgjj dgjj-14.htm;(7)http://www.lightcity.com.cn general city jingji.htm。

（一）专业化产业区起源的历史描述：浙江案例

（1）温州鹿城鞋类专业化产业区。据明朝嘉靖年间（1522—1566 年）《温州府志》记载，温州加工制作的"胖袄裤鞋共五百八十五副"作为贡品进奉朝廷。清朝中叶，温州郊区三溪一带农民在农闲季节用土法鞣制牛皮卖往外地。据民国二十年（1931 年）《永嘉税款征信录》载，当时温州已有"硝皮业近 30 家，皮鞋业 70 家"。抗战胜利后，温州鞋业十分兴旺，皮鞋作坊、工厂（场）达 100 家，从业人员 300 多人。[①] 但由于当时战乱不断，许多作坊、工场濒临停产。新中国成立后，温州鞋业重新复苏。1950 年，温州市区有制鞋企业 43 家，从业人员 103 人，均为个体作坊。至 1978 年，温州市区共有国营鞋厂 2 家，大集体鞋厂 8 家，街道民办鞋厂 9 家，皮鞋产量 49.68 万双。改革开放后，温州鹿城区的个体制鞋企业如雨后春笋般涌现。至 1981 年底，全区有个体制鞋企业 99 家，这些企业的发展在很大程度上依靠原来二轻系统集体鞋厂的熟练技工或退休离职人员通过师父带徒弟方式传授制鞋技术。20 世纪 80 年代中期，温州鞋业因产品质量问题遭受重创，先后有武汉等 10 多个城市禁止销售温州鞋。从 1988 年起，鹿城区政府加强了对皮鞋业的清理整顿力度，鞋类产品质量明显提高。至 1998 年，在全国十佳"中国真皮鞋王"中，温州有 3 家，鹿城占 2 家；全区已获准佩挂"真皮标志"的企业共 6 家，占全国 52 家的 11.11%。同时，鹿城鞋业出现了企业之间的高度专业化分工，如鞋底、鞋跟、鞋楦、内衬、制帮、鞋饰、鞋盒等都有专门生产加工工厂（户）生产；还出现了鞋样设计企业（设计室）五六十家以及鞋类信息、鞋类测试研究所等中介服务机构。2000 年，鹿城区有鞋类企业 905 家，生产皮鞋 4665 万双，其他鞋类共计 1422 万双，总产

---

① 温州市鹿城区政协学习文史委员会，1995：《鹿城文史资料第九辑》（内部发行），第 129 页。

值达 60 亿元。①

（2）宁波服装专业化产业区。余姚河姆渡遗址出土了陶制纺轮、石制纺轮、角棱器及木经轴等先民织造衣物的工具（吕国荣，1997：2—3）。唐至元各代地方志均记载，宁波所产的贡绫是一种主要用于夏季的衣料。宁波民间向有裁缝，以剪刀、针线、熨斗为主要工具，手工缝制长袍、马褂等中式服装，人称"本帮裁缝"。清代，宁波开始出现"红帮裁缝"（宁波市地方编纂委员会，1991：1063）。② 民国时期，宁波本地的服装店号不断增加，并开始出现有组织的公会。1956 年，老市区、奉化、余姚共有服装合作社（组）38家，从业人员 1228 人。1976 年开始，宁波服装以市区及奉化、鄞县（现为鄞州区）为主体，开始大量承接海内外来料加工业务。改革开放以后，宁波服装业获得了快速的发展。至 1985 年，宁波有乡及乡以上服装企业 325家，其中奉化 106 家（占 32.62%），鄞县 97 家（占 29.85%），职工 6.37 万人，产量 355.1 万件，产值 32600 万元（宁波市地方编纂委员会，1991：1063—1064）。根据中国服装总公司公布资料，1996 年全国有服装企业30850 家，宁波 1275 家，占 4.13%；全国服装总产量 80 亿件，宁波 8.8 亿件，占 11%。宁波服装企业的重要集聚地包括鄞县石镇和奉化江口镇等，1996 年两镇的服装产值分别为 8.8 亿元和 9.8 亿元，各占全镇工业总产值的 54% 和 33%（吕国荣，1997：51，55，84，85）。

（3）永康五金机械专业化产业区。乾隆《钦定四库全书》收集南朝梁、陈时人虞荔所著《鼎录》，这部古代鼎器的权威著作记载了永康自古流传的

　　① 温州市鹿城区政协学习文史委员会，2001：《鹿城文史资料第十三辑》（内部发行），第 106、112、117 页。

　　② "1794 年，鄞县茅山生姜漕裁缝张尚义，因生计维艰，20 岁改业为渔船烧火工，遇海难，漂至日本横滨，凭裁缝手艺，始寄居码头缝补水兵服装、缝制救生衣，旋学制西装，后还乡携亲朋去横滨，创立同义昌西服号……1821 年，其子张有松于上海静安寺卡德路口创办福昌西服店，客户多外国人（民间称'红毛人'），遂称做'红毛'服装谓'红帮'裁缝。"

"黄帝铸鼎"一说。[①] 当地学者普遍认为永康自"黄帝铸鼎"开始便积累了金属冶炼、打制的工艺知识,是永康五金机械产业发展的历史渊源。春秋战国时期,永康已有青铜器的制作。汉代永康已有铜弩机、铜箭、铁刀等武器和神兽镜、铜勺、铜碗等生活用品的生产。清代,永康铁匠已能打制用于火铳的无缝枪管。民国时期,永康铁匠以打制农具、手工工具和生活用具为主。早期永康五金工匠的经营方式有固定经营和流动经营两种。据民国36年9月调查,在永康县(现为永康市)内开办的作坊中,打铁业1059家,工匠5298人;打铜业850家,工匠1955人;打锡业822家,工匠1441人;打银业31家,工匠46人。直至解放初期,永康的五金机械产业仍以单家独户为主,保留着古老的经营方式。合作化后,五金工匠大部分纳入集体轨道,或进国营工厂工作,但亦工亦农的人数仍有增无减。永康全县从事五金产业的人数,民国18年(1929年)4827人,1949年9609人,1983年3万余人,1987年达4万余人(永康县志编纂委员会,1991:149,150,171)。

(二)专业化产业区起源的历史条件

为了叙述的方便,我们记两产业 i,j 的要素需求集合分别为 D_i, D_j,记 $P_{i,j} = D_i I D_j$,($P_{i,j} \neq \varnothing$),即两产业之间存在共同的要素需求,称为产业 i 和产业 j 的重叠性要素。集合 $S_i = D_j - P_{i,j}$,($S_i \neq \varnothing$)的元素称为产业的特定性要素,集合 $S_j = D_j - P_{i,j}$,($S_j \neq \varnothing$)的元素称为产业 j 的特定性要素,这些要素统称产业特定性要素(industry-specific factors)。从浙江专业化产业区发展的历史经验来看,产业特定性要素在特定地理区域内的生成是该产业的专业化产业区兴起的历史起点。更重要的是,这些产业特定性要素的低流动性特征导致这些要素一旦在一定区域内生成便很难向四

---

① 虞荔在《鼎录》中写道:"金华山(永康石城山)黄帝作一鼎,高一丈三尺,大如十石瓮,象龙腾云,百神率螭兽满其中。文曰:真金作鼎,百神率服。复篆书,三足。"《永康石城山黄帝文化》编委会,1998:32—33)

周扩散,从而经过漫长的内生演化与累积过程,形成产业特定性要素的空间集聚状态。正是这些产业特定性要素在特定地理区域内的集聚引发了专业化产业区的兴起与演化。

(1)产业特定性知识。与某一产品生产有关的技术、技巧、技能与经验等知识并非短期内形成与发展成熟的,往往需要经历一个漫长的积累与沉淀过程。历史上形成的生产知识历经一代代人的继承、发展与突破流传至今,除了某些可以文本化的技术知识,通过人口迁移、著书立著、正规教育等途径扩散,大量"只可意会,不可言传"的知识则与当地的文化相结合,形成一种只有身临其境才能潜移默化学习的意会知识(tacit knowledge)。"各种手工匠师徒之间都有行话(隐语),俗称'市语'。每当客户面,师徒之间在确定用料、工序、索取报酬等,则运用市语,商定对策。"(《永康县志》编纂委员会,1991:186)这种意会知识,往往也是世代相传、历史积淀而成的产业特定性知识,因弥漫着浓厚的地方文化色彩,在地理空间的传播与扩散能力很弱,形成明显的区域性模块分布。

(2)技术工匠和特质劳动力。产业特定性知识的低流动性导致在这一地理区域内孕育出大量技术工匠和特质劳动力从事这一产业的生产活动,从而使这一地理区域成为该产业在全国范围内的制造中心以及技艺高超的能工巧匠的集聚地。每位能工巧匠身边一般追随了多位学徒,早期的学徒往往要在师父家里干上一两年的杂活,然后才被允许练习一些简单的基本功,这一般又要耗费一两年的时间;等到入门三四年的光景,师父才开始传授关键的要领;徒弟学成后,往往又要在师父门下"免费"打工一两年后才被允许"下山"。① 同时,师父在传艺时往往会"留一手",这既可能是出于徒弟学成后可能跟自己直接竞争的考虑,又可能是出于选择"德才兼备"

---

① "徒弟学艺,第一二年,以熟悉本行业的工序,练基本功为主,要承担生产上和生活上的各种勤杂工作,要学会行话……第三年称'半作',开始独立加工产品,并在师爷指导下,完成难度较大、质量要求较高的产品作业。"(《永康县志》编纂委员会,1991:186)

继承人的需要,因此,师父的一些"秘诀"、"诀窍"一般不会轻易地传授给徒弟,往往是传授给自己的儿子或儿媳。这种人为延长、内外有别的功利性技艺传授方式大大减弱了技术知识在地理上的扩散能力,进一步强化了技术工匠在特定地理区域内的集聚程度。技术工匠的大规模集聚是专业化产业区形成的直接推动力量。

(3)产业氛围。从事特定产业的技术工匠在某一特定地理区域内的集聚,使得这一地理区域内人们的社会经济生活弥漫着一种浓厚的产业氛围。当地的人们几乎生活在一个露天的大工厂之中,工匠们从事生产操作的情景随处可见;孩子们从小就耳濡目染,不知不觉地学习到许多这一产业的生产知识,从而许多生产知识已成为妇孺皆知、家喻户晓的常识。同时,由于从事这一产业的工匠很多,使得这一地理区域往往因该产业而闻名,从事这一产业会受到当地人的尊重,人们把自己的孩子送到当地有名的工匠门下学艺成为一种很自然的职业选择。同类工匠的地理集聚产生的竞争压力,使得技术进步、生产工艺改进等创新活动十分频繁,这些创新成果往往由于工匠之间地理上的相互靠近被很快地传播与扩散开来,营造出一种"创新—溢出"的共享文化。由于这种产业氛围已经与当地的文化、习俗等不可移植性要素融为一体,从而在空间上的流动性很弱,以致不断强化成为笼罩在这一区域的"一团雾气",催生着专业化产业区的兴起与演化。

与克鲁格曼论及历史对国际分工模式所起的作用相仿,[①]历史因素对浙江专业化产业区的形成至关重要。某些产业特定性要素在特定地理区域的形成与发育,经过漫长的内生演化与累积过程使得这种要素在空间上的不均匀分布状态得到强化并固定下来,从而为外部条件放松时专业化产

---

① "某种国际分工模式也许是因为历史上的偶然事件或者这个国家的最初的经济特点所形成的,然后随着生产规模扩大形成优势的积累使这一国际分工模式得以固定下来。"(保罗·克鲁格曼,2001:6)

业区的兴起创造了条件。

二、专业化产业区发展的机理分析

专业化产业区这种柔性分工协作体系,其缘于某些产业特定性要素在特定地理区域内发育、集聚形成浓厚产业氛围,在外部环境发生有利于其扩张的变动时兴起并逐步壮大。这种柔性分工协作体系在日益膨胀与扩张过程中,有两种相反的力量逐渐形成并发挥作用。一种力量是吸引企业集聚、阻碍企业分散、使专业化产业区的企业数目与产业规模不断扩张的正向产业集聚力;另一种则是阻碍企业集聚、推动企业分散、使专业化产业区的企业数目与产业规模不断萎缩的逆向产业分散力。我们分别称两者为专业化产业区发展的"集聚力"和"分散力"。从经验观察来看,专业化产业区发展的集聚力可分为两个层次:产业内集聚力与产业间集聚力。产业内集聚力来源于:(1)产品差别。专业化产业区生产的产品多为非标准品,由于消费者对非标准品的偏好是千差万别的,不同企业生产的产品因花色、品种、款式等差别的存在,不能实现充分的替代。同类产品生产企业的大规模集聚可以扩大产品差异化程度,增加满足不同消费者偏好的能力,引致大规模的需求集聚,从而使每个企业获得其他企业产品多样化带来的外部范围经济。(2)集体学习。同类企业的地理集中可以使某一企业发现新的市场需求以及产品创新与技术创新活动迅速被其他企业学习和扩散开来,企业数目众多则提高了企业之间相互学习的可能性,增强了学习收益的累积性。(3)相互依赖。企业之间超细密的专业化分工形成的柔性分工协作体系提高了企业之间的相互依赖程度,企业只有位于产业区内才能享受到功能齐全的配套服务,这是企业间专业化分工产生的"地理锁定"现象。产业间集聚力来源于不同产业之间的配套生产,即一产业为另一产业提供配件、辅助材料或包装等,两产业发展之间具有同向促进作用。从理论上分析,专业化产业区发展的分散力也可分为两个层次:(1)产业内分散力。专业化产业区的中心产业内部企业之间争夺产业特定性要素和重叠性要素导致所有要素价格上涨,从而阻碍企业进一步集聚,形成该产业发展的产业内分散力。(2)产业间分散力。专业化产业区的中心产业与其他产业相互争夺重叠性要素导致重叠性要素的获得受到限制,形成专业化产业区发展的产业间分散力。

专业化产业区以同类产品生产企业在特定地理区域内高度集中为主要特征,企业之间形成高度专业化分工,规模普遍很小,企业之间具有很强的同质性,存在着激烈而残酷的生存竞争。鉴于此,我们认为运用生物学上的种群竞争模型并加以拓展可以很好地解释专业化产业区现象,尤其适于解释浙江"原发型"专业化产业区的历史与现实。同时,相对于广东"嵌入型"专业化产业区而言,浙江自改革开放以来依靠体制优势和企业家的"冒险、创新"精神,较早推动了以民营经济为主导的市场化改革,民营企业规模普遍较小使得专业化产业区的发展较为充分与普遍;更为重要的是,浙江专业化产业区的发展较好地结合了本地的要素禀赋优势和历史文化因素,其发生发展经历了一个自然选择与演化的历史过程,具有很强的生命力和发展潜力,这也正是我们对专业化产业区的研究以浙江为例来进行的主要原因。

(一)两产业替代竞争模型

为简化分析,我们先考察两产业重叠性要素竞争模型来揭示专业化产业区的生成机理。

$$
\begin{cases}
N_1^\& = \dfrac{\mathrm{d}N_1}{\mathrm{d}t} = a_1 N_1 - b_1 N_1^2 - c_1 N_1 N_2, & a_1, b_1, c_1 > 0; \\
N_2^\& = \dfrac{\mathrm{d}N_2}{\mathrm{d}t} = a_2 N_2 - b_2 N_2^2 - c_2 N_1 N_2, & a_2, b_2, c_2 > 0.
\end{cases}
\tag{1}
$$

其中,N_1,N_2 分别是产业 Ⅰ,Ⅱ 的企业数,且假定各产业内部的企业规模相同。a_1,a_2 分别是产业 Ⅰ，Ⅱ 的产业内集聚力强度；b_1,b_2 分别是产业 Ⅰ，Ⅱ 的产业内分散力强度；N_1^2,N_2^2 分别是产业 Ⅰ，Ⅱ 内部企业之间争夺产业特定性要素的频数；$c_1(c_2)$ 是产业 Ⅱ（Ⅰ）企业对产业 Ⅰ（Ⅱ）企业争夺重叠性要素的强度，这是对产业间分散力强度的一种度量；N_1N_2 是产业 Ⅰ 企业与产业 Ⅱ 企业发生重叠性要素争夺的频数。方程组（1）可化为方程组（2）：

$$
\begin{cases}
N_1^\& = a_1 N_1 \left(\dfrac{K_1 - N_1 - \alpha N_2}{K_1} \right), K_1 = \dfrac{a_1}{b_1}, \alpha = \dfrac{c_1}{b_1}; \\[3mm]
N_2^\& = a_2 N_2 \left(\dfrac{K_2 - N_2 - \beta N_1}{K_2} \right), K_2 = \dfrac{a_2}{b_2}, \beta = \dfrac{c_2}{b_2}.
\end{cases}
\tag{2}
$$

其中，α,β 是企业替代系数。$\alpha(\beta)$ 的含义：争夺重叠性要素时，产业 Ⅰ（Ⅱ）的孤立系统中每加入一个产业 Ⅱ（Ⅰ）企业，对产业 Ⅰ（Ⅱ）企业数增长带来的抑制作用相当于加入 $\alpha(\beta)$ 产业 Ⅰ（Ⅱ）企业所带来的抑制作用。从方程组（2）可得表 2 所示的九种可能的竞争结果。

表 2　九种可能的竞争结果

情形			均衡点				竞争结果
			$(0,0)$	$(k_1,0)$	$(0,k_2)$	$\dfrac{k_1 - \alpha k_2}{1-\alpha\beta},$ $\dfrac{k_2 - \beta k_1}{1-\alpha\beta}$	
(1)	$k_1/\alpha > k_2$	$k_2/\beta > k_1$	不稳定	不稳定	不稳定	稳定	产业并存
(2)		$k_2/\beta = k_1$	不稳定	稳定（重根）	不稳定	稳定（重根）	SID_S（Ⅰ）
(3)		$k_2/\beta < k_1$	不稳定	稳定	不稳定	—	SID_S（Ⅰ）
(4)	$k_1/\alpha = k_2$	$k_2/\beta > k_1$	不稳定	不稳定	稳定（重根）	稳定（重根）	SID_S（Ⅱ）
(5)		$k_2/\beta = k_1$	不稳定	随遇平衡：线段 $K_1 - N_1 - N_2 = K_2 - N_1 - N_2 = 0(N_1 \in [0,K_1])$			产业并存或 SID_S（Ⅰ）或 SID_S（Ⅱ）
(6)		$k_2/\beta < k_1$	不稳定	稳定	不稳定（重根）	不稳定（重根）	SID_S（Ⅰ）

续表

情形		均衡点				竞争结果
		$(0,0)$	$(k_1,0)$	$(0,k_2)$	$\dfrac{k_1-\alpha k_2}{1-\alpha\beta},$ $\dfrac{k_2-\beta k_1}{1-\alpha\beta}$	
(7)		不稳定	不稳定	稳定	—	$SID_S(Ⅱ)$
(8)	$k_1/\alpha<k_2$ $k_2/\beta=k_1$	不稳定	不稳定（重根）	稳定	不稳定（重根）	$SID_S(Ⅱ)$
(9)	$k_2/\beta<k_1$	不稳定	稳定	稳定	不稳定（鞍点）	$SID_S(Ⅰ)$ 或 $SID_S(Ⅱ)$

（第（7）行 $k_2/\beta>k_1$，第（8）行 $k_1/\alpha<k_2$，$k_2/\beta=k_1$）

♯:均衡点位于 N_1-N_2 相图的第二或第四象限或不存在。

考虑到产业间资源竞争行为效果的相互性,α,β 又可以理解为两产业的企业对重叠性要素的需要量之比。$\alpha(\beta)$ 的含义:每个产业 Ⅱ（Ⅰ）企业对重叠性要素需要量相当于 $\alpha(\beta)$ 个产业 Ⅰ（Ⅱ）企业对重叠性要素的需要量。故我们认为,α,β 满足 $\alpha\cdot\beta=1$[①],这时表 2 退化为表 3。

表 3　退化的竞争结果

情形	均衡点				竞争结果	竞争优势
	$(0,0)$	$(k_1,0)$	$(0,k_2)$	$(\dfrac{k_1-\alpha k_2}{1-\alpha\beta},$ $\dfrac{k_2-\beta k_1}{1-\alpha\beta^2})$		
(1) $k_1/\alpha>k_2$	不稳定	稳定*	不稳定	不存在	$SID_S(Ⅰ)$	产业 Ⅰ 大于产业 Ⅱ
(2) $k_1/\alpha=k_2$	不稳定	随遇平衡:线段 $K_1-N_1-N_2$ $=K_2-N_1-N_2=0$ $(N_1\in[0,K_1])$			产业并存或 $SID_S(Ⅰ)$ 或 $SID_S(Ⅱ)$	产业 Ⅰ 等于产业 Ⅱ
(3) $k_1/\alpha<k_2$	不稳定	不稳定	稳定*	不存在	$SID_S(Ⅱ)$	产业 Ⅰ 小于产业 Ⅱ

*运用直接求解特征根的方法可证明:①当 $k_1/\alpha>k_2$ 时,均衡点 $(k_1,0)$ 是渐进稳定的;②当 $k_1/\alpha<k_2$ 时,均衡点 $(0,k_2)$ 是渐进稳定的。

命题 1:当两替代竞争产业在特定地理区域内展开生存竞争时,若这

---

① 在陈平教授的模型中,视 $\alpha=\beta$ 可能有失公允(陈平,2002:230)。

一区域内存在丰裕的某产业的特定性要素,则该产业将最终占据这一地理区域内所有的重叠性要素,形成该产业的专业化产业区。

(1)当 $k_1/a > k_2$ 时,若这一地理区域的全部要素单纯用于发展产业Ⅰ或产业Ⅱ,则产业Ⅰ对重叠性要素的需求量将大于产业Ⅱ对重叠性要素的需求量。这表明产业Ⅰ的企业数增长的瓶颈是重叠性要素,而非产业特定性要素;而产业Ⅱ的企业数增长的瓶颈是产业特定性要素,而非重叠性要素。[①] 因此,当两个产业在这一地理区域内展开竞争时,产业Ⅰ将最终占据所有的重叠性要素,使得产业Ⅱ萎缩直至消亡,原因就在于这里有着丰富的支撑产业Ⅰ发展的产业特定性要素。

(2)当 $k_1/a = k_2$ 时,在这一地理区域内单纯发展产业Ⅰ或产业Ⅱ,当企业数达到极限状态时,产业特定性要素或重叠性要素中至少有一种实现了充分利用,且产业Ⅰ与产业Ⅱ对重叠性要素的需要量是相同的。当两个产业在这一地理区域内展开竞争时,重叠性要素在两个产业之间的任意一个分割都可以实现均衡。

(3)当 $k_1/a < k_2$ 时,与(1)相仿,产业竞争的结果是产业Ⅰ消亡,产业Ⅱ向极限状态逼近。

命题 2:当两替代竞争产业在某一特定地理区域内展开生存竞争时,若某产业的产业内集聚力强度大于另一产业的产业内集聚力/分散力强度比与后者对其的产业间分散力强度之积,则这一地理区域将形成该产业的专业化产业区。

(1)当 $k_1/a < k_2$ 时,由 $\alpha \cdot \beta = 1$ 知 $a_1 > a_2 c_1/b_2$,$a_2 < a_1 c_2/b_1$;表明产业Ⅰ(Ⅱ)的产业内集聚力强度大于(小于)产业Ⅱ(Ⅰ)的产业内集聚力/分散

---

① 当这一地理区域内单纯发展产业Ⅰ时,产业Ⅰ的增长方程为 $N_1^\& = a_1 N_1 - b_1 N_1^2$,当 $t \to +\infty$ 时,$N_1(t) \to K_1$;同理,当这一地理区域内单纯发展产业Ⅱ时,有 $N_2^\& = a_2 N_2 - b_2 N_2^2$,当 $t \to +\infty$ 时,$N_2(t) \to k_2$。说明这一地理区域内产业Ⅰ企业数达到 K_1 及产业Ⅱ企业数达到 K_2 时,重叠性要素或产业特定性要素中至少有一种达到了充分利用状态。由此可知,产业Ⅰ发展遇到重叠性要素的限制,产业Ⅱ发展则受到产业特定性要素的限制。

力强度比与产业Ⅱ(Ⅰ)对产业Ⅰ(Ⅱ)的产业间分散力强度之积;竞争结果是产业Ⅰ向极限状态逼近,产业Ⅱ消亡。

(2)当 $k_1/\alpha = k_2$ 时,由 $\alpha \cdot \beta = 1$ 知 $a_1 = a_2 c_1/b_2$,$a_2 = a_1 c_2 b_1$;表明产业Ⅰ(Ⅱ)的产业内集聚力强度等于产业Ⅱ(Ⅰ)的产业内集聚力/分散力强度比与产业Ⅱ(Ⅰ)对产业Ⅰ(Ⅱ)的产业间分散力强度之积;竞争结果是两孤立平衡状态 $(K_1,0)$,$(0,K_2)$ 的任何凸组合 $(\alpha(K_1,0) + (1-\alpha)(0,K_2)$,$\alpha \in [0,1])$ 均是平衡状态。

(3)当 $k_1/\alpha < k_2$ 时,由 $\alpha \cdot \beta = 1$ 知 $a_1 < a_2 c_1/b_2$,$a_2 > a_1 c_2/b_1$;表明产业Ⅰ(Ⅱ)的产业内集聚力强度小于(大于)产业Ⅱ(Ⅰ)的产业内集聚力/分散力强度比与产业Ⅱ(Ⅰ)对产业Ⅰ(Ⅱ)的产业间分散力强度之积;竞争结果是产业Ⅰ消亡,产业Ⅱ向极限状态逼近。

(二)两产业互补竞争模型

从浙江专业化产业区的发展经验来看,某产业的专业化产业区一旦形成,就会以该产业为中心形成一个庞大而完善的配套产业分工协作体系以支撑该产业的发展。下面,我们引入两产业互补竞争模型试图对这种现象提供一个简洁的说明。

$$\begin{cases} N_1^{\&} = a_1 N_1 - b_1 N_1^2 - c_1 N_1 N_2 + d_1 N_2, & a_1,b_1,c_1,d_1 > 0; \\ N_2^{\&} = a_2 N_2 - b_2 N_2^2 - c_2 N_1 N_2 + d_2 N_1, & a_2,b_2,c_2,d_2 > 0. \end{cases} \tag{3}$$

其中,N_1,N_2 分别是中心产业Ⅰ和配套产业Ⅱ的企业数。d_1,d_2 分别代表产业Ⅱ企业数对产业Ⅰ企业数增加的促进作用和产业Ⅰ企业数对产业Ⅱ企业数增加的促进作用;这种促进作用源于两产业之间存在配套生产关系,是对产业间集聚力的一种度量。其他符号的含义与方程组(1)相同。

令 $a_1/b_1 = d_1/c_1$,$a_2/b_2 = d_2/c_2$,可得

$$\begin{cases} N_1^{\&} = (a_1 N_1 + d_1 N_2)\left(1 - \dfrac{b_1}{a_1} N_1\right), \\ N_2^{\&} = (a_2 N_2 + d_2 N_1)\left(1 - \dfrac{b_2}{a_2} N_2\right). \end{cases} \tag{4}$$

由于 N_1，$N_2 \geqslant 0$，故 $a_1 N_1 + d_1 N_2 \geqslant 0$，$a_2 N_2 + d_2 N_1 \geqslant 0$。方程组（4）的均衡点为

$$\begin{cases} N_1 = a_1/b_1 \text{①} \\ N_2 = a_2/b_2 \end{cases} \tag{5}$$

命题 3：当中心产业Ⅰ和配套产业Ⅱ中任一产业的产业内集聚力/分散力强度比等于另一产业对其产业间集聚力/分散力强度比时，竞争结果是两产业都向极限状态 $(a_1/b_1, a_2/b_2)$ 逼近。

（三）三产业的替代与互补竞争模型

现在，我们综合上述两模型的条件，分析存在互补与替代关系的三产业竞争模型。

$$\begin{cases} N_1^{\&} = a_1 N_1 - b_1 N_1^2 - c_1 N_1 N_2 - e_1 N_1 N_3 + d_1 N_2, & a_1, b_1, c_1, d_1, e_1 > 0; \\ N_2^{\&} = a_2 N_2 - b_2 N_2^2 - c_2 N_1 N_2 - e_2 N_2 N_3 + d_2 N_2, & a_2, b_2, c_2, d_2, e_2 > 0; \\ N_3^{\&} = a_3 N_3 - b_3 N_3^2 - c_3 N_2 N_3 - e_3 N_2 N_3, & a_3, b_3, c_3, e_3 > 0. \end{cases}$$

$$\tag{6}$$

其中，N_1，N_2 分别是中心产业Ⅰ和配套产业Ⅱ的企业数，它们之间存在互补竞争关系；是产业Ⅲ的企业数，产业Ⅲ与产业Ⅰ及产业Ⅱ之间都存在替代竞争关系。其他符号的含义参见方程组（1）和（3）。

当 $a_1/b_1 = d_1/c_1$，$a_2/b_2 = d_2/c_2$ 时，可得均衡点 $N^* = (a_1/b_1, a_2/b_2, 0)$。

将方程组（6）在均衡点处 Taylor 展开，经平移变换（即将均衡点 $N^* = (a_1/b_1, a_2/b_2, 0)$ 平移到原点 $O = (0, 0, 0)$），再取其线性近似，求解特征根得 $\lambda_1 = -a_1 - a_2 c_1/b_2 < 0$，$\lambda_2 = -a_2 - a_1 c_2/b_1 < 0$，$\lambda_3 = a_3 - a_1 c_3/b_1 - a_2 e_3/b_2$。

---

① 当 $\dfrac{a_1}{b_1} = \dfrac{d_1}{c_1}$，$\dfrac{a_2}{b_2} = \dfrac{d_2}{c_2}$ 时，运用直接求解特征根的方法可以证明均衡点 $(\dfrac{a_1}{b_1}, \dfrac{a_2}{b_2})$ 是渐进稳定的。

令 $\lambda_3 < 0$，即 $a_1c_3/b_1 + a_2e_3/b_2 > a_3$，从而均衡点 $N^* = (a_1/b_1, a_2/b_2, 0)$ 是渐进稳定的。

命题 4：当中心产业 I 和配套产业 II 中任一产业的产业内集聚力/分散力强度比等于另一产业对其的产业间集聚力/分散力强度比，且中心产业 I 和配套产业 II 各自的产业内集聚力/分散力强度比与其对产业 III 的产业间分散力强度之积的代数和大于产业 III 的产业内集聚力强度时，产业 III 最终将消亡，中心产业 I 和配套产业 II 最终向极限状态 $(a_1/b_1, a_2/b_2)$ 逼近。

三、总结性评论与研究展望

从文章开头到临近结尾，我们一直都在讲述一个故事。这是一个历史故事，在很久以前，或是由于古代先民的生产实践，或是由于偶然的历史事件造成了某些产业特定性要素在一些局部地区形成与发育。这些产业特定性要素在漫长的历史演化过程中往往与当地的文化、习俗等不可移植性要素紧密结合，从而在空间上的流动性很弱，以致这种要素在空间上的不均匀分布状态在漫长的历史演化过程中逐步累积、强化并固定下来。这些产业特定性要素在特定地理空间的大规模集聚使得以它为专用性投入的产业竞争到有限的重叠性要素，从而抑制与之竞争的重叠性要素，甚至使其"窒息"。随着这一产业的发展壮大，当地又会自然而然地形成以该产业为中心的配套产业分工协作体系。

我们的故事对"原发型"专业化产业区的起源与演化提供了一个诠释，但仍有一些不足或有待进一步探讨的地方。首先，从理论层面看，我们的动态模型隐含着静态假设——资源总量保持不变。但是，在动态条件下，资源总量保持不变的假设往往会被技术进步、新资源的发现与利用等外生条件的变化所打破，从而使起作用的约束条件会随时间的推移而不断地被放松,以至于不收敛的情形可能出现。我们做这样的假定是出于如下考虑:"稀缺性"假定是经济学永恒的预设,任何一个时刻、任何一个动态过程都无法打破,只能是约束条件由"紧"向"松"不断地动态调整。但研究这样一个复杂的动态调整过程既存在一定的"技术障碍",又可能将现实经济过程复杂化,以致无法得到与现实状态相吻合而又简洁的结论。

其次,从现实层面看,推动专业化产业区发展壮大的动力主要是:分工、报酬递增和外部性。外部性对专业化产业区发展过程中所起的作用,我们已通过产业之间的互补替代关系进行了一定的描述和分析。但专业化分工以及报酬递增对专业化产业区发展过程中所起的作用,我们尚未加以细致地描述和分析。事实上,分工与报酬递增也是解释这一过程的重要因素,尤其在所谓的"嵌入型"专业化产业区这一点表现得尤为充分。分工、报酬递增与产业地理集中及地区产业专业化之间的关系已越来越受到国内外经济学家的重视,这将是对专业化产业区深化研究的又一重要视角。另外,我们的模型还隐含着一个很强的假设,即特定性要素与重叠性要素之间不存在替代关系,这一假设与经验事实之间存在着一定的差距,放松这一假设可能会对专业化产业区现象提出一个更全面而深刻的解释。

参考文献

[1]保罗·克鲁格曼,2001:《克鲁格曼国际贸易新理论》.北京:中国社会科学出版社.

[2]陈平,2002:《劳动分工的起源与制约——从斯密困境到广义斯密原理》.《经济学季刊》第1卷第2期,第227—248页.

[3]吕国荣,1997:《宁波服装史话》.宁波:宁波出版社.

[4]宁波市地方志编纂委员会,1991:《宁波市志》.杭州:浙江人民出版社.

[5]仇保兴,1999:《小企业集群研究》.上海:复旦大学出版社.

[6]温州市鹿城区政协学习文史委员会,2001:《鹿城文史资料第十三辑》

（内部发行）.

[7]永康县志编纂委员会,1991:《永康县志》.杭州:浙江人民出版社.

[8]《永康石城山黄帝文化》编委会,1998:《永康石城山黄帝文化》(内部发行).

[9]浙江省永康市统计局,2001:《开世永康》(内部发行).

[10]浙江省区域经济与社会发展研究会,2000:《浙江区域特色经济研究》
(内部发行).

[11]《浙江非国有经济年鉴》编纂委员会,2001:《浙江非国有经济年鉴
2001》,北京:中华书局.

[12]温州市鹿城区政协学习文史委员会,1995:《鹿城文史资料第九辑》(内
部发行).

[13]M. Bagella, L. Becchetti and S. Sacchi, 2000：The Positive Link
Between Geographical Agglomeration and Expert Industry：The
Engine of Italian Endogenous Growth ? *Physica-verlag HD*，2000：
95-126.

[14]G. Becattini,1991:Ⅱ distretto industriale marshalliano come concetto
socio-economico,in Pyke F. ,Becattini G. ,Sengenberger W. （eds.),
Distretti Industrialie Cooperazione Tra Imprese in Italian,Quadernon
n. 34 di Studi e Informazione della Banca di Toscana.

[15]M. Enright,1995:Organization and Coordination in Geographi cally
Concentrated Industries, Lamoreaux N. , and Raff D. ed. ,
Coordination and Information. Chicago：The University of Chicago
Press:103-142.

[16]P. Krugman,1991：Increasing Returns and Economic Geography.
Journal of Political Economy,99(3):483-499.

[17]P. Krugman,1994:Complex Landscapes in Economic Geography.
The American Economic Review,84(2):412-416.

宏观冲击、融资约束与公司资本结构动态调整[*]

一、引 言

经典资本结构理论隐含地假定了资本供给完全弹性,企业只需要根据财务状况做出最大化企业价值的融资决策,而无须考虑资金供给的约束。实际上,企业融资不仅取决于企业自身的融资需求,还取决于金融市场的供给面因素(Faulkender,Petersen,2006)。资金供给对企业决策的影响越来越受到学界的重视。Kashyap 等(1993,1994)、Gertler 和 Gilchrist (1994)、Leary(2009)及 Lemmon 和 Roberts(2010)选取了一系列宏观经济和政策事件作为信贷市场和资本市场资金供给的外生冲击,检验资金供给面因素对美国企业融资决策的影响。经验证据表明,来自资金供给面的冲击是影响企业行为的重要因素。

中国企业融资渠道有限,加之外部经济环境和政策环境变动频繁,企业的融资决策更易受到宏观供给面因素的冲击。尽管近年来中国金融市

---

  * 本文原发表于《世界经济》2012 年第 3 期,是本书作者与于蔚、钱彦敏合作所著。

场发展迅速,拓宽了企业的融资渠道,但金融市场尚不完善,融资工具仍不够丰富,企业的选择空间依然有限(吴敬琏,2003)。债务融资方面,企业债券市场发展缓慢,企业的债务性融资仍以银行信贷为主;股权融资方面,企业上市门槛较高,中国证券监督管理委员会(简称证监会)设置再融资资格线,限制企业再融资。与此同时,企业面临的宏观经济和政策环境具有不确定性,政策仍带有计划特征且变动频繁(陈国权,徐碧波,2005)。这些宏观政策变动包括中国人民银行(简称央行)信贷政策和信贷规模的变动、证监会融资政策的变化等。伴随着频繁的政策变动,企业的外部融资环境急剧变化,企业融资渠道的顺畅程度也随之改变,企业的股权债权融资选择势必受到宏观政策面因素的影响和金融市场供给条件的限制。中国企业可供选择的融资工具种类相对匮乏,会进一步加剧宏观面因素对企业融资决策的冲击。

国内学者虽已就中国企业的融资模式做了大量研究,但这些研究均着眼于企业的自身特征,对宏观经济和政策环境如何影响企业融资行为的关注较少。中国企业面临诸如信贷规模约束、股权扩容规模约束、贷款利率以及股票市场整体收益率等宏观基本面与政策面因素的影响。作为对企业而言的外生冲击,这些宏观因素如何影响企业的资本结构?中国中小企业面临严重的融资约束,"融资难"问题突出(林毅夫,李永军,2001),对于不同融资约束程度的企业,宏观冲击的影响是否存在差异?本文从"容量受限"和"成本权衡"两个方面探讨宏观冲击下企业最优资本结构的选择与调整。

首先,本文结合中国独特的金融市场环境,提出宏观冲击下企业融资选择的理论假说。其次,本文采用动态框架,将宏观变量与企业微观数据相结合,从经验角度考察宏观环境和金融市场供给条件如何影响企业的资本结构调整。结果表明,信贷市场和股权再融资市场上容量性指标和成本性指标的变动,作为来自资金供给面的冲击,对上市公司的融资决策有重要影响,企业资本结构的调整幅度是股权扩容规模、贷款利率和股市收益率的减函数。①进一步的经验研究表明,宏观冲击对不同融资约束②程度企业的影响存在异质性:融资约束较严重的企业对外部融资的需求强烈,对融资成本的关注度相对较低,资本结构的调整更多地受到容量性指标的刚性制约;融资约束较轻的企业对外部融资需求的迫切程度相对较低,对成本性指标的变动更为敏感。

本文为宏观政策和金融市场供给条件如何影响企业的融资决策,尤其是在宏观冲击对于不同融资约束程度企业的异质性影响方面,提供了更为丰富的经验证据。本文的发现有助于加深我们对宏观经济政策有效性的认识,现行偏重于总量调节的宏观调控政策对融资约束紧的民营和中小企业影响比较大,而对融资约束松的国有和大型企业影响不大,因此宏观调控的政策效果往往达不到预期目的。由于政策对不同企业的差异性效应,政府在宏观调控决策时有必要对政策传导的微观机制加以重点关注。

本文其余部分安排如下:第二部分是文献综述;第三部分提出外生宏观冲击下企业资本结构动态调整的理论假说;第四部分描述本文使用的数据并定义相关的变量;第五部分利用面板数据检验第三部分的假说;第六部分给出结论。

二、文献回顾

宏观因素如何影响企业的融资行为与资本结构,这一问题一直被学者们忽视。Levy 和 Hennessy(2007)首次将宏观因素引入资本结构分析框架进行理论研究。他们基于一个可计算的一般均衡(Computable General Equilibrium,CGE)模型,发现宏观经济波动会使得企业不断调整融资策略

---

① 资本结构的调整幅度指本期负债率与上期负债率的差额。

② 融资约束指企业因自有资金不足以实施意愿投资,转而寻求外部融资时所面临的摩擦(Fazzari 等,1988;Kaplan 和 Zingales,1997;Whited 和 Wu,2006;Hennessy 和 Whited,2007)。

以维持对经营者的有效激励,企业资本结构呈现出反经济周期(counter-cyclical)特征。融资约束小的企业所面临的代理问题较轻,融资方式选择空间较大,资本结构的反周期特征更为显著。Choe 等(1993)与 Korajczyk 和 Levy(2003)的研究为此提供了经验证据。Choe 等(1993)考察了美国企业在公开金融市场上的融资行为,发现企业在经济处于上升通道时会优先选择股权融资,当经济面临下行风险时更偏好于债务融资。Korajczyk 和 Levy(2003)发现,企业融资决策对经济波动的反应取决于自身融资约束的严重程度,融资约束较轻企业的负债率呈反经济周期变化,融资约束较严重企业的负债率呈顺周期(pro-cyclical)变化,且宏观变量对融资约束较轻企业的影响更为显著。

从资金供给角度研究企业行为的文献发现,无论是来自于信贷市场还是来自于资本市场的资金供给冲击都是影响企业决策的重要因素。Kashyap 等(1993)发现,紧缩性货币政策会改变企业的外部融资行为,企业获得的银行贷款金额大幅减少。Kashyap 等(1994)检验了信贷政策对企业存货投资策略的影响,他们发现,在紧缩性货币政策下,对银行贷款依赖程度高的企业相对于依赖程度低的企业,更易受到流动性的约束,存货大幅下降;而在宽松货币政策下,企业基本上不会受到流动性约束。Gertler 和 Gilchrist(1994)也发现了紧缩性货币政策对于不同企业的差异性影响,银行贷款依赖程度较高的小企业大幅削减生产能力和存货,而对银行贷款依赖程度较弱的大企业只是轻微减少生产能力,同时还增加了存货。Leary(2009)选取美国 1961 年大额可转让存单(Negotiable Certificate of Deposits,NCDs)出现导致的银行可贷资金增加和 1966 年因存款利率上限管制(格拉斯—斯蒂格尔法案 Q 项条款)导致的可贷资金外流作为事件窗口,研究了银行信贷供给变化给企业带来的冲击,发现相对于低银行贷款依赖度、高债券信用等级的大企业,高银行贷款依赖度、低债券信用等级的小企业负债率变动受到可贷资金变动的影响更为显著。Lemmon 和

Roberts(2010)利用 1989 年后美国低等级债券市场所发生的剧烈变化衡量资本市场供给的外生冲击,发现与属于投资级别(investment-grade)的公司相比,低于投资级别(below-investment-grade)的公司的负债和投资均显著下降。

尽管许多文献探讨了中国企业的融资模式,[①]但关于宏观环境如何影响企业融资决策的讨论还很少见(于蔚,钱彦敏,2011)。赵冬青等(2008)检验了宏观调控对房地产上市公司资本结构的影响,发现宏观调控之后房地产上市公司的负债率显著提高。苏冬蔚和曾海舰(2009)发现中国上市公司资本结构呈显著的反经济周期变化,信贷违约风险与资本结构显著负相关,而信贷配额及股市表现与资本结构之间关系不大。上述研究是在静态框架下展开的,难以体现出宏观经济环境变化中资本结构调整的动态特征,本文则是在一个动态框架下讨论宏观冲击的影响。此外,中国中小企业"融资难"问题突出,融资约束严重制约了企业行为和企业发展,虽有不少文献从企业外部融资环境和企业内部融资决策等方面讨论了企业的融资困境(张杰,2000;林毅夫,李永军,2001;李大武,2001;李善民,余鹏翼,2004),但鲜有文献从经验数据上考察宏观环境对于不同融资约束程度企业的异质性影响,我们的研究为此提供了经验证据。

三、宏观冲击下的资本结构动态调整:理论假说和经验模型

(一)外生宏观冲击下的资本结构调整

企业在选择融资方式时,一方面需要权衡债务融资与股权融资的相对

[①] 早期研究认为,中国上市公司存在强烈的股权融资偏好(黄少安和张岗,2001;陆正飞和叶康涛,2004),企业外部融资呈现出"股权融资—债务融资"的次序(蒋殿春,2003;刘星等,2004)。屈耀辉(2006)、王正位等(2007)及 Qian 等(2009)基于动态调整框架的经验研究表明,中国上市公司不断通过融资选择对实际资本结构进行动态调整,以期达到一个最优的目标资本结构。陆正飞和高强(2003)对中国上市公司高管所做的问卷调查为此提供了调查证据。

成本,另一方面又受到融资资源可获得性的制约。在中国独特的金融市场供给条件下,企业的债权和股权融资环境在以下几个方面与宏观经济和政策的变动息息相关:(1)尽管央行自 1998 年起逐步放松银行信贷管制,以指导性计划替代指令性计划对商业银行实行贷款增量管理,实行"计划指导、自求平衡、比例管理、间接调控"的信贷资金管理体制,但是宏观调控下贷款规模管理的计划色彩依然笼罩信贷市场,制约了企业的债务融资行为。2004 年以来,在"宏观调控"的名义下,行政的力量甚至还有所加强(吴敬琏,2009)。(2)上市公司外部股权融资的主要渠道无外乎配股与增发两条途径。证监会出台的一系列股权再融资监管法规,从再融资时间间隔、公司盈利状况、募集资金用途、发行规模上限以及公司治理结构等多个方面设定了再融资市场的准入资格,对企业的增发和配股施加"门槛"限制。(3)虽然利率市场化改革正逐步推进,但整体市场化水平不高,基准利率仍由央行根据宏观经济运行状况直接调控。利率管制导致的利率扭曲对企业的债务融资具有重要影响(唐国正,刘力,2005)。(4)理性经营者将在公司价值被高估(股价高企)时发行新股,在价值被低估(股市低迷)时进行回购,这样的市场时机选择行为(market timing)会使得负债率与股票收益率负相关(Baker,Wurgler,2002)。[①] 中国政府在股市上的驱动意识和宏观调控意识使得股市"政策市"特征明显,股票市场走势受政策影响极大。带有浓重"政策市"烙印的股市波动将影响企业的股权再融资选择。

信贷规模约束、股权扩容规模约束反映了宏观冲击下金融市场供给的容量约束,贷款利率和股票市场整体收益率反映了金融市场供给的成本性指标,这些变量较好地体现了宏观经济与政策因素对资金供给面的影响。我们选取这些变量作为宏观面外生冲击的衡量指标,从"容量受限"和"成

---

① 市场时机选择理论得到了调查证据和经验证据的支持。Graham 和 Harvey(2001)对 300 多家美国公司管理层的问卷调查表明,67% 被调查的首席财务官(Chief Financial Officer,CFO)曾在增发新股时将股票市场表现作为重要的考虑因素。Hovakimian 等(2001)、Kayhan 和 Titman(2007)关于美国上市公司的经验研究表明,负债率确与股票收益率负相关。

本权衡"两个方面讨论了企业在上述信贷环境和股权融资环境中的行为选择。在讨论之前,我们先来考虑没有宏观冲击时企业的资本结构调整行为。企业在目标资本结构上运营是最优的,任何偏离目标值的杠杆率都会造成价值损失,因此企业有动力把实际资本结构向目标值做调整,但是调整需要付出成本。我们不妨设想企业的融资决策包含如下两个步骤:首先,企业在每一期的期初基于前期信息确定最大化企业价值的目标资本结构;然后,企业权衡偏离资本结构目标值的价值损失和调整成本,选择最优的实际资本结构。我们再来考虑宏观冲击下企业的行为选择。受政策及经济形势影响,贷款利率和股市收益率的不确定性很大,企业对它们的预期不可避免地与真实水平存在偏差。在观察到宏观冲击变量的真实水平之后,企业有动力对资本结构进行"再调整"(rebalance)。依据实际贷款利率和股市收益率,企业重新权衡偏离目标杠杆的价值损失与调整成本。在信贷规模和股权扩容规模的约束之下,企业对之前基于预期贷款利率和股市收益率所确定的目标债务融资额和股权融资额做出修正,选择最优的实际债务融资额和股权融资额,调整实际杠杆。

在调整资本结构时,企业会充分权衡债务融资与股权融资的相对成本与收益,利用较低成本的融资方式进行外部融资,直到该融资方式的容量约束趋紧(也可能债务融资和股权融资的容量约束同时趋紧)。信贷规模反映货币政策的宽松程度:若货币政策较为宽松,企业相对容易获得银行贷款;当银根紧缩时,企业获得银行贷款的难度增大,预期资本结构调整幅度与信贷规模正相关。证监会的再融资资格线对上市公司的增发和配股施加"门槛"限制,并约束企业的股权再融资规模。股权扩容规模越大,企业股权再融资的障碍就相对越小,因此预期股权扩容规模对资本结构调整幅度的影响为负。贷款利率是企业通过银行贷款进行债务融资的单位成本,成本越高,企业就越有动机以股权融资代替债务融资,预期贷款利率对资本结构调整幅度的影响为负。理性经营者将选择有利的市场时机,在企

业价值被高估时发行新股,在价值被低估时回购,预期资本结构调整幅度与股市收益率负相关。由此我们提出如下理论假说:

假说 1 宏观经济与政策因素影响之下金融市场供给条件的变动,将影响企业的融资方式选择和资本结构调整:①资本结构调整幅度与信贷规模正相关;②资本结构调整幅度与股权扩容规模负相关;③资本结构调整幅度与贷款利率负相关;④资本结构调整幅度与股市收益率负相关。

对于假说 1,我们提出一个简单的分析模型

$$\Delta BL_{it} = a + \gamma MacroShc_t \tag{1}$$

其中,ΔBL_{it} 表示资本结构的实际调整量;$MacroShc_t$ 表示外生宏观冲击。γ 衡量了企业受到宏观冲击对资本结构做出的调整量。若 γ 显著异于 0,就表明宏观冲击对企业的资本结构调整有重要影响。在后文的经验分析中,我们利用此模型对假说 1 加以检验。

(二)融资约束与资本结构调整

考虑企业为一个正净现值的投资项目筹集资金。资金来源既可以是自有资金,也可以是外部资金。企业会优先使用内部资金,倘若自有资金不足,则寻求外部融资(Myers,Majluf,1984)。企业在寻求外部资金时,会面临种种障碍和摩擦,外部融资成本高于内部融资成本。假如外部融资的摩擦过大,企业就将被迫放弃有利可图的投资机会。

从微观机制上讲,融资约束程度的高低是企业经营者与外部投资者之间信息不对称程度和委托代理矛盾严重程度的体现。信息成本和代理成本将会影响外部融资的影子成本。信息不对称程度越大、代理问题越严重,信息成本和代理成本就越高,外部资金的影子成本就越大,融资约束也

就越严重(Hubbard,1998;Whited,Wu,2006;Hennessy,Whited,2007)。[①]

面对宏观冲击,企业资本结构的调整幅度取决于自身的融资约束。转轨背景下的企业融资行为,是依据特定宏观条件下市场的要素供给及其价格信号做出的理性选择行为。这种理性选择受到企业融资条件的约束,企业会依据自身的融资约束程度决定融资规模的变化(或增加或减少),选择最优的股权债权融资方式,进而调整现有的资本结构。

融资约束程度较高的企业,其融资选择更多地受到信贷市场和股权融资市场上的容量约束。当宏观冲击对信贷规模和资本市场扩容限额等总量性指标产生限制时,出于对外部融资的迫切需求,这类企业会降低对融资成本的关注度,对成本指标不敏感,在某些利益驱动下甚至可能形成刚性的外部融资需求。对于融资约束程度较低的企业,由于其融资方式的选择空间更广,外部融资冲动相对较小,能够更为充分地权衡各种融资方式的成本与收益,因此宏观冲击中那些影响企业运营成本的因素就成为更为敏感的变量。由此,我们提出如下假说:

假说 2 在调整资本结构时,融资约束较严重的企业对宏观冲击中的容量性指标更为敏感,融资约束较轻的企业对成本性指标更为敏感:①对融资约束较轻的企业,资本结构的变动受贷款利率的影响更为显著;②对融资约束较轻的企业,资本结构的变动受股票市场整体收益率的影响更为显著;③对融资约束较严重的企业,资本结构的变动受信贷规模的影响更为显著;④对融资约束较严重的企业,资本结构的变动受股权扩容规模的影响更为显著。

对于假说 2,我们也提出一个分析模型:

---

① 从事前角度看,如果外部的资金提供者(既可以是外部股东,也可以是债权人)关于企业投资项目质量或风险的信息是不完美的,外部融资成本就需要包含一个"柠檬"溢价("lemons"premium),以缓解逆向选择问题;从事后角度看,经营者有权决定资金用途,如果存在监督成本和激励问题,外部的资金提供者就会要求一个较高的回报率,以补偿监督成本和潜在的道德风险问题。基于上述观念,Myers 和 Majluf(1984)、Myers(1984)、Greenwald 等(1984)讨论了股权融资成本,Jaffee 和 Russell(1976)、Stiglitz 和 Weiss(1981,1983)讨论了债务融资成本。

$$\Delta BL_{it} = a + \gamma_0 \, MacroShc_t + \varphi FC_{it} \cdot MacroShc_t + \theta FC_{it} \qquad (2)$$

其中,FC_{it} 是一个虚拟变量,取 0 表示融资约束较轻,取 1 表示融资约束较严重,θ 为其系数;$FC_{it} \cdot MacroShc_t$ 是融资约束与宏观冲击的交互项。系数 γ_0 和 $\gamma_0 + \varphi$ 分别衡量了在受到宏观冲击时,融资约束较轻与较严重的企业对各自资本结构所做出的调整量。系数 φ 反映了宏观冲击下两类企业资本结构调整行为的差异,若 φ 显著不等于 0,就表明宏观冲击对两类企业资本结构的影响存在显著差异。在后文的研究中,我们利用此模型对假说 2 加以检验。

四、数据与变量

(一)样本说明

本文选取沪深两市 A 股上市公司作为研究样本。考虑研究数据的可获得性,时间跨度设定为 1999—2008 年。若无特别说明,本文的企业微观数据均取自 Wind 数据库。我们剔除了金融类企业以及 ST 和 *ST 公司。为避免异常值对分析的影响,我们参照 Flannery 和 Rangan(2006)的做法,对企业特征变量在 1% 和 99% 分位上进行缩尾处理(winsorize)。经过上述处理,最终形成了一个包含 855 家公司 5057 个有效观测值的非平衡面板数据。

(二)变量设定

本研究涉及的变量包括:资本结构、企业特征变量、财务赤字、外生宏观冲击以及融资约束。本节第三部分单独讨论对融资约束的衡量。

遵循蒋殿春(2003)、Qian 等(2009)、赵冬青等(2008)及屈耀辉(2006)等关于中国上市公司资本结构的研究,我们采用账面杠杆(Book

Leverage,BL）即总负债与总资产的比值来衡量资本结构，也即 $BL=D/A$。由于本文要估计的是一个动态面板，为缓解内生性问题，我们选用市值杠杆（Market Leverage,ML）作为账面杠杆的工具变量。市值杠杆ML 的计算方法为总负债/（股权价值＋总负债）。股改完成之前，中国上市公司存在大量非流通股，缺乏精确的市场定价。关于股权价值，现有文献中一般有两种测算方法：(1)股权价值＝流通股本×股价＋非流通股本×每股净资产，采用这种方法的有白重恩等（2005）、夏立军和方轶强（2005）等；(2)股权价值＝流通股本×股价＋非流通股本×股价×0.3，采用这种方法的有 Chen 和 Xiong（2002）、Firth 等（2008）等。我们在文中报告了以前一种方法衡量 ML 的结果。为保证结论的稳健性，我们也采用了后一种方法来衡量 ML，结果表明，本文的结论仍然成立。

关于决定目标资本结构的企业特征变量，我们沿用 Fama 和 French（2002）、Flannery 和 Rangan（2006）及 Kayhan 和 Titman（2007）所采用的度量方法（见表 1）。表 1 还就企业特征变量对资本结构的影响做了描述，详细的论述可参见 Harris 和 Raviv（1991）、Frank 和 Goyal（2008）及 Parsons 和 Titman（2009）。

表 1　决定目标资本结构的企业特征变量

企业特征变量	度量方法	理论预测符号	前期文献主要结果
盈利能力（Prof）	息税前盈余除以总资产	＋[a] ／－[b,c]	－
企业规模（Size）	主营业务收入的自然对数	＋[a] ／－[b,c]	＋
有形资产比例（Tang）	固定资产与总资产之比	＋	＋
非债务税盾（NDTS）	折旧与总资产之比	－[a]	－
成长性（Grow）	主营业务收入增长率	－[a,c] ／＋[b]	－

说明：①为消除通货膨胀（简称通胀）的影响，所有名义变量均折算为 1990 年不变价，中国官方 CPI 指数体系编制严重滞后于现实的居民消费模式，以 CPI 度量通胀率有失偏颇，本文选用反映一般物价水平走向的 GDP 平减指数来衡量通胀率；②"＋"表示目标杠杆随该变量的增加而增大，"－"表示目标杠杆随该变量的增加而减小；③[a] 权衡理论，[b] 静态优序理论，[c] 动态优序理论。

财务赤字(financial deficit)是指企业为了满足生产经营活动的需要，通过外部融资方式筹集的资金总额。财务赤字＝营运资本变化＋投资＋股利－净现金流≡债务融资金额 ΔD ＋外部权益融资金额 Δe。遵循Frank 和 Goyal(2003)的做法，我们将财务赤字对总资产进行标准化，即 $FD=(\Delta D+\Delta e)/A$。优序理论(Myers 和 Majluf，1984)认为，企业在寻求外部资金时会优先考虑债务融资，把债务融资作为外部资金的边际来源(marginal source)。按照这一逻辑，假如企业增加财务赤字，其负债率也会随之上升。因此，一些文献通常以资本结构与财务赤字之间存在正相关关系作为支持优序理论的经验证据(Shyam-Sunder 和 Myers，1999；Frank和 Goyal，2003)。财务赤字也可能是内生决定的，比如当负债率过高时(overlevered)，企业可能会削减投资来降低财务赤字，或者用库存现金来偿还债务。此类企业行为也会导致资本结构与财务赤字正相关。由于我们模型设定的解释变量中包含了目标杠杆与上期实际杠杆之间的差值(也即杠杆赤字，leverage deficit)，可在一定程度上缓解财务赤字的内生性问题(Kayhan 和 Titman，2007)。

表 2 给出了外生宏观冲击的度量方法。尽管信贷规模和股权扩容规模采用的是事后度量指标，在一定程度上仍是供给与需求共同作用的结果，但就企业个体而言，这些指标依然能够较好地刻画企业所面临的债务融资规模约束和股权扩容限额约束。作为稳健性检验，我们还考虑了外生宏观冲击的备选度量方法，但并没有改变本文的基本结论。

表 2　外生宏观冲击的度量

外生宏观冲击	度量方法	稳健性分析中采用的度量方法
信贷规模(Cred)	各项贷款余额与 GDP 之比	贷款增加额与 GDP 之比
股权扩容规模(Equi)	股票筹资额与 GDP 之比	配股、增发筹资总额与 GDP 之比

外生宏观冲击	度量方法	稳健性分析中采用的度量方法
贷款利率(i)	年化[a]的央行金融机构一年期法定贷款利率减去通胀率	年化的央行金融机构六个月法定贷款利率减去通胀率
股票市场整体收益率(R)	上证、深证 A 股指数加权[b]收益率减去通胀率	上证、深证综合指数加权收益率减去通胀率

说明：①[a] 年化贷款利率的计算按每档利率的执行时间加权平均；[b] 以两市 A 股流通市值作为权重。②数据来源：各项贷款余额来源于《中国金融年鉴》；贷款增加额来源于《证券期货统计年鉴》；股票筹资额、GDP 来源于《中国统计年鉴》；配股、增发募集资金来源于 Wind 数据库；金融机构法定贷款利率来源于央行网站；上证、深证 A 股指数、综合指数来源于清华金融研究数据库。

（三）融资约束的衡量

关于融资约束的经验度量，尚无确定统一的标准。如何更准确地衡量融资约束，是公司金融文献仍在讨论的重要问题。早期研究一般以企业规模作为融资约束的代理变量。Fazzari 等（1988）做了开创性的工作，他们将股利支付水平作为企业融资约束程度的判断标准，认为分红越少的企业可能面临越严重的融资约束。这一策略是基于如下观念：假如拥有良好的投资机会但面临较高的外部融资成本，企业会最大限度地利用低成本的内部资金，用于新项目的投资。为了尽可能多地保留内部资金，企业会选择少分红或者不分红。此后的一系列研究都采用 Fazzari 等（1988）的方法衡量融资约束（Oliner 和 Rudebush，1989；Hoshi 等，1991；Korajczyk 和 Levy，2003）。

因为采用了先验的标准来衡量融资约束的强弱，Fazzari 等（1988）方法曾受到一些质疑。Kaplan 和 Zingales（1997）以 Fazzari 等（1988）研究中被认为是融资约束最严重的 49 家企业为样本，依据企业年报中的各项量化指标和非量化的文字信息，将这些企业划分为不同的融资约束组别，然后利用有序逻辑（ordered logit）回归，将融资约束程度和企业会计特征联系起来。Lamont 等(2001)利用 Kaplan 和 Zingales(1997)的回归结果,基于更广泛的企业样本,构造了衡量融资约束的 Kaplan-Zingales 指数(简称 KZ 指数)。

然而 KZ 指数的可靠性也受到学者们的质疑。正如 Whited 和 Wu (2006)所指出的,Kaplan 和 Zingales(1997)所采用的样本仅有 49 家企业,且都是低股利分派的企业,对更大范围更长时间跨度的企业样本是否适用,仍有待探讨。Whited 和 Wu (2006)构建了一个含有融资摩擦的跨期投资模型,通过对投资欧拉方程的大样本广义矩估计,得到 Whited-Wu 融资约束指数(简称 WW 指数)。为检验 WW 指数/KZ 指数的可靠性,Whited 和 Wu(2006)按照 WW 指数/KZ 指数的数值大小把企业划分为融资约束程度由低到高的 4 个组别,观察各融资约束组企业的财务特征(包括企业规模、现金流量、股利水平和投资水平等)是否符合经济直觉。他们发现,在 WW 指数所表征的企业融资约束下,各融资约束组企业的财务特征与经济直觉相吻合:受融资约束最严重组企业的规模、营业现金流水平和股利水平均低于其他组别的企业。在各融资约束组企业投资机会大致相同的情况下,融资约束最严重组企业的投资水平比其他组别的企业低 18%,表明该组企业在外部融资方面遇到较大的障碍。当内部资金不足以支持投资项目时,该组企业会被迫放弃投资机会,降低投资水平。而在 KZ 指数所表征的融资约束下,企业的财务特征与经济直觉明显不符:融资约束最弱组的企业,企业规模反倒最小,当融资约束变得更强时,企业的投资水平不降反升。这些有悖于经济直觉的企业特征对 KZ 指数的可靠性提出了挑战。

Hennessy 和 Whited(2007)在一个内生化投资、股利、负债率和债务违约率的动态随机一般均衡(Dynamic Stochasic General Equilibrium, DSGE)框架下,运用模拟矩估计法(simulated method of moments)估计了企业的外部融资成本,并以此为基础,检验前述几类融资约束度量方法的可靠性。他们发现,在企业规模、股利水平以及 WW 指数所表征的企业融资约束下,被划分为高融资约束组的企业有较高的外部融资成本,符合理论预期;但在 KZ 指数所表征的企业融资约束下,没有得到类似的结果。Hennessy 和 Whited(2007)认为,这可能是因为 Kaplan 和 Zingales(1997)在将企业划分为不同的融资约束组别时,所采用的分类策略实际上识别的是那些对外部资金需求更强烈而非融资约束更严重的企业。

已有的研究表明,相比于 KZ 方法,基于企业规模、股利水平以及 WW 方法的融资约束度量策略更具合理性。受到数据的限制,WW 融资约束指数的构建思路难以实现。[①]鉴于一些经验研究发现股利水平是中国上市公司融资约束严重程度的良好表征,本文采用 Fazzari 等(1988)基于股利水平的融资约束度量方法。[②] 经验上判定一个企业为融资约束较严重的企业,需要符合两个标准:一是有较高的留存比例(retention rate);二是有良好的投资机会即成长性(Korajczyk 和 Levy,2003)。我们将成长性较好且不分红的企业视作融资约束较严重的企业。借鉴 Chen(2004)、陆正飞和叶康涛(2004)、Qian 等(2009)的做法,我们以主营业务增长率衡量企业成长性,将主营业务增长率高于当年行业平均水平的企业定义为具有较好成长性的企业。这样,我们将样本划分为 4165 家次融资约束较轻的企业和 892 家次融资约束较严重的企业。

我们从企业财务特征和投资—现金流敏感性两个方面来检验本文所采用的融资约束度量方法的合理性(见表 3)。等均值 t 检验和 Kolmogorov-Smirnov 同分布检验都表明,在 Fazzari 等(1988)方法所表征的融资约束下,融资约束较轻企业的规模、盈利能力、有形资产比例、营业

---

① Whited 和 Wu(2006)的方法对样本数量有比较高的要求,他们采用的是美国上市企业 1975—2001 年的季度数据。相比之下,中国股票市场的历史要短得多,上市公司数量也相对较少。

② 魏锋和刘星(2004)发现股利支付率越小,投资越依赖内部现金流,企业的融资约束越严重。张纯和吕伟(2009)发现,信息环境改善所带来的融资约束缓解会降低企业对内部资金的依赖,进而提高现金股利发放水平。作为稳健性检验,我们还采用了基于企业规模的融资约束度量策略。

表3 不同融资约束组别企业的财务特征以及投资—现金流敏感度

	融资约束较轻的企业	等均值检验和同分布检验显著性水平	融资约束较严重的企业
企业规模(lnA)	20.592	(0.0000)***	20.246
	20.499	[0.0000]***	20.191
盈利能力(Prof,%)	5.501	(0.0000)***	3.815
	5.348	[0.0000]***	3.915
有形资产比例(Tang,%)	54.268	(0.0504)*	53.062
	54.212	[0.0650]*	52.924
营业现金流(CF/A,%)	7.379	(0.0000)***	5.732
	7.045	[0.0000]***	5.572
投资水平(Inv/A,%)	2.920	(0.0779)*	2.478
	1.224	[0.0260]**	0.767
投资—现金流敏感度	0.026	(0.0199)**	0.120***
	(0.3380)		(0.0003)
样本数	4165		892

说明:表中报告了:①不同融资约束组别企业财务特征的均值(前一行)和中位数(后一行);②不同融资约束组别企业财务特征的等均值 t 检验结果(小括号内)和 Kolmogorov-Smirnov 同分布检验结果(中括号内);③不同融资约束组别企业的投资—现金流敏感度及其显著性水平。***、**、* 分别表示在 1%、5% 及 10% 水平上显著,下表同。

现金流和投资水平都显著高于融资约束较严重的企业,这些差异性特征符合经济直觉,也与 Korajczyk 和 Levy(2003)、Whited 和 Wu(2006)的研究结论一致。关于投资—现金流敏感度的理论和经验文献指出,融资约束较严重企业的投资水平对内部资金的依赖程度更高,会呈现更为强烈的投资—现金流敏感性(Fazzari 等,1988;Hoshi 等,1991;钱震杰,2006;罗琦等,2007)。基于该观念,我们来进一步考察本文所采用的融资约束度量方法的合理性。按照相关文献的惯常做法,我们以投资水平对投资机会、营业现金流做回归(对投资水平和现金流用总资产做了标准化处理),现金流的估计系数即为投资—现金流敏感度。我们发现,融资约束较严重企业的投资—现金流敏感度显著高于约束较轻的企业(差异性检验显著性 p 值为 0.02)。融资约束较轻企业的投资—现金流敏感度为 0.026,没有表现出显著性;而融资约束较严重企业的投资—现金流敏感度为 0.120,在 1% 水平上显著为正。不同融资约束组别企业的财务特征和投资－现金流敏感度都表明,我们采用的 Fazzari 等(1988)基于股利水平的融资约束度量方法是合适的。

五、经验分析

基于资本结构的动态调整模型,本节利用 1999—2008 年沪、深两市 855 家上市公司的非平衡面板数据,检验前文提出的假说。我们首先介绍资本结构动态调整模型的标准形式,然后将宏观冲击变量引入分析框架中,最后考察宏观冲击对不同融资约束组别企业的异质性影响。

(一)外生宏观冲击与资本结构调整

1.基准模型

遵循 Flannery 和 Rangan(2006)与 Kayhan 和 Titman(2007) 的研究设计,我们将包含财务赤字的资本结构动态调整模型设定如下:[①]

$$BL_{it} - BL_{i,t-1} = \lambda(BL_{it}^T - BL_{i,t-1}) + \delta FD_{it} \tag{3}$$

$BL_{it} - BL_{i,t-1}$ 表示负债率的实际调整幅度,它由本期目标杠杆与上期实际杠杆之间的差值 $BL_{it}^T - BL_{i,t-1}$ 以及财务赤字 FD_{it} 共同决定。其中,本期目标杠杆 BL_{it}^T 由企业根据上一期的企业特征变量 $X_{i,t-1}$ 选择决定,即 $BL_{it}^T = \beta X_{i,t-1}$。根据 Flannery 和 Rangan (2006)、Kayhan 和 Titman (2007)、Frank 和 Goyal(2008)、Parsons 和 Titman(2009)的研究,在我们的研究中,这些企业特征变量包括盈利能力、企业规模、有形资产比例、非

---

① Korajczyk 和 Levy(2003)率先将宏观因素引入资本结构的计量方程。但其对目标杠杆的估计仍基于静态模型,也即以实际杠杆作为目标杠杆的替代指标对静态模型作估计并以拟合值作为目标杠杆。由于实际杠杆往往与目标杠杆存在偏差,测量误差可能致使该方法产生严重偏误(Fischer 等,1989)。资本结构动态调整模型克服了静态模型的缺陷,允许企业在每一期从初始杠杆向目标杠杆做部分而非完全的调整,能较好刻画资本结构的调整行为(Shyam-Sunder 和 Myers,1999)。

债务税盾以及成长性,即 $X=(Prof,Size,Tang,NDTS,Grow)$。[①] λ 表示调整速度,反映调整的程度与快慢。当调整的边际成本远小于偏离目标杠杆的边际损失时,调整速度趋向于 1;反之,调整速度趋向于 0。一般而言,企业面临的真实情况介于上述两种极端情形之间,企业负债率将做部分而非完全的调整,即 $0<\lambda<1$。优序理论(Myers 和 Majluf,1984)指出,外部投资者与经营者之间的信息不对称会造成"内部资金—债务融资—股权融资"的企业融资顺序偏好。为此,我们在模型中引入财务赤字 FD_{it},若系数 δ 显著大于零,就表明企业进行外部融资时会优先考虑债务融资。

式(3)经整理得到基准方程的计量形式

$$BL_{it}=(1-\lambda)BL_{i,t-1}+\delta FD_{it}+\lambda\beta X_{i,t-1}+u_i+\varepsilon_{it} \tag{4}$$

其中,u_i 表示企业个体效应(individual effect),用以控制那些难以观测和量化的非时变影响因素,ε_{it} 表示特异性误差(idiosyncratic error)。式(4)是一个动态面板,固定效应估计量不再是一致的(Nickell,1981;Bond,2002)。受 Flannery 和 Rangan(2006)的启发,我们以市值杠杆 ML 作为账面杠杆 BL 的工具变量,采用固定效应工具变量法作为估计策略。考虑到特异性误差可能存在异方差性和组内序列相关,显著性检验采用面板稳健标准误(panel-robust standard error)。

基准模型的估计结果在表 4 第 1 列中给出。检验结果表明,中国上市公司确实存在实际资本结构向着目标值做调整的现象。这与屈耀辉(2006)、王正位等(2007)、Qian 等(2009)的经验分析结果相一致,也与陆正飞和高强(2003)的调查证据相印证。由于存在调整成本,企业的实际资本结构不能立即调整到位,调整速度 λ 约为 0.35,即每年大约可以完成目标杠杆与实际杠杆差值的 35%。财务赤字的系数 δ 显著大于 0,表明上市

---

① 由于目标资本结构无法观测,我们还根据《世界经济》期刊审稿人的建议,使用多种方法测量目标资本结构,进行稳健性分析。参考屈耀辉(2006)、姜付秀等(2008)、D'Mello 和 Farhat(2008)等学者的做法,我们分别以实际资本结构的时序均值和行业年度中位数作为目标资本结构的代理变量。稳健性分析表明,本文的基本结论依然成立。

公司在进行外部融资时会优先考虑债务融资,验证了优序理论。关于企业特征变量的估计与现有经验研究(Hovakimian 等,2001;Fama 和 French,2002)的主要结果相一致。盈利能力、非债务税盾对资本结构的影响显著为负,企业规模、有形资产比例的影响显著为正,成长性的影响不显著。

2.外生宏观冲击与资本结构调整

利用资本结构动态调整框架,我们把用于检验假说 1 的经验模型式(1)改写为如下形式:

$$BL_{it} - BL_{i,t-1} = \lambda(BL_{it}^T - BL_{i,t-1}) + \delta FD_{it} + \gamma MacroShc_t \qquad (5)$$

或　　$$BL_{it} = (1-\lambda)BL_{i,t-1} + \delta FD_{it} + \lambda\beta X_{i,t-1} + \gamma MacroShc_t + u_i + \varepsilon_{it} \quad (6)$$

其中,$MacroShc_t$ 表示宏观冲击,γ 衡量了企业在应对宏观冲击时的资本结构调整量,我们主要关注 γ 的符号及显著性。

表 4　宏观冲击与资本结构调整

	宏观冲击				
	基准模型	信贷规模 $Cred$	股权扩容规模 $Equi$	贷款利率 i	股市收益率 R
$BL_{i,t-1}$	0.6453***	0.6424***	0.6645***	0.6361***	0.6418***
	(0.0232)	(0.0235)	(0.0232)	(0.0232)	(0.0230)
FD_{it}	0.2400***	0.2398***	0.2457***	0.2398***	0.2437***
	(0.0134)	(0.0133)	(0.0131)	(0.0134)	(0.0132)
$Prof_{i,t-1}$	−0.2080***	−0.2119***	−0.1978***	−0.2118***	−0.2256***
	(0.0328)	(0.0328)	(0.0326)	(0.0327)	(0.0328)
$Size_{i,t-1}$	1.9093***	1.8804***	2.1120***	1.7027***	2.0661***
	(0.4016)	(0.4078)	(0.4066)	(0.4143)	(0.3976)
$Tang_{i,t-1}$	0.0879***	0.0884***	0.0830***	0.0898***	0.0974***
	(0.0171)	(0.0171)	(0.0170)	(0.0171)	(0.0172)
$NDTS_{i,t-1}$	−0.1853***	−0.1833***	−0.1872***	−0.1768***	−0.1775***
	(0.0493)	(0.0494)	(0.0489)	(0.0497)	(0.0487)
$Grow_{i,t-1}$	−0.0001	0.0002	−0.0025	0.0010	−0.0009
	(0.0033)	(0.0034)	(0.0033)	(0.0033)	(0.0033)
$MacroShc_t$		−0.0174	−0.7110***	−0.1480***	−0.0076***
		(0.0224)	(0.1158)	(0.0525)	(0.0013)

续表

	宏观冲击				
	基准模型	信贷规模 Cred	股权扩容规模 Equi	贷款利率 i	股市收益率 R
样本数	5057	5057	5057	5057	5057
调整后的 R^2	0.4086	0.4087	0.4128	0.4103	0.4133

说明：估计策略采用固定效应工具变量法，以市值杠杆 ML 作为账面杠杆 BL 的工具变量；小括号内是各解释变量的面板稳健标准误，下表同。

由于信贷规模 Cred、股权扩容规模 Equi、贷款利率 i 以及股票市场整体收益率 R 这四个宏观冲击代理变量的相关程度较高（其中，Cred 与 Equi 相关系数为 -0.545，Equi 与 i 相关系数为 -0.515，Equi 与 R 相关系数为 0.512），若同时引入计量方程将产生较严重的多重共线性问题，因此将它们作为外生冲击的代理变量逐次引入，回归结果在表 4 第 2～5 列中给出。Equi、i、R 在 1% 水平上显著为负，验证了假说 1②～④，即资本结构与股权扩容规模、贷款利率以及股票市场整体收益率负相关。股权再融资市场准入门槛越低，再融资发行规模上限即股权扩容规模越大，企业越倾向于选择股权再融资；贷款利率越高，企业就越有动机以股权融资代替债务融资；企业经营者确实会在增发或回购时考虑股票市场的表现，倾向于在企业价值被高估时发行新股，在价值被低估时回购，上述市场时机选择行为导致资本结构与股票收益率负相关。表 4 第 2 列显示，与假说 1①的预期不同，资本结构与信贷规模 Cred 的关系并不显著，促使我们进一步考察信贷规模如何影响不同融资约束程度企业的资本结构。

(二)宏观冲击、融资约束与资本结构调整

下面我们进一步考察面对相同的外生宏观冲击，不同融资约束程度企业的资本结构调整行为是否存在差异。借助资本结构动态调整框架，我们把用于检验假说 2 的经验模型式(2)改写为：

$$BL_{it} = (1-\lambda)BL_{i,t-1} + \delta FD_{it} + \lambda\beta X_{i,t-1} + \gamma_0 MacroShc_t$$

$$+\varphi FC_{it} \cdot MacroShc_t + \theta FC_{it} + u_i + \varepsilon_{it} \qquad (7)$$

式(7)中各变量的含义同前文。γ_0 衡量了融资约束较轻的企业在应对宏观冲击时的资本结构调整量，$\gamma_0 + \varphi$ 衡量了融资约束较严重的企业的调整量，φ 衡量的是宏观冲击下两类企业资本结构调整行为的差异。γ_0、φ 和 $\gamma_0 + \varphi$ 的符号及显著性是我们的关注重点。

表5第1～4列分别报告了以信贷规模、股权扩容规模、贷款利率及股票市场整体收益率作为宏观冲击代理变量的回归结果，并报告了 $\gamma_0 + \varphi$ 的数值和显著性。可以看出，各组回归关于滞后杠杆、财务赤字以及企业特征变量的估计结果较为稳健。检验结果显示：

(1)融资约束与信贷规模的交互项在1％水平上显著为正，表明信贷规模对两类企业的影响存在显著差异。对于融资约束较严重的企业，信贷规模对资本结构的影响在5％水平上显著为正；对于融资约束较轻的企业，信贷规模的影响不显著。尽管我们发现信贷规模与资本结构的关系在整体上并不显著，这与苏冬蔚和曾海舰(2009)的结论相一致，但是在区分了融资约束程度之后，我们观察到，对于融资约束更强的企业，信贷规模的影响是显著的，该类企业的融资能力受信贷配额影响较大。

(2)两类企业的资本结构均与股权扩容规模显著负相关(在1％水平上显著)，但股权扩容规模对融资约束紧的企业影响更大，这种差异性在5％水平上显著。即股权扩容规模越低，企业股权再融资障碍越高，并且这一制约对融资约束较严重企业的影响更大。

(3)融资约束与贷款利率的交互项在5％水平上显著为正，说明贷款利率对两类企业的影响有显著差异。贷款利率对融资约束较轻的企业资本结构有显著的负影响(在1％水平上显著)，但贷款利率的影响对融资约束紧的企业并不显著。债务融资的单位成本越高，企业越有动机以股权融资代替债务融资，这种影响对融资约束较轻的企业更大。这一发现细化了唐国正和刘力(2005)关于利率与债务融资关系的研究结论。

表 5　宏观冲击、融资约束与资本结构调整

	信贷规模	股权扩容规模	贷款利率	股市收益率
	$Cred$	$Equi$	i	R
$BL_{i,t-1}$	0.6404***	0.6633***	0.6351***	0.6410***
	(0.0236)	(0.0233)	(0.0233)	(0.0231)
FD_{it}	0.2401***	0.2457***	0.2395***	0.2437***
	(0.0133)	(0.0131)	(0.0134)	(0.0132)
$Prof_{i,t-1}$	−0.2118***	−0.1962***	−0.2099***	−0.2254***
	(0.0328)	(0.0326)	(0.0329)	(0.0328)
$Size_{i,t-1}$	1.8911***	2.1203***	1.7085***	2.0752***
	(0.4082)	(0.4062)	(0.4146)	(0.3967)
$Tang_{i,t-1}$	0.0892***	0.0832***	0.0900***	0.0969***
	(0.0171)	(0.0170)	(0.0171)	(0.0172)
$NDTS_{i,t-1}$	−0.1866***	−0.1859***	−0.1762***	−0.1767***
	(0.0493)	(0.0487)	(0.0498)	(0.0487)
$Grow_{i,t-1}$	−0.0006	−0.0037	0.0003	−0.0019
	(0.0035)	(0.0034)	(0.0034)	(0.0035)
$MacroShc_t$	−0.0458	−0.5795***	−0.1973***	−0.0073***
	(0.0296)	(0.1266)	(0.0571)	(0.0014)
$FC_{it} \cdot MacroShc_t$	0.1520***	−0.7788**	0.2972**	−0.0022
	(0.0517)	(0.3403)	(0.1349)	(0.0039)
FC_{it}	−1.5954	1.1300	−0.1671	0.3463
	(1.0316)	(0.9148)	(0.3447)	(0.3228)
$\gamma_0 + \varphi$	0.1062**	−1.3583***	0.0999	−0.0095***
	[0.0236]	[0.0000]	[0.4219]	[0.0080]
样本数	5057	5057	5057	5057
调整后的 R^2	0.4098	0.4136	0.4109	0.4132

说明:中括号内是假设检验 $H_0:\gamma_0+\varphi=0$ 对应 Wald 统计量的显著性水平,下表同。

（4）两类企业的资本结构均与股市收益率显著负相关（在 1‰ 水平上显著），并且股市收益率的影响在两类企业之间没有表现出显著的差异。与苏冬蔚和曾海舰（2009）资本结构与股市表现无关的结论不同,我们发现,无论融资约束严重与否,企业经营者在增发新股时都会将股票市场的表现作为重要考虑因素,选择有利的市场时机。这与 Hovakimian 等（2001）、Kayhan 和 Titman（2007）关于美国上市公司的经验研究结论相

一致。

融资约束较轻的企业通常是国有和大型企业,而融资约束较严重的企业往往是民营和小规模企业。① 我们的经验证据表明,融资约束紧的民营和中小企业对外部融资需求的迫切程度更高,外部融资冲动强烈,更多地受到信贷规模和股权扩容规模这类容量性指标的刚性制约,对融资成本的关注度相对较低;而融资约束松的国有和大型企业对外部融资需求的迫切程度相对较低,更关注融资成本,对成本性指标的变动更为敏感。

(三)稳健性检验:基于融资约束的备选衡量方法

2000 年以来证监会将企业的现金分红与再融资资格挂钩,使得许多迫切需要再融资的企业有发放现金股利的冲动。根据前文的划分标准,发放股利的企业有较小的融资约束,而实际上部分发放股利的企业有可能更需要外部股权融资。②需要说明的是,尽管这些企业对外部资金的需求更为强烈,但并不意味着它们必然面临更为严重的融资约束。③ 不过这提示我们,在将企业划分为不同的融资约束组别时,需要特别谨慎。这里我们采用两种备选策略衡量融资约束,进行稳健性检验。伍利娜等(2003)指出,股利分配是企业的自主行为,尽管政策干预可以增加现金分红的企业数量,但对企业分红意愿实质改变不大。2000 年后分红企业的比例虽然有所上升,但其中相当大的比例是象征性的低派现企业,即为达到再融资条件而进行"蜻蜓点水"式的分红,这些企业派现额极低,每股红利大都低于 0.05 元。作为稳健性检验,我们把每股红利低于 0.05 元的企业也归为融资约束较严重的企业。这样,我们将样本划分为 3917 家次融资约束较

---

① 比较融资约束较轻的企业样本与融资约束较严重的企业样本,我们发现,前者的企业规模和国有企业比例都大幅高于后者。

② 感谢《世界经济》期刊审稿人指出这个重要的事实。

③ Hennessy 和 Whited(2007)曾指出,KZ 指数所表征的融资约束之所以有悖于经济直觉,是因为 Kaplan 和 Zingales(1997)所采用的分类策略识别的是那些对外部资金需求更强烈而非融资约束更严重的企业。

轻的企业和 1140 家次融资约束较严重的企业。需注意的是,前文把这部分每股红利低于 0.05 元的企业归为融资约束较轻的企业,可能会低估融资约束企业的数量,而备选分类策略可能会高估融资约束企业的数量。假如在备选策略下前文的结论依然成立,则我们的分析结论应该是较为可信的。

Hennessy 和 Whited(2007)的研究表明,传统的基于企业规模的融资约束度量策略也具有合理性。为确保分析结论的可靠性,我们也以企业规模(总资产对数)作为分类标准。具体来说,将规模位于所属行业最末 1/5 的企业定义为融资约束较严重的企业。行业类别划分遵循证监会 2001 年发布《上市公司行业分类指引》,参照张纯和吕伟(2009)的做法,制造业取 2 位行业代码,其余行业均取 1 位。这样,我们将样本划分为 4034 家次融资约束较轻的企业和 1023 家次融资约束较严重的企业。

两种融资约束备选衡量策略下的回归结果分别在表 6、表 7 中给出。估计结果表明,本文的基本结论仍然成立,即宏观冲击下不同融资约束组别企业的资本结构调整行为的确存在差异。

表 6　宏观冲击、融资约束与资本结构调整的稳健性检验:基于融资约束的备选测算方法(1)

	信贷规模	股权扩容规模	贷款利率	股市收益率
	$Cred$	$Equi$	i	R
$BL_{i,t-1}$	0.6415***	0.6641***	0.6360***	0.6419***
	(0.0235)	(0.0233)	(0.0233)	(0.0230)
FD_{it}	0.2399***	0.2457***	0.2393***	0.2436***
	(0.0133)	(0.0131)	(0.0134)	(0.0132)
$Prof_{i,t-1}$	−0.2117***	−0.1960***	−0.2110***	−0.2257***
	(0.0328)	(0.0326)	(0.0329)	(0.0328)
$Size_{i,t-1}$	1.9069***	2.1209***	1.7167***	2.0593***
	(0.4096)	(0.4069)	(0.4163)	(0.3973)
$Tang_{i,t-1}$	0.0895***	0.0837***	0.0900***	0.0969***
	(0.0171)	(0.0171)	(0.0171)	(0.0172)
$NDTS_{i,t-1}$	−0.1847***	−0.1838***	−0.1753***	−0.1777***

续表

	信贷规模	股权扩容规模	贷款利率	股市收益率
	$Cred$	$Equi$	i	R
	(0.0494)	(0.0486)	(0.0497)	(0.0487)
$Grow_{i,t-1}$	0.0005	−0.0025	0.0015	−0.0005
	(0.0035)	(0.0034)	(0.0034)	(0.0035)
$MacroShc_t$	−0.0514	−0.5092***	−0.2061***	−0.0064***
	(0.0318)	(0.1300)	(0.0579)	(0.0014)
$FC_{it} \cdot MacroShc_t$	0.1468***	−0.9221***	0.2670**	−0.0052
	(0.0480)	(0.3103)	(0.1226)	(0.0034)
FC_{it}	−1.5746	0.9430	−0.4785	0.0103
	(0.9586)	(0.8426)	(0.3237)	(0.3022)
$\gamma_0 + \varphi$	0.0955**	−1.4313***	0.0609	−0.0116***
	[0.0237]	[0.0000]	[0.5850]	[0.0001]
样本数	5057	5057	5057	5057
调整后的 R^2	0.4099	0.4141	0.4108	0.4134

表 7　宏观冲击、融资约束与资本结构调整的稳健性检验：基于融资约束的备选测算方法（2）

	信贷规模	股权扩容规模	贷款利率	股市收益率
	$Cred$	$Equi$	i	R
$BL_{i,t-1}$	0.6328***	0.6578***	0.6296***	0.6360***
	(0.0237)	(0.0234)	(0.0234)	(0.0232)
FD_{it}	0.2420***	0.2469***	0.2415***	0.2452***
	(0.0131)	(0.0130)	(0.0132)	(0.0131)
$Prof_{i,t-1}$	−0.2047***	−0.1938***	−0.2088***	−0.2227***
	(0.0325)	(0.0323)	(0.0326)	(0.0326)
$Size_{i,t-1}$	1.5419***	1.8678***	1.4171***	1.8163***
	(0.4081)	(0.4069)	(0.4179)	(0.3963)
$Tang_{i,t-1}$	0.0900***	0.0837***	0.0896***	0.0966***
	(0.0169)	(0.0169)	(0.0170)	(0.0171)
$NDTS_{i,t-1}$	−0.1880***	−0.1912***	−0.1815***	−0.1823***
	(0.0488)	(0.0484)	(0.0494)	(0.0485)
$Grow_{i,t-1}$	0.0012	−0.0019	0.0015	−0.0004
	(0.0033)	(0.0033)	(0.0033)	(0.0033)
$MacroShc_t$	−0.0694	−0.5309***	−0.1665***	−0.0068***
	(0.0426)	(0.1236)	(0.0564)	(0.0013)

续表

	信贷规模	股权扩容规模	贷款利率	股市收益率
	$Cred$	$Equi$	i	R
$FC_{it} \cdot MacroShc_t$	0.1898***	−0.7310*	0.0445*	−0.0036
	(0.0588)	(0.3734)	(0.0263)	(0.0038)
FC_{it}	−2.2535***	−1.1802*	−2.4303***	−2.1571***
	(0.7054)	(0.6878)	(0.6188)	(0.5879)
$\gamma_0 + \varphi$	0.1204**	−1.2619***	−0.1220	−0.0104***
	[0.0228]	[0.0002]	[0.3462]	[0.0040]
样本数	5057	5057	5057	5057
调整后的 R^2	0.4146	0.4165	0.4139	0.4166

六、主要结论

在资源配置体制改革和企业微观基础重构的经济转型背景下,宏观经济和政策因素对于企业融资决策具有显著的影响。长期以来,学界关于中国上市公司资本结构的研究多关注于企业自身特征,缺乏关于宏观环境如何影响企业融资决策的微观层面研究。本文在经典资本结构理论的基础上,结合中国信贷市场和资本市场的制度环境,探讨作为影响资金供给面因素的宏观冲击对中国上市公司股权债权融资决策的影响。本文的主要发现有:

上市公司的融资决策不仅与其自身财务特征有关,还与宏观经济条件和政府政策密切相关。经济环境及宏观政策的波动作为外生冲击,改变了企业面临的信贷环境和股权再融资环境,对企业的融资选择形成制约,进而影响资本结构的动态调整。资本结构的调整幅度是股权扩容规模、贷款利率、股市收益率的减函数。

面对相同的宏观冲击,融资约束程度不同的企业,资本结构的调整行为存在差异。那些融资约束较严重的民营和中小企业,由于外部融资需求强烈,对融资成本的关注度相对较低,资本结构的调整更多地受到信贷市场和股权再融资市场上容量性指标的刚性制约;那些融资约束较轻的国有和大型企业,外部融资需求迫切程度相对较低,对成本性指标的变动更为敏感。

具体而言,融资约束较严重企业的融资能力受制于信贷政策,银根紧缩时企业获得贷款的难度急剧增大,融资约束较轻企业的债务融资较少受到信贷配额的掣肘;股权扩容规模越小,企业股权再融资的障碍越高,这一制约对融资约束较严重企业的影响越大;贷款利率越高,债务融资的单位成本越高,企业越有动机减少债务融资,但融资约束较轻的企业对利率变化更为敏感,融资约束较严重的企业出于对资金的强烈需求而较少地关注融资成本;无论企业的融资约束严重与否,经营者在增发新股时都会将股票市场的表现作为重要的参考因素,选择有利的市场时机。

本研究有助于加深我们对宏观经济政策有效性的认识,对政府制定相应经济和货币政策具有参考价值。现行偏重于总量调节的宏观调控政策往往难以达到预期效果,因其对融资约束紧的民营和中小企业影响比较大,而对融资约束小的国有和大型企业影响不大。政策效果对于不同企业主体的差异性应当引起决策者重视,特别是要关注传导机制的微观基础。

参考文献

[1]白重恩,刘俏,陆洲,宋敏,张俊喜,2005:《中国上市公司治理结构的实证研究》.《经济研究》第 2 期,第 81—91 页.

[2]陈国权,徐碧波,2005:《制度不确定与民营企业家政治参与》.《新视野》第 1 期,第 38—40 页.

[3]黄少安,张岗,2001:《中国上市公司股权融资偏好分析》.《经济研究》第 11 期,第 1—10 页.

[4]姜付秀,屈耀辉,陆正飞,李焰,2008:《产品市场竞争与资本结构动态调整》.《经济研究》第 4 期,第 99—110 页.

[5]蒋殿春,2003:《中国上市公司资本结构和融资倾向》.《世界经济》第 7
期,第 43—53 页.

[6]李大武,2001:《中小企业融资难的原因剖析及对策选择》.《金融研究》
第 10 期,第 124—131 页.

[7]李善民,余鹏翼,2004:《中小企业在泛珠三角经济区投融资行为分析》.
《广东社会科学》第 4 期,第 43—48 页.

[8]林毅夫,李永军,2001:《中小金融机构发展与中小企业融资》.《经济研
究》第 1 期,第 10—18 页.

[9]刘星,魏锋,詹宇,Benjamin Y. Tai,2004:《我国上市公司融资顺序的实
证研究》.《会计研究》第 6 期,第 66—72 页.

[10]陆正飞,高强,2003:《中国上市公司融资行为研究——基于问卷调查
的分析》.《会计研究》第 10 期,第 16—24 页.

[11]陆正飞,叶康涛,2004:《中国上市公司股权融资偏好解析——偏好股
权融资就是缘于融资成本低吗?》.《经济研究》第 4 期,第 50—59 页.

[12]罗琦,肖文翀,夏新平,2007:《融资约束抑或过度投资——中国上市企
业投资—现金流敏感度的经验证据》.《中国工业经济》第 9 期,第
103—110 页.

[13]钱震杰,2006:《中国工业企业投资的融资约束研究》.《清华大学学报
(哲学社会科学版)》第 S1 期,第 21—29 页.

[14]屈耀辉,2006:《中国上市公司资本结构的调整速度以及影响因素——
基于不平行面板数据的经验分析》.《会计研究》第 6 期,第 58—64 页.

[15]苏冬蔚,曾海舰,2009:《宏观经济因素与公司资本结构变动》.《经济研
究》第 12 期,第 52—65 页.

[16]唐国正,刘力,2005:《利率管制对我国上市公司资本结构的影响》.《管
理世界》第 1 期,第 50—58 页.

[17]王正位,赵冬青,朱武祥,2007:《资本市场摩擦与资本结构调整——来

自中国上市公司的证据》.《金融研究》第 6 期,第 109—119 页.

[18]魏锋,刘星,2004:《融资约束,不确定性对公司投资行为的影响》.《经济科学》第 2 期,第 35—43 页.

[19]吴敬琏,2003:《当代中国经济改革》,上海:上海远东出版社.

[20]吴敬琏,2009:《中国经济 60 年》.《财经》第 20 期,第 76—96 页.

[21]伍利娜,高强,彭燕,2003:《中国上市公司"异常高派现"影响因素研究》.《经济科学》第 1 期,第 31—42 页.

[22]夏立军,方轶强,2005:《政府控制,治理环境与公司价值——来自中国证券市场的经验证据》.《经济研究》第 5 期,第 40—51 页.

[23]于蔚,钱彦敏,2011:《转型经济中宏观冲击与公司融资决策——基于资本结构动态调整框架的实证研究》.《证券市场导报》第 10 期,第 24—30 页.

[24]张纯,吕伟,2009:《信息环境、融资约束与现金股利》.《金融研究》第 7 期,第 81—94 页.

[25]张杰,2000:《民营经济的金融困境与融资次序》.《经济研究》第 4 期,第 3—10 页.

[26]赵冬青,朱武祥,王正位,2008:《宏观调控与房地产上市公司资本结构调整》.《金融研究》第 10 期,第 78—92 页.

[27] M. Baker and J. Wurgler, 2002：Market Timing and Capital Structure. *Journal of Finance*,57：1-32.

[28]S. Bond, 2002：Dynamic Panel Data Models：A Guide to Micro Data Methods and Practice. *Portuguese Economic Journal*,1(2)：141-162.

[29]J. Chen, 2004：Determinants of Capital Structure of Chinese-listed Companies. *Journal of Business Research*,57：1341-1351.

[30]Z. Chen, P. Xiong, 2002：The Illiquidity Discount in China. Yale University Working Paper.

[31]H. Choe,R. W. Masulis,V. Nanda,1993:Common Stock Offerings Across the Business Cycle. *Journal of Empirical Finance*,1:3-31.

[32]R. D'Mello,J. Farhat,2008:A Comparative Analysis of Proxies for an Optimal Leverage Ratio. *Review of Financial Economics*,17(3):213-227.

[33]E. Fama,K. R. French,2002:Testing Tradeoff and Pecking Order Predictions about Dividends and Debt. *Review of Financial Studies*,15:1-33.

[34]M. Faulkender,M. A. Petersen,2006:Does the Source of Capital Affect Capital Structure? *Review of Financial Studies*,19:45-79.

[35]S. Fazzari,G. Hubbard,B. Petersen,1988:Financial Constraints and Corporate Investment. *Brookings Papers on Economic Activity*,1:141-195.

[36]M. Firth,C. Lin,S. M. L. Wong,2008:Leverage and Investment under a State-owned Bank Lending Environment:Evidence from China. *Journal of Corporate Finance*,14(5):642-653.

[37] O. E. Fischer, R. Heinkel, J. Zechner,1989:Dynamic Capital Structure Choice:Theory and Tests. *Journal of Finance*,44:19-40.

[38] M. J. Flannery, K. P. Rangan,2006:Partial Adjustment toward Target Capital Structures. *Journal of Financial Economics*,79:469-506.

[39]M. Frank,V. Goyal,2003:Testing the Pecking Order Theory of Capital Structure. *Journal of Financial Economics*,67:217-248.

[40]M. Frank,V. Goyal,2008:Tradeoff and Pecking Order Theories of Debt,in B. E. Eckbo eds. ,Handbook of Corporate Finance:Empirical Corporate Finance(Volume 2). Amsterdam:North-Holland.

[41]M. Gertler,S. Gilchrist,1994;Monetary Policy,Business Cycles,and the Behavior of Small Manufacturing Firms. *Quarterly Journal of Economics*,109:309-340.

[42]J. R. Graham,C. R. Harvey,2001:The Theory and Practice of Corporate Finance:Evidence from the Field. *Journal of Financial Economics*,60:187-243.

[43] B. Greenwald,J. E. Stiglitz,A. Weiss,1984:Informational Imperfections in the Capital Market and Macroeconomic Fluctuations. *American Economic Review*,74:194-199.

[44]M. Harris,A. Raviv,1991:The Theory of Capital Structure. *Journal of Finance*,46(1):297-355.

[45]C. A. Hennessy,T. M. Whited,2007:How Costly Is External Financing? Evidence from a Structural Estimation. *Journal of Finance*,62(4):1705-1745.

[46]T. Hoshi,A. Kashyap,D. Scharfstein,1991:Corporate Structure, Liquidity,and Investment:Evidence from Japanese Industrial Groups. *Quarterly Journal of Economics*,106:33-60.

[47]A. Hovakimian,T. Opler,S. Titman,2001:The Debt Equity Choice. *Journal of Financial and Quantitative Analysis*,36:1-24.

[48]R. G. Hubbard,1998:Capital-Market Imperfections and Investment. *Journal of Economic Literature*,36:193-225.

[49]D. M. Jaffee,T. Russell,1976:Imperfect Information,Uncertainty, and Credit Rationing. *Quarterly Journal of Economics*,90:651-666.

[50]S. Kaplan,L. Zingales,1997:Do Financing Constraints Explain Why Investment Is Correlated with Cash Flow? *Quarterly Journal of Economics*,112:169-216.

[51]A. K. Kashyap,O. A. Lamont,J. Stein,1994：Cred Conditions and the Cyclical Behavior of Inventories. *Quarterly Journal of Economics*,109：565-592.

[52]A. K. Kashyap,J. C. Stein,D. W. Wilcox,1993：Monetary Policy and Credit Conditions：Evidence from the Composition of External Finance. *American Economic Review*,83：78-98.

[53]A. Kayhan,S. Titman,2007：Firms' Histories and Their Capital Structures. *Journal of Financial Economics*,83：1-32.

[54] R. Korajczyk, A. Levy, 2003： Capital Structure Choice： Macroeconomic Conditions and Financial Constraints. *Journal of Financial Economics*,68：75-109.

[55]O. Lamont,C. Polk,J. Saa-Requejo,2001：Financial Constraints and Stock Returns. *Review of Financial Studies*,14：529-544.

[56]M. T. Leary,Bank Loan Supply,2009：Lender Choice,and Corporate Capital Structure. *The Journal of Finance*,64(3)：1143-1185.

[57] M. Lemmon, M. R. Roberts, 2010： The Response of Corporate Financing and Investment to Changes in the Supply of Credit. *Journal of Financial and Quantitative Analysis*,45(3)：555-87.

[58]A. Levy,C. Hennessy,2007：Why Does Capital Structure Choice Vary with Macroeconomic Conditions. *Journal of Financial Economics*,54：1545-1564.

[59]S. C. Myers,1984a：The Capital Structure Puzzle. *Journal of Finance*,39：575-592.

[60] S. C. Myers, N. C. Majluf, 1984b： Corporate Financing and Investment Decisions when Firms Have Information that Investors Do Not Have. *Journal of Financial Economics*,13：187-222.

［61］S. Nickell，1981：Biases in Dynamic Models with Fixed Effects. *Econometrica*，49：1417-1426.

［62］S. Oliner，G. Rudebush，1989：Internal Finance and Investment： Testing the Role of Asymmetric Information and Agent Cost. Economic Activity Section Working Paper 101，Federal Reserve Board.

［63］C. Parsons，S. Titman，2009：Empirical Capital Structure：A Review. *Foundations and Trends in Finance*，3(1)：1-93.

［64］Y. Qian，Y，Tian，T. Wirjanto，2009：Do Chinese Publicly Listed Companies Adjust Their Capital Structure Toward a Target Level? *China Economic Review*，20：662-676.

［65］L. Shyam-Sunder，S. C. Myers，1999：Testing Static Tradeoff against Pecking Order Models of Capital Structure. *Journal of Financial Economics*，51：219-244.

［66］J. E. Stiglitz，A. Weiss，1981：Credit Rationing and Markets with Imperfect Information. *American Economic Review*，71：393-411.

［67］J. E. Stiglitz，A. Weiss，1983：Incentive Effects of Terminations： Applications to the Credit and Labor Markets. *American Economic Review*，73：912-927.

［68］T. M. Whited，G. J. Wu，2006：Financial Constraints Risk. *The Review of Financial Studies*，19(2)：531-559.

中国幼稚工业及其保护机制的选择*

随着"复关"进程的日趋逼近,国际贸易学界对幼稚工业保护问题的研究也逐渐加强,但综观所有的讨论,大都在幼稚工业的定义、范围界定和选择标准等问题上存在很大的分歧,尤其是对幼稚工业保护机制的选择,还少有研究。因此,本文拟就幼稚工业的含义和范围的理论界定及其特别保护制度的安排问题提些粗浅看法。

一、幼稚工业的含义和范围界定

什么是幼稚工业? 关税及贸易总协定(General Agreement on Tariffs and Trade,GATT,简称关贸总协定)的有关条款也没有对它进行严格的定义表述,从而使申请者对幼稚工业的界定和选择、缔约方的审议批准或驳回造成了很大的伸缩性和不确定性。因此,有必要先在理论上深化认识幼稚产业的确切含义和范围界定,以及国际上的一些通常做法。根据西方

---

* 本文原发表于《国际贸易问题》1994 年第 9 期。

64

国际贸易学大量文献和关贸总协定有关条款的精神,我们可以把幼稚产业定义为:处于新建、扩建、改造的,具有动态外部经济效应,成本递减的,且具有潜在国际比较优势的进口替代(竞争)产业①。根据这一定义,幼稚产业的内在含义和范围界定可概括为以下五个规定:

1. 具有潜在比较优势

一国的贸易优势分为静态优势和动态优势两类:静态优势是指建立在分工国现有的要素禀赋差异所产生的比较利益基础之上的现实、相对优势;动态优势是指在未来随着要素禀赋、需求结构等的发展和变化,可能在国际竞争中获得比较利益的潜在优势。衡量应保护的产业是否在分工国具有潜在比较优势的标准是:(1)该产业在保护期内赖以成长壮大的要素禀赋等条件是否真正具备;(2)该产业是未来一个时期潜在的主导产业,因此其在国内产业结构中具有高收入需求弹性和高技术进步率的特点。那么,显然在上述条件下,分工国为了发挥潜在的相对优势而实行暂时保护就是完全正当的,如果不提供保护以避免现有国外生产者的威胁,潜在的相对优势便会被扼杀在摇篮中(P. T. 埃尔斯沃思等,1992:217)。

2. 产业竞争力和"毕业"标准

具有潜在比较优势的产业"长大"的量化标准是什么?在关贸总协定乌拉圭回合补贴与反补贴协议(草案)中,提出了一个发展中国家某一产业国际市场竞争力的量化标准,也就是当发展中国家某产品的出口连续几年在该产品世界贸易中的比重达到 3.25% 以上时,就被视为有竞争力的产业(黄家楹,1993:320),我们也可以把这一标准视为幼稚产业的"毕业"条件。当然,并不是只要产品出口没有达到这一标准的产业就是幼稚工业,如果这样来衡量,我国绝大部分产业就都是幼稚工业了,即使纺织服装业

① 最为经典性的论述可以参见 W. M. Corden 的两部著作:W. M. Corden,1974:The Theory of Protection,Oxford:Oxford University Press; W. M. Corden,1985:Protection,Growth and Trade. Oxford:Blackwell Publishing;还可参见彼得·林德特,1992:《国际经济学》.北京:经济科学出版社,第173—176 页;P. T. 埃尔斯沃思,克拉克·利思,1992:《国际经济学》.北京:商务印书馆,第217—219 页。

中也只是少数几个产品达到了这一竞争力标准。因此,衡量一个产业是不是幼稚工业,还要符合幼稚工业的其他几个规定性。

3. 具有动态内部经济效应尤其是外部经济效应

当某企业的生产过程产生了一种无形的资本财富,在以后的时期内将使其他企业不必为之付费而共享其收益时,就具有了动态外部经济效应。在这种情况下,就存在着社会边际收益大于私人企业边际收益的情形,在产权明晰的市场经济条件下,先行企业也不愿意做这种投资,不愿意承担学习期间的损失和风险,所以就需要关税或非关税壁垒这种社会(国家)手段来促其实现,即所谓肯普标准(小岛清,1987:302)。但是,如果某一产业具有动态内部经济效应,而又由于企业信息的不完善、资本市场发展不充分等存在着某些经济扭曲或失真,也必须通过贸易壁垒干预来改变生产模式,从而保护新建工业的成长。

4. 时间、动态因素

幼稚产业保护论与其他赞成保护的论据不同之处在于,它是动态的,主张的保护只是暂时的,为保护所付出的代价是短暂的、有限的。因此,"时间"因素就成为幼稚产业保护论不可缺少的方面,但它不能依赖于静态性的规模经济而成立[1],因规模经济是一个静态概念,它是指在任何时点上作为产量规模扩大的结果而导致的成本递减,而动态经济(或时间经济)是指整个时间长度内产量持续增长而出现的成本下降,只有后者才能构成幼稚产业保护论的一个重要论据。

在图 1 中,横轴用来衡量进口竞争产品的数量,纵轴表示价格。AA'为这个国内生产者的私人平均成本曲线,如果这个企业不存在外部经济和这个经济也不存在其他扭曲,那么 AA' 也就是社会平均成本曲线,而且我们这里仍假定这个企业形成一个单独的产业。SS' 为进口供给曲线,需求

---

[1] 国内大多数作者把"规模经济"作为保护扶植幼稚产业的一个论据,显然也是错误的。

曲线可能因人口增长或人均实际收入的增长向右移动。$D_1D_1{}'$表示在时期t_1的需求曲线,$D_2D_2{}'$为时期t_2的需求曲线。在没有关税或补贴的情况下,生产只能在t_2就开始,只有在以税率为ST/OS的关税保护下,生产才能在t_1就开始。当需求曲线向右移动时,产量规模就能扩大,成本将下降,而关税就能逐渐削减,甚至在t_2,关税保护就能撤消。显然,这个曾是"幼稚"的产业长大了,但是,这实际上是一个假幼稚产业,同需求曲线的一个移动联系的静态规模经济不能为保护提供论据。这不过说明为了建立起一个小于OH产量的早熟产业,需要付出很高的社会成本。

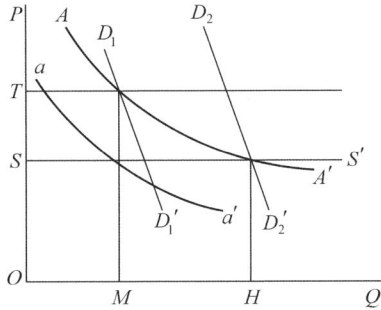

图 1　幼稚产业与规模经济

然而,如果现在我们假定这个企业具有动态外部经济,那么社会平均生产成本曲线aa'就位于私人成本曲线AA'以下,当产量为OM时,两条成本曲线之间的边际偏离就为ST,如果OM产量有充分的市场,在国内能够销售出去,那么就应该设置税率为ST/OS的关税保护,使国内这个产业能在t_1生存并生产产量OM。当需求曲线向右边移动时,关税率就能逐步削减,直到t_2就可能完全撤除。因此在这里,是国内生产所存在的这种边际偏离引起的外部性,才为贸易保护提供了论据,而仅仅同国内需求曲线的移动联系起来的国内静态规模经济,它不能成为这个产业需要暂时性保护的充足理由。

幼稚产业保护的暂时性因素主要有:这种学习本身就是暂时的,这是产业幼稚时期的一个特点。在产业幼稚时期,可能被迫使用关税为它提供保护,但一旦这种产品的进口已经完全被国内生产所替代,关税的保护就能撤除;而且如果这个企业已经确立了本应避免的垄断地位,从而它已在正常利润以上从事生产,这种贸易保护就应该终止。

5.适合于本国市场前景较好的、具有成本递减趋势的产业

严格地说,就是要求被保护的幼稚产业在长大后给社会带来的收益足以弥补社会为保护它付出的成本,这也即所谓穆勒—巴斯塔布尔检验标准(金祥荣,1993a:231－232)。我们先假定潜在的幼稚产业由一个单独企业组成,学习过程仅仅限制于初期。在图 2 中,横轴衡量进口竞争产品的数

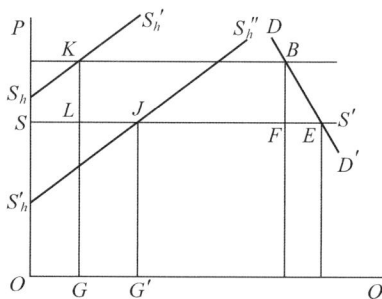

图 2　穆勒—巴斯塔布尔标准

量,纵轴表示价格。S_hS_h' 表示初期的幼稚企业的供给曲线,SS' 为这种产品的进口供给曲线,OS 为进口价格,DD' 为需求曲线。在关税率为 ST/OS 的关税保护下,国内产量为 OG,为生产 OG 所付出的成本 SS_hKL,这是关税保护带来的生产扭曲成本,或者说是生产方面的纯福利损失,另外这个关税保护造成的消费成本为 FBE。这两个成本的总和代表了学习投资的成本。这个投资引起供给曲线(边际成本曲线)在后期移动到 $S_h'S_h''$。在这条新的供给曲线下,最优产量变为 OG',这时这个企业的边际成本就等于进口成本。如果在后期实行自由贸易,也即撤除关税壁垒,那么来自这个学习投资的收益就为 $SS_h'J$。如果在后期虽然学习已经停止,但仍然实施关税保护,那么学习投资的收益面积 $SS_h'J$ 还应减去由于关税带来的

保护成本。根据巴斯塔布尔的观点,要求后期的平均成本必须低于进口价格,这是因为初期的学习投资必须得到补偿。而很简单的道理是,当边际成本等于进口替代成本时,平均成本肯定低于它。

根据上述五个规定性选择幼稚产业,也就确立了幼稚产业保护的范围、时间性、经济合理性和动用社会(国家)手段的必要性,以及与关贸总协定精神一致的合法性。

二、我国幼稚工业的选择

关贸总协定对保护幼稚工业没有提出很明确的定义,通常的做法是,先由缔约方提出申请,经双方协商,最后经关贸总协定审定批准予以承认。我们应根据前文提出的幼稚工业的内在规定性,对每一个工业部门的细分行业加以评估论证,对需加保护的幼稚工业提出充分的数据和理由,从而争取使之纳入关贸总协定的法律框架内得到合法保护。根据幼稚工业的内在规定性,我国在选择幼稚工业的重点保护对象时,应以发挥贸易的动态比较优势为原则,按照国家中长期产业结构调整的需要,主要选择作为中长期内出口主导产业的机电产业和高新技术产业中的有关幼稚工业加以重点保护。

我国经济发展已进入重化工业阶段,尤其是消费结构的变化,要求重工业快速增长将成为近中期经济快速发展的主要支柱(刘国光,1993:26—30)。随着产业结构向重型化转变,近几年来,我国出口产品结构的产业基础也发生了较大变化。1990—1992年,机电产品的出口占出口总额的比例从17.9%上升到约23%,黑白电视机等的世界出口市场的占有率已达到4.90%(1989年)。尤其是沿海地区,随着近几年来的资源禀赋条件的变化,虽然工业结构仍以机械、纺织、化学、冶金、食品、建材等六个行业为主体,但是相对地位发生了变化,其中机械、化学、冶金、建材等本地区需求强劲,实力较强,技术具有优势,产值份额有所上升;纺织、食品等工业部门由于受原材料供给紧张的制约,地位逐步下降,而无论哪一个部门,都在向高加工度化方向发展,高档耐用消费品和装备性投资类产品产值相对于工业产值的增长弹性系数高于国内其他地区。按照赫克歇尔—俄林理论,在经济发展过程中,同非熟练劳动力增加相比,资本和技能的积累增长得更快,从而使得在生产和贸易结构中,制成品所占份额不断上升。林德特通过对国内需求变化和出口贸易结构两者之间的关系进行分析,证实了一国的相对生产成本和出口格局随国内需求的演变而相应发生变化,即一国首先通过为国内市场生产而使其制成品生产逐步获得相对优势,从而扩大相关制成品的出口,这是贸易结构演变的一般规律。但是,我国尤其沿海地区机电产品的出口份额仍然很小,出口商品结构与其产业结构仍背离很大。究其原因,从重化工业本身来看,我国虽然已建立起庞大的工业体系,但技术水平普遍落后,面临着大规模的技术改造任务。另一方面也说明经过五至七年的努力扶植和培育,重化工业尤其是机电产业成为我国中长期的出口主导产业,并具有较好的产业基础、国内市场前景和潜在的比较优势。

借鉴产品竞争力标准来衡量,我国重化工业尤其是机电产业中目前应该重点保护的幼稚工业主要有:汽车、家用电器、计算机、有色金属产品、无机化学品、办公机械设备及附件等(见表1)。这些产业普遍产业关联、带动度、技术进步率和产品附加值很高,尽快扶植和培育成为我国的主导产业(同时也是主导出口产业),是带动我国中长期内经济持续高速增长的支撑,也有利于彻底改善国际贸易条件和实现出口商品结构转变的第二个目标——由以粗加工、低附加值制成品为主向深加工、高附加值制成品为主的转变。因此,对这些产业予以暂时保护,从长期看,对中国和整个世界都有利。

表 1 我国部分量化幼稚工业的产品竞争力（1987—1989 年）

产业（产品）分类	世界市场占有率（%）
汽车（载重汽车）	0.10
电视机（主要是黑白电视机）	4.90
其他机动陆路车辆	0.27
拖拉机	0.29
计算机	0.10
电冰箱	0.39
照相机	0.76
空调器	0.14
有色金属产品	0.84
无机化学品	0.78
冶金用有色贱金属	0.07
航空器材及设备零件	1.78
医用电子设备	0.30
自动数据处理设备	2.36
造纸机械及零件	0.21
电子管、光电管等	2.48
印刷装订机械	0.16
钠铁产品	1.18
办公机械设备及附件	1.95
非电动机械工业	0.53
内燃机及零件	1.35
土木工程机械	0.62

资料来源：中国海关统计。

三、幼稚工业特别保护制度的安排

对幼稚工业的保护不仅是暂时的，而且要付出沉重的社会代价，而保护机制的正确选择就是既要确保保护体制安排与国际多边贸易体制的协调性和保护的最佳效果，又要使保护的社会成本或损失降低到最低限度（Mill，1919；919；Bastable，1921）。这就需要借鉴美国、欧洲共同体（简称欧共体）和日本等发达市场经济国家的通常做法，在关贸总协定等多边经济贸易协定的法律框架内,在对各种保护手段和机制(包括能起到保护作用的所有产业政策和贸易政策)充分论证和选择的基础上,制定相应的国内法,建立一整套幼稚工业的特别保护制度。

(1)关贸总协定的法律框架。中国作为发展中国家,目前人均国民生产总值(GNP)还只有 370 美元的水平,尚属低收入的发展中国家(人均GNP 在 375 美元以下),到 20 世纪末也只能达到 1000 美元左右的中等偏下的发展中国家的收入水平,经济发展还处于初期阶段。因此,一旦"复关",我国拥有使用关贸总协定第 18 条第一、二、三节的权利。第 18 条前言和前三节规定,只能维持最低生活水平标准,或经济处于发展初级阶段的缔约方为了建立一个新的工业或为了保护刚刚建立、尚不具备竞争能力的工业,可以根据第 18 条第一、二、三节暂时背离关贸总协定其他各条的规定:①为某一特定工业的建立提供关税保护,可以根据既定程序修改或撤销有关减让表中所列的某项减让,而没有受关税减让表约束的部分产品关税可以自行决定提高。②当缔约方经济迅速发展时,由于努力扩大国内市场和贸易条件的不稳定,为了克服国际收支困难以及保护其对外金融地位和保证有一定水平的储蓄以满足实施经济发展计划的需要,可以采取限制准许进口的商品数量或价值的办法来控制进口的一般水平。③为了建立特定工业,在第 18 条第 13 款的规定下几乎可以采取任何措施。

可见,关贸总协定本身给"幼稚工业"的保护提供了一个法律框架,但它提供的保护是有针对性、时间性、强调经济合理性的递减保护。

(2)保护机制的选择。保护手段可以分为产业政策如补贴、优惠贷款等和贸易政策两大类;而后者又可以分为关税与非关税贸易壁垒两类;非关税贸易保护手段还可分为数量性限制如进口配额、自愿出口限制、本地含量要求、政府采购政策和行政性限制如最低价格保证、反倾销和反补贴行动等。对幼稚工业保护形式和机制的选择和配置主要须考虑这样几个因素:①关贸总协定第 18 条第一、二、三节所提供的法律框架;②提供有效保护;③保护的社会成本降到最小①;④使生产方面的效率损失和消费者付出的成本降到最小;⑤较好的可控性和透明度。

从各种保护措施的机制及其经济效应分析看,首先,采用产业政策如典型的生产补贴等优于关税等限制进口的贸易政策。在图 3 中,横轴表示进口竞争产品的数量,纵轴衡量价格。进口产品的供给曲线为 SS',于是 OS 是进口的自由贸易价格。国内的进口竞争产品的供给曲线为 HH',但它(边际私人成本)大于不同产量水平下生产的边际社会成本,如图 3 中 HH' 位于 hh' 的上方,这表明由于产业关联和学习效应很大的某个幼稚工业造成了某些种类的外部经济。假定国内产品与进口竞争产品具有完全替代性,这产品的国内需求曲线为 DD',它代表了国内产品和进口的需求组合。如果让国内生产者根据他们的边际私人利益进行决策,也即在自由贸易下,国内生产为 OA,消费为 OB。很显然,这时的生产产量小于社会意愿水平 OA'。为了扩大生产至 OA',可以通过关税调节来达到。例如,只要对进口产品课征以税率为 ST/OS 的从价关税,就能形成使国内产量扩大至 OA' 的效应。应该注意的是,在这里关税的作用是通过产品价格的变化来调节发挥的。关税提高了国内生产者的产品价格,在图 3 中,价格从 OS 上升到 OT,从而使国内产量扩大到 OA'。这个产品的价格提高以后,消费者减少消费至 OB'。这样从生产和消费两方面挤压,使进口从 AB 减到 $A'B'$。因此,用关税来矫正偏离,这个社会能否获益就取决于社会剩余收益 KNL 与消费损失 FVW 之间的相对大小。

同上述关税调节相比,使用生产补贴来矫正上述生产偏离是更好的政策选择。只要使用一个同上述关税率相同的从价补贴率,就能使国内生产者的供给曲线向下移,一直移动至 hh'。从而国内产量从 OA 扩大至 OA',这时这个生产补贴的保护效应与关税是相同的,但是消费者面临的产品价

---

① 这里是指在符合穆勒—巴斯塔布尔检验标准的条件下,如何选择保护机制使保护的社会成本最小。

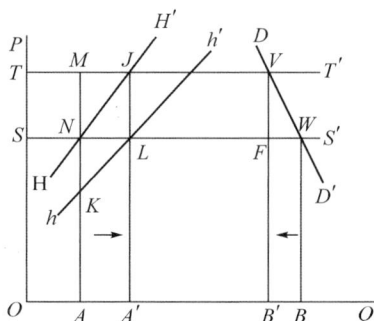

图 3

格仍然是 OS,这里就不存在消费效应和消费者剩余损失。当然进口效应
也减少了,进口减少效应仅仅来自生产方面,因此,进口只从 AB 减少至
$A'B$。最后,在生产补贴下对生产者也具有收入再分配效应,在图 3 中为
扩大产量至 OA' 的生产补贴成本为 $STJL$,但它不再是来自消费者,而是
来自财政部门。可见,使用产业政策来限制进口,矫正生产偏离,所导致的
新扭曲和福利损失减少了。因此,在一般情况下,尤其是针对工业已具有
一定竞争能力,而不必采取严格的进口限制来"锁住"开放门户的产业,采
用产业政策不仅对社会造成的损失较小,而且保护措施的可控度大,政府
有权控制和调节补贴,从而促使企业提高效率。

其次,从关税与直接数量限制如典型的进口配额比较来看[1],一般认
为,配额与关税是可以替代使用的,它们的主要差别在于关税收益与配额
利润之间的这种"收益效应"上,但如果政府不是行政性地分配进口许可
证,而是预先拍卖这些许可证,那么政府也可以拥有这些配额利润。除此
之外,就这两种保护方式的静态经济效应而言,似乎没有什么"差别"了。
但在具体选择贸易政策时,我们还应对两者之间的以下差别加以注意:
①在关税运作中,其贸易限制依赖的是价格机制,而在进口配额的情况下,

---

[1] 关税与出口配额也即自愿出口限制的效应比较,可参见金祥荣,1993:《关贸总协定的"灰色区
域"——自愿出口限制的保护机制及其经济效应》,《国际贸易问题》第 12 期,第 32—38 页。

这种价格机制的作用是被否定的。如果人们认为市场机制是最有效率的资源配置机制,那么关税可能是最好的选择;如果人们认为使用行政性的计划不仅必要,而且更有效率且产生较少的扭曲成本,那么进口配额是更好的政策选择。②从比较静态分析的角度看,配额与关税的经济效应有重大的差别,在图 4(a)中,对每单位 CD 的限制进口产品课征关税率为 t 的名义关税,从而使进口竞争产品的国内价格 P_w 上升到 $P_w(1+t)$。在图 4(b)中,同样的进口和价格效应可以 $C'D'$ 的进口配额限制来获得。现在假定居民可支配收入的增长,使国内进口竞争产品的需求曲线从 D_h 移动到 D_h'。在关税保护的条件下,国内价格依然在 $P_w(1+t)$,新增的需求可以通过从 CD 到 CF 的进口扩大来满足,并且假设需求曲线从 D_h 到 D_h' 的移动仍使纯福利损失不变,而在配额的情况下,进口必须仍然限制在 $C'D''$ ($=C'D'$)的水平。在需求扩张的条件下,国内价格进一步上升到 P_h',而进口继续限制,新增的需求必须由进口替代部门的供给扩大来满足,这时纯的福利损失增加了。③进口配额比关税更大程度上伤害经济增长。进口配额使相对低效率的生产部门比效率更高的部门更能获得资源而扩大生产。对一个给定的固定配额来说,在市场扩大过程中,通过提高进口替代品的价格,给国内进口替代部门提高有效保护率,而这破坏了资源有效的再配置。④从资源配置的最终效应看,配额倾向于用国内资源来组织供

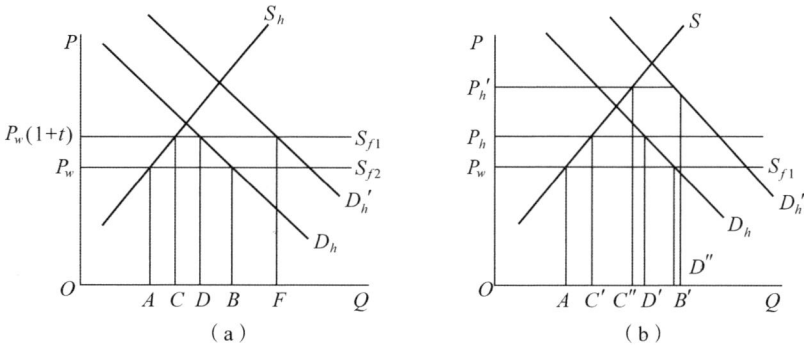

图 4

给；而关税更倾向于用海外资源来组织供给。因为进口配额倾向于在海外供给者之间实施贸易歧视政策。

我们把我国的进口机电产品根据不同的消费主体归为三大类，也即民用消费、集团消费和生产经营消费机电产品。如果某类产业具有关贸总协定第18条第一、二、三节规定的保护权利，那么，可根据这三类消费者对进口品的偏好强度和行为选择各种保护措施。由于一般来说，居民消费及其行为不存在外在性，对价格变化具有理性反应，因此对这类幼稚工业的保护宜以关税化为主；但又考虑到目前国内消费者具有强烈的"崇外"消费偏好，以及一些重要的出口生产者如东芝、索尼等对新兴国际市场开拓具有强大的攻击力，因此可以考虑采用以双边机制为主的"灰色区域"措施如自愿出口限制，甚至动用第18条第二、三节的保护手段。而对生产经营性进口机电产品的限制，由于正在实行企业制度的改革，生产者尤其是国营企业的产权界定不清晰，生产者创新动力不足，对进口依赖过大，而且对进口产品的价格变化缺乏反应。因此对这类产品的进口限制就近期来说，宜以进口配额为主，只是随着现代企业制度的建立和完善，逐步向关税化调节为主过渡。对政府的集团性消费，则更宜采用直接数量限制为主，而这又首先应推出政府采购政策条例。

当然，还要注意对不同加工深度及阶段的幼稚工业进口竞争产品，运用关税升级理论保持一个合理的关税结构；同时，对尤其是关税化开放的进口竞争产品，应尽快出台反倾销、反补贴法，以维护公平贸易。

参考文献

[1]彼得·林德特，1992：《国际经济学》.北京：经济科学出版社.

[2]P. T. 埃尔斯沃思，克拉克·利思，1992：《国际经济学》.北京：商务印书馆.

[3]黄家楹，1993：《关贸总协定与中国社会主义市场经济》.北京：中国政法

大学出版社.

［4］小岛清,1987:《对外贸易论》.天津:南开大学出版社.

［5］金祥荣,1993a:《关税与非关税壁垒的效应分析》.北京:学苑出版社.

［6］金祥荣,1993b:《关贸总协定的"灰色区域"——资源出口限制的保护机制及其经济效应》.《国际贸易问题》,第 12 期,第 32—38 页.

［7］刘国光,1993:《1993 年中国:经济形势分析与预测》.北京:中国社会科学出版社.

［8］W. M. Corden,1974：The Theory of Protection. Oxford：Oxford University Press.

［9］W. M. Corden,1985：Protection,Growth and Trade. Oxford：Blackwell Publishing.

［10］J. S. Mill,1919:Principle of Political Economy. London：Macmillan Education Ltd.

［11］C. F. Bastable,1921：The Commerce of Nations. 10th Edition. London：Macmillan Publishing Co.

环境政策差异与区域产业转移[*]

——一个新经济地理学视角的理论分析

一、引　言

自西部大开发以来,西部地区的工业与经济规模获得较快增长,但伴随而来的却是西部地区的生态环境日益恶化。西部地区的产业发展与东部产业向西部的转移关系密切,已呈现出"污染西迁,高技术产业东移,工业产值向东部地区集聚"的现象和趋势。1986 年至 1995 年间,污水化学需氧量(Chemical Oxygen Demand,COD)排放向西迁移了 12%,二氧化硫排放向西迁移了 3%(罗宏等,2000:3)。1990 年至 2002 年间,COD 和二氧化硫排放向西迁移了 4%,工业烟尘排放向西迁移了 9%(杨英,2008:287)。近年来,这一现象仍然十分突出。据国家统计局数据显示,从 2002 年到 2010 年,西部地区工业废气排放量占全国的比例从 22% 上升到

　　*　本文原发表于《浙江大学学报:人文社会科学版》2012 第 42 期,是本书作者与谭立力合作所著。

28%,工业固体废物产生量占全国的比例从 26% 上升到 31%,COD 排放占全国的比例亦从 21% 上升到 27%[1]。在个案上,从 2009 年陕西凤翔儿童血铅超标事件开始,一系列与高污染企业西迁关系密切的严重环境事件频频见诸报端。2012 年 5 月,陕西省凤县又出现四百余名儿童被查出血铅超标的恶性环境污染事件,成为舆论焦点。由于东西部地区之间存在显性和隐性的环境政策差异,在我国区域产业转移的过程中,西部逐渐成为"污染避难所"[2]。

相对落后的西部地区希望用一定的环境代价交换工业规模的扩大和经济的发展,的确情有可原。"在经济发展水平较低的阶段,环境污染对人的总福利影响要小得多,因为温饱问题的影响来得更大、更直接。因此,在'初级阶段'动用一切资源、不惜一切代价解决一点基本需要是难免的。"(苏杨,2005:37)遗憾的是,"污染西迁"的同时,高新技术企业却在东迁,工业产值进一步向东部集聚。东部区域 GDP 占全国 GDP 的比例从 1991 年的 53% 上升到 2002 年的 57%,2009 年又上升到 59%[3]。更值得关注的是,从 2002 年至 2009 年,东部地区高新技术产业总产值占全国的比例从 84.1% 上升到 85.37%,专利授权量占全国的比例更是从 74.5% 上升到 78.1%[4]。西部地区承受了持续的"污染迁入",但这种环境代价却似乎没有换来期望中的经济规模和发展速度。对于我国目前存在的"污染西迁,高技术产业东移,工业产值向东部集聚"的现象,已有文献更关注"污染西迁"这一方面,却少有研究将其与"高技术产业东移"相联系,并在区域产业转移和区域经济集聚的背景下做统一分析(王兵等,2010;陆旸,2012;朱平

① 根据《中国统计年鉴》(2003 年、2011 年)计算得出。参见中华人民共和国国家统计局,2003,2011:《中国统计年鉴》.北京:中国统计出版社。

② "污染避难所"效应指"肮脏"产业向环境政策较宽松地区迁移的现象,该现象在贸易理论中广受关注。

③ 根据《中国统计年鉴》(1999 年、2003 年、2010 年)计算得出。参见中华人民共和国国家统计局,1999,2003,2011:《中国统计年鉴》.北京:中国统计出版社。

④ 根据《中国高技术产业统计年鉴》(2003 年、2010 年)计算得出。参见中华人民共和国国家统计局,2003,2010:《中国高技术产业统计年鉴》.北京:中国统计出版社。

芳等,2011)。其中规范的理论模型更为罕见。本文拟从新经济地理学的视角出发,为这一现象提供一种整体解释。同时,也从理论上分析环境政策差异影响区域产业转移的作用机制,考察较宽松的环境政策到底是能够在总量上换取更大的工业份额,还是仅仅会吸引"肮脏"产业,驱逐"清洁"产业,引起完全不利于本地的区域产业结构变动。

新经济地理学为本文的研究提供了一个一般均衡框架,可以分析存在规模经济的差异化工业部门和贸易成本(Chamberlin,1933;Krugman,1991)。然而,传统新经济地理学模型并不对工业部门进行细分,而是将工业部门作为一个整体加以考虑。Fujita 等(1999a:210—211)经济学家的研究指出,这种仅仅从总量的角度讨论产业集聚的思路并不完善,如果能将工业部门划分为不同的行业加以考察,研究工业部门中不同行业间的相互作用及其给区域产业结构带来的影响,将会是一项非常有价值的工作。在讨论产业政策问题的效果时,对工业部门不同行业的区分更有必要。一方面,各类政策对不同行业的作用常常是不对称的;另一方面,和工业总量相比,人们有时更关注产业结构的变化,比如产业转型升级问题。但是,对工业部门不同行业进行区分的新经济地理模型的关注凤毛麟角(Takatsuka et al,2009;Zeng,2006;Zeng,2008),与政策问题相结合的研究更是未有所见。其中,Zeng(2006)将工业部门划分为多个拥有不同技术的行业后发现,虽然从总量上看,再分散过程和分散过程没有差异,但地区产业结构却发生了重要的变化,要素密集度不同的行业分别聚集到了不同的地区。

本文将建立两个地区两个部门的双要素模型,并将工业部门划分为高污染和低污染两个类别。此时,地区环境政策差异将引起两方面效应:一是地区工业分布的总量效应,即从总量上看,工业部门在两地区的分布情况如何变化;二是地区行业分布的结构效应,即因为环境政策差异影响不同行业区域分布的不对称性,导致地区产业结构发生变动。研究表明,环境政策差异引发的两种效应的机制是不同的,因此,两种效应对环境政策差异的敏感性大不相同。于是,笔者建立了一个可以综合分析工业部门总量分布和地区产业结构变动的框架,为"污染西迁,高技术产业东移,工业产值向东部集聚"现象提供一种可能的解释。

二、基本模型

(一)要素禀赋和市场结构

考察一个由发达和欠发达两个地区构成的经济系统,生产过程中需要投入两种要素:熟练劳动力和非熟练劳动力。非熟练劳动力在地区间不能流动,但可以在本地各部门各行业间自由选择工作。熟练劳动力可以在地区间自由流动,但具有行业专用性。熟练劳动力的行业专用性是容易理解的,因为长期专门化的教育培训使跨行业工作变得非常困难。假设发达地区拥有同样比例的熟练和非熟练劳动力禀赋为 T,欠发达地区设为 t。

本文假定该经济系统包括农业和工业两个部门。农产品是无差异的,农产品市场是完全竞争市场,并且农产品地区间贸易不需承担运费。工业品是差异化的,工业品市场是垄断竞争市场。Dixit-Stiglitz 的垄断竞争框架既保留了产品的差异化和市场势力的存在,又使经济系统可以达到一般均衡状态,是新经济地理学研究工业部门地区分布的基础性设置。同样,根据新经济地理学的另一重要传统,假设工业品地区间贸易需承担"融冰式"运费 $\tau > 1$,即将一单位产品运抵外地,本地必须起运 τ 个单位的商品。

(二)消费者效用和企业生产技术

代表性消费者在工农两部门间具备 C-D 效用函数,在工业部门内部具备 CES 效用函数。

$$U = C; C = C_M^{\mu} C_A^{1-\mu},$$

$$C_M = (\int_{i=0}^{N_1+n_1+N_2+n_2} c_i^{1-1/\sigma} \mathrm{d}i)^{1/(1-1/\sigma)}, 0 < \mu < 1 < \sigma \qquad (1)$$

其中 C_M 和 C_A 分别是对差异化工业品和农产品的消费量；N_1、n_1 分别是发达地区和欠发达地区高污染行业生产的差异化产品种类数，N_2、n_2 分别是发达地区和欠发达地区低污染行业生产的差异化产品种类数，因为每一家企业生产一种差异化工业品，它们同时也是对应地区和行业的企业数；μ 是差异化工业品消费占总消费的份额；σ 是任意两种差异化工业品间的替代率。代表性消费者预算受地区平均劳动工资约束。

农产品生产仅需投入非熟练劳动力，采用规模报酬不变的生产技术，并且地区间生产技术无差异。考虑农产品贸易没有成本且农产品面对的是完全竞争市场，可以得到农产品价格为 $P_A = \alpha_A W_L$。其中，α_A 为农业部门生产效率，这里不妨设为 1；W_L 为非熟练劳动力工资。采用非熟练劳动力为计价物，则 $W_L = 1$，此时 P_A 也为 1。需要特别注意的是，这里假设任何一个地区都没有足够的非熟练劳动力单独从事农业生产来满足全部的农产品需求，即每一个地区都只有部分非熟练劳动力从事农业生产。这一假设既直观，又保证了各地区、各部门、各行业中非熟练劳动力工资形成机制的有效性。

差异化的工业品生产需要投入熟练劳动力和非熟练劳动力，且不同行业的生产效率受当地环境政策的影响程度不同。环境政策对低污染行业没有影响，而对于高污染行业，更严苛的环境政策将提高企业的边际生产成本。据此，设两个行业在两个地区的成本函数分别为：

发达地区的高污染企业：$\theta G_1 + (\alpha + k) x W_L$ \qquad (2)

欠发达地区的高污染企业：$\theta g_1 + \alpha x W_L$ \qquad (3)

发达地区的低污染企业：$\theta G_2 + \alpha x W_L$ \qquad (4)

欠发达地区的低污染企业：$\theta g_2 + \alpha x W_L$ \qquad (5)

其中,θ 是单个企业的固定成本(固定投入仅需熟练劳动力),G_1、g_1、G_2、g_2 是相应地区行业雇用熟练劳动力的工资,x 是产量,α 是单个企业的单位边际成本(边际成本仅需非熟练劳动力)。k 是由于发达地区严苛的环境政策,当地高污染企业必须承担的额外单位边际成本(额外的治污投入、排放税费等),它刻画了地区间的环境政策差异。由于环境成本在企业生产成本中所占比重较小(Walter,1973:63—67),则 $k \ll 1$。同时不妨假设 $\theta = 1$,即每一个工业企业仅雇用一个熟练劳动力,再假设 $\alpha = 1$,此时 N_1、n_1、N_2、n_2 亦可表示对应地区对应行业雇用的熟练劳动力数量。

(三)产品市场均衡

本文采取新经济地理学的传统假定,即产品市场调整是瞬时完成的,可流动要素的空间调整相对缓慢。因此,在产品市场均衡分析中可暂不考虑熟练劳动力的地区间流动。从消费者效用最大化条件容易导出发达地区对代表性工业品的需求函数

$$C_j = \frac{P_j^{-\sigma} \mu H}{\Theta} ; \Theta = \int_{i=0}^{N_1 + n_1 + N_2 + n_2} P_i^{1-\sigma} \mathrm{d}i \tag{6}$$

其中,H 是发达地区的消费总额,Θ 是发达地区差异化工业品的价格总水平。对于欠发达地区同样有

$$c_j = \frac{P_j^{-\sigma} \mu h}{\wedge} ; \wedge = \int_{i=0}^{N_1 + n_1 + N_2 + n_2} P_i^{1-\sigma} \mathrm{d}i \tag{7}$$

其中,h 是欠发达地区的消费总额,$\wedge$ 是欠发达地区差异化工业品的价格总水平。这里假设熟练劳动力收入均回家乡进行消费。因此,$H/h = T/t$。

面对上述需求函数,由企业在 Dixit-Stiglitz 竞争框架下的垄断竞争市场中实现利润最大化,可以导出各地各行业企业在本地和外地的均衡销售价格:

发达地区高污染企业:

本地价格为 $P_1 = \dfrac{1+k}{1-1/\sigma}$；外地价格为 $P_1^* = \dfrac{\tau(1+k)}{1-1/\sigma}$

欠发达地区高污染企业：

本地价格为 $p_1 = \dfrac{1}{1-1/\sigma}$；外地价格为 $p_1^* = \dfrac{\tau}{1-1/\sigma}$

发达地区低污染企业：

本地价格为 $P_2 = \dfrac{1}{1-1/\sigma}$；外地价格为 $P_2^* = \dfrac{\tau}{1-1/\sigma}$

欠发达地区低污染企业：

本地价格为 $p_2 = \dfrac{1}{1-1/\sigma}$；外地价格为 $p_2^* = \dfrac{\tau}{1-1/\sigma}$

在 Dixit-Stiglitz 竞争框架下，单个企业的运营利润可以表示为其销售收入与 σ 的比值，Px/σ。因为每个企业仅雇用一个熟练劳动力，此时各地区对应行业企业运营利润即为相应地区行业雇用熟练劳动力的工资 G_1、g_1、G_2、g_2。联合需求函数（6）、（7）和各地均衡价格，可以得出各地区各行业雇用熟练劳动力的工资。

发达地区的高污染行业：

$$G_1 = \beta\left(\frac{bT}{bN_1+N_2+\Phi n_1+\Phi n_2} + \frac{\Phi bt}{n_1+n_2+\Phi bN_1+\Phi N_2}\right) \tag{8}$$

欠发达地区的高污染行业：

$$g_1 = \beta\left(\frac{t}{n_1+n_2+\Phi bN_1+\Phi N_2} + \frac{\Phi T}{bN_1+N_2+\Phi n_1+\Phi n_2}\right) \tag{9}$$

发达地区的低污染行业：

$$G_2 = \beta\left(\frac{T}{bN_1+N_2+\Phi n_1+\Phi n_2} + \frac{\Phi t}{n_1+n_2+\Phi bN_1+\Phi N_2}\right) \tag{10}$$

欠发达地区的低污染行业：

$$g_2 = \beta\left(\frac{t}{n_1+n_2+\Phi bN_1+\Phi N_2} + \frac{\Phi T}{bN_1+N_2+\Phi n_1+\Phi n_2}\right) \tag{11}$$

其中，$\beta = \mu/\sigma$；$\Phi = \tau^{1-\sigma}$ 表示运输成本，取值在 $[0,1]$ 区间，越接近 0 表示运费

越高;$b=(1+k)^{1-\sigma}$表示发达地区环境政策相对严苛程度,取值在$[0,1]$区间,越接近 0 表示相对欠发达地区越严苛。因为$k\ll1,b$接近于1。我们不妨假设两地初始禀赋之和为 1,即$T+t=1$;高污染行业专用熟练劳动力总量为 1,即$N_1+n_1=1$;低污染行业专用熟练劳动力总量为$N_2+n_2=1$。此时,N_1、N_2分别表示高污染和低污染两类行业在发达地区分布的比例,取值在$[0,1]$区间。而T则表示了在原始要素禀赋中发达地区所占的份额,取值在$[0,1]$区间。显然,发达地区具有较高的初始要素禀赋,因此,可以把发达地区看作新经济地理学中的"大国",从而进一步假设$T>0.5$。

三、均衡及稳定性分析

现采用常规的动态系统描述熟练劳动力的地区间流动:

$$\begin{cases} \dot{N}_1=(1-\dot{n}_1)=(G_1-g_1)(1-N_1)N_1 \\ \dot{N}_2=(1-\dot{n}_2)=(G_2-g_2)(1-N_2)N_2 \end{cases} \tag{12}$$

该描述方式比照了演化博弈论中关于复制动态的研究,广为新经济地理学经典文献采用(Baldwin et al, 2003:20;Fujita et al,1999b:6—9)。当然,因为需要联合考虑两个行业的区位选择,本文的分析会更复杂一些。

首先,考察完全内点解,即N_1、n_1、N_2、n_2均不等于 1,也不等于 0 的情形。此时解方程组

$$\begin{cases} G_1=g_1 \\ G_2=g_2 \\ N_1+n_1=1 \\ N_2+n_2=1 \\ T+t=1 \end{cases} \tag{13}$$

得到

$$N_1=-\frac{2}{b-1},n_1=\frac{1+b}{b-1},N_2=\frac{2b}{b-1},n_2=-\frac{1+b}{b-1} \tag{14}$$

即

$$\frac{N_1}{N_1+n_1}=-\frac{2}{b-1};\frac{N_2}{N_2+n_2}=\frac{2b}{b-1} \tag{15}$$

易知,当 $b\in[0,1]$ 时,$-2/(b-1)\in[2,\infty)$,$2b/(b-1)\in(-\infty,0]$,同 $[0,1]$ 均无交集,此时模型没有完全内点解。

其次,考察完全角点解。完全角点解可能包括四种情况:(1)高、低污染行业均完全集聚在发达地区($N_1=1,n_1=0,N_2=1,n_2=0$);(2)高污染行业完全集聚在发达地区,低污染行业完全集聚在欠发达地区($N_1=1,n_1=0,N_2=0,n_2=1$);(3)高污染行业完全集聚在欠发达地区、低污染行业完全聚集在发达地区($N_1=0,n_1=1,N_2=1,n_2=0$);(4)高、低污染行业均完全集聚在欠发达地区($N_1=0,n_1=1,N_2=0,n_2=1$)。角点解稳定的充分必要条件是:当某行业完全集聚在一地时,该行业在当地雇用熟练劳动力的工资高于该行业在另一地雇用熟练劳动力的工资,此时集聚的行业专用熟练劳动力即行业规模不会流向另一地。据此逐一检验四种完全角点解,发现无一稳定[1]。

最后,考察半内点解,即一个行业完全集聚在一地,而另一行业在两地都有分布。半内点解也包含四种情况:(1)高污染行业完全集聚在发达地区,低污染行业在两地分布($N_1=1,n_1=0,G_2=g_2$);(2)高污染行业完全集聚在欠发达地区,低污染行业在两地分布($N_1=0,n_1=1,G_2=g_2$);(3)低污染行业完全集聚在发达地区,高污染行业两地分布($N_2=1,n_2=0,G_1=g_1$);(4)低污染行业完全集聚在欠发达地区,高污染行业两地分布($N_2=0,n_2=1,G_1=g_1$)。半内点解稳定的充分必要条件包括两个方面:对于完全集聚的行业,其在集聚地雇用熟练劳动力的工资应高于在另一地雇用熟练劳动力工资;对于两地均有分布的行业,其在均衡($G_1=g_1$ 或 $G_2=g_2$)

---

[1] 检验过程包括求解和稳定性分析,由于计算过程烦琐,此处略去,有兴趣的读者可以向作者索取。

附近对行业分布的微小外生扰动具备恢复能力（即应满足$\dfrac{\partial(G_1-g_1)}{\partial N_1}<0$

或$\dfrac{\partial(G_2-g_2)}{\partial N_2}<0$）。据此逐一求解检验发现，唯一稳定的半内点均衡解

为：低污染行业完全集聚在发达地区，高污染行业两地分布[①]。据此可得：

$$\begin{cases} N_1=\dfrac{-bT-\Phi b-\Phi^2 b+\Phi^2 Tb+1+\Phi-T+\Phi^2 T}{\Phi b^2-\Phi^2 b-b+\Phi} \\ N_2=1 \end{cases} \tag{16}$$

综上所述，该系统仅有半内点解：低污染行业完全集聚在发达地区，高污染行业两地分布。由此得到：

命题 1：只要欠发达地区与发达地区之间存在环境政策差异（$b\neq1$），哪怕这种差异相对微弱，在经济系统中，所有完全内点解和完全角点解均不稳定。唯一稳定的均衡为半内点形式：低污染行业完全集聚在发达地区，高污染行业两地均有分布，但主要分布在欠发达地区。

四、环境政策差异的经济效应

（一）环境政策差异在区域产业转移中的总量效应和结构效应

首先分析环境政策差异在区域产业转移中的总量效应。如果在工业部门中不区分行业，也不考虑环境政策及其地区差异，根据著名的"母市场效应理论"（Home Market Effect，HME）（Krugman，1980：950；Martin et al，1995：335—337），工业部门的地区分布 N 存在内点均衡，并且同地区初始要素禀赋保持如下关系：

$$N=\frac{1}{2}+\frac{1+\Phi}{1-\Phi}\left(T-\frac{1}{2}\right)=T+\frac{\Phi(2T-1)}{1-\Phi}>T \tag{17}$$

---

① 检验过程包括求解和稳定性分析，由于计算过程烦琐，此处略去，有兴趣的读者可以向作者索取。

即初始要素禀赋占优的发达地区可以获得比初始要素禀赋优势更倾斜的工业部门份额。

非常有趣的是,本文建立的模型虽然仅有一个稳定的半内点解,各行业稳定分布情况大相径庭,但如果从两地区各自占有的工业份额总量上看,与上述母国市场效应理论经典模型非常相似。发达地区工业总量占全部工业的比例为:

$$\frac{N_1+N_2}{2}=\frac{N_1+1}{2}=\frac{1}{2}+\frac{1+\Phi}{b-\Phi}\left[\frac{1}{2}\cdot\frac{(1-\Phi)(1+b)}{1-\Phi b}\cdot T-\frac{1}{2}\right] \quad (18)$$

进一步分析可以发现:

$$\lim_{b\to1}\frac{1}{2}+\frac{1+\Phi}{b-\Phi}\left[\frac{1}{2}\cdot\frac{(1-\Phi)(1+b)}{1-\Phi b}\cdot T-\frac{1}{2}\right]=\frac{1}{2}+\frac{1+\Phi}{1-\Phi}\left(T-\frac{1}{2}\right) \quad (19)$$

即当环境成本在企业生产成本中所占比重较小($b\to1$)时,环境政策差异对工业部门总量地区分布的影响是非常有限的。

下面进一步分析环境政策差异在区域产业转移过程中的结构效应。环境政策差异对工业部门总量地区分布的影响非常有限。然而在引入两个行业后,笔者发现,即便环境成本在企业生产成本中占比较小($k\ll1,b\to1$)(Walter,1973:63—67),但由于行业间的相互作用,它能够剧烈地影响地区产业结构。由公式(18)和(19)可以看出:一方面,高污染行业因能够享受较低的边际成本而向欠发达地区集聚,直至占有母国市场效应中允许欠发达地区获得的全部工业份额($n_2=0$;$n_1=1-N_1=2-(N_1+N_2)=n_1+n_2$)。另一方面,由于高污染行业向欠发达地区聚集,又由于运输成本的存在,发达地区高污染行业产品的价格较高,而欠发达地区高污染行业产品的价格较低。在购买力不变的前提下,低污染行业产品在发达地区将具有相对更广阔的市场,最终驱使本来在欠发达地区没有发展劣势的低污染行业完全集聚到发达地区($N_2=1$)。由此可得:

命题2:一方面,环境政策差异的总量效应非常微弱。欠发达地区降低环境政策门槛难以扩大自身的工业生产份额。另一方面,环境政策差异的结构效应却非常强烈。欠发达地区较低的环境政策门槛将剧烈地改变两地区的产业结构,强烈地驱逐低污染的"清洁"行业,同时吸引大量高污染的"肮脏"行业集聚在欠发达地区。

(二)环境政策差异在区域产业转移中的福利效应

根据上述分析,欠发达地区放松环境政策约束难以提高自身的工业总量份额,却将低污染企业完全驱逐到了发达地区。值得注意的是,上文的分析中并没有考虑高污染行业集聚在当地形成的负外部性。下面,笔者将在福利分析中逐步引入高污染行业的环境负外部性。

若不考虑环境污染,发达地区和欠发达地区分别的总福利水平可用它们各自的间接效用函数表示为

$$W_1 = \frac{H}{[bN_1 + N_2 + \Phi n_1 + \Phi n_2]^{\frac{\mu}{1-\sigma}}} \tag{20}$$

$$W_2 = \frac{h}{[n_1 + n_2 + \Phi bN_1 + \Phi N_2]^{\frac{\mu}{1-\sigma}}} \tag{21}$$

其中,$H = (G_1 + G_2 + L)T$,$h = (G_1 + G_2 + L)(1 - T)$,分别为发达地区和欠发达地区消费者的总支出。$T > 1/2$,因此 $H > h$,又因为发达地区生产更多种类的工业品,当地居民能享受更低的价格指数,即

$$[bN_1 + N_2 + \Phi n_1 + \Phi n_2]^{\frac{\mu}{1-\sigma}} < [n_1 + n_2 + \Phi bN_1 + \Phi N_2]^{\frac{\mu}{1-\sigma}}$$

因此,在不考虑环境污染时,发达地区享有比欠发达地区更高的福利水平,即 $W_1 > W_2$。

进一步假设当高污染行业在一个地区集聚时,将产生负外部性,从而降低当地的总福利水平。显然,这种下降的程度应与当地高污染行业的分布数量有关。调整后的两地区福利水平为

$$W_1^* = \frac{H}{[bN_1 + N_2 + \Phi n_1 + \Phi n_2]^{\frac{\mu}{1-\sigma}}} - Z(N_1) \tag{22}$$

$$W_2^* = \frac{h}{[n_1 + n_2 + \Phi b N_1 + \Phi N_2]^{\frac{\mu}{1-\sigma}}} - Z(1 - N_1) \qquad (23)$$

其中，$Z'(\cdot) > 0$，$Z''(\cdot) < 0$，$Z(\cdot)$ 刻画了高污染行业在集聚地产生的负外部性。在对结构效应的分析中已经得到，由于环境政策差异的存在，低污染行业将完全聚集到发达地区（$N_2 = 1$）。因此，高污染行业在发达地区的分布量远小于其在欠发达地区的分布量（$N_1 \ll n_1 = 1 - N$），即高污染行业将主要分布在欠发达地区，形成所谓的"污染避难所"，从而可得 $Z(1 - N_1) \gg Z(N_1)$，即由于高污染行业在欠发达地区集聚，较之发达地区，欠发达地区的福利水平蒙受了较大的损失。由此得到：

命题 3：一方面，由于集聚经济的存在，发达地区本来就享有更高的福利水平；另一方面，由于环境政策差异导致的产业转移和区域产业结构变动，欠发达地区接纳了大部分的高污染行业，从而承受了大部分的环境负外部性和与环境污染相关的福利损失。

五、结 论

本文建立了一个把工业部门进一步划分为高污染、低污染两个行业的新经济地理学模型。研究发现，在区域产业转移的过程中，地区环境政策差异对区域产业分布存在结构效应和总量效应。两种效应由于发生机制不同，对地区环境政策的敏感性存在较大差异。特别是当环境成本在企业生产成本中所占比重较小时，环境政策差异导致地区产业结构剧烈变动，但对工业部门总量的地区分布的影响却非常微弱。这为我国目前出现的"污染西迁，高新技术产业东移，工业产值向东部集聚"现象提供了一种可能的理论解释。一方面，东部地区日益严格的环境政策和西部地区日益宽松的环境政策导致了明显的地区间环境政策差异，这种差异通过强烈的结构效应驱使高污染行业西迁，使西部成为"污染避难所"。另一方面，由于从总体上看,环境成本在企业生产成本中所占比重较小,环境政策差异带来的微弱的总量效应并没有改变工业总量向具有初始要素禀赋优势的东部集聚的趋势。由于交通等其他比较优势的存在,这种趋势甚至可能加剧。更重要的是,由于剧烈的结构效应,往往是技术含量高、附加值高的"清洁"行业完全聚集在了东部地区。

因此,即便不考虑环境污染的负外部性,希望通过降低环境标准、拉大环境政策差异来吸引工业企业以环境换产值的区域政策,往往是难以奏效的。降低环境标准难以从总量上增加工业份额,却强烈地吸引了"肮脏"行业,驱逐了"清洁"行业。考虑环境污染负外部性的福利分析后还发现,降低环境标准不仅无法增加欠发达地区的工业经济规模,反而使之蒙受巨大的福利损失。

参考文献

[1]罗宏,王金南,曹东,2000:《西部大开发面临的环境挑战及其对策》.《环境科学研究》第 4 期,第 1—5 页.

[2]杨英,2008:《我国东、西部地区污染密集产业转移比较研究》.《生态经济(学术版)》第 1 期,第 285—288 页.

[3]苏杨,2005:《糟得很和好得很——西部发展高耗能、高污染产业利弊分析》.《中国统计》第 7 期,第 37—39 页.

[4]王兵,吴延瑞,颜鹏飞,2010:《中国区域环境效率与环境全要素生产率增长》.《经济研究》第 5 期,第 95—109 页.

[5]陆旸,2012:《从开放宏观的视角看环境污染问题:一个综述》.《经济研究》第 2 期,第 146—158 页.

[6]朱平芳,张征宇,姜国麟,2011:《FDI 与环境规制:基于地方分权视角的实证研究》.《经济研究》第 6 期,第 133—145 页.

[7]中华人民共和国国家统计局,1999:《中国统计年鉴》.北京:中国统计出

版社.

[8]中华人民共和国国家统计局,2003:《中国统计年鉴》.北京:中国统计出版社.

[9]中华人民共和国国家统计局,2011:《中国统计年鉴》.北京:中国统计出版社.

[10]中华人民共和国国家统计局,2003:《中国高技术产业统计年鉴》.北京:中国统计出版社.

[11]中华人民共和国国家统计局,2010:《中国高技术产业统计年鉴》.北京:中国统计出版社.

[12] E. Chamberlin, 1933: The Theory of Monopolistic Competition. Cambridge:Harvard University Press.

[13] P. Krugman, 1991: Increasing Returns and Economic Geography. *Journal of Political Economy*,99(3),483-499.

[14] M. Fujita, P. Krugman, T. Mori, 1999a: On the Evolution of Hierarchical Urban Systems. *European Economic Review*, 43(2): 209-251.

[15]M. Fujita, P. Krugman, A. Venables,1999b: The Spatial Economy: Cities,Regions,and International Trade. Cambridge:MIT Press.

[16]H. Takatsuka, D. Z. Zeng,2009:Dispersion Forms:An Interaction of Market Acess,Competition,and Urban Costs. *Journal of Regional Science*,49(1):177-204.

[17]D. Z. Zeng,2006:Redispersion Is Different from Dispersion:Spatial Economy of Multiple Industries. *Annals of Regional Science*, 40 (2):229-247.

[18]D. Z. Zeng,2008:New Economic Geography with Heterogeneous Preferences:An Explanation of Segregation. *Journal of Urban*

Economics,63(1):306-324.

[19]I. Walter,1973:The Polution Content of American Trade. *Western Economic Journal*,11(1):61-70.

[20]R. Baldwin,R. Forslid, P. Martin et al. ,2003:Economic Geography and Public Policy. Princeton:Princeton University Press.

[21]P. Krugman,1980:Scale Economies,Product Diferentiation,and the Patern of Trade. *American Economic Review*,70(5):950-959.

[22] P. Martin, C. A. Rogers, 1995:Industrial Location and Public Infrastructure. *Journal of International Economics*, 39 (3-4): 335-351.

不完全竞争、破产与企业资本结构选择 *

一、问题的提出

在存在一个外生的投资机会的条件下，企业如何根据自己的目标函数和收益成本约束，选择一个适当的资本结构，使得企业的市场价值达到最大一直是倍受经济学家关注的问题。对于现实世界中企业如何选择自身的融资方式的理论研究，从研究方式来划分，大体可以分为三个体系：一是以 Durand(1952：215－247)为主的早期企业融资理论学派。二是以 MM 理论为中心的现代企业融资理论学派(现代企业融资理论学派前面承接了 Durand 等人的观点，往后主要形成两个分支：一支是税差学派，主要研究企业所得税、个人所得税和资本利得税之间的税差与企业资本结构的关系；另一支是破产成本学派，主要研究企业破产成本对企业资本结构的影响问题。这两个分支最后再归结形成权衡理论，主要研究企业最优资本结

＊ 本文原发表于《浙江大学学报：人文社会科学版》2003 第 33 期，是本书作者与虞慧晖合作所著。

构取决于各种税收收益与破产成本之间的平衡）。三是进入 20 世纪 70 年代以来，随着非对称信息理论研究的发展，诸多学者开始从不对称信息的角度对企业融资问题进行研究，其中包括新优序融资理论、代理成本理论、控制权理论、信号理论等。

然而，现有的这些资本结构选择理论，都未能对以下两个经验事实做出令人满意的解释。首先，根据企业资本结构选择理论，由于企业的债务享有公司所得税方面的免税优惠，因而在其他条件相同的情况下，适用公司所得税税率较高的企业债务水平应该相应地也较高。但是实证的研究表明，大多数情况所得税税率较高的企业债务水平相对较低，呈现出一种财务保守（financial conservative）的行为特征。一般来说，企业的实际债务水平仅为企业资本结构选择理论所预测的企业最优债务水平的 20％～30％（Wald，1999）。其次，同一个行业中相似的企业之间存在着显著不同的资本结构。根据企业资本结构选择理论，影响企业资本结构选择的因素主要有企业所处的经济环境，企业所在的行业特征以及企业自身的特点。按照这一理论，同一国家同一行业中的相似企业之间应该具有相似的资本结构，但 Van der Wijst（1989）及 Riding，Haines 和 Thomas（1994）的实证研究却得出了与理论预测相反的结论。

为了解决上述理论预测与实证研究不符的难题，在本文中我们尝试着在产品市场不完全竞争的基础上分析企业如何进行资本结构选择。我们的基本思想是：企业债务的存在有可能导致企业的破产[①]，破产法所规定

---

　　①　有一点必须指明的是：破产和清算是两个不同的概念，正如 Haugen 和 Senbet（1978）所指出的，破产是资产的一种转移（a transfer of asset），而清算却是一种资本预算决策（capital budget ing decision），因而破产并不意味着企业一定会进行清算。

的法定破产程序①，延缓了破产企业在下一阶段的投资决策②。这种延缓本身是成本不高的，但由于产品市场是不完全竞争的，因而这种延缓导致了破产企业在产品市场竞争中处于一种策略劣势（strategic disadvantage）。企业间最终的均衡结果取决于企业的固定生产成本的高低：如果固定生产成本较低，产品市场上相互竞争的企业之间会采用相同的策略，最终的均衡结果是对称的；如果企业的固定生产成本较高，相互竞争的企业之间将采取不同的策略：一家企业寻求债权的税收优惠，另一家企业寻求股权的策略效应，最终的均衡结果是不对称的。

关于企业资本结构选择与产品市场竞争之间的关系，许多经济学家都从不同的角度进行了分析。对于这一问题的理论研究，主要可以分为三个不同的派别：一派是以 Brander 和 Lewis（1986）为代表，他们从债权的事前承诺（pre-commitment）效应的角度分析了企业资本结构的选择对其产品市场竞争力的影响。他们认为企业债务的发行，负债比例的上升可以使得企业在产品市场竞争中更具进攻性（aggressive），从而增强其在产品市场上的竞争力。Maksimovic（1986，1988）和 Michel Poitevin（1989）的研究也得出了相似的结论。他们的这一结论在 Kovenock 和 Phillips（1996：403—408；1997：767—803）的实证研究中得到了部分的验证。另一派则是

① 尽管目前世界上在被使用的破产程序有很多不同，但它们都不外乎两大类：现金拍卖（cash auction）和规则的协商（structured bargaining）。在现金拍卖中，企业或者作为一个存续的整体（a going concern）或者被拆散后出售，也即企业被清算。从资产出售中所得到的全部收入按绝对优先规则（APR）在所有的索赔人之间进行分配。在规则的协商中，首先要根据债权人所拥有的债权的类型将他们分为不同的类别，然后指定一些委员会或受托人代表每一类型，由法官监督这些委员会之间的协商过程，以确定对企业采取的行动计划和价值分配方案。在这一过程中，通常仍然由在职的经理人经营企业。一项计划要得到通过，必须得到每一组债权人按价值计算 2/3 多数、按数目计算简单多数的同意。在一定的条件下，对一组债权人可以强制实施一项计划（the cram down provision）。

② 企业面临破产时，可以有两种选择：一是债权人之间进行私下的协商（workout），二是进入法定的破产程序。我们在这里的分析虽然主要是考虑破产企业进入法定的破产程序对其资本结构选择的影响，但实质上即使破产企业选择在债权人之间进行私下的协商以解决其财务困境，我们的分析也同样是适用的。因为我们所重点考察的不是破产的各种直接成本和间接成本，而是破产对企业投资的延缓作用，这种延缓作用无论是在法定的破产程序还是在私下的协商中都是存在的。只不过在法定的破产程序中这种延缓作用更为明显。

以 Bolton 和 Scharfstein(1990)为代表,他们的观点与 Brander 等人的观点完全相反,他们从掠夺性定价的角度提出企业的高负债水平使其在产品市场竞争中处于不利的地位。Fudenberg 和 Tirole(1986),Maksimovic 和 Titman(1991)的研究也得出了相似的结论。Chevalier(1995a,b)的研究也从实证角度为上述理论模型提供了有力的支持。除上述这两种主要的理论观点外,还有一些经济学家,如 Rotemberg 和 Scharfstein(1990),Showalter(1995),Dasgupta 和 Titman(1998),Povel 和 Raith(2000),综合了上述两派的观点,认为在不同的条件下,企业资本结构对于其产品市场的竞争力有着不同的影响。但是上述这些文章都仅仅考察了企业的资本结构选择与产品市场竞争相互关系的一个侧面,并且忽略了投资决策在其中的传递作用。本文弥补了这点不足,全面分析了这三者之间的关系。本文的其余部分结构如下:第二部分介绍了基本模型,第三部分对模型的均衡结果进行了详细分析,第四部分简述了我们的理论结果与已有的一些实证研究之间的关系,并提出了今后进一步的发展方向。

二、基本模型

我们考察一个双寡头垄断市场上企业间有限次重复博弈的模型。市场上的两家同质企业 A、B 生产的产品具有一定的替代性,两家企业在产品市场上进行产量竞争。市场对于产品的需求是不确定的。具体来说,产品需求函数形式如下:

$$p = \alpha - \beta(q_a + q_b) \tag{1}$$

其中,斜率 β 为常数且大于 0,截距 α 是随机变量,其密度函数为 $f(\alpha)$,$\alpha \in (\underline{\alpha}, \bar{\alpha})$。我们假定 α 值足够大,以保证在均衡状态时对应于任意的 α 值,市场价格 p 都大于 0。

企业最初的投资水平 $I_i(i = a, b)$ 既决定了企业的生产能力,也决定了

企业的生产成本。企业生产的成本函数是线性的

$$I_i = \theta + \mu q_i (i = a, b) \tag{2}$$

其中,θ 是生产的固定成本,μ 是生产的边际成本。

企业间的博弈顺序如下,后期的博弈在此基础上重复进行。

(1)两家企业各自选择一定的融资工具来满足自身的资金需求。我们假定资本市场是充分竞争的,因而企业的任何融资需求都可以得到满足。产品市场的需求状况即 α 是未知的。

(2)两家企业进行各自的投资决策,从而决定了它们各自的生产成本及生产能力[①]。产品市场上的需求状况即 α 确定,且为双方的共同知识(common knowledge)。α 的大小决定了企业是否具有清偿能力,从而决定了企业在下一阶段博弈的形式。

(3)两家企业进行各自的产量决策。两家企业各自的产量水平及 α 共同决定了市场上的产品价格及企业各自的收益水平。企业的收益在扣除企业所得税并偿付了期初所发行的证券后剩余部分即为企业的利润。我们假定企业所得税税率为 τ。同时,为了分析的方便,我们假定无论是债权收益还是股权收益,其个人所得税税率都为 0,这一假设对于我们最后的均衡结果并没有实质性的影响。

企业可以通过债权和股权两种方式进行融资,我们假定企业各自的债务融资水平为 $D_i (i = a, b)$。如果 D_i 不足以满足企业的资金需求,其余的部分依靠股权进行融资。如果企业的预期收益在扣除企业所得税后足以偿付企业的债务,企业进入下一阶段的博弈,否则企业进入破产程序。由于法定的破产程序在实际操作中过程烦琐、耗时较长[②],这使得进入破产

---

① 企业本阶段的投资决策是受企业上阶段的融资决策约束的。

② 从法定破产程序的各项规定来看,破产企业的经理人拥有比索赔人更多的实质性权利,因而破产程序对破产企业的在职经理人来说是相对软弱的,这种软弱使得一家企业从申请破产到最终从破产程序中退出要花费大量的时间。Flynn(1989),Gilson,John 和 Lang(1990),LoPucki 和 Whitford(1990)的实证研究发现,按照法定的破产程序,大约有 2/3 的破产企业从提出破产申请到最终从破产程序中退出一般要花费两到三年的时间,而且企业的规模越大,这一时间也就越长。

程序的企业将不得不延迟下一阶段的投资决策,由此影响了企业的后续生产能力。

三、均衡结果的分析

我们用逆向归纳的方法来分析博弈的均衡结果:我们首先来分析第二阶段企业间子博弈的均衡结果,然后在给定第二阶段子博弈均衡结果的条件下分析企业在第一阶段的均衡策略[①]。在第二阶段,企业间进行博弈的可能形式有两种:Nash 博弈和 Stackelberg 博弈。企业间博弈采用的具体形式取决于在第一阶段末企业预期的未来收益能否清偿企业的负债。如果两家企业都有清偿能力而同时进入下一阶段的博弈或都无清偿能力而同时进入破产程序,那么在下一阶段企业间进行的是 Nash 博弈;如果一家企业有清偿能力而另一家企业无清偿能力,那么在下一阶段企业间进行的是 Stackelberg 博弈:有清偿能力的企业成为领头企业,相应的无清偿能力的企业成为尾随企业。在企业间进行 Stackelberg 博弈的情况下,企业生产的固定成本的大小对于最终的均衡结果有很大的影响。根据产业组织理论,如果企业生产的固定成本为 0,那么对于破产企业[即 Stackelberg 博弈中的尾随企业(follower)]而言,以较小的生产规模继续存在于市场上是有利可图的,有清偿能力的企业[即 Stackelberg 博弈中的领头企业(leader)]既没有激励也没有能力将尾随企业逐出市场;如果企业生产的固定成本足够大,那么对于领头企业而言,扩大生产规模,降低产品价格以使得尾随企业的利润水平低于其固定成本从而将其驱逐出市场,自身成为市场上的唯一垄断者是可行的也是最优的。因此企业生产的固定成本的大小对破产的边际成本从而对最终的均衡结果有很大的影响。下面我们就

---

① 由于我们假定企业间进行的是有限次重复博弈,并且企业间一次博弈的均衡结果是唯一的,因此博弈最终的均衡结果等同于一次博弈的均衡结果。

根据固定成本的大小来分情况对均衡结果进行分析。

1. 企业生产的固定成本等于 $0^{①}$，即 $\theta = 0$

首先我们来分析企业在第二阶段进行博弈的均衡结果。在第二阶段企业间博弈的可能形式有两种，在这里我们先来分析 Nash 博弈的均衡结果。

在第二阶段，在给定企业 B 的产量水平的条件下，企业 A 选择自己的产量水平以最大化自己的预期利润，即

$$\max_{q_{2a}}(1-\tau)(pq_{2a}-I_a-D_a) = \max_{q_{2a}}(1-\tau)\left[(\alpha-\beta(q_{2a}+q_{2b})-\mu)q_{2a}-D_a\right]$$

$$\tag{3}$$

对(1)式进行一阶求导，得到企业 A 的反应函数

$$q_{2a} = \frac{\alpha-\mu}{2\beta} - \frac{q_{2b}}{2} \tag{4}$$

同理，企业 B 的反应函数为

$$q_{2b} = \frac{\alpha-\mu}{2\beta} - \frac{q_{2a}}{2} \tag{5}$$

对上述两个反应函数联立求解，得到第二阶段博弈的 Nash 均衡解：

$$q_{2a} = q_{2b} = \frac{\alpha-\mu}{3\beta} \tag{6}$$

$$E\pi_{2a}^N = (1-\tau)\left[\frac{(\alpha-\mu)}{9\beta} - D_a\right] \tag{7}$$

$$E\pi_{2b}^N = (1-\tau)\left[\frac{(\alpha-\mu)}{9\beta} - D_b\right] \tag{8}$$

下面我们来分析两家企业在第二阶段进行 Stackelberg 博弈时的均衡

---

① 根据企业所可能获得的利润水平，我们可以把企业生产的固定成本分为四个区间：$\theta=0$，$\theta \in [0, E\pi_{2a}^{\xi}]$，$\theta \in [E\pi_{2a}^{\xi}, E\pi_{2a}^N]$ 和 $\theta \in [E\pi_{2a}^N, +\infty]$。但当 $\theta \in [E\pi_{2a}^N, +\infty]$ 时，意味着企业生产的固定成本高于企业在市场上进行 Nash 博弈所可能获得的利润水平，理性的企业在最初就不会选择进入该市场，企业间的竞争均衡解也就无从谈起。因此有分析意义的企业生产的固定成本区间仅为前三个区间。

结果。我们假设企业 A 由于没有清偿能力,进入破产程序而成为博弈中的尾随企业,企业 B 是博弈中的领头企业。

企业 A 的目标函数和相应的反应函数仍为(3)式和(4)式,与 Nash 均衡不同的是,企业 B 的目标函数变成为

$$\max_{q_{2b}}(1-\tau)\left[\left(\alpha-\beta\left(\frac{\alpha-\mu}{2\beta}+\frac{q_{2b}}{2}+q_{2b}\right)-\mu\right)q_{2b}-D_b\right] \tag{9}$$

对(9)式进行求解,得到企业 B 在第二阶段的博弈均衡解:

$$q_{2b}=\frac{\alpha-\mu}{2\beta} \tag{10}$$

由(10)式和(4)式得到企业 A 在第二阶段的博弈均衡解:

$$q_{2a}=\frac{\alpha-\mu}{4\beta} \tag{11}$$

企业 A、B 在第二阶段的预期利润分别为:

$$E\pi_{2a}^{F}=(1-\tau)\left[\frac{(\alpha-\mu)^2}{16\beta}-D_a\right] \tag{12}$$

$$E\pi_{2b}^{L}=(1-\tau)\left[\frac{(\alpha-\mu)^2}{8\beta}-D_b\right] \tag{13}$$

破产对企业间竞争均衡结果的影响可以从(6)~(8)和(10)~(13)式的比较中看出。尾随企业由于进入破产程序使得其在不完全竞争市场上处于一种策略劣势:它的产量水平低于 Nash 均衡时的产量水平,相应地其利润水平也要低于 Nash 均衡时的利润水平。与破产企业的策略劣势相对应,领头企业的产量和利润水平均高于 Nash 均衡下的水平。

下面我们来分析企业在第一阶段的决策。在第一阶段末所实现的产品市场的需求状况也即 α 的大小决定了企业是否具有清偿能力从而决定了企业在下一阶段的博弈形式。我们令 $\alpha_i^*(i=a,b)$ 表示在第一阶段末恰好使企业保持清偿能力的市场需求水平,即 $\alpha_i^*(i=a,b)$ 必须满足下述条件:

$$pq_i-T_i=D_i \tag{14}$$

其中，

$$T_i = \tau(pq_i - I_i - D_i) \tag{15}$$

由(1)、(2)、(14)、(15)式可以得出

$$\alpha_i^* = \frac{D_i}{q_i} + \beta \sum q_i - \frac{\tau}{1-\tau}\mu \tag{16}$$

如果 $\alpha_i \geqslant \alpha_i^*$，企业 i 在第一阶段末有清偿能力，反之则企业 i 在第一阶段末进入破产程序。在此基础上，我们可以将企业在第二阶段的预期利润水平写成具体的分段积分的形式：如果 $\alpha_a^* \geqslant \alpha_b^*$，则企业 A 在第二阶段的预期利润水平为

$$E\pi_{2a} = (1-\tau)\left[\int_{\underline{\alpha}}^{\alpha b^*} E\pi_{2a}^N f(\alpha)\mathrm{d}\alpha + \int_{\alpha b^*}^{\alpha a^*} E\pi_{2a}^F f(\alpha)\mathrm{d}\alpha\right.$$
$$\left. + \int_{\alpha a^*}^{\bar{u}} E\pi_{2a}^N f(\alpha)\mathrm{d}\alpha\right] \tag{17}$$

如果，则企业 A 在第二阶段的预期利润水平为

$$E\pi_{2a} = (1-\tau)\left[\int_{\underline{\alpha}}^{\alpha b^*} E\pi_{2a}^N f(\alpha)\mathrm{d}\alpha + \int_{\alpha b^*}^{\alpha a^*} E\pi_{2a}^L f(\alpha)\mathrm{d}\alpha\right.$$
$$\left. + \int_{\alpha a^*}^{\bar{a}} E\pi_{2a}^N f(\alpha)\mathrm{d}\alpha\right] \tag{18}$$

同样地，我们也可以推导出企业 B 在第二阶段的预期利润水平。在第一阶段，企业的目标函数是最大化自己的总利润水平，即第一阶段和第二阶段的预期利润水平之和，因此企业会在给定竞争对手的产量和债务水平的条件下，选择自身的产量和利润水平以实现自身的目标函数。具体地，对于企业 A 而言[①]，它在第一阶段的目标函数为：

$$\max_{(q_a, D_a)} = E\pi_a = E\pi_{1a} + E\pi_{2a} \tag{19}$$

其中 $E\pi_{2a}$，由(17)、(18)式给出，$E\pi_{1a}$ 为第一阶段的债务融资为企业所带来的免税优惠，即

---

① 对于企业 B 而言，其函数形式除下标外和企业 A 的完全相同，在此为了避免重复，我们就不再详细列出企业 B 的目标函数等。

$$E\pi_{1a} = TD_a \qquad (20)$$

企业 A、B 进行博弈的均衡结果有两种可能：对称均衡和非对称均衡。如果 $\alpha_a^* = \alpha_b^*$，则企业 A 和企业 B 拥有相同的债务水平、生产能力和利润水平，在产品市场上其竞争的均衡结果为 Nash 均衡，在资本市场上两家企业所选择的资本结构相似；如果 $\alpha_a^* \neq \alpha_b^*$，则企业 A 和企业 B 之间的均衡结果是非对称的，市场需求较高的企业在产品市场竞争中成为领头企业，产量水平及相应的利润水平均高于 Nash 均衡时的水平，在资本市场上，该企业追求股权融资的策略效应，资本结构中的债务比例较低。与此相对应，市场需求较低的企业由于进入破产程序而在产品市场竞争中成为尾随企业，产量水平和相应的利润水平均低于 Nash 均衡时的水平，在资本市场上，该企业更注重于追求债务的免税优惠，资本结构中的债务比例较高。

我们首先来分析假定对称均衡存在的条件下，企业的债务和生产水平的选择。在对称均衡（$\alpha_a^* = \alpha_b^*$）的条件下，企业（假定为企业 A）增加自己的负债（这意味着 $\alpha_a^* > \alpha_b^*$）对其利润水平的影响为：

$$\frac{\partial E\pi_a^+}{\partial D_i} = \tau_+ \ (1-\tau)\left[\left(\frac{(\alpha-\mu)^2}{16\beta}\frac{(\alpha-\mu)^2}{9\beta}\right)f(\alpha_a^*)-\frac{1}{q_a}-1\right] \quad (21)$$

其中，右式中第一项表示企业通过增加债务在第一阶段所获得的税收优惠，第二项表示由于企业债务的增加使得其进入破产程序的概率上升而导致的在第二阶段预期利润的下降。预期利润水平的降低是由两方面的因素造成的：一是企业破产的成本，即由于 $\alpha_a^* > \alpha_b^*$ 使得企业 A 在第二阶段的博弈中成为尾随企业而带来的预期利润水平的下降；二是企业破产的概率。

与此相对应，如果企业 A 减少自己的负债水平，（这意味着）对其利润水平的影响则为

$$\frac{\partial E\pi_a^-}{\partial D_i} = \tau + (1-\tau)\left[\left(\frac{(\alpha-\mu)^2}{9\beta}-\frac{(\alpha-\mu)^2}{8\beta}\right)f(\alpha_a^*)-\frac{1}{q_a}-1\right]$$

$$(22)$$

（22）式中各项的含义与（21）式基本相同，唯一不同的是，企业破产的成本是企业在 Stackelberg 博弈中作为领头企业时所获得的利润与其在 Nash 均衡中所获得的利润之差。

通过对比（21）式和（22）式，我们可以很容易地看出尾随企业的破产成本要高于领头企业的破产成本，并且

$$\frac{\partial E\pi_a^+}{\partial D_i} - \frac{\partial E\pi_a^-}{\partial D_i} < 0 \tag{23}$$

这表示是凹函数并且在 $\alpha_a^* = \alpha_b^*$ 时达到最大值。对于企业的生产能力决策的分析与企业债务水平决策的分析相似，我们就不再详细讨论，而仅仅给出最终的微分形式

$$\frac{\partial E\pi_a^+}{\partial q_a} - \frac{\partial E\pi_a^-}{\partial q_a}$$

$$= 0(1-\tau)\left[\left(\frac{(\alpha-\mu)^2}{8\beta} - \frac{(\alpha-\mu)^2}{9\beta}\right) - \left(\frac{(\alpha-\mu)^2}{9\beta} - \frac{(\alpha-\mu)^2}{12\beta}\right)\right]f(\alpha_a^*)\frac{D_a}{q_a^2}$$

$$< 0 \tag{24}$$

同理，对于企业 B 而言，当 $\alpha_a^* = \alpha_b^*$ 时，其预期利润也达到了最大值。从上面的分析中我们可以得出：在企业生产的固定成本为零时，由于尾随企业的破产成本高于领头企业的破产成本，企业 A、B 在 $\alpha_a^* = \alpha_b^*$ 处都实现了预期利润的最大化。因此，我们可以得出结论：当企业生产的固定成本为零时，企业间的对称均衡是存在的。

当企业 A 增加债务或降低产量水平时，其进入破产程序，从而在下一阶段的博弈中成为尾随企业的概率就会大于企业 B；反之，当企业 A 减少债务或增加产量水平时，其退出破产程序从而在下一阶段的博弈中成为领头企业的概率就会大于企业 B。要保证均衡的存在，就必须满足在给定竞争企业的债务和生产能力的条件下，企业自身债务水平和生产能力的任何改变都会导致利润水平的下降。因此，企业 A 最终的均衡债务和产量水平决策就由 $\frac{\partial E\pi_a^+}{\partial D_a} = \frac{\partial E\pi_a^-}{\partial q_a} = 0$ 或 $\frac{\partial E\pi_a^-}{\partial D_a} = \frac{\partial E\pi_a^+}{\partial q_a} = 0$ 给出，解上述方程得到

$$q_a^* = \left(\frac{(\alpha - \mu)^2}{9\beta} - \frac{(\alpha - \mu)^2}{16\beta} \right) \frac{f(\alpha_a^*)}{\tau} \tag{25}$$

$$\text{或 } q_a^* = \left(\frac{(\alpha - \mu)^2}{8\beta} - \frac{(\alpha - \mu)^2}{9\beta} \right) \frac{f(\alpha_a^*)}{\tau} \tag{26}$$

$$D_a^* = \left(\alpha_a^* - 2\beta q_a^* + \frac{\tau}{1 - \tau} \mu \right) q_a^* \tag{27}$$

企业 B 的均衡债务水平和产量水平是与企业 A 的均衡结果相对应的,我们在此就不再详细写出。至此,我们已经证明了在企业生产的固定成本为零时,企业间的对称均衡是存在的,并且我们也已分析了在对称均衡条件下,企业最终的均衡债务水平和产量水平。

企业间的均衡还有另一种形式,即非对称均衡,但当企业生产的固定成本为零时,采用和上面同样的分析步骤我们可以证明:当尾随企业的破产成本大于领头企业的破产成本时,企业间的非对称均衡是不可能存在的。在这里我们就不再详细地证明而只给出其中的基本原理:由于两家企业从债务的免税优惠中得到的边际利益相同,因而在均衡时,对于两家企业来说,债务增加所带来的边际破产成本也应该是相同的。但是,在非对称均衡中,不仅两家企业的破产成本是不同的,而且它们的破产概率也是不同的,破产成本与破产概率之间呈正相关关系,因此,要保证两家企业的破产边际成本相同,就必须使得破产成本和破产概率都高的企业的产量水平足够大于另一家企业的产量水平,而在不完全竞争的市场上,这是不可能存在的,因此企业间的非对称均衡在企业生产的固定成本为零的条件下是不可能存在的。

综上所述,当企业生产的固定成本为零时,我们得出如下的推论:

推论 1　如果企业生产的固定成本为零,那么企业间竞争存在的唯一均衡是对称均衡。

2. 企业生产的固定成本很高,即 $\theta \in \left[E\pi_{2a}^F, E\pi_{2a}^N \right]$

运用与上述相同的方法,我们可以证明:当企业生产的固定成本很高时,企业间不可能有对称均衡存在,唯一存在的均衡形式是非对称均衡。为避免重复,在此我们就不再进行详细的论述,而仅仅是给出最后的结论。

推论 2 如果企业生产的固定成本很高,那么企业间竞争存在的唯一均衡是非对称均衡。市场需求较高的企业成为市场唯一的垄断者,生产垄断产量,独享垄断利润。在资本市场上,该企业追求股权融资的策略效应,资本结构中的债务比例较低。而市场需求较低的企业不但进入破产程序,而且还被迫清算,永远退出市场。

3. 企业生产的固定成本居中,即 $\theta \in [0, E\pi_{2a}^F]$

当企业生产的固定成本居中时,企业间并不存在唯一的均衡结果:它们之间既可能存在对称均衡,也可能存在非对称均衡。同样,在这里,我们仅仅给出最终的结论,其中详细的推论过程类似于第一种情况下的过程,我们在此不再赘述。

推论 3 当企业生产的固定成本居中时,企业间的均衡结果并不唯一,既可能存在对称均衡,也可能存在非对称均衡。均衡的最终形式取决于领头企业和尾随企业的破产的边际成本的比较。如果领头企业破产的边际成本高于尾随企业破产的边际成本,则企业间均衡的形式是对称均衡,反之企业间均衡的形式是非对称均衡。

四、结　论

我们在这篇文章中所提出的理论可以较好地解释篇首所提出的两个经验事实。企业债务水平的提高会增加其破产的可能性,而破产会导致企业下一阶段的投资决策的延误,这种延误虽然本身成本不高,但由于产品市场上竞争是不完全的,因而会导致企业在产品市场竞争中处于一种策略劣势。如果企业生产的固定成本比较高,破产企业不得不进行清算,所以企业在进行资本结构选择时就必须要权衡债务的免税优惠和这种特殊的破产成本。这就为适用高所得税税率的企业却呈现出财务保守的行为特征提供了一种合理的解释。企业生产的固定成本的高低还会影响企业间最终的均衡结果：如果生产的固定成本较低，那么产品市场上相互竞争的企业之间采用相同的策略，最终的均衡结果是对称的；反之相互竞争的企业之间采取不同的策略——一家企业寻求债权的税收优惠，另一家企业寻求股权的策略效应，最终的均衡结果是不对称的，这就解释了为什么同一个行业中相似的企业之间资本结构有很大的不同。

近几年来，也有很多经济学家从实证角度研究了企业资本结构选择对产品市场竞争的影响。Opler 和 Titman(1994)证实了在经济衰退期债务水平高的企业相对于竞争对手而言更容易丧失市场份额，并且行业集中度越高，这种效应就越明显。Chevalier(1995a,b)以超市行业为例检验了企业的杠杆收购(Leveraged Buy Out，LBO)决策对其自身及竞争企业在产品市场上价格决策的影响，以及对整个行业中企业的进入、退出和扩展行为的影响。他选用了 1985 和 1991 年 85 个大城市统计区(Metropolitan Statistical Area，MSA)的超市数据进行了回归分析，得出了如下结论：企业的杠杆收购决策提高了其竞争对手的未来预期利润；杠杆收购企业的存在鼓励了其竞争对手的市场进入和扩展行为。这些结论都表明企业债务的存在使得其在产品市场竞争中缺少进攻性(less aggressive)，更为软弱。Phillips(1995)以 1980—1990 年美国的四个制造行业的数据为样本检验了企业的债务水平和产品市场竞争之间的相互关系。Phillips 对企业的产出和价格数据的分析证明企业的资本结构与其产品市场决策之间有相关关系。在作为样本的四个行业中，有三个行业的产品市场决策与行业的平均债务水平呈负相关关系，他的研究表明，在作为样本的四个行业中，有三个行业的产品市场决策与行业的平均债务水平呈负相关关系。Zingales(1998)对美国 1980 年解除运输企业管制时各企业债务水平对管制解除后的竞争地位和生存能力进行了考察，证实在竞争环境下，企业当前的融资选择和资本结构影响后续产品市场竞争能力,当前高债务水平对企业的后续投资能力和价格战的财务承受能力有明显的负面影响。管制解除加剧了竞争,在管制解除后的 8 年内,共有 4589 家地方运输企业关闭。而管制解除前 5 年,只有 1050 家企业关闭。Zingales 发现,管制解除后没有生存下来的企业大多数是管制解除之前债务水平高的企业,高债务水平降低了企业为提高竞争地位所必需的投资力度和价格战的财务承受能力。Campello(1999)从商业周期的角度验证了债务水平高的企业陷入财务危机,竞争能力降低的可能性大大超过债务水平低的企业。总之,所有这些实证研究都表明,企业的债务水平越高,其在产品市场竞争中就越缺乏进攻性,越为软弱。这也正是我们的理论模型所得出的结论。

当然我们的理论还存在进一步完善的空间。为了便于分析,我们做了一些较为严格的假定,如企业间进行的是有限次重复博弈,企业面临的不确定性来自于市场需求且市场需求函数是线性的,债权收益和股权收益的个人所得税税率为零等。将这些假设进一步泛化以使我们的分析更具一般性是我们今后进一步努力的方向。

参考文献

[1] David Durand, 1952: Cost of Debt and Equity Funds for Business, Trends and Problems of Measurement. Conference on Research on Business Finance. New York: NBER.

[2] J. Wald, 1999: How Firm Characteristics Affect Capital Structure: An International Comparison. *Journal of Financial Research*, 22: 161-187.

[3] D. Van der Wijst, 1989: Financial Structure in Small Business: Theory, Tests and Applications. CEPR Working Paper.

[4] A. Riding, G. Haines, R. Thomas, 1994: The Canadian Small

Business-bank Interface: A Recursive Model. *Entrepreneurship: Theory and Practice*, 18:5-24.

[5] Robert A. Haugen, Lemma W. Senbet, 1978: The Insignificance of Bankruptcy Costs to the Theory of Optimal Capital Structure. *Journal of Finance*, 33:383-393.

[6] J. Brander, T. Lewis, 1986: Oligopoly and Financial Structure. *American Economic Review*, 76:956-970.

[7] V. Maksimovic, 1986: Optimal Capital Structure in Oligopolies. Cambridge: Harvard University.

[8] V. Maksimovic, 1988: Optimal Capital Structure in Repeated Oligopolies. *Rand Journal of Economics*, 19:389-407.

[9] Michel Poitevin, 1989: Collusion and the Banking Structure of a Duopoly. *Canadian Journal of Economics*, 22:263-278.

[10] Dan Kovenock, 1996: Gordon Phillips. Capital Structure and Product Market Rivalry: How Do We Reconcile Theory and Practice? *American Economic Review*, 85:403-408.

[11] Dan Kovenock, Gordon Phillips, 1997: Capital Structure and Product Market Behavior: An Examination of Plant Exit and Investment Decision. *Review of Financial Studies*, 10:767-803.

[12] P. Bolton, D. Scharfstein, 1990: A Theory of Predation Based on Agency Problems in Financial Contracting. *American Economic Review*, 80:93-106.

[13] D. Fudenberg, J. Tirole, 1986: A "Signal-Jamming" Theory of Predation. *Quarterly Journal of Economics*, 17:366-376.

[14] V. Maksimovic, S. Titman, 1991: Financial Reputation and Reputation for Product Quality. Review of Financial Studies, 2:

175-200.

［15］ J. Chevalier, 1995a: Capital Structure and Product Market Competition: Empirical Evidence from the Supermarket Industry. *American Economic Review*, 85:415-435.

［16］ J. Chevalier, 1995b: Do LBO Supermarkets Charge More? An Empirical Analysis of the Effects of LBOs on Supermarket Pricing. *Journal of Finance*, 50:1095-1112.

［17］J. Rotemberg, D. Scharfstein, 1990: Shareholder Value Maximization and Product Market Competition. Review of Financial Studies, 3:367-391.

［18］ Dean M. Showalter, 1995: Oligopoly and Financial Structure: Comment. *American Economic Review*, 85:647-653.

［19］S. Dasgupta, S. Titman, 1998: Pricing Strategy and Financial Policy. *Review of Financial Studies*, 11:705-737.

［20］ Paul Povel and Michael Raith, 2000: Liquidity Constraints and Product Market Competition: Ex-ante vs. Ex-post Incentives . CEPR Working Paper.

［21］ E. Flynn, 1989: A Statistical Analysis of Chapter 11. Mimeo. Washington D. C. : Administrative Office of the United States Courts.

［22］S. Gilson, K. John, and L. Lang, 1990: Troubled Debt Restructurings: An Empirical Study of Private Reorganization of Firms in Default. *Journal of Financial Economics*, 27:315-353.

［23］L. LoPucki, William C. Whitford, 1990: Bargaining over Equity's Share in the Bankruptcy Reorganization of Large, Publicly Held Companies. *Pennsylvania Law Review*, 139:125-196.

〔24〕 T. Opler，S. Titman，1994：Financial Distress and Corporate Performance. *Journal of Finance*，49：1015-1040.

〔25〕G. Phillips，1995：Increased Debt and Industry Product Markets：An Empirical Analysis. *Journal of Financial Economics*，37：189-238.

〔26〕L. Zingales，1998：Survival of the Fittest or the Fattest? Exit and Financing in the Trucking Industry. *Journal of Finance*，53：905-938.

〔27〕Murillo Campello，1999：Capital Structure and Product Markets Interactions ：Evidence from Business Cycle. SSRN Working Paper.

创新效率、产业特征与区域经济增长 *

伴随知识经济时代的到来,创新已成为影响区域经济增长最重要的动力因素。在我国,创新也日益得到各级政府和企业的高度重视,并在知识产权战略的制定中确立了以自主创新为主体的方针。但是,各地区对创新认识的普遍提高、对创新投入的不断加大,并未带来创新产出的同比增长,区域之间创新效率的差异反而越来越明显。本文旨在研究创新效率的区域差异问题,包括区域之间在创新能力、创新传导和创新经济效益上的差异及其与区域经济增长之间的关系。笔者认为,各区域内已有的产业特征正是造成创新投入与最终对经济增长的促进作用产生极大差异的重要根源之一。因此,本文着重从区域产业特征的角度解释创新带来的区域经济增长的差异。

一、前人相关文献回顾和述评

自从 20 世纪 80 年代新经济增长理论兴起以来,国内外学者对创新问

---

* 本文原发表于《浙江大学学报:人文社会科学版》2010 第 40 期,是本书作者与余冬筠合作所著。

题的关注出现了新的高潮，各类文献层出不穷，研究角度多样，研究方法各异。综观这些文献，大致可分成两类：一类是以区域为研究对象，探讨某区域创新效率，或比较不同区域间创新效率的差异。英国学者 Cooke(2001)最早提出区域创新系统的概念，随后，各学者从区域创新的概念到区域创新系统的结构，再到区域创新的环境和区域创新的评价都做了理论分析。相比理论研究，对区域创新的实证研究要逊色得多。其中，大部分学者利用知识生产函数(Griliches,1979)对各地区的创新效率进行了评价和比较。如 Acs 等(1994)运用该方法研究了美国知识生产投入和创新产出之间的关系。Fritsch(2000)则运用该方法测量和比较了欧洲 11 个区域创新的效率。吴玉鸣(2007)、李习保(2007)分别计算了中国各省域创新投入和创新产出之间的差异。但知识生产函数仅将创新投入(R&D 资本投入和/或 R&D 人力投入)与创新产出(专利数量)联系起来，未考虑创新与区域经济增长的关联，因而，由此得到的创新效率对解释创新的经济效应有一定的局限性。另一些学者则通过计算全要素生产率来探讨技术进步对区域经济增长的贡献率。如姚先国等(2007)测度了长江三角洲地区 15 个城市的技术效率水平和技术创新水平对经济增长的贡献率。王兵和颜鹏飞(2007)通过 Malmquist 指数的分解讨论了技术效率、技术进步对东亚经济增长的作用，以探讨东亚经济增长是否存在趋同效应。该方法能有效评价区域创新与区域经济增长间的关系，但模型较为复杂，数据收集和处理方法没有统一标准，因此各学者得到的结论差异较大。还有一些学者通过实地调研来分析某个区域创新系统的具体状况。如 Tödtling 和 Kaufmann(1999)对欧洲 11 个区域的企业创新活动、地区间创新活动差异等进行了分析和比较。张杰等(2007)以江苏省为样本，通过大量调查问卷，总结了影响创新活动的关键因素。这类方法数据真实，贴近地区发展实际，因此，所得结论有较强的现实指导意义。但是，该方法较难以进行区域间比较，结论尚缺乏一般理论意义。

对创新问题的另一类研究是以产业为研究对象,探讨某产业的创新效率以及各产业在创新能力和创新传导上的差异。对产业创新效率的比较,关键在于对产业的分类。有学者从产权类型的不同来分析,发现集体企业生产率的增长水平和速度一直优于国有企业(Jefferson et al,2006),股份制企业的效率虽然比其他类型企业低,但仍高于国有企业,外资企业的生产率最高(Zhang et al,2003)。这种分类研究主要出现在国外文献,国内研究多将企业的产权类型作为一个控制变量,而没有专门独立的研究。另一部分研究从产业的技术特征差异来分类。这类文献中有专门对某一产业进行的分析研究,如 Larsson 和 Malmberg(1999)考察了瑞典机械产业的创新效率,Hassink 和 Wood(1998)对德国耶拿光学工业集群和慕尼黑电子产业集群进行了实证研究。也有对不同类型产业的比较研究,如 Adams(1990)对高技术产业和非高技术产业的创新效率进行了比较。国内的研究大多以此分类展开,并认为高技术产业的创新效率高于非高技术产业(吴延兵,2006)。

以产业为研究对象的文献能有效把握产业的技术特征,对特定产业的创新发展有较强的指导意义。然而,不同地区在产业类型、产业结构、发展阶段和组织形式上都有差异,即使是同一产业,在不同地区也表现出截然不同的创新效率。因此,孤立地从产业角度研究是不全面的,应该将产业所处的空间范围、时间节点综合起来考察。本文正是出于这一考虑,将区域产业特征作为创新经济效应的中间传导机制,考察创新如何促进区域的经济增长,解释区域创新差异扩大的原因。

二、中国区域创新差异概述

从 20 世纪 90 年代末开始,中国各地区的创新活动明显增多。以大部分学者采用的创新产出衡量指标——发明专利①为例,中国国内发明专利的申请量和授权量由 1998 年的 3958 件和 918 件,上升到 2007 年的 24.52 万件和 6.79 万件。同期,从创新活动的资源投入来看,国内研发经费总额由 1998 年的 486 亿元上升到 2007 年的 3710.2 亿元,占 GDP 的比重创了历史新高。可见,中国创新产出(发明专利数)的快速增长与高额的研发投入紧密相关。

伴随着创新总量的迅猛增长,中国地区间创新能力的差异却呈现出日益扩大的趋势。在此,笔者通过两个自创的指标简明分析其中的差异。

1. 创新产出率(Innovation Productivity,IP)

笔者将创新产出率定义为每单位创新投入产出的创新数量。本文用每单位研发经费投入创造的发明专利的数量为代表,观察年度创新产出率,IP=某地区发明专利数/该地区的研发经费投入。考虑到发明专利的授权量代表了被市场认同的发明专利,这些发明更能转化为现实的生产力,因此,本文选用发明专利的授权量来计算 IP 值。根据《中国科技统计年鉴》1999 年和 2008 年的数据整理,分别计算获得各省的 IP 值。观察后发现两方面特征:一方面,各省 2007 年 IP 值相比 1998 年的对应数值有显著提高。全国平均上升近 3 倍,其中上升最快的地区分别为上海和广州,IP 值分别从 1998 年的 1.88 和 4.29,上升到 2007 年的 7.80 和 18.57,上升幅度都达到了 4 倍以上。这表明各省近几年创新产出率均有明显提升。另一方面,从 1998 年至 2007 年,各省之间创新产出率的差异存在扩大趋势。通过绘制两个年度各省创新产出率的散点图可以明显看出这个问题。由图 1 可见,点阵的外围在扩张,即 2007 年各省创新产出率的差异相比 1998 年在扩大。从以上两方面的特征可见,虽然中国各省在经历了近十年的创新努力后,创新的产出率有显著提高,但各地区的增长速度存在明

---

① 专利分三类,分别是发明专利、实用新型专利、外观设计专利。此处笔者选用技术含量较高的发明专利作为创新产出的衡量指标。

显差异,即各地区创新能力差异有扩大的趋势。

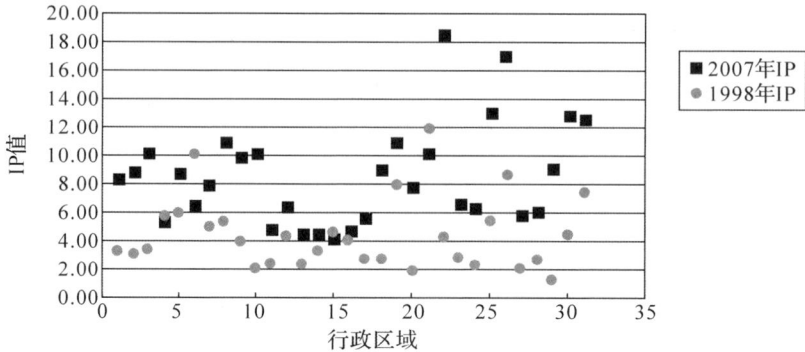

图 1　1998 年和 2007 年中国各省创新产出率散点图①

2. 创新集中度(Innovation Concentration Rate,ICR)

该指标通过创新产出(发明专利数)最多的前 n 个地区的累计数占全国创新产出的份额来表示,也可用创新投入(研发经费支出)最多的前 n 个地区的累计数占全国创新投入的份额来表示,分别表示为 $ICR(n)$ 和 $ICR(n)'$,即 $ICR(n) = \sum P_i/P$,$ICR(n)' = \sum E_i/E$,式中 P_i 表示 i 地区发明专利数,E_i 表示 i 地区研发经费支出。

经数据整理计算,可得表 1。表 1 显示,中国的创新产出日益集中在少数地区。在 1998 年,我国发明专利的 40% 来自于申请量最多的前 5 个地区,到 2007 年,申请最多的 5 个地区所占份额已达到 54%。同期,申请量最多的 10 个地区占全国总量的比例从 63% 上升到 73%。然而,从创新投入的指标来看,中国的创新投入并没有出现地区集聚加剧的趋势。1998 年和 2007 年 $ICR(n)'$ 指标基本稳定在 53%(研发投入最多的前 5 个地区)和 75%(研发投入最多的 10 个地区)的水平。

① 行政区域按《中国统计年鉴》顺序排列。

表 1　1998 年和 2007 年中国创新集中度

年份	ICR(n)		ICR(n)'	
	ICR(5)	ICR(10)	ICR(5)'	ICR(10)'
1998	40.33%	63.32%	52.60%	76.32%
2007	54.10%	72.98%	52.78%	74.89%

由以上两个简易指标反映出的问题是创新研究值得深入探讨的问题。创新投入的增加的确带来了创新产出（发明专利数）的增长，但为什么各地区创新投入的同比增长并没有带来创新产出的同比增长呢？为什么我国创新能力的地区差异呈现出扩大的趋势呢？下文将试图解释这些现象背后的成因。

三、区域创新效率模型

现有文献大多运用知识生产函数将某一地区的创新投入与最终专利数联系起来，以此衡量不同地区的创新效率。该方法简洁、有效，但创新只有最终转化为生产率，才能从真正意义上成为促进区域经济发展的利刃。基于这种考虑，本文利用扩展的柯布—道格拉斯生产函数，将创新投入与最终区域经济增长联系起来，以创新投入的产出弹性作为区域创新效率的评价指标。

1.创新效率模型

在传统的柯布—道格拉斯生产函数（Cobb-Douglas production function，C-D 生产函数）基础上加入创新投入，扩展后的 C-D 生产函数为

$$Q=AK^{\alpha}L^{\beta}R^{\gamma}e^{\varepsilon} \tag{1}$$

式中：R 为创新投入，γ 为创新产出弹性，在文中即为区域创新效率的代表。Q、K、L 分别为总产出、物质资本投入和劳动投入，α、β 分别为资本的产出弹性和劳动力的产出弹性。A 为常数。ε 为随机误差项。

从式(1)两边取对数,则可得

$$q=a+\alpha k+\beta l+\gamma r+\varepsilon \qquad\qquad (2)$$

式中:q、k、l、r 分别为 Q、K、L、R 的对数形式。式(2)即为本文的基本计量模型。

2. 数据选择和处理

本文以 2001—2007 年中国除直辖市和港、澳、台地区之外的 27 个省、自治区(以下为方便起见,全部简称为省)的资本存量、劳动力和创新为投入要素,以各省的 GDP 作为产出要素来进行分析。需要指出的是,考虑到直辖市和港、澳、台地区在政策环境上与其他省有较大差异,其创新模式也可能有别于一般省份,需单独考察,因此,本文的分析样本不包括这部分。

(1)GDP 产出。各省当年的 GDP 和相应的 GDP 平减指数均来自于 2002—2008 年《中国统计年鉴》(中华人民共和国国家统计局,2002—2008),并以 2000 年为不变价格进行换算。

(2)资本存量。按照研究资本存量文献的一般方法,本文采用"永续盘存法"来估计每年的实际资本存量,计算方法为 $K_{t,i}=I_{t,i}+(1-\delta_i)K_{t-1,i}$,其中,$K_{t,i}$ 是地区 i 第 t 年的资本存量,$I_{t,i}$ 是地区 i 在第 t 年的投资,并用统计年鉴中的"固定资产形成总额"来代表,δ_i 是地区 i 的固定资产折旧率,文中采用张军等人(2004)对其的估算。2000 年的资本存量,同样参考了张军等人的计算(以 2000 年当年价格计算),并在此基础上计算了 2001—2007 年的数额。

(3)劳动力。主要数据来源于 2002—2008 年《中国统计年鉴》。由于各省的人均教育水平等数据不可得,因此在模型中没有包括各省劳动力质量上的差异。

(4)创新。与资本的投入一样,创新投入也需要核算创新的存量来测算其产出弹性。但由于计算创新存量很困难,在文献中通常用创新流量代替创新存量(吴延兵,2006)。特别是在一定的假设条件下,可以推导出创新 R&D 支出的对数值约等于 R&D 存量（Bound et al，2010）。另外，创新投入还存在与资本、劳动力投入的双重计算问题（Schankerman，1981），即资本投入和劳动力投入中已经包含了创新的资本投入和创新的劳动力投入。因此，文中创新投入的数据为 2002—2008 年《中国科技统计年鉴》（中华人民共和国国家统计局和科学技术部，2002—2008）中科研经费支出扣除劳务费后的数额。

（5）地区划分。按照一般的区域划分，文中东部地区包括：河北、辽宁、江苏、浙江、福建、山东、广东、海南；中部地区包括：山西、吉林、黑龙江、安徽、江西、河南、湖北、湖南；西部地区包括：内蒙古、广西、四川、贵州、云南、陕西、甘肃、青海、宁夏、新疆、西藏。

3. 模型计量结果

通过截面数据回归得到全国以及东、中、西部 2001—2007 年的创新产出弹性，见表 2。

表 2　区域创新效率模型计量结果（2001—2007 年）

地区	2001 年	2002 年	2003 年	2004 年	2005 年	2006 年	2007 年
全国	0.0405	0.0171	0.0347	0.0447	0.0224	0.0245	0.0098
	(0.57)	(0.26)	(0.82)	(0.71)	(0.32)	(0.38)	(0.16)
东部	0.3718***	0.3073***	0.2828***	0.2897**	0.3675*	0.3307*	0.5059*
	(5.94)	(4.68)	(2.79)	(1.92)	(1.44)	(1.54)	(1.53)
中部	0.0236**	0.0808	0.0162	0.0211	0.0346	0.0966	0.0926
	(1.67)	(0.54)	(0.04)	(0.34)	(0.42)	(0.26)	(0.95)
西部	−0.0853	−0.0612	−0.0457	−0.0405	−0.0308	−0.0271	−0.0453
	(−0.78)	(−0.56)	(−0.38)	(−0.34)	(−0.25)	(−0.25)	(−0.45)

注：*、**和***分别表示显著水平为 10%、5% 和 1%（双侧）。

在四组回归结果中，只有东部地区创新产出弹性的 t 检验从 2001 年至 2007 年都能通过，即表明东部地区的创新投入对总产出的增长具有显著的作用。细看数值，东部地区的创新产出弹性在 2001—2003 年有一定的回落，从 2004 年开始逐步上升，2007 年则上升较快。而其余三组结果几乎没有通过 t 检验，即表明中部、西部，或从全国范围而言，创新尚未成为促进经济增长的主要因素。而且从数值上看,中部地区的创新产出弹性相当低,2001—2007 年没有一年超过 10%,即创新投入增加 1 个单位,产出的增加不到 0.1 个单位。西部地区的创新产出弹性在七年间均为负值,即表明创新投入的增加却带来了产出的下降。这与该地区缺乏创新投入转化为实际经济发展的传导机制密切相关。大量的创新投入自然会减少在其他部门的物质资本投入和人员投入。从资源配置的角度看,对于这样的地区,创新投入的增加完全可能引起产出率的降低。从全国范围来看,创新效率很低,创新投入还没有成为促进经济增长的最主要动力。

四、区域产业特征对创新效率的影响

创新是否能成为推动经济持续、健康增长的动力?在何种区域发展环境下,创新能有效转化为经济增长的重要因素?笔者认为,产业是创新和区域经济发展的中间传导环节,各地区已有的产业类型和产业发展基础是影响该区域创新产出效率的关键因素之一。为此,本文以某区域的产业结构、产权结构、行业集中度、对外开放度和企业规模等方面作为衡量区域产业特征的指标,进而分析各个指标如何影响,且在多大程度上影响创新的产出弹性。

(一)模型和变量说明

1. 因变量

上文中得到的创新效率(即上一模型中得到的创新产出弹性)自然成为以下模型的因变量。考虑到在创新效率模型中只有东部地区的结果是通过显著性检验的,因此,在考察创新效率影响因素的模型中,只将东部地区作为分析对象。

2.解释变量

(1)区域产业结构。由于不同产业的知识基础、投资要求以及创新过程存在着差异,因而区域产业结构成为影响区域创新效率的重要因素。在各个产业技术水平假设条件不变的情况下,投入相同的创新资源,对于具有较高创新能力和(或)创新传导能力的产业部门而言,其创新产出率将大幅提高。从现有对行业创新效率考察的文献看,大部分学者的结论是高技术产业相比其他产业而言,具有更高的创新产出弹性(吴延兵,2006)。也有学者将工业产业细分为创新源产业、创新传导产业、效益体现产业和瓶颈产业,认为效益体现产业对地区经济的发展至关重要(赵树宽等,2007)。考虑到本文的研究重点和数据获得的可行性,笔者以各省的高技术产业增加值占该省生产总值的比重(HTh_i)作为该解释变量的代表。

(2)区域产权结构。不同性质的产权结构对创新产出弹性有不同的影响。其中国有产权和外商资本在创新能力和创新动力上较其他产权形式的企业有更强的差异性和代表性。国有产权主要集中在国有企业中。国有企业一般具有较强的规模效应,资金和人员实力强大,易进行大型的科研开发和从事行业共性、关键技术的攻关,也较易获得政府的政策支持,因此,国有企业理应具有较强的创新能力。但与此同时,国有企业固有的所有者缺位,所有权与经营权不清,激励、监督机制缺失,也造成其创新动力的缺乏。在本文中,就观察期内国有企业的创新效率表现出何种效应,笔者设置了国有企业比重的指标(SOE_i),借此考察区域产权结构对我国东部地区现阶段创新效率的影响。其中,国有企业比重(SOE_i)为国有企业增加值占该省生产总值的比重。

另外,外商资本由于其拥有的技术优势、管理优势和信息优势,在创新能力和创新动力上都有特别的表现。本文专门设置了"三资"企业比重指标(FOR_i)来考量外商资本的比重对区域创新效率的影响程度。其中,"三资"企业比重(FOR_i)为"三资"企业实现增加值占观察省份生产总值的比重。

(3)区域行业集中度。新经济地理学强调集聚效应对地区性创新的扩散作用和外溢性,而集聚效应对区域创新效率的影响机制是复杂的。现有文献将集聚效应分为马歇尔－阿罗－罗默(Marshall-Arrow-Romer,MAR)效应和雅各布(Jacobs)效应,两种效应在解释区域集聚对创新的促进作用时,结论截然不同。如果一个产业在特定区位集中(如不断增强的区域专业化),那么MAR外部性将对同一产业内企业间的技术溢出和局域的创新效率有利。相反,雅各布外部性指互补性产业间和经济机构的企业间互补性知识的溢出。由此,当地方经济活动的多样性越高(即集中度越低),则创新将越活跃。在中国,各地区在专业化和多样化上存在很大的差异。究竟是哪种效应影响了现阶段我国各区域的创新产出弹性?本文设置了地区相对专业化指数来衡量。文中地区相对专业化指数采用Krugman专业化指数,即 $K_i = \sum |s_{ij} - s_j|$,式中 K_i 表示地区 i 的相对专业化指数,s_{ij} 表示行业 j 在地区 i 的从业人数或产出占地区全部行业的从业总人数或总产出的比重,s_j 是产业 j 在全国所占份额。多样化指数在一些文献中表示为 $1/K_i$(李金滟等,2008),为避免模型中出现共线性问题,本文不再专门设置多样化指数。

需要说明的是,文中计算地区相对专业化指数时采用了李金滟和宋德勇对行业的分类(李金滟等,2008),各项数据源于 2002—2008 年的《中国统计年鉴》。

(4)区域对外开放度。经济发达国家的先进技术是发展中国家可以利用的一种重要技术来源。获取和利用这些技术知识的途径包括外商直接投资、技术引进和国际贸易等。从这个意义而言,一个地区的对外开放程度直接影响其创新的广度、深度和效果。开放程度高的地区能更多地接触国外的先进技术和管理方式。同时,在与国外市场的贸易中,为满足和适应国外市场对产品质量和环保等各方面的苛刻要求,区域的创新活动有更强的外部刺激和动力。但也必须看到,目前我国企业的出口产品大部分是低技术含量、低附加价值的劳动密集型产品。在这种情况下,越是庞大的国际市场,企业越是缺乏技术更新、产品开发的原动力,进而削弱企业的创新热情。本文主要通过某地区的进出口总额占该地区生产总值的比重(IC_i)来反映地区的对外开放程度,并借此考察其对区域创新效率的影响。

(5)区域企业规模。大规模企业由于具有规模经济效应,固然具有较强的创新能力。但同时,由于大规模企业往往具有较强的垄断势力,在市场定价、行业标准制定、产品更新方面有一定的决定或影响力量,因而有可能出现创新动力缺乏的问题。而对小企业来说,一方面缺乏创新能力,通常会选择低成本的模仿;另一方面又有改变市场力量均衡的内在动力,具有追求创新的强烈意愿。由此,在模型中,将大中企业比重($SCAL_i$)作为衡量区域企业规模的指标,该指标为某区域大中企业增加值占该区域生产总值的比重。

综上分析,本文构建如下基本计量模型:

$$\gamma = \beta_0 + \beta_1 HTh_i + \beta_2 SOE_i + \beta_3 K_i + \beta_4 IC_i + \beta_5 SCAL_i + \varepsilon_i \quad (3)$$

$$\gamma = \beta_0 + \beta_1 HTh_i + \beta_2 FOR_i + \beta_3 K_i + \beta_4 IC_i + \beta_5 SCAL_i + \varepsilon_i \quad (4)$$

其中,ε 为随机误差项。

(二)实证结果

以上各变量计算所需原始数据均来源于 2002—2008 年的《中国统计年鉴》、《中国科技统计年鉴》和《中国中小企业年鉴》等。在计量分析中,为避免变量之间的共线性问题,将区域产权结构变量中的两个指标(国有企业比重 SOE_i 和"三资"企业比重 FOR_i)分别逐步回归。另外,为了减少模型中可能存在的异方差问题,采用了 White 检验,并用异方差一致协方差矩阵对模型进行了修正。

本文选择东部地区的创新产出弹性作为因变量,得到如表 3 所示的模型(3)和模型(4)计量结果。

表 3　产业特征对创新效率影响模型的计量结果(东部地区)

	SOE_i	FOR_i	HTh_i	K_i	IC_i	$SCAL_i$	常数项
模型(3)	0.076		0.482**	−0.146	0.034**	0.014	2.78***
	(0.98)		(2.33)	(−1.04)	(−1.76)	(0.75)	(7.21)
模型(4)		0.397**	0.561***	−0.205**	−0.023**	0.021	3.45***
		(1.77)	(3.12)	(−1.69)	(−2.37)	(0.53)	(8.54)

注:*、**和***分别表示显著水平为 10%、5%和 1%(双侧)。

从模型结果看,高技术企业对东部地区创新效率的促进作用是显著的。这表明高技术企业在东部各省已逐渐成长壮大,在其发挥自主创新能力和技术吸纳能力的同时,也越来越多地成为当地经济增长的效益体现产业。

产权结构变量的两个指标表现出不同的影响效果。国有企业比重指标(SOE_i)对东部地区创新效率的促进作用不够显著,且在数值上对创新效率的贡献也较低。要说明这个问题,首先应将该计量结果与全国的模型做一比较。由于本文模型设计的原因,未能实现地区间的比较,这是一个遗憾,需另外撰文探讨。在此,先借鉴他人文献说明问题。吴延兵(2006)在探讨研发与全部制造业生产率关系的影响因素中,发现国有资本对全要素生产率(Total Factor Productivity,TFP)的提高存在较显著的负向作用。这说明相比其他地区,东部国有企业对地区创新效率的贡献已经从负面作用转变成微弱的正面作用,这与东部国有企业比重较小以及东部市场化程度较高有很大关系。从收集整理的原始数据看,全国 2001—2007 年国有企业比重的平均值在 43% 到 44% 之间。而同期东部地区比重在 22% 到 26% 之间,大约只有全国的 50%。另一指标"三资"企业比重(FOR_i)在模型结果中显示出较显著的正面作用,表明东部地区引进外资对当地的技术外溢已有一定的正向作用,并对当地经济增长也做出了较大贡献。

区域的集中度指标 K_i(地区相对专业化指数)对东部地区创新效率的

提高呈现出显著的负面作用，表明现阶段东部地区的区域集聚效应更多地表现为雅各布效应。产业间的技术溢出和传递相比产业内的技术溢出更能推动区域创新效率的提高，即区域的多样化程度越高（专业化指数越低），创新越活跃。

区域对外开放度变量 IC_i 反映出较小的正面效应和负面效应，这一结果与本文选择的指标（进出口比重）有一定的关系。一方面，从衡量区域对外开放度的角度看，这一指标还不够全面；另一方面，从进出口比重指标本身看，出现较小的正面效应，甚至出现负面效应，表明东部地区虽然进出口比重较高，2001—2007 年平均从 44.82％上升到 57.17％，是同期全国 19.59％～25.89％的两倍以上，但如此高的进出口额并没有带来东部地区产业的技术改进和升级。大量的企业在参与国际市场时，被"锁定"在低成本的生产模式和技术路径上，从而抑制了企业创新的动力。

区域企业规模变量 $SCAL_i$ 在模型结果中表现出不显著的正向作用，且对创新效率的贡献度也较低。这可能有以下几个方面原因：首先，可能与选取的规模指标有关。在研究方法上，可用来度量企业规模的指标包括销售收入、总资产和员工人数三种，这三种指标各有利弊（Scherer，1965）。根据张杰等人（2007）的判断，销售收入作为规模测量的指标，最能体现企业规模因素对其创新效率的影响。其次，确实说明我国东部地区企业的规模大小并没有对区域的创新效率提高产生显著的影响。这可能是由上文中关于企业规模对创新效率的多重影响叠加后造成的。因此，若要进一步讨论企业规模对创新效率的影响，需从两个方面入手：一方面，细分企业规模指标；另一方面，缩小观察范围，从一个城市、一个区，甚至一个企业的角度来建立模型。

五、主要结论与问题

以上从判断我国区域创新的差异入手，通过创新产出率和创新集中度两个指标对我国区域创新的现状进行了总体衡量,得出以下结论:在我国各地区创新产出率显著提高的同时,创新产出越来越集中到少数地区,即各地区创新产出的速度存在明显差异。由此,本文深入研究了我国各地区的创新效率差异。首先,文中使用2001—2007年我国27个省份的数据,采用柯布—道格拉斯生产函数,将创新作为生产函数的一个重要投入要素,通过截面数据回归分析,估计了全国和东、中、西部2001—2007年的创新产出弹性,并以此作为创新效率的衡量指标。从计量结果看,除东部地区外,中部、西部以及全国范围的创新尚未成为促进经济增长的主要因素。中部地区创新产出增长速度远低于创新投入增长的速度;西部地区创新投入越多,创新产出反而越少。为探究其中原委,本文进一步从区域产业特征的差异入手,构建了区域产业特征对创新效率的影响模型,具体分析了东部地区创新效率的影响因素,得出如下分析结论:对于东部地区而言,创新投入之所以成为区域经济增长的主要因素,主要受益于该地区高新技术企业对创新投入转化的显著贡献、大量外商直接投资的技术外溢以及该地区多样化的产业类型带来的技术溢出和传递,但与此同时,该地区发达的对外贸易和企业规模的大小并没有对创新效率的提高产生显著作用。

需要指出的是,本文的研究仍然存在有待改进或需要进一步研究的问题。首先,在判断区域创新效率时,选择将创新与经济增长联系起来有其显著的意义和价值,但也存在一定的问题,最关键的就是模型的选择。文中的模型较为直观、易懂,但计量时无法得到各省各年度的创新效率指标,这对细化比较各区域之间的影响因素有一定制约。其次,在具体分析影响区域创新效率的产业特征因素时,有个别指标还可以细化。最后,在数据方面,还需加长时间序列数据的收集和整理。这些问题可能对本文的结论产生一定的限制,也是笔者下一阶段需要解决的重点。

参考文献

[1]李金滟,宋德勇,2008:《专业化、多样化与城市集聚经济——基于中国

地级单位面板数据的实证研究》.《管理世界》第 2 期,第 25—34 页.

[2]李习保,2007:《中国区域创新能力变迁的实证分析:基于创新系统的观点》.《管理世界》第 12 期,第 18—30 页.

[3]王兵,颜鹏飞,2007:《技术效率、技术进步与东亚经济增长——基于 APEC 视角的实证研究》.《经济研究》第 5 期,第 91—103 页.

[4]吴延兵,2006:《R&D 与生产率——基于中国制造业的实证研究》.《经济研究》第 11 期,第 60—71 页.

[5]吴玉鸣,2007:《中国区域研发、知识溢出与创新的空间计量经济研究》.北京:人民出版社.

[6]姚先国,薛强军,黄先海,2007:《效率增进、技术创新与 GDP 增长——基于长三角 15 城市的实证研究(上)》.《中国工业经济》第 2 期,第 60—66 页.

[7]张杰,刘志彪,郑江淮,2007:《中国制造业创新活动的关键影响因素研究——基于江苏省制造业企业问卷的分析》.《管理世界》第 6 期,第 64—74 页.

[8]张军,吴桂英,张吉鹏,2004:《中国省际物质资本存量估算:1952—2000》.《经济研究》第 10 期,第 35—44 页.

[9]赵树宽,姜红,2007:《基于创新结构效应的产业类型划分及判定方法研究》.《中国工业经济》第 7 期,第 40—46 页.

[10]中华人民共和国国家统计局,2002—2008:《中国统计年鉴》.北京:中国统计出版社.

[11]中华人民共和国国家统计局,中华人民共和国科学技术部,2002—2008:《中国科技统计年鉴》.北京:中国统计出版社.

[12]A. Zhang, Y. Zhang, R. Zhao, 2003: A Study of the R&D Efficiency and Productivity of Chinese Firms. *Journal of Comparative Economics*, 31(3): 444-464.

[13]G. H. Jefferson, H. Bai, X. Guan, et al, 2006: R&D Performance in Chinese Industry. *Economics of Innovation and New Technology*, 15(45):345-366.

[14]S. Larsson and A. Malmberg, 1999: Innovations, Competitiveness and Local Embeddedness: A Study of Machinery Producers in Sweden. *Geografiska Annaler. Series B: Human Geography*, 81(1):1-18.

[15]F. M. Scherer, 1965: Firm Size, Market Structure, Opportunity, and the Output of Patented Inventions. *American Economic Review*, 55(5):1097-1125.

[16]F. Todtling, A. Kaufmann, 1999: Innovation Systems in Regions of European—A Comparative Perspective. *European Planning Studies*, 7(6): 699-717.

[17] J. D. Adams, 1990: Fundamental Stocks of Knowledge and Productivity Growth. *Journal of Political Economy*, 98 (4): 673-702.

[18]M. Fritsch, 2000: Interregional Differences in R&D Activities—An Empirical Investigation. *European Planning Studies*, 8(4):409-427.

[19]M. Schankerman, 1981: The Effect of Double-counting and Expensing on the Measured Returns to R&D. *Review of Economics and Statistics*, 63(3):454-458.

[20] P. Cooke, 2001: Regional Innovation Systems, Clusters, and the Knowledge Economy. *Industrial and Corporate Change*, 10 (4): 945-974.

[21]R. Hassink, M. Wood, 1998: Geographic Clustering in the German Opto-electronics Industry: Its Impact on R&D Collaboration and Innovation. *Entrepreneurship & Regional Development*, 10 (4):

277-296.

[22]S. Bound,D. Harhoff,J. V. Reenen,Corporate R&D and Productivity in Germany and the United Kingdom. (2010-05-12)http:// cep. lse. ac. uk/pubs/download/dp0599.

[23]Z. Griliches,1979:Issues in Assessing the Contribution of Research and Development to Productivity Growth. *Bell Journal of Economics*,10(1):92-116.

[24]Z. J. Acs,D. B. Audretsch, M. P. Feldman,1994:R & D Spillovers and Recipient Firm Size. *Review of Economics and Statistics*,76(2): 336-340.

中介组织在经验品质量信号传递中的功能[*]

* 本文原发表于《浙江大学学报：人文社会科学版》2002 年第 32 期，是本书作者与羊茂良合作所著。

一、文献回顾

完全竞争理论总是假设市场中的产品具有相同的质量，并且，消费者和企业都具有完全的质量信息，因此价格竞争总是有效的。但是在现实生活中，产品的质量是有差异的，尤其是经验品（experience goods），消费者只有消费了商品后才能了解它的质量，经验品具有经验质量（卡尔顿等，1998:885）。所以对于经验品，企业往往相对于消费者而言具有更多的信息。当企业和消费者之间信息不对称时，就会出现阿克洛夫（Akerlof）所谓的次品市场（lemon market）。在次品市场上，如果没有相应制度安排，市场的交易量会迅速减少，甚至消失。因此，对于经验品，主要问题是产品质量信息的显示问题：消费者如何了解质量？企业有哪些激励而提供信息？无论真实质量如何，企业总是想让消费者相信质量是高的，而问题是，企业能否可信地显示质量。

对于产品质量信息的显示问题,现有的文献有很多,大致可以分为几类:第一类是认为通过"担保"可以显示产品质量。第二类是认为可以直接用"价格"来显示其质量。比如,保格威尔(Bagwell)和里奥丹(Riordan)认为,高价格是显示产品质量信息的有效手段。第三类是认为利用"重复购买"结合"价格信号"是消费者监控产品质量的有效方法。比如,尼尔森(Nelson)证明,高质量产品更愿意用低价(或者浪费性花费)显示高质量;施马兰西(Schmalensee)则得出相反的结论,综合两者,低价显示产品高质量的结论依赖于 Nelson 效应(高质量的产品导致重复购买)和 Schmalensee 效应(低质量产品与高质量产品的成本差),当 Nelson 效应大于 Schmalensee 效应时,低价格才能显示质量。

以上第二、三类文献着重讨论了产品价格本身是如何传递产品质量信号的。对于经验品的质量显示问题,除了"价格信号"外,市场还衍生出了很多的制度结构来有效地传递产品质量。市场中介组织进行的产品质量评定,就是传递质量信号的有效手段。但是在我国,中介组织没有很好地起到有效地传递质量的作用,有时甚至干扰真实的产品质量的显示。本文论证说明,一个产权清晰的中介组织进行的质量评定,是以自己的信誉为担保,来有效显示经验品质量信息的,从而使产品市场得到帕累托改进。所以,建立产权清晰的竞争性中介组织是解决我国经验品市场质量信号传递问题的有效手段。

二、模型

(一)阿克洛夫逆向选择模型

阿克洛夫旧车市场理论开创了逆向选择理论的先河。在旧车市场上,逆向选择问题来自于买者和卖者有关车的质量信息的不对称(张维迎，1996:544—554)。卖者知道车的真实质量，而买者不知道车的真实质量，只知道车的平均质量，因而只愿意根据平均质量交付价格，但这样一来，质量高于平均水平的卖者就会退出交易，只有质量低的卖者进入市场。结果是，市场上出售的旧车的质量下降，买者愿意支付的价格进一步下降，更多的较高质量的车退出市场，如此等等。在均衡的情况下，只有低质量的车成交，在极端情况下，市场可能根本不存在，交易的帕累托改进不能实现。类似于旧车市场的"逆向选择"问题，在其他"经验品"市场上都有出现。

(二)模型 1:有效的质量评定

我们先讨论在完善的市场上，有效的质量评定是如何传递质量信号，消除企业和消费者之间的信息不对称的。在一个完善的市场上，存在着大量的中介组织，他们以自己的信誉为保证进行质量评定，有效传递产品的质量信号。

假设有这样一种经验品，它的质量水平(s)可以分为两种(分别用上标 h 和 l 表示高质量产品和低质量产品)，质量水平可以表示为 s^h 和 s^l；产品的市场价格相应地用 P^h、P^l 表示；企业的生产成本也分为 C^h 和 C^l；企业的利润函数为 $\pi^i = P^i - C^i$；假设消费者对该产品的偏好为 θ，每消费一个质量为 s^i、价格为 P^i 的该产品，消费者得到效用 $U^i = \theta s^i - P^i$，若不消费则效用 $U = 0$(Milgrom et al,1986)。

假设有一个市场中介组织，例如产品质量检测所，独立于企业进行产品质量评定。并且假设检测所拥有产品质量的完全信息，质量评定是以产品的质量为依据，评定结果是客观有效的。产品质量检测所免费进行质量评定，不增加企业额外的成本。假设检测所有质量水平 s_0 为界点对产品质量进行分类，所有 $s \geqslant s_0$ 的产品为高质量产品，并张榜公布其品牌，所有 $s < s_0$ 的产品为低质量产品，不张榜公布；用 $b = 1$ 表示上榜产品的品牌，

$b=0$ 表示不上榜的品牌。高质量产品平均质量为 s^h,低质量产品平均质量为 s^l。

消费者在购买产品之前不知道产品质量,只能根据检测所张榜公布的结果来确定产品质量。假定市场中,产品是高质量的客观概率为 x_1,对于一个有效的质量评定,消费者对产品质量的验后概率是 $x_2=x_2(s=s^h|b=1)=1,\tilde{x}_2=\tilde{x}_2(s=s^h|b=0)=0$。所以消费者消费一个上榜产品的效用为 $U^h=\theta_s^h-P^h$,消费一个非上榜产品的效用为 $U^l=\theta s^l-P^l$。

当市场出清时,存在这样一个分离均衡:高质产品 $P^h=\theta s^h$,低质产品 $P^l=\theta s^l$;企业销售高质产品的利润 $\pi^h=P^h-C^h$,销售低质产品的利润 $\pi^l=P^k-C^l$;消费者效用 $U^i=\theta s^i-P^i$;验后概率 $x_2=x_2(s=s^h|b=1)=0,\tilde{x}_2=\tilde{x}_2(s=s^h|b=0)=0$。显然,企业和消费者都不会偏离该均衡。因为对企业来说,该结果是最优的,给定消费者的验后概率和效用函数,消费者愿意出最高价 P^h 购买上榜产品,所以企业不会将高质量产品模仿非上榜产品定价 P^l;同样,因为消费者只愿意出价 P^l 购买非上榜产品,企业也不会将非上榜品牌模仿上榜产品定价 P^h,否则消费者不愿意购买(因为 $U^l=\theta s^l-P^h<0$),企业将只得到 $\pi=0<\pi^l$ 的利润。给定企业的定价战略,该均衡对消费者而言,也是效用最大的,而且,消费者的验后概率 x_2 显然也是符合贝叶斯法则的。

与阿克洛夫模型相比,在加入了客观的产品质量评定信息后,市场变成了完全信息市场,市场交易得到了帕累托改进。

(三)模型 2:低效的质量评定

在模型 1 中,一个基本前提是,中介组织能够客观有效地评价所有产品的质量信息。但是,在一个不完善的市场上,中介组织可能会有机会主义行为:在质量评定时,利用其信誉或垄断地位,把质量低的产品也评为高质产品。所以我们假设中介组织有两种战略:"欺骗"和"不欺骗"。面对选择"欺骗"的中介组织,消费者也会相应地调整自己对评定结果的验后概率。此外,如果质量评定是收费的,那么企业会对参加评定的"收益"和"成本"进行权衡,以决定是否参加评定。

假定产品质量检测所对上榜产品的收费数量依产品质量而定,收费标准为 $F^i = \dfrac{1}{s^i}$,对高质产品收费低,对低质产品收费高。之所以采用这样的收费制度,是因为产品质量检测所考虑到自己的信誉问题,希望以此来吸引那些真正高质量的产品也参与评定,使自己的评定结果更客观有效,更为消费者信赖。假定低质产品"上榜"成为高质品牌的概率是 α,那么消费者会调整验后概率,非上榜产品的验后概率为:$\widetilde{x}_2 = \widetilde{x}_2(s = s^h \mid b = 0) = 0$,上榜产品是高质量的验后概率调整为:

$$x_2 = x_2(s = s^h \mid b = 1) = \frac{x_1}{x_1 + \alpha(1 - x_1)} \tag{1}$$

当然,面对产品质量检测所的质量评定,企业有两种战略:参加评定和不参加评定。显然,生产高质量产品的企业的最优战略是肯定参加评比,因为肯定能上榜。

对低质产品而言,如果 $(P^h - C^l - F^l) - (P^l - C^l) \leqslant 0$,或者说 $F^l \geqslant P^h - P^l$,则参与评定是它的劣战略。直观地说,当低质量产品上榜后所带来的售价的提高并不足以弥补高昂的评定成本时,企业的占优战略是不参与评比。低质量产品上榜的概率 $\alpha = 0$。如果低质产品不参与质量评定,那么评定结果中就没有假冒产品,企业销售一个高质产品的利润为 $\overline{\pi}^h = P^h - C^h$,销售一个低质产品利润为 $\overline{\pi}^l = P^l - C^l$。

如果 $F^l < P^h < P^l$,那么低质产品可能会参与评定,且上榜概率为 α。消费者会根据 α 来调整验后概率 x_2,并且上榜品牌的产品价格调整为 P^h,非上榜品牌产品定价 P^l,那么消费者消费一个上榜品牌的产品得到的效用为 $U^h = x_2\theta s^h + (1 - x_2)\theta s^l - P^h$;消费一个非上榜品牌得到的效用为 $U^l = \theta s^l - P^l$。当市场出清时,非上榜产品的价格为 $P^l = \theta s^l$,上榜品牌产品的

价格调整为：

$$P^h = x_2 P^h + (1-x_2)P^l = x_2 \theta s^h + (1-x_2)\theta s^l \tag{2}$$

此时 $P^h < P^l$。如果在价格调整后，满足 $F^l < P^h - P^l$，低质产品的占优战略就是参与评比。直观地说，如果上榜产品的价格调整为 P^h 后，售价的提高足以弥补评定费用，那么低质产品会参与评比，且上榜概率为 α。企业销售一个高质产品的利润为 $\pi^h = P^h - C^h - F^h$；销售一个低质量"不上榜产品"的利润为 $\pi^l = P^l - C^l$；销售一个低质量"上榜产品"的利润为 $\pi^l = P^h - C^l - F^l$。低质产品参加评比可以得到期望利润：

$$E(\pi^l) = \alpha \pi^l + (1-\alpha)\pi^l = \alpha(P^h - C^l - F^l) + (1-\alpha)(P^l - C^l) \tag{3}$$

如果 $\tilde{\pi}^l = E(\pi^l)$，那么"参加评定"与"不参加评定"对低质量产品是无差异的，计算得

$$\alpha(P^h - P^l - F^l) = 0 \tag{4}$$

将（2）式和（1）式代入（4）式有

$$\alpha = \frac{x_1}{1-x_1}\left(\frac{P^h - P^l}{F^l} - 1\right) = \frac{x_1}{1-x_1}[s^l \theta(s^h - s^l) - 1] \text{①} \tag{5}$$

分离均衡——如果 $\alpha < \alpha_0$，对低质产品而言，不参与质量评定是最优的，市场均衡是一个分离均衡：低质产品上榜概率 $\alpha = 0$，上榜产品价格 P^h，非上榜产品价格 P^l。

混合均衡——如果 $\alpha \geq \alpha_0$，对低质产品而言，参与质量评定是最优的，市场均衡是一个混合均衡：低质产品上榜概率 α，上榜产品价格 P^h，非上榜产品价格 P^l。

由式（5）可得几个推论：

推论 1 $\lim\limits_{x_1 \to 0} \alpha = 0$，表示当市场上高质量产品的客观概率趋向于 0 时，低质量产品上榜的概率也趋向于 0。其直观意义是，市场上高质量产品越

---

① 该公式改写自泰勒尔《产业组织理论》第 152 页的习题 2.8，中国人民大学出版社 1997 年版。

少,则低质产品假冒的概率越低,当市场上没有高质量产品时,低质量自然不可能假冒高质产品。

推论 2 α 是 θ 的增函数,随着消费者对该产品偏好的增加,低质量产品假冒的概率也增加。

推论 3 α 是 $(P^h - P^l)$ 的增函数,随着两类产品价格差距的增加,低质量产品假冒的概率也增加。

推论 4 α 是 F^l 的减函数。显然上榜的代价越高,低质产品成为高质品牌的概率也就越低。

将(1)式代入(2)式得 $P^h = \dfrac{x_1}{x_1 + \alpha(1-x_1)}P^h + \dfrac{\alpha(1-x_1)}{x_1 + \alpha(1-x_1)}P^l$

推论 5 α 度量了消费者对质量评定结果的信赖程度,α 越大,说明消费者对其越不信赖,当消费者对评定结果没有信心时(α 很大),上榜对低质产品提高售价的作用不大,但它会使质量信号受到扰乱,从而高质产品的价格也下降。

(四)模型 3:无穷博弈

模型 2 考虑的是静态的情况,当企业和消费者之间进行无穷博弈时,重复购买向消费者提供了某些监控质量的方法。

在完全信息无穷博弈中,企业对高质量产品要价为 P^h,对低质量的产品要价为 P^l;折现率 $\delta = 1/(1+r)$,其中 r 代表利率。当市场出清时,企业销售一个高质量产品的利润现值为

$$\pi^h = (P^h - C^h)\frac{1}{1-\delta} = (P^h - C^h)\frac{1+r}{r}$$

销售一个低质量产品的利润现值为

$$\pi^l = (P^l - C^l)\frac{1}{1-\delta} = (P^l - C^l)\frac{1+r}{r}。$$

如果消费者的质量信息是不完全的,那么消费者只有在第 1 期消费了

产品之后才能了解产品的质量,而且在第 1 期,消费者只有根据检测所的评定结果来判断该产品质量状况。假定消费者的战略是:在第 1 期消费"上榜品牌"后,如果碰到的是高质量产品,那么他在第 2 期继续以 P^h 购买该品牌产品;如果他碰到的是低质量产品,消费者在以后的博弈中就停止购买该品牌。消费者的惩罚战略,使得低质量产品必须权衡以下两种收益:如果采取"参加评定"战略,它可以得到短期的高利润;如果采取"不参加评定"战略,它可以得到长期的低利润。在权衡两种利润的折现值后,低质量产品选择是否参加质量评定。显然对高质量产品而言,其最优战略是肯定参加评比,而且肯定上榜。

同样地,在无穷博弈中,如果低质量产品选择"不参加评定",那么质量评定结果中就没有假冒产品,企业销售一个高质产品的利润现值为 $\tilde{\pi}^h = (P^h - C^h)\dfrac{1+r}{r}$;销售一个低质产品的利润现值为 $\pi^l = (P^l - C^l)\dfrac{1+r}{r}$。

如果低质产品参加评定,那么评定结果中就有假冒产品。和模型 2 一样,消费者会调整对产品质量的验后概率 x_2 和 $\tilde{x}_2$,相应地高质量产品价格也调整为 P^h,低质量的产品价格为 P^l。所以可以计算得到,企业销售一个高质产品的利润现值为 $\pi^h = (P^h - C^h) + (P^h - C^h)\dfrac{\delta}{1-\delta} - F^h = (P^h - C^h) + (P^h - C^h)\dfrac{1}{r} - F^h$;销售一个非上榜低质量产品的利润现值为 $\pi^l = (P^l - C^l)\dfrac{1+r}{r}$;销售一个"上榜低质产品"的利润现值为 $\tilde{\pi}^l = (P^h - C^l) - F^l$,其中上榜概率为 α。低质量产品如果参加评定,它能得到的期望利润折现值为

$$E(\pi^l) = \alpha\tilde{\pi}^l + (1-\alpha)\pi^l = \alpha(P^h - C^l - F^l) + (1-\alpha)(P^l - C^l)\dfrac{1+r}{r} \quad (6)$$

如果 $\tilde{\pi}^l = E(\pi^l)$,那么"参加评定"与"不参加评定"对低质量产品是无差异的,计算得

$$\alpha(P^h - P^l - F^l) - \frac{\alpha}{r}(P^l - C^l) = 0 \tag{7}$$

将(2)式和(1)式代入(7)式有

$$\alpha_0 = \frac{x_1}{1 - x_1} - \left[\frac{P^h - P^l}{\frac{1}{r}(P^l - C^l) + F^l} \right] \tag{8}$$

根据以上的假设,我们同样可以得到以下均衡:

分离均衡——如果 $\alpha < \alpha_0$,对低质量产品而言,不参与质量评定是最优的,市场均衡是一个分离均衡:低质量产品上榜概率 $\alpha = 0$,上榜产品价格为 P^h,非上榜产品价格为 P^l。

混合均衡——如果 $\alpha \geq \alpha_0$,对低质产品而言,参与质量评定是最优的,市场均衡是一个混合均衡:低质产品上榜概率 α,上榜产品价格 P^h,非上榜产品价格 P^l。

显然,(8)式包含了(5)式所具有的含义。如果低质产品不参与评比,那么它所可能获得的利润现值为 $\frac{1}{r}(P^l - C^l)$。r 代表某一博弈时期内的利息,两次博弈间隔时间越长,r 越大,那么低质产品不作弊的长期收益就越小,从而它的作弊激励就越高。所以由(8)式可得:

推论 6 α 是 r 的增函数。它的直观意思是,使用频率越低的产品,或者观测质量需要花费较长时间的产品,出现"低质量冒充高质量"的概率也越大。

(五)模型 4:中介组织的博弈

在前面的模型中,讨论的是质量评定在传递质量信号上的有效性问题。那么,为什么中介组织会进行低效甚至无效的质量评定呢?

消费者之所以会相信中介组织的质量评定结果,并且会对"上榜"品牌出较高价格,是因为消费者相信中介组织是有信誉的,换句话说,一个有信誉的中介组织的评定结果才是有效的。从这个意义上讲,中介组织是以自己的信誉作为"人质",使消费者相信其评定结果是可信的,中介组织是一个向企业销售自己的"信誉产品"的企业。因此要让一个中介组织进行有效的质量评定,就应该激励它进行长期信誉投资。一个中介组织愿意进行信誉投资,必须满足以下条件:第一,中介组织要有追求长期利益的动机,不会为了短期的利益而损害自己的声誉。或者说,中介组织面对的是重复博弈,而不是一次性博弈或者短期博弈。第二,不守信誉的信息能够在市场有效传递,使中介组织的行为受到监督。第三,市场能够对中介组织的欺骗行为实施有效的惩罚。因此,要求中介组织市场是具有竞争性的,如果有中介组织从事欺骗活动,市场就能对其实施有效的惩罚,迫使它退出市场。

中介组织愿意对信誉进行长期投资,关键是信誉的市场价值与决策者的利益有关,从这个意义上讲,我们可以把中介组织追求长期利益的积极性归结为产权问题。产权不清楚,人们就无须对自己的行为承担责任,也不可能从企业的长期利益中获益,因此,我们可以把第一个条件简化为"产权清楚"这样一个条件(张维迎,2001:1—20)。

首先考虑一个产权清楚的中介组织。面临长期博弈,一个产权清楚的中介组织会对信誉进行的投资(沉没成本)为 C_s;根据前面的模型,如果中介组织在进行质量评定时,向企业收取 F^i 的费用,即中介组织向企业要价为 $P^i = F^i$,那么中介组织的利润函数为 $\pi^i = F^i - C_s$。

在具有竞争性的中介组织市场上,如果有一个中介组织在第一阶段有欺骗行为,那么在以后的博弈阶段,其信誉价值降为零,企业将不再参加由其组织的质量评定。所以,一个选择"欺骗"的中介所能获得的是短期最大收益 $\tilde{\pi}^a = F^l - C_s$;如果"不欺骗",它能获得的长期利润现值为 $\pi^a = \int_0^{+\infty} e^{-rt} F^h dt - C_s = \frac{1}{r} F^h - C_s$,其中 e^{-rt} 是折现系数。因此中介组织选择"欺骗"的条件是

$$\tilde{\pi}^0 \geqslant \pi^a, 即 \ F^l \geqslant \frac{1}{r} F_0^h \tag{9}$$

假设不同的中介组织有不同的信誉价值,在质量评定时,中介组织 i 向企业的收费为

$$F^i = P^i = x(t, C_s) F_0^i$$

其中 F_0^i 表示中介组织对企业的平均要价;比例因子 $x = x(t, C_s)$ 表示各中介组织间的信誉价值差异,其中 t 表示时间,C_s 表示中介组织投资于信誉的沉没成本,x 是 t 和 C_s 的增函数。意思是说,中介组织的历史越是久远、对信誉投资越大,其信誉价值越大。将不等式(9)改写为:

$$F^l \geqslant \frac{1}{r} x(t, C_s) F_0^h \tag{10}$$

把 $F^l = \frac{1}{r} x(t, C_s) F_0^h$ 代入(8)式得:

$$\alpha = \frac{x_1}{1 - x_1} \left[\frac{r(P^h - P^l)}{(P^l - C^l) + x(t, C_s) F_0^h} - 1 \right] \tag{11}$$

和(8)式相比,(11)式所代表的 α 值更小,并且 α 是 $x(t, C_s)$ 的减函数,$x(t, C_s)$ 值越大,从而 α 值越小。直观意思是,中介组织的历史越长(即 t 较大),或者对信誉投资越大(即 C_s 越大),低质产品假冒高质产品的概率越低。

推论7 在一个产权清楚的、具有竞争性的中介组织市场上,一个追求长期信誉的中介组织的质量评定结果是有效的。对信誉投资越大、历史越是久远的中介组织的评定结果越有效。

其次,我们考虑一个产权不清晰的中介组织。在一个产权不清楚且垄断的中介组织市场上,因为产权不清楚,中介组织领导者没有进行长期信誉投资的激励。并且,由于它是一个垄断的中介组织,当市场发现其欺骗行为时,没有有效的惩罚机制将其淘汰出局,中介组织面对的是短期博弈。进行质量评定时,如果中介组织选择"不欺骗",其利润为 $\tilde{\pi}^a = F^h - C_s$;如果选择"欺骗",它的利润为 $\pi^a = (1 - \alpha) F^h + \alpha F^l - C_s$(此时,$\alpha$ 会趋向于1),

显然有 $\pi^a < \bar{\pi}^a$，中介组织占优战略是选择欺骗。此时的质量评定是低效或者无效的。

三、结论和建议

本文的论证表明，中介组织进行有效的质量评定能较好地传递经验品的质量信号，它能使产品市场得到帕累托改进。

模型 2 的结果表明，在一个不完善的市场上，中介组织利用其特殊地位进行低效的质量评定，其发布的评定结果中会有假冒品牌。当低质量产品被评为高质量产品的概率 α 大于某一个值 α_0 时，产品市场会出现混同均衡——低质量产品冒充高质量产品。低质量产品假冒高质量产品的概率随着消费者对该产品偏好的增加而增加；随着消费者对该产品偏好的增加，低质量产品假冒高质量产品的概率也增加；随着两类产品价格差距的增加，低质量产品假冒高质量产品的概率也增加；同时提高低质量产品的评定成本是减少假冒概率的有效手段。模型 3 的结论还表明，消费者使用频率不高或者质量信息不容易检验的产品，更容易出现假冒现象。

因为没有很好的质量显示机制，不能够有效地把高质量产品和低质量产品区分出来，我国每年都会发生大量因产品质量而引发的纠纷，这些纠纷严重降低了企业和整个行业的信誉，最终使得该行业萎缩，市场交易量远低于完全信息市场所应有的水平。要想改变我国目前产品质量信用环境差的局面，加强质量评估和建立质量信号的传播不失为一个良策。质量评估机构如果能够客观公正和独立地为企业和个人传导信息，整个信用体系的建立就有了一定的信息保障。

在我国，虽然已经有大量的中介组织，但是经验品市场上的质量信号传递并没有得到很好地解决，原因是很多中介机构在质量评定时，有机会主义行为，欺骗消费者，使得消费者不能完全信赖它们的评定结果。本文在前面部分证明了,只有产权清楚的、具有竞争性的中介组织才能真正有效地进行质量评定。因为,中介组织的唯一资产是信誉,而信誉的基础是产权,产权制度的基本功能就是给人们提供一个追求长期利益的稳定预期和重复博弈的规则。一个产权清晰的中介组织才有积极性去维护自己的这种信誉。但在中国,当前很多中介组织属于官方或半官方性质,没有实实在在的所有者,中介组织成员没有维护其信誉的压力和动力,却有很强的追求盈利的机会主义激励,它们不仅不能给市场提供客观公正的质量信号,相反干扰了正确的市场信号的形成。此外,由于我们的许多中介组织具有垄断性,被市场淘汰出局的可能性就小,从而阻碍了真正有效的中介组织的形成。因此,当务之急是培育产权清晰的、具有竞争性的中介组织。

参考文献

[1]丹尼斯·卡尔顿,杰弗里·佩罗夫,1998:《现代产业组织理论》.黄亚钧,译.上海:上海三联书店.

[2]张维迎,1996:《博弈论与信息经济学》.上海:上海三联书店.

[3]张维迎,2001:《产权、政府与信誉》.北京:生活·读书·新知三联书店.

[4]P. Milgrom and J. Robert,1986：Price and Advertising Signals of Product Quality. *Journal of Political Economy*,94:796−804.

[5]泰勒尔,1997:《产业组织理论》.北京:中国人民大学出版社.

知识交易 *

    经济学研究稀缺资源在各种可供选择的用途之间的有效配置。新古典经济学刻画了市场机制对各种稀缺的商品、服务以及生产要素进行有效配置的一般特征与规律。本文探讨知识这一特殊产品的市场交易机制的一般特征与规律，其中有两点需要说明：其一，本文讨论的知识交易限于以图书为媒介的交易活动；其二，知识产品的版权问题不在本文的考察之列，而着重考察知识产品的收益权问题。

    图书是知识的载体，图书交易的实质是知识交易。知识的无形性、不可触摸性，使得交易双方呈现信息不对称的特点，即作者对图书所载的知识具有较充分的了解，而读者在交易前是一无所知的。同时，图书所载的知识还具有重复消费的特性，从而使得同一图书既能满足同一读者在不同时点的消费需要（称消费效应Ⅰ），又能满足不同读者在不同时点的消费需

    * 本文原发表于《浙江大学学报：人文社会科学版》2001年第31期，是本书作者与朱希伟合作所著。

要①（称消费效应Ⅱ）。

由于消费效应Ⅱ的存在，向读者收费便产生困难。理性读者在消费图书后，会宣称效用为零，从而拒绝付费。对读者来说，光看不买的"搭便车"行为无疑是最优的。按此推理，则读者永远不会购买图书，作者自然会预期到这一点，从而放弃知识生产，真若如此，则图书市场又何以存在？本文将抽象掉知识的具体生产过程，拟对以图书为载体的知识交易活动进行系统考察，总结、归纳出知识交易的一般特征与规律。

一、读者"搭便车"行为：因素分析

消费效应Ⅰ表明，读者对某图书的消费具有时间上的无穷性，图书的重复阅读能给读者带来一系列时序效用。读者要拥有全部时序效用，可以采取购买行为，也可以通过不断采取"搭便车"行为，以拥有部分时序效用（施蒂格勒，1996：97—118）。下文将通过对读者特征的比较静态分析，来说明读者自身因素是如何影响"搭便车"行为发生的。

为简化分析，我们提出以下基本假设：

（1）读者的阅读次数是连续变量，记为 X，且 $X \in (0, +\infty)$；

（2）读者阅读图书获得的预期边际效用是关于阅读次数的正的连续函数，记为 $U(X)$；满足边际效用递减规律，即 $\forall X_1, X_2 \in (0, +\infty)$，$X_1 < X_2$，有 $U(X_1) > U(X_2) > 0$；

（3）读者预期第 X 次阅读时，某图书仍未售出的主观概率为 P_{rob}^X，其中 P_{rob} 为常数，且 $0 < P_{rob} < 1$，从而第 X 次阅读的预期边际效用调整为 $P_{rob}^X U(X)$；

（4）读者对未来收益与成本的主观贴现率为常数，记为 r，且 $0 < r < 1$；

---

① 在极少数情况下，同一图书可以满足不同读者在同一时点的消费需要，由于这种情况不影响结论，因此也将其归并为消费效应Ⅱ。

(5)读者每跑一次书店花在路途上的时间机会成本不变,记为 C;

(6)每种图书都是孤本销售,并且图书价格固定,记为 P;

(7)读者的效用可以进行人际比较。

受时间机会成本及图书售出风险的约束,理性读者的"搭便车"行为在第 X^* 次自行终止,边际条件为

$$P_{rob}^{X^*} U(X^*) = C \tag{1}$$

读者采取"搭便车"行为的最大净收益现值为

$$NR_F = \int_0^{X^*} (P_{rob}^X U(X) - C) \mathrm{e}^{-tX} \mathrm{d}X \tag{2}$$

读者采取购买行为的最大净收益现值为

$$NR_P = \int_0^{+\infty} U(X) \mathrm{e}^{-tX} \mathrm{d}X - P \tag{3}$$

出于简化分析考虑,我们进一步强化假设条件(6),设定图书价格 P 被固定在 P^* 的水平,s. t. $NR_F = NR_P$,即

$$NR_P = \int_0^{X^*} (P_{rob}^X U(X) - C) \mathrm{e}^{-rX} \mathrm{d}X = \int_0^{+\infty} U(X) \mathrm{e}^{-rX} \mathrm{d}X - P^* \tag{4}$$

我们发现,当图书价格 P 被固定在 P^* 时,读者对"搭便车"行为与购买行为是无差异的,将这类读者的性状特征用向量 $(P_{rob}, U(X), C, r)$ 表征。

下面,我们对读者的特征向量 $(P_{rob}, U(X), C, r)$ 的元素逐一进行比较静态分析(Chiang et al, 1984:204—205)。

(一)P_{rob} 变动的比较静态分析

假定特征向量为 $(P_{rob}, U(X), C, r)$ 的读者群因主观概率的变动而分化为两类:第一类读者"遗传"原有特征向量,第二类读者的特征向量"变异"为

$$(\widetilde{P}_{rob}, U(X), C, r), \text{且 } 0 < P_{rob} < \widetilde{P}_{rob} < 1 \tag{5}$$

第二类读者"搭便车"行为的终止点 $\widetilde{X}$ 满足条件

$$\widetilde{P}_{rob}^{\widetilde{X}} U(\widetilde{X}) = C \tag{6}$$

结合(1)(5)(6)三式,可得

$$\widetilde{X} > X^* \tag{7}$$

第二类读者"搭便车"行为较第一类读者"搭便车"行为的净收益变动为

$$\Delta NR_F = NR_F(\widetilde{P}_{rob}) - NR_F(P_{rob})$$

$$= \int_0^{\widetilde{X}} (\widetilde{P}_{rob}^X U(X) - C) \mathrm{e}^{-rX} \mathrm{d}X - \int_0^{X^*} (P_{rob}^X U(X) - C) \mathrm{e}^{-rX} \mathrm{d}X$$

$$= \int_0^{X^*} (\widetilde{P}_{rob}^X - P_{rob}^X) U(X) \mathrm{e}^{-rX} \mathrm{d}X (> 0)$$

$$+ \int_{X^*}^{\widetilde{X}} (\widetilde{P}_{rob}^X U(X) - C) \mathrm{e}^{-rX} \mathrm{d}X (> 0) > 0$$

由(3)式知,第二类读者购买行为的净收益与第一类读者相同。由于第一类读者的"搭便车"行为与购买行为是无差异的,所以理性的第二类读者会选择"搭便车"行为,放弃购买行为。

命题 1:在其他条件相同的情况下,读者预期某种图书滞销的可能性越大(即 P_{rob} 越大),越容易诱发读者的"搭便车"行为;相反,读者预期某种图书越畅销(即 P_{rob} 越小),越容易产生购买行为。

(二)$U(X)$ 变动的比较静态分析

假定特征向量为 $(P_{rob}, U(X), C, r)$ 的读者群因预期边际效用函数的变动而分化为两类:第一类读者是"遗传者",特征向量不变;第二类读者是"变异者",特征向量为

$$(P_{rob}, \widetilde{U}(X), C, r), \text{且对 } \forall X \in (0, +\infty), \widetilde{U}(X) > U(X) > 0 \tag{8}$$

同时 $\widetilde{U}(X)$ 也满足边际效用递减规律,即对 $\forall X_1, X_2 \in (0, +\infty), X_1 < X_2$,有

$$\widetilde{U}(X_1) > \widetilde{U}(X_2) > 0 \tag{9}$$

第二类读者"搭便车"行为的终止点 $\widetilde{X}$,满足

$$P_{rob}^{\widetilde{X}}\widetilde{U}(\widetilde{X}) = C \tag{10}$$

结合(1)(8)(9)(10)四式,可得

$$\widetilde{X} > X^* \tag{11}$$

第二类读者"搭便车"行为较第一类读者"搭便车"行为的净收益变动为

$$\Delta NR_F = NR_F(\widetilde{U}(X)) - NR_F(U(X))$$

$$= \int_0^{\widetilde{X}}(P_{rob}^X\widetilde{U}(X) - C)\mathrm{e}^{-rX}\mathrm{d}X - \int_0^{X^*}(P_{rob}^X U(X) - C)\mathrm{e}^{-rX}\mathrm{d}X$$

$$= \int_0^{X^*}P_{rob}^X(\widetilde{U}(X) - U(X))\mathrm{e}^{-rX}\mathrm{d}X(>0)$$

$$+ \int_{X^*}^{\widetilde{X}}(P_{rob}^X\widetilde{U}(X) - C)\mathrm{e}^{-rX}\mathrm{d}X(>0) > 0$$

第二类读者购买行为较第一类读者购买行为的净收益变动为

$$\Delta NR_P = NR_P(\widetilde{U}(X)) - NR_P(U(X))$$

$$= \int_0^{+\infty}(\widetilde{U}(X) - U(X))\mathrm{e}^{-rX}\mathrm{d}X > 0$$

两个正增量 ΔNR_F 与 ΔNR_P 表明,第二类读者无论采取购买行为还是"搭便车"行为,较第一类读者采取相应行为的净收益要大。我们对 ΔNR_F 与 ΔNR_P 作差,得

$$\Delta NR_P - \Delta NR_F = \int_0^{X^*}(1 - P_{rob}^X)(\widetilde{U}(X) - U(X))\mathrm{e}^{-rX}\mathrm{d}X(>0)$$

$$+ \int_{X^*}^{\widetilde{X}}((1 - P_{rob}^X)\widetilde{U}(X) - U(X) + C)\mathrm{e}^{-rX}\mathrm{d}X(>0)$$

$$+ \int_{\widetilde{X}}^{+\infty}(\widetilde{U}(X) - U(X))\mathrm{e}^{-rX}\mathrm{d}X(>0)$$

$$> 0^{①}$$

两个正增量之差 $\Delta NR_P - \Delta NR_F$ 大于零表明,第二类读者采取购买行为比采取"搭便车"行为获得的相应正增量要大,而第一类读者对购买行为与"搭便车"行为是无差异的,所以,理性的第二类读者会采取购买行为,放弃"搭便车"行为。

命题2:在其他条件相同的情况下,读者的预期边际效用水平越高,采取购买行为的可能性越大;相反,读者的预期边际效用水平低,采取"搭便车"行为的可能性越大。

(三)C 变动的比较静态分析

假定特征向量为 $(P_{rob},U(X),\tilde{C},r)$ 的读者群因时间机会成本变动而分化为两类:第一类读者是"遗传者",特征向量不变;第二类读者是"变异者",特征向量为

$$(P_{rob},U(X),\tilde{C},r),且 \tilde{C} > C \tag{12}$$

第二类读者"搭便车"行为的终止点 $\tilde{X}$,满足 $P_{rob}^{\tilde{X}}U(\tilde{X}) = \tilde{C}$ $\qquad$ (13)

结合(1)(12)(13)三式,可得

$$\tilde{X} < X^* \tag{14}$$

第二类读者"搭便车"行为较第一类读者"搭便车"行为的净收益变动为:

$$NR_F(\tilde{C}) - NR_F(C) = \int_0^{\tilde{X}} (P_{rob}^X U(X) - \tilde{C})e^{-rX}\,dX$$

$$- \int_0^{X^*} (P_{rob}^X U(X) - C)e^{-rX}\,dX$$

$$= -\int_0^{\tilde{X}} (\tilde{C} - C)e^{-rX}\,dX\,(> 0)$$

---

① 定积分 $\int_{X^*}^{\tilde{X}} ((1-P_{rob}^X\tilde{U}(X)-U(X)+C)e^{-rX}\,dX > 0$ 的证明如下:由第一类读者"搭便车"行为终止点满足条件 $P_{rob}^{X^*}U(X^*)=C$,得: $\forall X \in (X^*,\tilde{X}), P_{rob}^X U(X) < C \Rightarrow (1-P_{rob}^X)U(X) > U(X)-C, \forall X \in (X^*,\tilde{X}) \Rightarrow (1-P_{rob}^X)\tilde{U}(X) > U(X)-C, \forall X \in (X^*,\tilde{X}) \Rightarrow (1-P_{rob}^X)\tilde{U}(X)-U(X)+C > 0, \forall X \in (X^*,\tilde{X}) \Rightarrow \int_{X^*}^{\tilde{X}} ((1-P_{rob}^X)\tilde{U}(X)-U(X)+C)e^{-rX}\,dX > 0$

$$-\int_{\tilde{X}}^{\tilde{X}^{*}} (P_{rob}^{X} U(X) - C) \mathrm{e}^{-rX} \mathrm{d}X (>0) < 0$$

由上式知,第二类读者"搭便车"行为的净收益,比第一类读者"搭便车"行为的净收益要小;由(3)式可知,第二类读者购买行为的净收益与第一类读者相同;而第一类读者对购买行为与"搭便车"行为是无差异的,所以,理性的第二类读者会采取购买行为,放弃"搭便车"行为。

命题 3:在其他条件相同的情况下,读者"搭便车"行为的时间机会成本越高,采取"搭便车"行为的可能性越小;相反,时间机会成本越低的读者,采取"搭便车"行为的可能性越大。

(四)r 变动的比较静态分析

假定特征向量为$(P_{rob}, U(X), C, r)$的读者群因主观贴现率变动而分化为两类:第一类读者是"遗传者",特征向量不变;第二类读者是"变异者",特征向量为:

$$(P_{rob}, U(X), C, \tilde{r}), \text{且} 0 < r < \tilde{r} < 1 \tag{15}$$

由(1)式知,第二类读者"搭便车"行为的终止点仍在X^{*}处;第二类读者"搭便车"行为的净收益变动为

$$\Delta NR_{F} = NR_{F}(\tilde{r}) - NR_{F}(r) = \int_{0}^{X^{*}} (P_{rob}^{X} U(X) - C)(\mathrm{e}^{-\tilde{r}X} - \mathrm{e}^{-rX}) \mathrm{d}X < 0^{①}$$

第二类读者购买行为较第一类读者购买行为的净收益变动为

$$\Delta NR_{P} = NR_{P}(\tilde{r}) - NR_{P}(r) = \int_{0}^{+\infty} U(X)(\mathrm{e}^{-\tilde{r}X} - \mathrm{e}^{-rX}) \mathrm{d}X < 0^{②}$$

---

① 定积分 $\int_{0}^{X^{*}} (P_{rob}^{X} U(X) - C)(\mathrm{e}^{-\tilde{r}X} - \mathrm{e}^{-rX}) \mathrm{d}X < 0$ 的证明如下:

$0 < r < \tilde{r} < 1 \Rightarrow 0 < \mathrm{e}^{-\tilde{r}} < \mathrm{e}^{-r} < 1 \Rightarrow \mathrm{e}^{-\tilde{r}X} < \mathrm{e}^{-rX}, \forall X \in (0, +\infty) \Rightarrow \int_{0}^{X^{*}} (P_{rob}^{X} U(X) - C)(\mathrm{e}^{-\tilde{r}X} - \mathrm{e}^{-rX}) \mathrm{d}X < 0$

② 定积分 $\int_{0}^{+\infty} U(X)(\mathrm{e}^{-\tilde{r}X} - \mathrm{e}^{-rX}) \mathrm{d}X < 0$ 的证明如下:

$0 < r < \tilde{r} < 1 \Rightarrow 0 < \mathrm{e}^{-\tilde{r}} < \mathrm{e}^{-r} < 1 \Rightarrow \mathrm{e}^{-\tilde{r}X} < \mathrm{e}^{-rX}, \forall X \in (0, +\infty) \Rightarrow \int_{0}^{+\infty} U(X)(\mathrm{e}^{-\tilde{r}X} - \mathrm{e}^{-rX}) \mathrm{d}X < 0$

两个负增量 $\triangle NR_F$ 与 $\triangle NR_P$ 表明,第二类读者无论采取购买行为还是采取"搭便车"行为,都比第一类读者采取相应行为的净收益要小。我们对 $\triangle NR_F$ 与 $\triangle NR_P$ 作差,得

$$\triangle NR_F - \triangle NR_P = -\int_0^{X^{\cdot}} (U(X)(1-P_{rob}^X) + C)(e^{-\bar{r}X} - e^{-rX})\mathrm{d}X(<0)$$
$$-\int_{X^{\cdot}}^{+\infty} U(X)(e^{-\bar{r}X} - e^{-rX})\mathrm{d}X(<0) > 0$$

两个负增量之差 $\triangle NR_F - \triangle NR_P$ 大于零表明,第二类读者采取"搭便车"行为与第一类读者采取"搭便车"行为之间的净收益的差距,比第二类读者采取购买行为与第一类读者采取购买行为之间的净收益差距要小;而第一类读者对"搭便车"行为与购买行为是无差异的,所以,理性的第二类读者会采取"搭便车"行为,放弃购买行为。

命题 4:在其他条件相同的情况下,读者的主观贴现率越大,采取"搭便车"行为的可能性越大;相反,读者的主观贴现率越小,采取购买行为的可能性越大。这一点是很容易理解的,主观贴现率大的读者是不重视未来收益的,自然会采取"搭便车"行为获得即期效用,以实现最优化;而那些主观贴现率小的读者较重视未来收益,自然会掏钱购买图书,回家后津津有味地重复阅读,通过获得长远收益以实现最优化。

(五)比较静态分析结论与启示

对读者特征向量 $(P_{rob}, U(X), C, r)$ 的元素逐一进行比较静态分析的结论表明,读者特征向量中每一元素的变动,都会对购买行为与"搭便车"行为的净收益产生影响,致使具有不同特征向量的读者进行"搭便车"行为与购买行为的抉择陷入"智猪博弈"均衡(张维迎,1997:204—225)。我们把读者特征差异与"智猪博弈"均衡之间的联系归纳成表1。

表 1　读者特征差异与"智猪博弈"均衡

变　量	取　　值	类型／行为	
		大猪／购买	小猪／"搭便车"
P_{rob}	$P_{rob}^1 < P_{rob}^2$	P_{rob}^1	P_{rob}^2
$U(X)$	$U^1(X) < U^2(X)$	$U^2(X)$	$U^1(X)$
C	$C_1 < C_2$	C_2	C_1
r	$r_1 < r_2$	r_1	r_2

书店作为知识生产者(作者)的代理人,必然会进行有效的制度设计,以控制读者的"搭便车"行为,鼓励读者的购买行为:其一,销售制度设计。书店将按读者消费知识产品的难易程度,将图书分为易耗书和耐耗书两类。易耗书是指那些主要满足读者的感光刺激需要,不需要读者进行深度的信息加工便能实现知识传播目的的图书。这类图书包括绘画集、风光掠影、艺术写真、儿童漫画及各类通俗读物等。耐耗书是指那些需要读者进行大量的脑力活动,不断进行思辨才能实现知识传播目的的图书。这类图书包括各类专业性很强的著作、各类教科书及经典名著等。另外,那些需要通过重复使用和(或)配合其他材料共同使用才能完成知识传播目的的图书,可归为耐耗书,如工具书(字典、词典、技术手册等)、练习册、习题集等。因此,书店将设计"易耗书 — 闭架销售;耐耗书 — 开架销售"的销售制度,以解决控制"搭便车"行为与消除信息不对称的两难问题。其二,补偿制度设计。现实生活中的读者并非人人有"搭便车"行为倾向,故"易耗书 — 闭架销售;耐耗书 — 开架销售"的销售制度既约束了"搭便车"读者的机会主义行为,又制约了非"搭便车"读者的购买行为。因此,设计对非"搭便车"读者的利益补偿机制以刺激其购买行为是必要的。直接补偿:如对购书量较大的读者(将其视为非"搭便车"读者)发给贵宾卡,可享受折扣优惠;在实行开架销售制度的书店(如图书超市),对那些购买易耗书的读者给予一定的折扣。间接补偿:如对进入书店的每位读者收取一定的"入场费",读者购书后予以返还,未购书者不予返还。

二、图书价格腾贵：机理分析

　　按照西方财政理论，社会商品可以分为私人物品与公共物品两类。私人物品是指可以通过付费排他地占有该物品，并从中获得消费效用。与私人物品相比，公共物品具有三个特性：第一，效用的不可分割性（non-divisibility）。即公共物品是向全体社会成员共同提供的，具有共同受益或联合消费的特点；其效用为整个社会成员所共享，不能将其分割为若干部分并按谁付款、谁受益原则限定受益人范围。第二，消费的非竞争性（non-rivalness）。即某人对公共物品的享用，不排斥、妨碍他人同时享用，也不会减少其他人享用该公共物品的数量或质量，从而追加一个消费者的边际成本为零。第三，受益的非排他性（non-excludabilty）。即在技术上没有办法将拒绝为之付费的个人排除在公共物品的受益范围之外，同时，任何人也不能用拒绝付费的办法将不喜欢的公共物品排除在其享用范围之外。

　　严格地说，图书不具备公共物品的三个特性，故图书不是公共物品。但由于同一图书在不同时点的消费不具有对抗性，因此，采用俱乐部形式让更多的读者共享图书的消费效用，比图书的私人拥有更有效率。在图书所有权买卖市场（书店），"搭便车"读者因效用水平低而被图书价格过滤；同时，"搭便车"行为受时间机会成本等约束，不能享受图书的全部消费效用。一些"搭便车"读者便会结成读者俱乐部，向俱乐部交纳一定的会员费，由俱乐部向市场购买图书，会员根据相互达成的按时归还图书等一系列契约来共同享用。读者俱乐部（图书馆）这种集体联合消费、集约使用资源的组织形式产生了两方面的效应：第一，同时提高了"搭便车"行为与购买行为的相对成本，读者将在"搭便车"、购买与加入俱乐部三种行为之间寻找新的均衡点；第二，图书市场需求结构发生变化，由原来的单一结构转变为读者俱乐部子市场与非会员读者子市场构成的二元需求结构。

下文将通过建立模型,对图书市场二元结构与书价腾贵现象的内在联系予以揭示。我们舍掉书店这一角色,以抽象的市场作为象征性代表,并提出以下基本假设:

(1) 任何两种图书是完全异质的,不存在消费的替代关系,故任何一种图书的生产者是市场的完全垄断者;

(2) 图书市场的需求者由读者俱乐部与非会员读者构成,读者俱乐部子市场的需求价格弹性小于非会员读者子市场的需求价格弹性[①],且两个子市场的需求函数是线性的;

(3) 图书生产者不能有效区分读者俱乐部子市场与非会员读者子市场,无法实现价格歧视,只能在加总市场索取统一价格;

(4) 图书生产的边际成本不变,平均成本随产量增加而递减,且 $MC(1) = AC(1)$[②]。

第一阶段:政府管制阶段。图书消费具有正外部效应和图书生产具有规模经济的特点,使得政府对图书生产进行管制成为必要。政府对图书生产的管制原则为:图书生产的边际成本等于市场需求价格,即 $MC = P$;这一原则使得稀缺资源由其他用途转向生产图书的边际牺牲(边际成本)等于读者从图书消费中获得的边际效用(需求价格),实现社会福利最大化。从图 2 可知,政府对图书生产进行管制时,图书产量为 Q^0,市场价格为 OX_1(或 P_0),政府对生产者的亏损补贴为 $S_{X_1X_2X_3X_4}$。从图 1 可知,政府管制时,读者俱乐部子市场的图书购买量为 Q_L^0,非会员读者子市场的图书购买量为 (Q_P^0),且 $Q^0 = Q_L^0 + Q_P^0$。同时,读者俱乐部子市场图书购买量(Q_L^0)小

---

① 读者俱乐部是由对价格非常敏感的读者构成的消费群体,但由于俱乐部对资源采取集约利用,某一单位图书的消费效用是会员效用水平的纵向叠加;与非会员读者子市场相比,俱乐部子市场对图书价格是不敏感的,需求价格弹性较小。

② 图书生产总成本可以简单分为不变成本(FC)与可变成本(VC)两部分,不变成本包括付给作者的稿酬,编辑、校对人工费等,可变成本包括纸张、油墨、印刷人工费等。当某种图书只生产一本时,$AC(1) = TC(1) = FC + VC(1) = MC(1)$;当该种图书的产量超过一本时,边际成本不变且小于 $MC(1)$,平均成本递减。

于非会员读者子市场图书购买量(Q_P^0),表明政府管制造成的低价格使"搭便车"行为的相对成本较高,读者的"搭便车"行为受到抑制;购买行为的相对成本较低,刺激了非会员读者的购买行为;加入读者俱乐部的相对成本较高,对非会员读者缺乏吸引力。在政府管制阶段,读者俱乐部这一集体消费组织被非会员读者的购买行为所"淹没",作用十分有限。

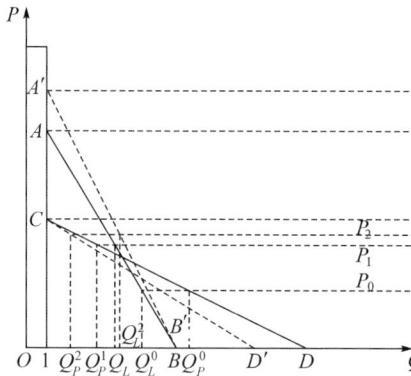

图 1　某图书子市场

图 2　某图书加总市场

说明:(1)横轴表示图书需求量,纵轴表示图书价格;

(2)政府管制阶段与放松管制阶段,读者俱乐部子市场需求曲线(平均收益曲线)为实线 AB,非会员读者子市场需求曲线(平均收益曲线)为实线 CD;

(3)调整阶段,读者俱乐部子市场需求曲线(平均收益曲线)为虚线 $A'B'$,非会员读者子市场需求曲线(平均收益曲线)为虚线 CD'。

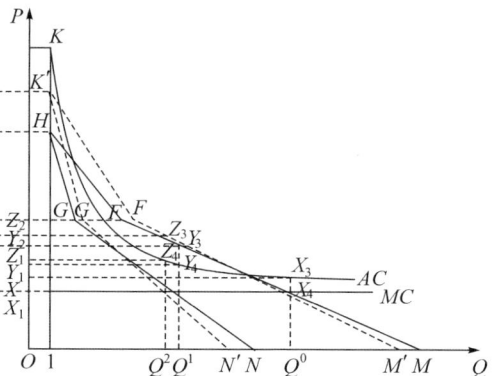

说明:(1)横轴表示图书需求量或产量,纵轴表示图书价格或成本;

(2)政府管制阶段与放松管制阶段,图书加总市场需求曲线(平均收益曲线)为实线 HFM,边际收益曲线为实线 HGN;

(3)调整阶段,图书加总市场需求曲线(平均收益曲线)为虚线 $H'F'M'$,边际收益曲线为虚线 $H'G'M'$;

(4)图书生产的边际成本曲线为点 K 与不包括起点的射线 MC,平均成本曲线为点 K 开始的曲线 AC,且在点 K 处,满足 $MC(1) = AC(1)$。

　　第二阶段:放松管制阶段。在管制阶段,政府对图书生产的政策性亏损进行补贴,容易诱发生产者对成本控制缺乏积极性,出现经营性亏损,从而使补贴膨胀,造成财政压力,政府被迫放松对图书生产的管制。政府放松管制,图书生产者便以利润最大化为目标,由边际成本等于边际收益原则决定向市场提供的图书数量。从图 2 可知,生产者向市场提供的图书数量为 Q^1,索取价格为 OY_2(或 P_1),获得垄断利润为 $S_{Y_1Y_2Y_3Y_4}$,图书市场价格水平出现第一轮上涨:由 OX_1(或 P_0)上涨为 OY_2(或 P_1)。从图 1 可知,政府放松管制后,读者俱乐部子市场的图书购买量为 Q_L^1,非会员读者子市场的图书购买量为 Q_P^1,且 $Q^1 = Q_L^1 + Q_P^1$。同时,读者俱乐部子市场的图书购买量(Q_L^1)大于非会员读者子市场的图书购买量(Q_P^1),表明政府放松管制引起图书价格上涨,使"搭便车"行为的相对成本下降,读者的"搭便车"行为活跃起来;购买行为的相对成本提高,非会员读者的购买行为受到抑制;加入读者俱乐部的相对成本下降,对非会员读者产生极大吸引力,集约利用资源的集体消费优势逐渐表现出来。在政府放松管制阶段,非会员读者逐渐用"搭便车"行为或加入读者俱乐部来替代购买行为。

第三阶段:价格调整阶段。政府放松管制后,图书价格出现第一轮上涨,从而大大减少非会员读者子市场的图书购买量(由 Q_P^0 降至 Q_P^1),被垄断价格过滤的非会员读者将进行加入读者俱乐部与"搭便车"行为的抉择,假定这些非会员读者全部选择加入读者俱乐部,读者流动使读者俱乐部子市场与非会员读者子市场的需求曲线均发生变动。由于各读者俱乐部愿意支付的价格是会员消费效用的纵向叠加,俱乐部子市场需求曲线位置比原来更高;同时,假定俱乐部会员增加不影响俱乐部子市场的最大图书购买量,即各俱乐部通过提高服务效率将会员增加的压力缓解,或俱乐部原来的过剩服务能力得到更充分利用。在这些假定条件下,俱乐部子市场的需求曲线变为虚线 $A'B$,说明随会员人数增加,各俱乐部对图书价格更不敏感,俱乐部子市场的总体需求价格弹性降低。在非会员读者子市场,被过滤出来的读者是那些需求价格弹性较大的读者,留在非会员读者子市场的非会员读者总体需求价格弹性降低,非会员读者子市场需求曲线变陡;

同时,假定非会员读者子市场的最大支付价格不变,需求曲线变为 CD'。图书生产者以利润最大化为目标,由边际成本等于边际收益原则决定向市场提供的图书数量。从图 2 可知,生产者向市场提供的图书数量为 Q^2,索取价格为 OZ_2(或 P_2),获得垄断利润为 $S_{Z_1Z_2Z_3Z_4}$,图书市场价格水平出现第二轮上涨:由 OY_2(或 P_1)上涨至 OZ_2(或 P_2)。从图 1 可知,读者俱乐部子市场的图书购买量为 Q_L^2,非会员读者子市场的图书购买量为 Q_P^2,且 $Q^2 = Q_L^2 + Q_P^2$。同时,读者俱乐部子市场的图书购买量增加:由 Q_L^1 增至 Q_L^2,而非会员读者子市场的图书购买量继续下降:由 Q_P^1 降至 Q_P^2;表明图书价格的第二轮上涨再一次调整了读者采取不同行为的相对成本,非会员读者进一步用"搭便车"行为或加入读者俱乐部替代购买行为;读者俱乐部将扩大图书购买量来满足日益增加的会员对图书的需求。

第四阶段:均衡状态阶段。在调整阶段,非会员读者子市场图书购买量由 Q_P^1 降至 Q_P^2,表明又有一部分非会员读者被更高的价格过滤出来,进行加入读者俱乐部与"搭便车"行为的抉择。我们仍假定这部分读者选择加入读者俱乐部,从而使俱乐部子市场需求曲线与非会员读者子市场需求曲线变得更陡,两个子市场的需求价格弹性均下降,引起图书价格第三轮上涨,又有一部分非会员读者被进一步提高的价格淘汰出市场…… 如此循环,引起图书价格第四轮、第五轮…… 第 n 轮上涨。现在,我们取消因图书价格上涨而淘汰出市场的非会员读者均选择加入读者俱乐部的假定,并认为读者俱乐部的服务能力受到潜在水平的限制,即随会员人数增加,会出现图书消费的拥挤,增加会员排队等待等非货币成本。由此,我们可以确定图书市场均衡状态及图书价格上涨的极限。图书市场最终均衡状态:从读者角度看,购买行为、"搭便车"行为、加入读者俱乐部均实现边际成本等于边际收益;从生产者角度看,图书生产的边际成本等于边际收益,从而决定图书市场的均衡产量与均衡价格组合(Q^*,P^*)。

三、理论总结

通过对以图书为媒介的知识交易活动的系统考察,我们发现,知识产品与一般产品的市场交易活动既有共同性,又有差异性,对此可归纳如下:

其一,交易双方的信息不对称导致产权公共领域的出现,交易制度的形成是交易双方在产权公共领域内攫取资源行为的纳什均衡结局。图书所载知识的无形性、不可触摸性,使交易双方呈现出严重的信息不对称。为达成交易,卖方必须向买方披露信息,消除买方的"无知"状态。卖方这样做时,知识的重复消费性使得买方实质性消费知识无须损坏载体,造成卖方难以判断买方是否消费其知识,从而产生收费困难。买方光看不买的"搭便车"行为受到其自身因素的约束,即向卖方设置的产权公共领域攫取资源是有成本的,随着攫取资源收益的递减,攫取行为会自行终止(汪丁丁,1996:70—80)。即便如此,买方向产权公共领域攫取资源行为的存在,会对卖方的收益造成威胁,故理性的卖方会区分产品的差异而设置不同的销售制度,将买方的攫取行为控制在最佳范围,这一销售制度的形成是交易双方相互博弈的纳什均衡结局。

其二,对个体排他消费与集体非排他消费并存的商品而言,集体消费替代个体消费导致商品价格上涨具有客观必然性。图书价格腾贵源于图书所载知识既可采取个体排他消费,也可采取集体非排他消费;两种消费方式交互作用,推动了图书价格上涨。图书生产具有边际成本不变的规模经济性和图书所载知识的差异性,使图书市场具有自然垄断的特点;加之图书消费正外部性的存在,政府出于增进社会福利考虑,对图书生产进行管制是必要的。政府管制阶段,集体消费与个体消费之间的竞争关系被低价格所遏制,处于潜伏状态。而在放松管制阶段,两种消费方式之间的竞争关系日益显露,更多读者加入读者俱乐部,用集体消费替代个体消费,降低了图书市场的需求价格弹性,垄断生产者便会抬高索价,这就进一步诱发读者用集体消费替代个体消费,最终导致图书价格螺旋上涨。在教育消费上,个体排他消费(雇佣私人教师)与集体非排他消费(接受学校教育)都是可行的,同时,排他的成本是很低的(通过点名即可实现排他),故"搭便车"行为不容易发生。但两种消费方式相互竞争的结果,必然是集体消费替代个体消费,最终只有极少数买者才支付得起个体排他消费的价格。

参考文献

[1]施蒂格勒,1998:《产业组织与政府管制》[M]. 潘振民,译.上海:上海人民出版社,上海三联书店.

[2]张维迎,1997:《博弈论与信息经济学》.上海:上海人民出版社,上海三联书店.

[3]汪丁丁,1996:《产权博弈》.《经济研究》第 10 期,第 70—80 页.

[4]A. C. Chiang,1984:Fundamental Methods of Mathematical Economics. New York:Mc Graw-Hill Book Co.

正式制度与企业融资：前沿理论述评 *

一、引　言

　　制度显著影响企业的融资行为，进而影响整个金融市场。德国学者史漫飞与柯武刚（2000：41—46）简洁而全面地将制度定义为人类相互交往的游戏规则。它抑止可能出现的、机会主义的和乖僻的个人行为，使人们的行为更可预见并由此促进劳动分工和财富创造。制度要有效能，总是隐含着对某种违规的惩罚。新制度经济学家诺思区分了正式制度和非正式制度。诺思指出，制度是一个社会的游戏规则，更规范地说，它们是为决定人们的相互关系而人为设定的一些制约，包括正式制度（例如规章和法律）和非正式制度（例如习惯、行为准则、伦理规范），以及这些约束的实施特性。20 世纪 90 年代末兴起的法与金融学以及新政治经济学为研究正式制度对融资行为的影响提供了一个理论视角，它们主要探讨正式制度（法律、政

　　＊　本文原发表于《浙江大学学报：人文社会科学版》2008 年第 38 期，是本书作者与张璐璐合作所著。

治)如何对第三方实施的正式融资合约的执行产生影响,以及不同的制度环境对不同规模的企业又有怎样不同的作用。正式制度避免了机会主义行为,降低了融资成本,从而扩大了融资规模,提高了融资效率。

早期对企业融资行为的关注多集中于公司金融领域,大体形成三个理论学派:一是以 M-M 理论为中心的现代企业融资理论学派;二是进入 20 世纪 70 年代以来,随着非对称信息理论研究的发展,以 Myears 为代表的"融资顺序理论"学派;三是 20 世纪 70 年代以 Weston 和 Brigham 为代表的学派,他们根据企业不同成长阶段融资来源的变化提出的企业金融生命周期(financial life cycle of the firm)假说。但公司金融理论对企业融资行为的研究将制度视为一个给定的外生条件,忽视了制度的动态变化对企业融资行为产生的影响。"中国奇迹"曾一度作为正式制度失灵的有效例证,被众多金融经济学家推举为非正式融资的成功典范。Allen 等(2005)以中国为例,说明基于关系的融资渠道和机制促进了私人部门的成长,在法律与金融制度并不发达的情况下为中小规模的企业提供融资渠道,为中国的经济增长做出了巨大贡献。然而随着企业规模及交易规模的扩大,私人治理机制频频出现失败,企业融资对正式制度的渴求愈显突出。

在企业规模与交易范围不断扩大的情况下,制度环境对企业融资行为的作用显得越来越重要。以来自美国哈佛大学和芝加哥大学的四位学者 La Porta、Lopez-de-Silanes、Shleifer 和 Vishny(1998)(下文简称 LLSV)为代表提出的法和金融理论认为,在法律制度加强私人产权,支持私人契约和保护投资者法律权利的国家,企业就更易于获得融资,金融市场进而繁盛发展;相反,既不支持私人产权也不推动私人契约的法律制度,往往会阻碍公司金融并妨碍金融的发展。他们的开创性理论成果为我们考察正式制度与企业融资的关系提供了全新的视角,尤其为正式制度长期缺失的转型国家的法律与金融体制改革提供了有益的理论指导与现实借鉴。

二、正式制度影响企业融资能力的理论视角

(一)法与金融理论的观点

法和金融理论的开创人物 LLSV 强调,一个国家的合同法、公司法、破产法和证券法,以及这些法律的实施,基本上决定了证券持有者的权利和金融体系的运行,法律扮演着强制执行一系列金融合同的角色,从而为资金的提供者提供融资信心。尽管近些年来经济学家和法律学者开始理论地研究有关投资者权利的不同法律规定的成本和收益(Crossman et al, 1986;Harris,1988;Burket,1997;Bebchuk,1994),但却始终没有探讨在世界范围内关于公司治理的法律规定情况,在不同国家这些法律规定的实施情况,以及这些规定的有效程度。LLSV 首次利用统计学、计量经济学的方法系统地研究了法律与金融发展的关系。法和金融理论沿着两条线索来阐释法律与金融之间的关系。第一条线索突出法律制度影响公司金融和金融发展。他们认为,在那些法律制度执行私人产权、支持私人合约安排、保护投资者的法律权利的国家,储蓄者更愿意将手中的闲置资金向企业融资,从而刺激金融市场的发展。相反,既不支持私人产权也不促进私人合约执行的法律制度会阻碍企业融资,从而妨碍金融市场的成长(Beck et al,2007)。

在企业层次上,Shleifer 和 Wolfenozn(2002)发现内部的管理者和控股股东常常处在剥削[①]少数股东和债权人的地位,法律制度就在决定这个剥削程度上起到了重要作用,法律制度通过对企业内部治理的规制为股东

[①] 这种剥削可能包括盗窃、转移定价、资产剥离、雇用家庭成员和其他"额外补贴",以这样牺牲少数股东和债权人的利益来使内部人获益。参见 LLSV,2000：Investor Protection and Corporate Governance. *Journal of Financial Economics*,58：3-27.

提供保护。法和金融理论讨论各国在以下方面的不同:(1)合同法、公司法、破产法和证券法;(2)法律制度对私人产权的强调;(3)实施的效率对剥削程度的影响以及人们因此购买证券和参与金融市场的信心。

法和金融理论的第二条线索强调不同的法律起源[①]对投资者权利的法律保护不同,进而影响一国的金融发展。他们认为,普通法对股东和债权人的保护相对来说是最强的,德国民法和斯堪的纳维亚民法居中,法国民法最弱;在法律的实施质量上,斯堪的纳维亚民法和德国民法最高,普通法第二,法国民法最低。

Pistor、Raiser 和 Gelfer(2000)首次分析了转型经济中,股东和债权人权利保护的变化对企业外部融资的影响。他们在 LLSV 研究的基础上,对24 个转型经济国家的投资者受法律保护状况进行了比较研究。通过对法律指标与 24 个转型国家企业外部融资的统计分析,他们得出如下结论:转型国家中公司治理的一个主要弱点是缺乏外部金融,而仅通过对为股东和债权人提供权利保护的法律框架的激进改善是无法解决的,对转型国家而言,法律的执行是更加重要的。

1. 法律保护与企业融资

有关公司融资的文献表明,市场的不完善产生于公司内部人与投资者之间的利益冲突和信息问题,它限制了企业为投资项目融资的能力。市场不完善的规模与程度部分依赖于法律制度的有效性。一个有效的法律制度能使希望获得外部长期融资企业的对外承诺更可信。长期的贷款人可以依据债务契约约束债务人的机会主义行为,同样外部股东可以借助明确的信托责任来制约公司的内部人。因此,法律制度的完善有助于企业获得

---

① LLSV 将法律起源归纳为四类:英国普通法、法国民法、德国民法和斯堪的纳维亚民法,参见 LLSV,1998:Law and Finance. *Journal of Political Economy*,106(6):1113-1155. David 和 Brierley 认为,大多数国家的法律制度可以追溯到这四类主要的法律体系,参见 R. David, J. Brierley,1985; Major Legal Systems in the World Today. London:Stevens. 1989 年,Reynolds 和 Flores 提供了 10 多个国家的法律起源的信息,运用这些法律起源的虚拟变量,研究者们开始投入大量精力来探究法律与金融制度间的关系。

股票和长期债务融资,从而有利于企业依托长期外部融资扩大规模,提高价值。

Demirgüc-Kunt 和 Makismovic(1998)利用一组来自 30 个国家的样本,对法律、金融体制和企业增长率的关系进行了研究,结果表明,法律制度保护外部投资者的国家能创造出运行更好的金融制度,从而为快速成长的企业提供资金。他们首先估计了每个企业仅依赖于保留收益与短期信贷的预期增长率,然后对各国企业实际增长率与法律制度及外部长期融资的管理进行了分析。数据显示,每个国家的超过这一预期增长率增长的企业都是与该国的法律制度、金融体制的特定特征相联系的。活跃的股票市场和完善的法律制度,在促进企业发展方面起着重要作用。

法律制度也影响了企业增加资本的能力,影响了企业融资的水平与规模。因此,法律可以影响在金融抑制环境下企业运作的水平。Demirgüe-Kunt 和 Maksimovic(1998),Kumar、Rajan 和 Zingales(2007)发现,法律制度对产权保护更有效的国家拥有规模更大的企业。

Claessens 和 Luc(2002)认为产权保护影响企业资产的配置,从而影响企业增长。特别是比起那些在法律制度实施不足的国家中的同类企业,在投资者保护法有力的国家,企业可以较容易地以较少的抵押获得外部融资(Claessens,2002)。并且,Rajan 和 Zingales(1998),Beck 和 Levine 等(2003)的分析表明,有效的法律制度增强了为工业和新建基础设施融资的能力。沿着这些线索,Demirgüc-Kunt 和 Levine(2001:10－76),Demirgüc-Kunt 和 Maksimovic(1998),以及 Levine 的研究为 LLSV(2000)提出的观点——通过法律途径来解释公司绩效,比通过传统的、区分是以银行为基础还是以市场为基础的金融制度来解释更为有效——提供了支持。因此,国家的法律制度是企业融资能力十分重要的决定因素。

2. 法律保护与资本市场

法律对投资者保护程度的不同将影响企业家在资本市场上以股票或

债券融资的能力,进而影响资本市场的发展。一家企业发行股票或承担债务的意愿在很大程度上依赖于其获得外部融资的条件。对于股票,这些条件包括相对于现金流的价值;对于债券,融资条件主要反映在资金成本上。好的法律保护机制保证了市场的透明度和公正性,在某种程度上使投资者愿意以优惠的条件投资企业。如果条件适合,企业会发行更多的股票与债券。在那些能给企业提供较好融资条件的国家,证券的价值较高,企业容易获得外部融资,资本市场也较发达。

就股票市场而言,LLSV 发现,拥有较好法律保护的国家,应该拥有较高价值的证券,及发达的资本市场。为验证这一观点,LLSV 将一国企业的外部融资规模(用股票市值与 GNP 的比率、国内每百万人口上市企业数量、人均股票首发额和企业债务总额与销售额的比率表示)定义为该国法律渊源、投资者法律保护程度和执行质量的函数,并对它们进行了回归分析。数据显示,对股东法律保护较好的国家比保护较差的国家拥有价值更高的证券市场、更多的人均上市企业数目和更高的首发额(IPOs)(La Porta et al,1998)。投资者保护越好,资本市场的素质就越高,投资者对市场就越有信心,越愿意对证券付出溢价,从而激励企业发行更多的证券,促进资本市场的发展。LLSV 从一个更为理论的角度重新构建衡量投资者保护水平的指标体系——反自我交易指标,通过对 72 个国家反自我交易的法律赋分,检验了法律对自我交易规制力度与股票市场发展的关系。统计结果表明,赋予受侵害股东诉讼的权利,获得辨别自我交易的信息以及较容易的举证,能阻止自我交易并促进股票市场的发展(Djankov et al,2007)。

就信贷市场而言,Cristini、Moya 和 Powell 发现,较有力的证据表明,一个有效的法律体系对阿根廷信贷市场的重要性。Bianco、Jappelli 和 Pagano 发现,在意大利积压案件是相当多的,企业贷款的违约率也很大。同样的证据被 Fabbri 研究西班牙的案例所论证。Fabbri 发现,企业外部融资的规模和银行贷款利率的差异可以用不同司法区域法庭的表现来解释。Berglof,Roland 和 Thadden,以及 Bisin 和 Rampini 发现,在不对称信息框架内引入破产法,能增加企业的偿债能力。Giannetti 考察了债权人的权力及其被执行程度和 8 个欧洲国家的企业利用债券融资的情况,结果表明,样本企业利用贷款去投资无形资产的能力与债权人保护水平及其执行程度正相关。Castelar 和 Cabral,与 Cristini、Moya 和 Powell 分析了阿根廷不同省份和比利时各州法律制度的变化对信贷市场发展的影响。他们发现,在法律执行较差的州或省份,贷款规模较少并且不良贷款比率较高(栾天虹,2006:138—177)。

(二)新政治经济学的观点

与法和金融学强调法律制度对金融发展的重要作用不同,新政治经济学强调政治制度和政治权力对金融资源配置和金融发展的重要影响,利益集团以及政治权力通过干预法律或取代金融市场直接配置金融资源来对企业融资产生重大影响。

1. 政治决定论与政治关系假说

一些学者认为,政治决定着法律对投资者的保护程度、私人契约的执行力度及法律制度强调私人产权的程度,从而决定了竞争性的金融市场的发展与企业融资的能力和规模(Pound,1991;Roe,1994;Pagano et al,2001;Haber et al,2003;Rajan et al,2003)。这种观点认为,掌权者制定政策和制度(包括法律和金融制度)来巩固其掌权地位。社会精英可能赞成也可能不赞成金融发展,这直接影响了法律和金融制度的运行。Marco Pagano 和 Paolo Volpin(2001)建立模型探寻了投资者保护的政治决定程度。该模型说明,如果政治制度赞成联合政党的成立,企业家与工人将达成一个政治协议,工人可用低股东保护换取高工作保证。这个协议使双方都保留了他们的租金。低股东保护增加了企业家通过对企业的控制产生的私人收益,而高雇员保护使低产出工人以离职金的形式从公司重组中获得租金。相反,如果政治制度不赞成联合政党,那么法律将赋予高股东保护和低雇员保护。这个模型还说明了股票所有权的分散程度越高,政治就对股东保护给予越高的支持。政治关系理论认为,拥有权势的政治人物会利用其政治权力为那些与其有关联的企业谋取金融资源,或者那些政治关联企业(politically-connected firm)利用其与政治人物的特殊关系来获取金融资源。政治权力对金融资源的配置扰乱了正常的金融秩序,影响金融市场功能的发挥,长此以往必然影响金融发展和经济增长。Johnson、McMillan 和 Woodruff(2002)对 1997—1998 年东南亚金融危机期间马来西亚政治关联企业以及 Fishman 对印尼的与苏哈托家族相关企业的研究表明,金融资源往往是政治人物支持相关企业重要的工具。而 Faccio 通过对 47 个国家的 20202 家公司的研究表明,政治关系对于企业的影响是一个世界性的事实,但不同国家政治关系的影响程度差异较大,在那些腐败程度比较高、对本国居民对外投资管制严的国家,政治关系的影响更为普遍。政治决定论的观点并没有否定法律制度在决定金融发展方面的重要性,而是强调了在法律和金融制度方面政治根源的差异(栾天虹,2006)。

2. 利益集团假说

利益集团假说认为不同国家的利益集团对金融市场发展支持与否是影响金融发展的关键,从而影响到企业的外部融资能力与水平。金融市场的发展会危及行业在位者的既得利益。在面临巨大利益威胁的情况下,这些行业利益既得者会克服集体行动中的搭便车行为,游说政府和立法机构采取对它们有利的金融管制政策和立法,这些金融管制政策和立法往往对金融市场发展产生阻碍作用。Bebchuk 和 Roe 认为,公司法经常是由受利益集团影响的官员们制定的。利益集团从自身利益考虑影响法律规则的选择,有时可能导致无效规则的选择与维持。利益集团的形成决定于初始的所有权结构。由于利益集团是出于自身利益的考虑,因此,公司法规则是维持还是改变反映了各利益集团的力量对比。利益集团影响政治过程，从而影响法律规则的选择。一个集团拥有的资源越多、力量越大，则在政治过程中越有影响力，因此，现存的财富与力量的分配将影响利益集团的力量对比。Kroszner 和 Strahan 以美国各州放松银行设立分支机构的管制为例，说明了利益集团对金融发展的影响。在 1970 年以前，美国各州均禁止跨州设立分支机构，自 1970 年起各州陆续放松该管制。KS 认为，各州放松管制的时间顺序与各州受改革影响的利益集团相对力量强弱有关，实证研究的结果也支持了他们的结论。利益集团并不总是阻碍金融市场的发展。当一个国家受到外部冲击时，原有利益集团受到的威胁主要来自于国际而非国内新进入者，因此游说国内立法者显然无济于事。与此同时，国际市场为它们提供新增长机会，它们需要低成本的资本支持对外扩张，此时支持金融市场的发展对它们是有利的。在这种情况下，由于利益集团的支持或不反对，国内的金融市场得到较快的发展。Rajan 和 Zingales 认为，法律体系（投资者保护的法律规定和执行能力）和金融体系是政治力量的直接后果。利益集团理论强调利益集团通过游说政府和立法者，间接影响金融市场的发展，而政治关系假说则强调政治权力直接影响金融资源的配置（Haber et al，2003）。

基于政治制度的融资分析表明，政治制度对一国金融发展及公司金融的水平和规模有着重大的甚至决定性的影响。

（三）制度、企业规模与触资——前沿进展

一些学者认为，金融制度的发展更有利于促进小规模企业的成长。该理论认为，如果小规模的不富裕的企业由于信息障碍或者获取融资的高固定成本而比大企业面临更紧的信贷约束，那么改善市场摩擦的金融制度的发展将对小规模企业的融资产生积极影响。在这些模型中，金融制度的发展降低了信息和交易成本，不均衡地有益于小规模不富裕的企业。

Jayaratne 和 Strahan 通过观察美国银行发现,有效的改进减少了小企业信贷的固定成本。持相反意见的学者认为,大多数的小规模企业,尤其是发展中国家的小规模企业无法负担金融服务,所以金融制度的发展促进的是大规模企业的成长(Levine,2003:86—98)。证据表明,世界金融自由化主要惠泽大规模的富有企业。同时,地区信贷垄断者培育与小企业间的密切关系,因此增加了对小企业的信贷供给。但如果金融制度的发展加剧了竞争并打破垄断,就可能伤及小规模企业。Beck、Demirgüc-Kunt 和 Levine 等(2005)检验了金融制度发展对企业规模的作用,共使用 44 个国家的制造业部门中的 36 个工业做样本,来检验不同的金融制度发展水平对企业规模与经济增长的影响。结果发现,金融制度的发展更能促进小规模企业的增长,不发达的金融制度尤其有害于雇员少于 100 人的小规模企业;同时,他们认为,相比大企业而言,有利于金融发展的政治与法律制度更能促进小规模企业的成长。

大量的研究经验表明,融资的获取是制约中小企业成长的一个重要因素,金融和法律制度在缓解该融资约束方面起到了非常重要的作用。Beck、Demirgüc-Kunt 和 Maksimovic(2006)进一步探究了制度、企业规模与外部融资获取间的关系,提出无论是在正式制度良好或缺失的情况下,创新型的融资工具都能够有助于促进中小企业融资①。他们还验证了融资制度的改善对促进小规模企业的融资与发展的效果最为显著。Beck 等通过对企业层面和工业层面的研究发现,在制度发展好的国家小企业比大企业表现要好。另外,他们还发现,在金融和法律制度缺失的情况下,企业很难成长到最优规模,因为外部投资者不能阻止企业内部人的剥削,从而限制了企业规模。如果政府在这个时候补贴中小企业将是无效的,甚至可

---

① 研究表明,作为过渡期的创新型借贷工具是一种有效的、市场化的缓解中小企业约束的途径。应收账款让售(factoring)在欠缺发达制度的情况下是一项有效的融资手段。因为它更关注债务人而非借款人的信用,而对正式制度的依赖性较小。另外,信用评分和融资租赁也是有效的融资工具。

能产生相反效果。Klapper 和 Love（2004）说明了在许多发展中国家应收账款让售对企业融资的重要性，并讨论了莫斯科的一个相反的应收账款让售计划，政府提供了一个基于互联网市场的基础设施制度来促进中小企业在线应收账款让售服务。尽管在借款人和贷款人之间的软信息和长期关系一直以来被看做是使中小企业受益的借贷技术，但是最近 10 年产生了一种新的交易借贷技术——基于硬信息——围绕中小企业借贷中缺乏透明度和合适抵押的约束。Voordecker（2006）分析了关系、借款人的合法组织、竞争以及贷款合同中担保的可能性之间的关系。非一体化的企业更可能拥有抵押物作为贷款协议的一部分，一体化企业更可能对其主银行承诺抵押，但如果有几家竞争的银行可供选择的话，就不大可能这么做。这导致典型的中小企业融资模式发生变化。除了关系借贷，还产生了一些其他的供中小企业融资的制度，比如以基于资产的借贷和融资租赁技术聚焦潜在资产作为主要偿付资源的制度[①]（Berger et al，2004）。

另外，一些学者尽管支持法律与金融制度的完善是最终改善中小企业融资渠道、促进中小企业成长的必经之路的观点，但他们也逐渐重视对在制度缺失条件下融资渠道的探索。发展中国家不同规模企业融资方式的变化也逐渐引起了学者们的注意。如前所述，Allen 等以中国为例说明基于关系的融资渠道和机制促进了私人部门的成长，在法律与金融制度并不发达的情况下为中国的经济增长做出了巨大的贡献。Cull、Davis 和 Lamoreaux 等（2006）通过分析 19 世纪和 20 世纪初北大西洋中心经济下中小企业的融资渠道，发掘了一个中小企业融资的新角度。他们发现，现代金融的主要制度——银行和证券市场——对于中小企业融资作用微小，但是一种令人印象深刻的地方性制度的出现可以满足它们的需求。这些

---

① 融资租赁大多是针对机器而言，基于资产的借贷用于应收账款和存货账户，但是，这种基于资产的融资方式依赖于一个成熟而有效的法律体系，这对于绝大多数法律与金融制度并不发达的发展中国家来说，并不是中小企业融资的有效途径。

制度中介包括法国的履行经纪人职能的公证人和德国以及其他国家聚焦中小企业融资的合作社运动。大部分这样的制度是需求驱动,私人自发建立起来的。尽管政府在创立这些制度方面作用甚小,但他们为这些制度提供了一个较宽容的规则环境。在发展中国家,从朋友和家庭中融资比在工业化国家的作用要重要得多。许多发展中国家的中小企业通过有着长期商业关系的、紧密的基于种族的商业网络等形式创立的私人治理机制来克服市场失灵和正式制度的缺失。然而,Biggs 和 Shah(2006)发现,这种种族间的网络借贷出现了变化。来自商业网络的东非的印度企业,西非的黎巴嫩企业和南非的欧洲企业提供私人关系借贷,并使用基于信誉的非正式的合约实施制度来方便交易。这些网络帮助克服信息不对称和正式合约实施制度薄弱的问题。尽管私人制度支持的网络帮助其成员克服了其经济制度环境的不足,但是他们对非成员有歧视,并将他们排斥在市场交易之外。这不仅对公正造成不良影响,同时为商业交易提供了一个静止模式,几乎没有竞争和创新。

三、结论及评价

融资问题一向是传统金融理论的研究范畴,即便是在公司治理的文献中,也作为一种企业内部的治理机制存在。本文通过对新制度经济学、金融学理论以及企业理论等多领域理论的梳理与归纳,提炼出正式制度与企业融资行为的理论关系。

首先,西方公司金融理论主要关注的是企业内部的融资结构,其暗含的前提假设是法律金融制度完善且运行良好,在这种前提下各种融资手段如何组合以使企业价值最大。可以说西方传统的金融理论并未将制度问题考虑到分析框架中,在这种范式下,很难将不同规模企业的融资选择区分开来,即便有所区分,也是基于任何规模的企业都同样平等地依赖正式制度进行融资这样的前提。然而,现实却大不如此。新制度经济学为不同规模企业的融资选择不同融资方式的治理机制提供了依据与解释,为理解不同规模企业融资的微观机理提供了分析视角。法和金融理论突出了制度环境对企业规模与融资的影响。我们发现,企业的融资方式并不像想象的那么简单:企业规模制约了企业融资方式的选择,而制度环境在不同规模的企业的融资方式选择上又起到了至关重要的作用,这些理论的融合为企业融资问题提供了多维的分析角度。不同规模的企业所采取的融资方式不同;即便是采用相同的融资方式,不同规模企业的能力也是不一样的,大企业私人治理的能力就强于小企业;即使是相同规模的企业在不同的制度环境中,采用的融资方式也不同;企业的融资方式与企业的规模相互影响,即并非如传统理论中所描述的企业依一定的融资顺序成长,融资方式很可能制约企业的成长。同样的融资障碍,对小规模企业的影响要大于大规模企业。法律制度对规模的影响更显著,小企业的情况比中等和大规模企业更糟,制度填补了小企业与大企业间的空白,制度的改善对小规模企业来说收益最大。

其次,在研究方法上,尚未形成成熟的理论模型,现有研究主要以实证分析为主,但多采用跨国横截面分析方法进行静态和比较静态的分析。这就只能解释在某一时点上各国制度差异对企业融资行为的影响,无法揭示一国法律或金融制度变迁对企业融资的动态影响。对时间序列的应用,微观经济数据和基于特定国家的案例研究也凸显薄弱,难以探究更加具体的帮助不同规模企业通过拓展外部融资渠道克服融资约束的方法,尤其是对于制度缺失的发展中国家,更有必要对纵向的时间与特定的环境进行深入分析。因此,在未来的研究中纳入时间维度对制度发展与融资变化关系进行动态分析是很有意义的。

最后,此领域的研究对一国尤其是处于转型期的发展中国家的法律以及金融体制改革具有极大的现实指导意义,但目前大量研究都停留在对法律制度与融资发展的特征阐述和实证检验上。因而,进一步的研究应该在此基础上探讨一国的法律以及政治制度对于促进该国企业融资乃至金融市场发展的有效措施,以便为政策制定者和金融市场上的融资者们提供决策依据。

参考文献

[1]史漫飞,柯武刚,2000:《制度经济学》.北京:商务印书馆.

[2]栾天虹,2006:投资者法律保护的理论与实证研究.杭州:浙江大学出版社.

[3]F. Allen,J. Qian,Meijun Qian,2005:Law,Finance,and Economic Growth in China. *Journal of Finance*,77:57-116.

[4]R. La Porta,F. Lopez-de-Silanes, A. Shleifer,et al,1998:Law and Finance. *Journal of Political Economy*,106(6):1113-1155.

[5]S. Crossman, O. Hart,1986:The Costs and Benefits of Ownership:A Theory of Vertical and Lateral Intergration. *Journal of Political Economy*,94(4):691-719.

[6]M. Harris, A. Raviv,1988:Corporate Control Contests and Capital Structure. *Journal of Financial Economics*,20:55-86.

[7]Burket,Gromb, F. Panunzi,1997:Large Shareholders,Monitoring, and the Value of the Firm. *Quarterly Journal of Economics*,12:693-728.

[8]L. A. Bebchuk, 1994:Efficient and Inefficient Sales of Corporate Control. *Quarterly Journal of Economics*,109:957-993.

[9]T. Beck, R. Levine, 2007: Legal Institutions and Financial Development (2007-06-01). http://legacy. csom. umn. edu/wwwpages/faculty/RLevine/legalhandbook.

[10]A. Shleifer，D. Wolfenzon，2002：Investor Protection and Equity Markets. *Journal of Financial Economics*，66：3-27.

[11]K. Pistor，M. Raiser，S. Gelfer，2000：Law and Finance in Transition Economies. *The Economics of Transition*，8：325-368.

[12]A. Demirgüc-Kunt，V. Maksimovic，1998：Law，Finance，and Firm Growth. *Journal of Finance*，53：2107-2137.

[13]K. B. Kumar，R. G. Rajan，L. Zingales，2007：What Determines Firm Size? (2007-06-21). http：//papers. nber. org/papers/w7208.

[14] S. Clacessens，L. Luc，2002：Financial Development，Propetry Rights，and Growth. *Journal of Finance*，58(14)：2401-2436.

[15]R. G. Rajan，L. Zingales，1998：Financial Dependence and Growth. *American Economic Review*，88：559-586.

[16]T. Beck，A. Demirgüc-Kunt，R. Levine，2003：Law and Finance：Why does Legal Origin Matter? *Journal of Comparative Economics*，31：653-675.

[17] A. Demirgüc-Kunt，R. Levine，2001：Financial Structure and Economic Growth：A Cross-country Comparison of Banks，Markets，and Development. Cambridge：MIT Press.

[18]R. La Porta，F. Lopez-de-Silanes，A. Shleifer，et al. 2000：Agency Problems and Dividend Policies around the World. *Journal of Finance*，55(1)：1-33.

[19]S. Djankov，R. La Porta，L. Florencio，et al，2007：The Law and Economics of Self-dealing. （2007-06-21）. http：//www. doingbusiness. org/documents/Protecting-Investors-Self-Dealing.

[20]J. Pound，1991：Proxy Voting and the SEC. *Journal of Financial Economics*，29：241-285.

[21] M. J. Roe, 1994: Strong Managers Weak Owners: The Political Roots of American Corporate Finance. Princeton: Princeton University Press.

[22] M. Pagano, V. Paolo, 2001: The Political Economy of Finance. *Oxford Review of Economics*, 17:502-519.

[23] S. Haber, R. Armando, M. Noel, 2003: The Politics of Property Rights: Political Instability, Credible Commitments, and Economic Growth in Mexico. Cambridge: Cambridge University Press.

[24] R. G. Rajan, L. Zingales, 2003: The Great Reversals: the Politics of Financial Development in the 20th Century. *Journal of Financial Economics*, 69:5-50.

[25] M. Pagano, P. Volpin, 2005: The political Economy of Corporate Governance. *American Economic Review*, 95(4):1005-1030.

[26] S. Johnson, J. Mc Millan, C. Woodruff, 2002: Property Rights and Finance. *American Economic Review*, 92:1335-1356.

[27] R. Levine, 2003: Napoleon, Bourses, and Growth: With a Focus on Latin America. Michigan: University of Michigan Press.

[28] T. Beck, A. Demirgüc-Kunt, R. Levine, 2005: SMEs, Growth, and Poverty: Cross-country Evidence. *Journal of Economic Growth*, 10:197-227.

[29] T. Beck, A. Demirgüc-Kunt, V. Maksimovic, 2006: The Influence of Financial and Legal Institutions on Firm Size. *Journal of Banking and Finance*, 30(11):351-379.

[30] L. F. Klapper, I. Love, 2004: Corporate Governance, Investor Protection, and Performance in Emerging Markets. *Journal of Corporate Finance*, 10:703-728.

［31］W. Voordecker，2006：Business Collateral and Personal Commitments in SME Lending. *Journal of Banking and Finance*，30(11)：401-439.

［32］A. N. Berger, G. F. Udell, 2004：A More Complete Conceptual Framework for SME Finance. *World Bank Report*，34：13-121.

［33］R. Cull，L. E. Davis，N. R. Lamoreaux，et al，2006：Historical Financing of Small- and Medium-Size Enterprises. *Journal of Banking and Finance*，30：3017-3042.

［34］T. Biggs，M. Shah，2006：African SMEs，Networks，and Manufacturing Performance. *Journal of Banking and Finance*，30(11)：225-251.

基础设施、产业集聚与区域协调[*]

一、引　言

改革开放以来,在中国经济迅速增长的同时,基础设施也实现了跨越式发展,高速公路、轨道里程迅速增加,机场、车站大量兴建以及固定电话、移动电话和互联网的普及等创造了基础设施奇迹(刘生龙等,2010:4—5)。以铁路发展为例,截至 2009 年底,中国铁路营业里程已达 8.55 万公里(中华人民共和国国家统计局,2010:626),仅次于美国和俄罗斯,居世界第三位。2008 年,国务院通过了《中长期铁路网规划调整方案》(以下简称《调整方案》),根据《调整方案》,从 2008 年年底到 2020 年,中国将新建约 4 万公里铁路,铁路建设投资总规模将突破 5 万亿元。届时,全国铁路营运里程将达到 12 万公里,全国铁路网将覆盖 20 万人口以上城市;地级以上行政区覆盖率将达 95% 以上。持续增加的基础设施投入将对未来中国经济的增长起到巨大的促进作用。Barro(1990:106—112)、Hulten 等(2006:

本文原发表于《浙江大学学报:人文社会科学版》2012 年第 42 期,是本书作者与陶永亮、朱希伟合作所著。

295)、刘生龙和胡鞍钢等(2010:13)的理论和经验研究都表明,一国公共基础设施投入对经济增长起促进作用。但上述研究没有考察基础设施对经济活动空间布局的影响,尤其是对地区间收入差距的影响。比如,在落后地区进行大量基础设施投入对当地以及其他地区产业发展会产生什么影响？进而又会对全社会的福利水平产生什么影响？改善落后地区与发达地区之间的基础设施以降低地区间贸易成本究竟是使落后地区受益还是受损？地区差距又将如何变化？这些问题的回答和解决对改革开放以来地区差距持续扩大的中国而言,无疑具有重要的理论和现实意义。

自 Krugman 在新经济地理学领域的开创性研究成果发表以来(Krugman,1991a,b),许多后继研究开始探讨基础设施的地区差异对一国经济活动空间布局的影响。Martin 和 Rogers(1995:346—347)在松脚型资本(footloose capital)框架内将基础设施与贸易成本联系起来,研究发现贸易一体化程度的提高将会使企业从落后地区迁往发达地区,但由于进口变得更加容易,落后地区依然能从贸易一体化的过程中获益。然而,他们并没有分析贸易一体化程度的提高对地区间实际收入差距的影响,这一点显然更具有规范含义。以中国为例,改革开放以来,虽然西部地区的经济增长率也很高①,但由于西部地区增长率长期低于东部地区,东、西部地区之间差距不断扩大。正是在这一背景下,中央政府的区域协调发展战略应运而生。此外,Martin 和 Rogers(1995:346)还分析了直接对落后地区进行基础设施投资的影响,研究指出,直接对落后地区进行的基础设施投资将通过两方面提高落后地区居民的福利水平:一方面,使落后地区生产的产品能够更便利地为本地消费者所购买和消费;另一方面,吸引外地企业迁往落后地区,从而降低落后地区的生活成本②。遗憾的是,他们的研

---

① 据王小鲁和樊纲(2005)的估计,西部地区在 1981—1990 年和 1991—2000 年的年均增长率分别为 9.12% 和 9.63%。

② 与增长模型中对基础设施的分析有所不同,这里并不考虑基础设施作为一种投资对经济增长的直接促进作用。

究并没有说明这两种效应对改善落后地区居民福利所起作用的大小，以及这种作用力随基础设施水平变化而变化的过程。不难发现，前一种效应是非常直接的，后一种效应则需要在长时间中才能为人们所观察到。如果仅仅因为一种效应不明显而认为一项投资是低效率的，则可能有失偏颇。Martin(1999:94—99)进一步在松脚型资本框架内将基础设施投资与产业集聚和经济增长联系起来，指出如果政府直接对落后地区进行基础设施投资虽然会缩小地区差距，但却可能同时伤害发达地区与落后地区的增长速度；如果政府改善落后地区与发达地区之间的基础设施，那么不仅可以提高经济体的增长速度，而且还可能会缩小地区间的收入差距。但是，由于他们的研究先验地假定产业集聚会通过知识溢出带来更高的经济增长率和对政府基础设施投资政策变化采取曲线移动的方式进行刻画而缺乏严密性，其理论观点的说服力大打折扣。Combes 等(2008:93—94)则在松脚型资本框架内分析了贸易一体化对地区差距的影响。他们的研究认为，贸易一体化程度的提高不改变两地区的名义收入比，但此时企业将会从落后地区迁往发达地区，导致发达地区的价格指数相比落后地区会以更快的速度下降，因而地区间实际收入差距会扩大[①]。不过，这种观点低估了贸易一体化为落后地区带来的好处，我们在引入地区间基础设施差别后发现：当存在地区间基础设施差别时，贸易一体化确实会加剧地区差距（包括产业规模差距和实际收入差距）；当不存在地区间基础设施差别时，随着贸易一体化程度的提高，地区间的产业规模差距仍会扩大，但实际收入差距并不会扩大。

另一重要的理论问题是，就社会福利而言，改善落后地区基础设施抑或改善发达地区基础设施，何者更具效率？现有研究并没有对该问题做出很好的回答。从理论研究来看，改善落后地区的基础设施将使经济更加分

---

① 对于这一论断，Combes 等并没有给出严格的证明，仅仅是做了推断。

散,现有的理论研究大多认为,集聚和增长之间存在相互促进的关系(Martin et al,2001:966-967;Fujita et al,2003:144),因此,改善落后地区基础设施会存在效率损失的问题。从经验研究来看,Au 和 Henderson(2006:571)、路江涌和陶志刚(2006:113)、陆铭和陈钊(2008:58)认为,与西方发达国家相比,中国工业集聚程度还处于一个较低的水平,在这时候放弃集聚就是放弃发展。因此,从一般意义上来说,中央政府改善发达地区基础设施、促进产业向发达地区集聚往往更具效率。但是,历史上也有一些重要的相反证据,如美国中西部地区的崛起。在 19 世纪中叶,美国制造业首先诞生于东北部新英格兰地区和大西洋中部沿海地区,使这两个地区在美国工业化初期成为全国制造业中心。但到了 19 世纪后半叶,美国中西部地区制造业获得了飞速发展,并与新英格兰地区、大西洋中部沿海地区一起成为美国制造业的中心(范剑勇等,2002:66)。同时,阿塔克和帕塞尔认为,中西部地区的发展也是 19 世纪美国经济增长的一个重要原因(杰里米·阿塔克,2000:165)。美国中西部地区崛起的发展经验似乎又表明,新的制造业中心的出现未必就会降低经济增长的速度,相反还有可能促进经济的长期增长。这些研究给政府改善落后地区基础设施的效率性提供了经验支持。

本文以中国现实为背景,基于新经济地理学的松脚型资本模型,试图对下述问题做出回答:第一,改善落后地区基础设施与改善落后地区和发达地区之间的基础设施这两种政策分别会对落后地区居民的福利水平以及地区间收入差距产生怎样的影响?第二,改善落后地区基础设施对落后地区居民的福利水平变动的影响机制如何?如何看待这一过程中存在的低效率现象?第三,从全社会视角来看,中央政府将基础设施建设资金投资在落后地区以协调区域发展抑或投资在发达地区以促进经济集聚,何者效率更高?各地初始的经济规模以及基础设施差异又将如何影响中央政府的最优决策?

二、基本模型

(一)模型设置

本文在 Martin 和 Rogers(1995)的松脚型资本框架内考察一个由东部和西部两地区构成的经济系统[①]。整个经济系统拥有 L 个消费者和 K 单位资本,每个消费者拥有 1 单位劳动力并平均占有本地的初始资本。劳动力在地区间不可以流动,资本可以在地区间无成本地自由流动。假设东部地区初始的劳动力和资本占整个经济系统的劳动力和资本的比例均为 θ。为不失一般性,本文假定 $\theta > 1/2$,并将东部地区称为发达地区,西部地区称为落后地区。由该假定可以得出,两个地区之间不存在赫克歇尔—俄林意义上的要素禀赋比较优势。

假定两地区的消费者具有相同的偏好,代表性消费者的效用函数为

$$U \equiv \frac{1}{\mu^{\mu}(1-\mu)^{1-\mu}} C_M^{\mu} C_A^{1-\mu}, \quad 0 < \mu < 1 \tag{1}$$

其中 μ 代表工业品的支出份额,C_A 代表农产品的消费量,C_M 代表工业品的消费组合。定义 $C_M \equiv \left[\int_0^N c(s)^{\frac{\sigma-1}{\sigma}} ds \right]^{\frac{\sigma}{\sigma-1}}$,其中,$N$ 代表工业品种类的范围,$\sigma > 1$ 代表不同工业品之间的替代弹性。由消费者效用最大化问题可知,地区 i 的代表性消费者对地区 j 生产的工业品 s 的需求为

$$c_{ji}(s) = \frac{p_{ji}(s)^{-\sigma}}{G_i^{1-\sigma}} \mu Y_i, \quad i,j = 1,2 \tag{2}$$

其中 $G_i \equiv \left[\int_0^{N_1} p_{1i}(s)^{1-\sigma} ds + \int_0^{N_2} p_{2i}(s)^{1-\sigma} ds \right]^{\frac{1}{1-\sigma}}$,代表地区 i 的价格指数,N_1 和 N_2 分别代表地区 1 和地区 2 生产的工业品种类数,则 $N = N_1 + N_2$;

[①] 为了数学描述的方便,本文将东部地区记为地区 1,西部地区记为地区 2。

$p_{ij}(s)$ 代表 j 地生产的工业品在 i 地的销售价格；Y_i 为 i 地代表性消费者的支出。

再来看生产方面，假定东、西部地区都存在两个生产部门：农业部门和工业部门。本文假定整个经济的劳动力总量 L 足够大，从而确保每个地区在满足工业生产活动对劳动力需求的前提下，仍有一定数量的劳动力从事农业生产。农业部门使用劳动力为单一投入的规模报酬不变的技术生产同质产品，其产品市场是完全竞争的。为不失一般性，本文假定 1 单位的劳动力生产 1 单位农产品，于是 $p_i^A = w_i$，其中 p_i^A 为 i 地农产品价格，w_i 为 i 地劳动力的工资率。再假定农产品可以在地区间无成本运输，那么农产品价格和劳动力工资率在各地区相等，我们将农产品作为计价物，故将其标准化为 1，即有 $p_1^A = p_2^A = w_1 = w_2 = 1$。

工业部门生产差异化的工业品，每个种类的工业品生产需要使用 1 单位资本作为固定投入，同时每单位产出需要 m 单位劳动力作为边际投入，故地区 i 代表性厂商的成本函数为

$$TC_i(s) = r_i + w_i mq(s), \quad i = 1, 2 \tag{3}$$

其中 r_i 为地区 i 单位资本的收益率。因为工业品的生产使用规模报酬递增的生产技术，其市场是垄断竞争的，故每种工业品有且仅有一个企业生产，即 $N = K$。

下面，我们引入基础设施来考察贸易成本对均衡产业分布以及地区福利的影响。假定基础设施只能由政府提供且不影响企业的生产函数，但它会影响工业品的贸易成本。基础设施水平越高，贸易成本越低。比方说，如果在西部地区新修一条高速公路，这意味着西部地区的基础设施水平上升了，那么西部地区的贸易成本将会下降，但西部地区企业的生产率不会改变。根据文献传统，工业品的贸易成本采用"冰山成本"的形式，即 1 单位工业品从企业运往消费者，只有 $1/t$ 单位的工业品到达（$t > 1$）。本文特别对地区内贸易成本和地区间贸易成本加以区分。将东部地区内、西部地区内

和东、西部地区间的贸易成本分别记为 τ_1、τ_2 和 τ。本文更进一步假定 $1 <$ $\tau_1 < \tau_2 < \tau$，也就是说，东部地区内的贸易成本小于西部地区内的贸易成本，西部地区内的贸易成本小于东、西部地区间的贸易成本。为了表述方便，定义 $\varphi_1 \equiv \tau^{1-\sigma}$，$\varphi_2 \equiv \tau_2^{1-\sigma}$，$\varphi \equiv \tau^{1-\sigma}$，则 $0 < \varphi < \varphi_2 < \varphi_1 < 1$。

（二）市场均衡

根据前面的设定，可知地区 i 代表性厂商 s 所面临的总需求为

$$c_i(s) = \mu p_i(s)^{-\sigma}(\varphi_i G_i^{\sigma-1} E_i + \varphi G_j^{\sigma-1} E_j), i,j = 1,2, i \neq j \qquad (4)$$

其中 $p_i(s)$ 代表地区 i 的代表性厂商 s 生产的工业品的出厂价格；$E_1 \equiv \theta K r_1 + \theta L$，$E_2 \equiv (1-\theta) K r_2 + (1-\theta) L$，分别代表地区 1 和地区 2 消费者的总支出。

由（4）式及垄断竞争假定并选取合适的单位，使 $m = (\sigma-1)/\sigma$，可知利润最大化的厂商定价为

$$p_i(s) = 1, p_{11}(s) = \tau_1, p_{22}(s) = \tau_2, p_{12}(s) = p_{21}(s) = \tau \qquad (5)$$

由于工业品市场是垄断竞争的，厂商获得零利润，由此可知地区 i 代表性厂商 s 的均衡产量为 $q_i(s) = \sigma r_i$。

记均衡时东部地区雇佣的资本份额为 $\lambda \equiv N_1/N$，将（5）式代入（4）式，由工业品市场出清条件可得两地资本收益率的表达式：

$$r_1 = \frac{\mu}{\sigma}\left\{ \frac{\varphi_1 E_1}{N[\varphi_1 \lambda + \varphi(1-\lambda)]} + \frac{\varphi E_2}{N[\varphi \lambda + \varphi_2(1-\lambda)]} \right\} \qquad (6)$$

$$r_2 = \frac{\mu}{\sigma}\left\{ \frac{\varphi E_1}{N[\varphi_1 \lambda + \varphi(1-\lambda)]} + \frac{\varphi_2 E_2}{N[\varphi \lambda + \varphi_2(1-\lambda)]} \right\} \qquad (7)$$

均衡时，自由流动的资本在两地获得相同的收益率，故由（6）式和（7）式可得东部地区雇佣的资本份额为

$$\lambda = \frac{\theta \varphi_2}{\varphi_2 - \varphi} - \frac{(1-\theta)\varphi}{\varphi_1 - \varphi} \in [0,1] \qquad (8)$$

在没有特别说明的情况下，本文集中关注内点解的情形，即 $\lambda \in (0,$

1)。这意味着工业企业在两个地区都存在，从而要求 φ_2 进一步满足如下条件：

$$\varphi_2 > \frac{(\varphi_1 - \theta\varphi)\varphi}{(1-\theta)\varphi_1} \tag{9}$$

将(8)式代入(6)式可得：

$$r_1 = r_2 = \frac{\mu}{\sigma-\mu}\frac{L}{K}, E_1 = \frac{\theta\sigma L}{\sigma-\mu}, E_2 = \frac{(1-\theta)\sigma L}{\sigma-\mu} \tag{10}$$

三、比较静态分析

在得到了(8)式和(10)式后，本文就可以对经济系统进行比较静态分析，考察不同地区基础设施的改善对产业区位、地区差距和社会福利等的影响。由于改善东部地区基础设施的影响较为直观，并且也偏离本文主旨，因此，下文主要考察改善西部地区基础设施和东西间基础设施对经济系统的影响。

（一）改善西部地区基础设施

西部地区总福利可用间接效用函数表示为

$$W_2 = \frac{E_2}{N^{\frac{\mu}{1-\sigma}}[\varphi\lambda + \varphi_2(1-\lambda)]^{\frac{\mu}{1-\sigma}}} \tag{11}$$

将(11)式对 φ_2 求导可得：

$$\frac{\partial W_2}{\partial \varphi_2} = \frac{(1-\theta)\mu\sigma L K^{\frac{\mu}{\sigma-1}}}{(\sigma-\mu)(\sigma-1)}\left[\frac{(1-\theta)(\varphi_1\varphi_2 - \varphi^2)}{\varphi_1 - \varphi}\right]^{\frac{\mu}{\sigma-1}-1}\left[(1-\lambda) + (\varphi - \varphi_2)\frac{\partial \lambda}{\partial \varphi_2}\right] > 0 \tag{12}$$

(12)式表明，改善西部地区基础设施水平将会提高西部地区总福利。这与直觉是吻合的，并在现有文献中有过解释和说明(Martin et al，1995：346)，本文的重点是将其作用机制进行分解。为此，我们集中考察(12)式第二个中括号中各项的变化:第一项$(1-\lambda)$衡量的是在产业分布给定条件下,通过改善西部地区基础设施和降低西部地区内贸易成本使西部地区总福利提高的程度,我们将其称为"直接效应";第二项$(\varphi-\varphi_2)\dfrac{\partial\lambda}{\partial\varphi_2}$衡量的是通过改善西部地区基础设施和降低西部地区内贸易成本对产业再分布的影响,我们将其称为"间接效应"。随着西部地区基础设施水平的改善,我们注意到直接效应和间接效应的变化方向是相反的:$\dfrac{\partial(1-\lambda)}{\partial\varphi_2}>0$ 和 $\dfrac{\partial}{\partial\varphi_2}\left[(\varphi-\varphi_2)\dfrac{\partial\lambda}{\partial\varphi_2}\right]<0$。也就是说,在西部地区基础设施水平比较低的时候,直接效应比较微弱,而间接效应比较显著。随着西部地区基础设施的改善,直接效应的影响逐渐增强,而间接效应的影响逐渐减弱。当西部地区基础设施改善超过某一临界水平,即 $\varphi_2>\varphi_2^*\equiv\dfrac{(\theta\varphi_1+\varphi_1-2\theta\varphi)\varphi}{(1-\theta)\varphi_1}$ 时,西部地区基础设施改善对西部地区总福利影响的直接效应会超过间接效应。由此得到命题1。

命题1:西部地区基础设施的改善对西部地区总福利的影响可分为直接效应和间接效应,两者都对西部地区总福利具有正向促进作用。同时,直接效应的强度随着西部地区基础设施的改善而增强,间接效应随着西部地区基础设施的改善而减弱。这就是说,在其他地区基础设施水平不变(给定 φ_1 和 φ)的条件下,当西部地区基础设施处于较低水平($\varphi_2<\varphi_2^*$)时,改善西部地区基础设施的直接效应弱于间接效应;当西部地区基础设施处于较高水平($\varphi_2>\varphi_2^*$)时,改善西部地区基础设施的直接效应强于间接效应。

上述命题的含义是非常直观的,一方面,在西部地区基础设施水平较低时,西部地区的企业比较少,市场规模也很小,那么西部地区公路的使用率必然很低,呈现出"西部地区高速公路上没车跑"的景象,但这只是在西部地区改善基础设施的直接效应。另一方面,我们还应该看到,西部地区基础设施的改善对西部地区总福利的提升作用不仅仅反映在基础设施的使用率上,更重要的是将提高西部地区对外地资本和人才的吸引力。落后的基础设施往往对应着较少的企业和缓和的竞争,此时西部地区基础设施小幅度的改善将会使其市场容量迅速扩大(相对于西部地区企业规模而言),这无疑会大大增加西部地区企业的利润,从而吸引其他地区的资本和人才流向西部地区。也就是说,当西部地区的基础设施水平较低时,在西部地区改善基础设施的间接效应将非常显著,但这是一个动态调整的过程,往往要在较长时间后才能被观察到。

在刘生龙等(2009:103—104)检验西部大开发对促进西部地区经济增长的实证研究中发现,西部大开发促进西部地区的经济增长主要是通过大量的实物资本特别是基础设施投资实现的,而对人力资本积累和吸引 FDI(Foreign Direct Investment,外商直接投资)等方面的影响力则非常有限。换言之,西部大开发中的基础设施投资主要是通过发挥直接效应和直接投资的方式促进西部地区经济增长,间接效应并不明显。但是,命题 1 告诉我们,在西部地区基础设施水平较低时,直接效应对经济的促进效果是比较微弱的,间接效应的影响则比较显著。从这个意义上说,我们认为西部大开发战略的实施效果还有很大的提升空间,而造成目前这种间接效应弱化现象的原因很可能是以下两个方面:第一,西部大开发伊始,其基础设施水平实在太低,以至于经过这么多年的发展,虽然与东部地区的差距有所缩小,但投资力度还是不够[1];第二,存在其他因素制约了西部大开发的实施效果,如西部地区的司法效率较低、产权保护不够等[2],这使改善西部地区基础设施的间接效应不明显,最终导致西部大开发的整体效果大打折扣。

---

[1] 这可以解释为,西部地区初始的基础设施处于内点均衡的临界水平之下,即 $\varphi_2 < \dfrac{(\varphi_1 - \theta\varphi)\varphi}{(1-\theta)\varphi_1}$。如果在西部大开发实施后仍没有改变这一状况,那么,在这期间对西部的大投资就不会产生任何间接效应。

[2] 金祥荣等(2008)验证了合约实施效率对地区出口差异的作用,合约实施效率等制度因素不仅仅是造成地区出口差异的重要原因,也是影响产业分布和地区差距等的重要原因。

下文将分析西部地区基础设施的改善对社会总福利的影响。社会总福利可以用间接效用函数表示为

$$W = \frac{E_1}{N^{\frac{\mu}{1-\sigma}}\left[\varphi_1\lambda + \varphi(1-\lambda)\right]^{\frac{\mu}{1-\sigma}}} + \frac{E_2}{N^{\frac{\mu}{1-\sigma}}\left[(\varphi\lambda + \varphi_2)(1-\lambda)\right]^{\frac{\mu}{1-\sigma}}} \quad (13)$$

将(13)式对 φ_2 求导可得

$$\frac{\partial W}{\partial \varphi_2} = \frac{\mu\sigma L K^{\frac{\mu}{1-\sigma}}}{(\sigma-\mu)(\sigma-1)(\varphi_1\varphi_2-\varphi^2)^{1-\frac{\mu}{\sigma-1}}}\left[\frac{\varphi_1(1-\theta)^{1+\frac{\mu}{\sigma-1}}}{(\varphi_1-\varphi)^{\frac{\mu}{\sigma-1}}} - \frac{(\varphi_1-\varphi)\varphi\theta^{1+\frac{\mu}{\sigma-1}}}{(\varphi_2-\varphi)^{1+\frac{\mu}{\sigma-1}}}\right]$$

$$(14)$$

可以发现,西部地区基础设施的改善一方面提高了西部地区总福利,但另一方面却降低了东部地区总福利。东部地区总福利降低的原因与Behrens 等(2007:1294)的解释是类似的:西部地区基础设施的改善会增强西部地区市场的吸引力,降低东部地区企业的利润,因而逐利的企业将从东部地区迁往西部地区,并且在整个过程中,这种效应是对东部地区的唯一效应,故东部地区总福利必然下降。Bougheas 等(2003:903—905)利用欧洲 16 个国家的数据发现,在本国的运输基础设施投资和外国收入之间存在负相关关系,这一实证结论给上述发现提供了经验支持。但我们关心的是,西部地区基础设施的改善会对社会总福利产生怎样的影响?(14)式中括号内第一项显然为正,中括号内第二项是一个关于 φ、φ_1、φ_2 和 θ 的多项式,可以证明,当且仅当

$$\varphi_2 > \bar{\varphi}_2 \equiv \varphi + \frac{\theta}{1-\theta}\left(\frac{\varphi}{\varphi_1}\right)^{\frac{\sigma-1}{\sigma-1+\mu}}(\varphi_1-\varphi) \quad (15)$$

时,提高 φ_2 可以增加社会总福利;反之,若 $\varphi_2 < \bar{\varphi}_2$,提高 φ_2 则会使社会总福利下降。进一步地,我们注意到 $\bar{\varphi}_2$ 是关于 φ_1 和 θ 的增函数,即 $\frac{\partial\bar{\varphi}_2}{\partial\varphi_1}>0$,$\frac{\partial\bar{\varphi}_2}{\partial\theta}>0$。就是说,东部地区初始规模越大和(或)基础设施水平越高,那么改善西部地区基础设施带来社会总福利提高所要求的西部地区基础设施

的临界水平 $\bar{\varphi}_2$ 就越大；这就意味着现实生活中西部地区实际基础设施水平 φ_2 低于临界值 $\bar{\varphi}_2$ 的可能性就越大，那么改善西部地区基础设施带来全局性效率损失的可能性就越高。这是因为东部地区的福利损失可以分解为东部地区的规模总量与边际损失的乘积。θ 越大表示东部地区的规模总量越大，而 φ_1 越大则意味着由西部地区基础设施改善所引发的资本流动对东部地区的边际福利损失越大。故当 θ 和 φ_1 都处于很高水平时，西部地区基础设施改善造成东部地区总福利的损失会超过西部地区总福利的提高，导致社会总福利下降。由此得到命题 2。

命题 2：当 $\varphi_2 > \bar{\varphi}_2$ 时，改善西部地区基础设施会提高社会总福利水平；当 $\varphi_2 < \bar{\varphi}_2$ 时，改善西部地区基础设施会降低社会总福利水平。若两地的初始规模和基础设施之间的差别都很大，那么改善西部地区基础设施产生全局性福利损失的可能性就很大。

这对于中央政府制定区域协调发展政策具有重要的参考价值。如果区域协调发展是中央政府必须面对和解决的现实问题，那么在发展经济的初期就应该重视地区之间基础设施的均衡发展，不能让落后地区的基础设施水平严重滞后于发达地区。否则，当地区间基础设施差距积累到相当大的程度时，再去改善落后地区的基础设施就很可能使整个社会的福利蒙受损失，如果这个损失很大的话，那么前期追求效率的决策很可能是得不偿失的。从这个意义上说，中国现阶段所实行的区域协调发展政策不仅是公平的要求，也是长期效率的要求。

（二）改善东西部地区间的基础设施

东西部地区间基础设施的改善会降低东部地区与西部地区之间的贸易成本，一般而言，地区间贸易成本的下降将使企业向大的市场集聚，从而对东部地区有利。我们将（8）式对 φ 求导可得

$$\frac{\partial \lambda}{\partial \varphi} = \frac{\theta \varphi_2}{(\varphi_2 - \varphi)^2} - \frac{(1-\theta)\varphi_1}{(\varphi_1 - \varphi)^2} > 0 \tag{16}$$

也就是说，东西部地区间基础设施的改善将会使企业从西部地区向东部地区迁移，这将降低西部地区总福利水平。另一方面，由于东西部地区间贸易成本的下降，西部地区从东部地区"进口"工业品就会变得更加便宜，这种效应又会增进西部地区总福利，而且后者总是占主导，即有

$$\frac{\partial W_2}{\partial \varphi} = \frac{\mu\sigma(1-\theta)^{1+\frac{\mu}{1-\sigma}} L K^{\frac{\mu}{\sigma-1}}(\varphi^2 - 2\varphi_1\varphi + \varphi_1\varphi_2)}{(\sigma-\mu)(\sigma-1)(\varphi_1\varphi_2 - \varphi^2)^{1-\frac{\mu}{\sigma-1}}(\varphi_1-\varphi)^{1+\frac{\mu}{\sigma-1}}} > 0^{①} \tag{17}$$

改善东西部地区间基础设施所要回答的另一个问题是对地区间收入差距的影响。关于这个问题，我们并没有在现有文献中看到严格的证明。下文的分析将证明东西部地区间基础设施的改善在一般情况下将导致东西部地区居民福利差距进一步扩大，但也存在特殊的条件使东西部地区居民福利差距呈现收敛趋势。

记东部地区与西部地区代表性居民的福利分别为 ω_1 和 ω_2，则有

$$\omega_1 \equiv \frac{E_1/\theta L}{N^{\frac{\mu}{1-\sigma}}[\varphi_1\lambda + \varphi(1-\lambda)]^{\frac{\mu}{1-\sigma}}}, \omega_2 \equiv \frac{E_2/(1-\theta)L}{N^{\frac{\mu}{1-\sigma}}[\varphi\lambda + \varphi_2(1-\lambda)]^{\frac{\mu}{1-\sigma}}} \tag{18}$$

进一步，定义 $\varepsilon_{\omega_1/\omega_2,\varphi} \equiv \frac{\partial(\omega_1/\omega_2)}{\partial\varphi} \frac{\varphi}{\omega_1/\omega_2}$，$\varepsilon_{\omega_1,\varphi} \equiv \frac{\partial\omega_1}{\partial\varphi}\frac{\varphi}{\omega_1}$ 和 $\varepsilon_{\omega_2,\varphi} \equiv \frac{\partial\omega_2}{\partial\varphi}\frac{\varphi}{\omega_2}$，则由(8)、(10)和(18) 三式可得：

$$\varepsilon_{\omega_1/\omega_2,\varphi} = \varepsilon_{\omega_1,\varphi} - \varepsilon_{\omega_2,\varphi} = \frac{\mu\varphi(\varphi_1-\varphi_2)}{(\sigma-1)(\varphi_1-\varphi)(\varphi_2-\varphi)} > 0 \tag{19}$$

(19)式表明随着东西部地区间基础设施的改善，东西部地区间贸易成本每下降1‰，东部地区代表性居民福利水平增加的百分比大于西部地区；换言之，使东部地区居民相对于西部地区居民获得更快的实际收入增长，导致东西部地区之间实际收入差距进一步扩大。进一步地，(19)式与地区间初始规模分布参数 θ 无关。这就是说，在特殊情况下（西部地区内贸易成

① (17)式的证明需要用到(9)式，即内点均衡条件。证：容易发现 $\frac{\partial W_2}{\partial\varphi}$ 与 $(\varphi^2 - 2\varphi_1\varphi + \varphi_1\varphi_2)$ 同号，由内点均衡条件可知：$(\varphi^2 - 2\varphi_1\varphi + \varphi_1\varphi_2) > \varphi^2 - 2\varphi_1\varphi + \varphi_1 \frac{(\varphi_1-\theta\varphi)\varphi}{(1-\theta)\varphi_1} = \frac{(2\theta-1)\varphi}{(1-\theta)}(\varphi_1-\varphi) > 0$。

本小于东部地区内贸易成本,东部地区内贸易成本小于东西部地区间贸易成本,即 $0<\varphi<\varphi_1<\varphi_2<1$),尽管东部地区具有初始的规模优势,使东部地区居民具有较高的初始福利水平(即 $\omega_1>\omega_2$),但此时改善东西部地区间基础设施、降低东西部地区间贸易成本的过程中,东西部地区之间实际收入差距将逐步缩小,但资本流动方向不确定[①]。

命题 3:如果东部地区的初始规模和基础设施都具有优势,那么改善东西部地区间基础设施、降低东西间贸易成本,会促进产业和资本向东部地区集聚,导致东西部地区间产业规模差距和实际收入差距都扩大。如果东部地区具有初始规模优势,而西部地区具有基础设施优势,那么改善东西部地区间基础设施、降低东西部地区间贸易成本的过程中,产业和资本的流动方向是不确定的,但东西部地区间实际收入差距将缩小。

在经验研究中,Fujita 和 Hu(2001:31)、范剑勇(2004:51)发现,改革开放以来,中国的区域一体化水平不断提高,绝大部分制造业已经或正在转移进入东部沿海地区,同时,将收入差距分解后发现,东西部地区的收入差距主要来自于工业部门。然而,如果就此论断中国第二产业向东部地区集聚是地区收入差距扩大的主要原因,仍然有失偏颇。笔者认为,产业集聚可以看做是要素在空间上集聚的结果,而要素流动的方向则是由要素报酬的地区差别所引导的。扣除东西部地区初始经济规模差异的影响后,东部地区基础设施优于西部地区基础设施的这种差别也是东西部地区间实际收入水平差距产生的重要原因,而且国内市场一体化程度的提高带来东西部地区间贸易成本的下降,东西部地区之间实际收入差距将会进一步扩大。因而,中央政府协调区域发展政策的重点应该是加大对西部地区的基础设施投入,从根本上改变西部地区在推进国内市场一体化过程中所处的不利局面。

[①]　当 $0<\varphi<\varphi_1<\varphi_2<1$ 时,资本流动方向(16)式的符号不确定。

四、区域协调抑或经济集聚

为了比较区域协调发展的政策和促进经济集聚的政策何者更具效率，我们需要考虑改善基础设施的成本。由于地区间初始基础设施水平存在差异，东部地区和西部地区改善基础设施的成本也存在差异；也就是说，东部地区和西部地区修路改善当地贸易成本的效率存在差别。为此引入中央政府的基础设施投入 F 与贸易成本 φ 之间的函数关系 $\varphi_i = \varphi_i(F)(i=1, 2)$。关于 $\varphi_i(F)$ 的性质，我们继承 Zeugner(2011:8)的研究，认为 $\varphi_i(F)$ 对 F 的一阶导数大于 0，二阶导数不大于 0。这意味着增加 F 总会降低贸易成本，但是随着 $\varphi_i(F)$ 的提高，相同投入带来贸易成本降低的幅度越来越小。故区域协调抑或经济集聚政策选择问题可以转化为比较 $\dfrac{\partial W}{\partial \varphi_1}\dfrac{\partial \varphi_1}{\partial F}$ 和 $\dfrac{\partial W}{\partial \varphi_2}\dfrac{\partial \varphi_2}{\partial F}$ 的大小。进一步，令 $\psi \equiv \dfrac{\partial W}{\partial \varphi_1}\dfrac{\partial \varphi_1}{\partial F} - \dfrac{\partial W}{\partial \varphi_2}\dfrac{\partial \varphi_2}{\partial F}$，则当 $\psi > 0$ 时，在东部地区进行基础设施投资优于在西部地区投资；反之，若 $\psi < 0$，则表示在西部地区进行基础设施投资优于在东部地区投资。

为简化分析，记 $\eta \equiv \dfrac{\partial \varphi_2}{\partial F} / \dfrac{\partial \varphi_1}{\partial F}$，$\eta$ 代表中央政府在西部地区每增加 1 单位基础设施投资降低的西部地区内贸易成本幅度与在东部地区每增加 1 单位基础设施投资降低的东部地区内贸易成本幅度的比值，或者说它衡量了在东部地区和西部地区修路改善当地贸易成本的效率差异。我们一般假设 $\eta > 1$，即对于每增加 1 单位基础设施投入降低本地内贸易成本的幅度而言，西部地区大于东部地区。这与我们的常识是一致的，人们总是先选择比较容易的路线修筑道路，以扩大市场需求，同时道路的等级也是从低级到高级逐渐改善的。而修筑一条同样长度的高等级道路显然比修筑低等级道路需要付出更高的成本。由于东部地区初始的基础设施水平高于西部地区,这就意味着每提高相同幅度的基础设施水平,东部地区所需的资金投入大于西部地区。再记 $\Omega \equiv \dfrac{\partial W}{\partial \varphi_1} - \eta \dfrac{\partial W}{\partial \varphi_2}$,于是选择在西部地区改善基础设施抑或在东部地区改善基础设施以增进社会福利的问题,可以通过比较 Ω 与 0 的大小来确定。

我们进一步将 Ω 展开可得

$$\Omega = \frac{\mu\sigma LK^{\frac{\mu}{\sigma-1}}}{(\sigma-\mu)(\sigma-1)(\varphi_1\varphi_2-\varphi^2)^{1+\frac{\mu}{\sigma-1}}}$$

$$\left[\frac{(-\eta\varphi^2-\varphi\varphi_2+\eta\varphi\varphi_1+\varphi_2^2)\theta^{1+\frac{\mu}{\sigma-1}}}{(\varphi_2-\varphi)^{1+\frac{\mu}{\sigma-1}}} - \frac{(-\varphi^2+\varphi\varphi^2-\eta\varphi\varphi_1+\eta\varphi_1^2)(1-\theta)^{1+\frac{\mu}{\sigma-1}}}{(\varphi_1-\varphi)^{1+\frac{\mu}{\sigma-1}}}\right]$$

(20)

由(20)式可知 $\Omega < 0$ 的充分条件为

$$\theta < \theta^* \equiv \frac{\Delta}{1+\Delta}$$ (21)

其中 $\Delta \equiv \dfrac{\varphi_2-\varphi}{\varphi_1-\varphi}\left[\dfrac{\varphi(\varphi_2-\varphi)+\eta\varphi_1(\varphi_1-\varphi)}{\varphi_2(\varphi_2-\varphi)+\eta\varphi(\varphi_1-\varphi)}\right]^{\frac{\sigma-1}{\sigma-1+\mu}}$。在 $\eta > 1$ 和 $\varphi_1 > \varphi_2$ 的假设下,当 $\sigma > 1+\mu$ 时[①],有 $\lim\limits_{\varphi\to 0}\Delta = \eta^{\frac{\sigma-1}{\sigma-1+\mu}}\left(\dfrac{\varphi_1}{\varphi z}\right)^{\frac{\sigma+1-\mu}{\sigma-1+\mu}} > 1$。根据连续函数的性质可知,存在 $\varphi^* > 0$,当 $\varphi \in (0,\varphi^*)$,有 $\Delta(\varphi) > 1$,从而有 $\theta^* \equiv \dfrac{\Delta}{1+\Delta} \in \left(\dfrac{1}{2}, 1\right)$。由此我们可以得到命题 4。

命题 4:如果东西部地区初始的规模差异不大($\theta < \theta^*$)且东西地区间贸易成本非常高(即 $\varphi < \varphi^*$),则改善西部地区基础设施的区域协调政策优于改善东部地区基础设施的经济集聚政策。

据此,我们认为以下三个条件成立时,中央政府采取改善西部地区基础设施的区域协调发展政策比采取改善东部基础设施的促进经济集聚政

---

① Anderson 和 Van Wincoop(2004)的实证研究发现,发达国家的 σ 值介于 4 和 8 之间,而发展中国家的 σ 值则更大。因此,$\sigma > 1+\mu$ 很容易满足。

策更有效率:(1)东西部地区之间经济规模的差别不大($\theta<\theta^*$)。否则,由于西部地区市场规模很小,改善西部地区基础设施带来的利用率必然很低,这就意味着此时西部地区基础设施改善所带来的社会总福利增进是非常有限的。(2)东部地区和西部地区之间存在较高的贸易壁垒($\varphi<\varphi^*$)。一方面,高昂的东西部地区间的贸易成本减弱了要素向东部地区集聚的向心力,使东部地区对西部地区资本和人才的吸引力减弱,这为西部地区发展经济提供了有利条件。在这种情况下,西部地区容易留住企业而不至于大规模向东部地区迁移,此时中央政府在西部地区进行基础设施投资带来的基础设施使用率相对较高,从而对西部地区总福利的提升也比较大。另一方面,高昂的东西部地区间贸易成本使西部地区基础设施改善后,西部地区对东部地区资本和人才的吸引力也降低,也就是说,此时改善西部地区基础设施对东部地区造成的伤害也非常小。(3)西部地区存在较大的修路成本优势($\eta>1$)。一方面,随着东部地区基础设施水平的不断提高,进一步改善东部地区基础设施的成本也越来越高。另一方面,处于较高水平的东部地区基础设施的进一步改善很可能受到科技发展水平的限制。换言之,在当前科技水平下,进一步改善东部地区基础设施以降低东部地区内贸易成本的企图不仅成本高昂,而且技术上不可行。上述因素的存在为中央政府大力改善西部地区基础设施提供了强有力的理论支持。

美国 19 世纪末中西部的发展历程在一定程度上为上述分析提供了经验证据。18 世纪上半叶,当时美国东西部地区之间的交通还非常不方便,而要完成东西部地区之间的铁路工程极易受资金不足的困扰,并且这种大型的横贯美国东西的铁路工程也不能马上就收回投资(杰里米·阿塔克,2000:426)。从总人口增长率来看,1840—1870 年美国中西部地区人口增长率达到 272%,而新英格兰地区和大西洋沿海中部地区都仅为 91%;从 1860—1870 年更短的时期来看,中西部地区人口增长率(39%)也明显高于其他两个地区的人口增长率(18%)(范剑勇,2002:71)。美国东西部地区之间的高贸易成本以及美国中西部地区人口的快速增长为美国中西部地区的发展创造了条件。在这一大背景之下,美国政府便激励发展中西部地区的铁路运输系统,如给铁路公司以直接的公共补贴,以及对铁路公司进行土地赠予等。中西部地区铁路运输系统的发展进一步扩大了中西部地区的市场,从而促成美国中西部地区制造业的兴起。而他们的研究与本文模型有所不同的是,美国中西部地区铁路运输系统的发展实际上是内生于模型之中,即由美国全社会的福利最大化原则所决定的。而美国中西部地区制造业的发展则与中西部地区运输系统的发展存在着相互加强的关系:中西部地区运输系统的发展降低了该地区的贸易成本,从而拓展了该地区的市场,中西部地区市场的拓展促使中西部地区制造业份额上升,进而增加中西部地区对铁路等运输系统的需求。

值得一提的是,中国的现实情况与美国的历史经验有着很大的不同。首先,目前中国东西部地区之间的基础设施已经达到一定水平,同时由于电话和互联网等的普及,远距离的交易变得更加容易。其次,目前东西部地区之间的经济规模差别已经很大,也就是说东部地区的向心力很大,并且由市场引导的资本和人才还有进一步向东部地区集聚的趋势。在此背景下,中央政府在西部地区投资基础设施的效率很难会超过东部地区。因此,为了提高中央政府在西部地区投资基础设施的效率,可行的办法就是加大西部地区的城市化供给,提高西部地区非农人口的比重,以此来扩大市场需求,进而提高西部地区投资基础设施的效率。

五、结 语

基础设施不仅对经济增长有重要影响,同时,由于基础设施水平的高低往往决定了一个地区贸易成本的大小,各地区内以及地区间贸易成本的不同又决定了产业的空间分布,进而影响各地福利水平与社会总效率。本

文以此为切入点,考察不同基础设施政策的政策效果,得出的主要结论如下:

第一,改善落后地区的基础设施和改善两地间的基础设施都能提高落后地区的绝对福利水平,但是两种政策的作用机制并不一样。第一种政策对落后地区福利的促进效应可分解为直接效应和间接效应,两者都对西部地区总福利具有正向促进作用;在落后地区经济规模较小、基础设施水平较低的条件下,直接效应的强度较弱,但见效很快,间接效应的强度较大,但见效缓慢。第二种基础设施政策则主要通过降低落后地区的进口成本来提升落后地区的福利水平。应指出的是,在第二种基础设施政策下,产业将进一步向发达地区集聚,使地区间产业差距扩大,因而也可能会导致两地间实际收入水平差距扩大。

第二,改善落后地区基础设施不仅对落后地区本身福利有影响,而且也对社会总福利产生重要影响。从宏观上看,改善落后地区基础设施存在着降低全社会福利的可能,这种情况极易在地区间规模差距和基础设施差距都很大的时候出现。

第三,中央政府改善发达地区基础设施抑或改善落后地区基础设施以提高国民福利需要相机抉择,这取决于两地的初始规模和地区间的基础设施状况。从中国目前的情况来看,国内市场一体化程度已达到一定水平,且东部地区的经济规模远远大于西部地区。在这一背景下,在东部地区进行基础设施投入的效率高于西部地区,且这一趋势在短期内无法逆转。但是,考虑到区域协调发展的必要性及地区规模差距较小情况下西部地区基础设施投资高效率的可能性,我们可以创造条件以改变西部地区所处的不利局面。一个可行的办法就是加大西部地区的城市化供给,提高西部地区非农人口的比重,以此来扩大西部地区的市场需求,从而增加西部地区对企业的吸引力,提高西部地区居民的福利并最终增进全社会福利。

参考文献

[1]刘生龙,胡鞍钢,2010:《基础设施的外部性在中国的检验:1988—2007》.《经济研究》第 3 期,第 4—15 页.

[2]中华人民共和国国家统计局,2010:《中国统计年鉴 2010》.北京:中国统计出版社.

[3]路江涌,陶志刚,2006:《中国制造业区域聚集及国际比较》.《经济研究》第 3 期,第 103—114 页.

[4]陆铭,陈钊,2008:《在集聚中走向平衡:城乡和区域协调发展的"第三条道路"》.《世界经济》第 8 期:第 57—61 页.

[5]范剑勇,杨丙见,2002:《美国早期制造业集中的转变及其对中国西部开发的启示》.《经济研究》第 8 期,第 66—73 页.

[6]杰里米·阿塔克,彼得·帕塞尔,2000:《新美国经济史》.罗涛,译.北京:中国社会科学出版社.

[7]刘生龙,王亚华,胡鞍钢,2009:《西部大开发成效与中国区域经济收敛》.《经济研究》第 9 期,第 94—105 页.

[8]王小鲁,樊纲,2005:《中国收入差距的走势和影响因素分析》.《经济研究》,第 10 期,第 24—36 页.

[9]金祥荣,茹玉骢,吴宏,2008:《中制度、企业生产效率与中国地区间出口差异》.《管理世界》第 11 期,第 65—67 页.

[10]范剑勇,2004:《市场一体化、地区专业化与产业集聚趋势——兼谈对地区差距的影响》.《中国社会科学》第 6 期,第 39—51 页.

[11] J. Anderson, E. Van Wincoop, 2004: Trade Costs. *Journal of Economic Literature*, 42(3):742.

[12] R. J. Barro, 1990: Government Spending in a Simple Model of Endogenous Growth. *Journal of Political Economy*, 98(5):103-125.

[13]C. R. Hulten, E. Bennathan, S. Srinivasan, 2006: Infrastructure, Externalities, and Economic Development: A Study of the Indian Manufacturing Industry. *The World Bank Economic Review*, 20(4): 291-308.

[14]P. Krugman, 1991a: Increasing Returns and Economic Geography. *Journal of Political Economy*, 99(3):483-499.

[15]P. Krugman, 1991b: Geography and Trade. Cambridge: MIT Press.

[16]P. Martin , C. A. Rogers, 1995: Industrial Location and Public Infrastructure. *Journal of International Economics*, 39 (3-4): 335-351.

[17]P. Martin, 1999: Public Policies, Regional and Growth. *Journal of Public Economics*, 73(1):85-105.

[18]P. P. Combes, T. Mayer, J. F. Thisse, 2008: Economic Geography: The Integration of Regions and Nations. Princeton: Princeton University Press.

[19]P. Martin, G. I. P. Ottaviano, 2001: Growth and Agglomeration. *International Economic Review*, 42(4):947-968.

[20]M. Fujita, J. F. Thisse, 2003: Does Geographical Foster Economic Growth? And Who Gains and Loses from It? *The Japanese Economic Review*, 54(2):121-145.

[21]C. C. Au, J. V. Henderson, 2006: Are Chinese Cities Too Small? *Review of Economic Studies*, 73(3):549-576.

[22]K. Behrens, C. Gaigné, G. I. P. Ottaviano, et al, 2007: Countries, Regions and Trade: On the Welfare Impacts of Economic Integration. *European Economic Review*, 51(5):1277-1301.

[23] S. Bougheas, P. O. Demetriades, E. L. Morgenroth, 2003:

International Aspects of Public Infrastructure Investment. *Candian Journal of Economics*, 36(4):884-910.

[24]M. Fujita，D. Hu，2001：Regional in China 1985－1994：The Effects of Globalization and Economic Liberalization. *The Annals of Regional Science*，35(1):3-37.

[25]S. Zeugner，2011：Endogenous Transport Investment，Geography，and Growth Take-Offs. (2011-11-20). http://siteresources，worldbank. org/DEC/Resources/84797-1257266550602/Zeugner S.

第二部分

开放型经济

发展外向型经济的必要条件[*]

进口替代是我国现阶段对外经济发展的主要战略,但它不宜作为我国长期的对外经济发展战略。在现阶段,应该通过逐步建立或调整进口替代工业的基础和结构,创造向外向型经济过渡的条件。

一、内向型经济是工业化起步的必由之路,外向型经济是现代经济增长的入口

哪种贸易战略能使发展中国家的经济实现高速稳定的增长,挖掘工业潜力?这主要应该从两方面进行考察:一是这些国家的国内经济条件;二是这些国家所面临的国际经济环境。选择战略的标准就是要考虑可选用的贸易战略的经济代价和效益。第二次世界大战后,绝大多数发展中国家选择了内向型经济发展模式,在政府保护下开始进行进口替代工业化。这在当时的国际政治经济环境中,有其客观必然性。首先,在第二次世界大

---

[*] 本文原发表于《经济研究》1988 年第 10 期。

战前后的动荡年代里,以初级产品出口为主的发展中国家如果再沿袭 19 世纪的贸易格局,输出初级产品而进口制造品,是不会对经济发展起积极作用的。出路在于积极发展自己的民族工业,对新兴的进口替代工业实行高度的贸易保护。其次,发展中国家专门生产初级产品,而发达国家专门生产工业制造品,这种经济体系本身就是同殖民主义的历史相联系的。作为在政治上获得独立的发展中国家,为实现经济发展并保护政治独立的成果,必须利用政府的力量,通过贸易保护来消除那种可能会破坏国家经济独立的外部经济力量的干扰,发展进口替代工业,最终摆脱在工业制造品进口方面对发达国家的高度依赖。再次,进口替代(初级进口替代)或工业化起步阶段的内向发展是推动工业化向纵深发展,实行外向型经济发展的必要准备时期。

20 世纪 50 年代末 60 年代初,国际经济发展格局发生了重大变化。首先,西方资本主义发达国家的工业发展进入了资本技术密集型生产阶段。随着资本积累和技术进步,非熟练劳动力相对稀缺,从而引起大量需要非熟练劳动力的部门和行业的工资上涨。这就使发达国家在需要大量非熟练劳动力的劳动密集型产业方面处于相对不利的地位,有必要进行产业结构调整,把劳动密集型产业向发展中国家和地区转移。其次,资本主义发达国家工业生产迅速增长,设备更新周期加快,就业普遍增加,工资不断提高,导致国际贸易大幅度上升。各主要资本主义工业发达国家,为了刺激出口需求,促进经济稳定增长,保护各自既得的贸易利益,又普遍主张"贸易自由化"。加上第二次世界大战后国际货币基金组织、关税与贸易总协定等国际机构的建立,对改善国际经济秩序也起了重大作用,使较为宽松自由的国际贸易环境维持了将近 20 年。再次,西方工业国家经过战后的恢复发展,又出现了大量的过剩资本,为了攫取高额利润,它们采取"援助"、贷款、直接投资等形式纷纷输出资本。到 1961 年,资本主义发达国家的资本输出总额已达 1400 亿美元,超过第二次世界大战前数额的 2 倍。

面对国际经济格局的这一重大转折,发展中国家在工业化的道路上出现了一个交叉路口,大部分国家在经历了最初的消费品进口替代以后,都纷纷选择了高级进口替代,即以内向型经济作为进一步推进工业化的战略。只有韩国、新加坡、巴西及中国的台湾、香港等少数发展中国家和地区(以下简称"新兴工业化国家与地区")对这一国际经济格局的变化迅速做出了反应。它们抓住这个机会,接过工业发达国家所空出的劳动密集型产品市场,以前一阶段所建立起来的劳动密集型进口替代工业为基础,利用西方输出的资本、技术和设备,发挥自身成本低廉的优势,生产出大量廉价的劳动密集型产品,顺利地挤进了西方市场。由进口替代战略或内向型经济转向出口导向战略或外向型经济,发展以轻纺工业为重点的制造业,给经济发展带来了转机,获得了巨大的成功。相反,选择内向型经济发展道路的国家和地区,大都出现了如制造业就业停滞、城乡收入差别扩大、农业生产萧条、产业结构低效和外汇危机等问题。进口替代工业化在经过了最初的发展之后,在许多国家都趋于停滞了。

外向型经济和内向型经济两种模式对经济增长、就业、工业化的效率影响的比较见表1。

表1　外向型经济和内向型经济两种模式对经济增长、就业、工业化的效率影响的比较

贸易战略的性质	国家和地区	时期	国内生产总平均增长率	总和要素生产率		要素投入		
				增长率/%	占国内生产总值增长率的份额/%	资本增长率/%	劳动力增长率/%	总投入占国内生产总值增长率份额/%
坚定外向型经济	中国香港	1960—1970	9.10	4.28	47.0	7.60	2.97	53.0
	韩国	1960—1973	9.70	4.10	42.3	6.60	5.00	57.7
	新加坡	1972—1980	8.00	−0.01	−0.1	9.48	5.52	100.1
一般外向型经济	巴西	1960—1974	7.30	1.60	21.9	7.50	3.30	78.1
	哥伦比亚	1960—1974	5.60	2.10	37.5	3.90	2.80	62.5
	以色列	1960—1965	11.00	3.40	30.9	13.10	5.00	69.1
一般内向型经济	墨西哥	1960—1974	5.60	2.10	37.5	3.90	2.80	62.5

续表

贸易战略的性质	国家和地区	时期	国内生产总平均增长率	总和要素生产率		要素投入		
				增长率/%	占国内生产总值增长率的份额/%	资本增长率/%	劳动力增长率/%	总投入占国内生产总值增长率份额/%
坚定内向型经济	阿根廷	1960—1974	4.10	0.70	17.1	3.80	2.20	82.9
	智利	1960—1974	4.40	1.20	27.3	4.20	1.90	72.7
	印度	/1959—1960	6.24	−0.18	−2.9	4.77	1.65	102.9
	秘鲁	\1978—1979	5.30	1.50	28.3	4.40	2.70	71.7
	土耳其	1960—1970	6.40	2.23	34.8	6.82	1.02	65.2
		1963—1975						

资料来源:世界银行,1987:《1987年世界发展报告》.北京:中国财政经济出版社。

外向型经济和内向型经济贸易战略之所以会导致上述两种工业化效率,主要原因可以概括为三点:第一,在内向型经济中,工业发展一般偏向于选择资本密集技术,劳动力从农业部门向工业部门转移的速度缓慢。而采用外向型经济发展战略的国家和地区,由于工业发展更多的采用劳动密集型的生产方式,它所带来的就业机会一般比进口替代产业多得多,这就在更大程度上有利于实现充分就业和收入平等分配等社会目标。第二,在内向型经济发展中,高度的进出口双向贸易保护排斥了外来竞争,这样国内进口替代工业就很少有降低成本、改进质量、提高生产效率的压力,从而造成整个国内生产的低效率。而在外向型经济发展中,进出口的双向竞争环境促使国内生产者不得不经常致力于提高生产率。第三,在内向型经济中,由于以初级产品出口所得的外汇收入来维持进口替代工业所需要的资本投入品的购买支付,发展到一定阶段时,就会形成进口替代与外汇短缺之间的恶性循环。而在外向型经济中,通过发展劳动密集型产业,调整出口结构,也就是逐步以劳动密集型产业的制造品来代替初级产品的出口,从而在根本上摆脱不利的贸易条件,为解决工业化向纵深发展中出现的外汇短缺提供了可能,重新构造了国民经济良性循环的经济基础。

目前,虽然外向型经济模式只是以少数发展中国家和地区为主体,但是,越来越多的发展经验证明,发展外向型经济同世界经济格局的变化,同发展中国家经济发展的大方向是一致的,它已成为发展中国家经济发展的共同的不可逆转的趋势。但也应注意,外向型经济如果不能带动国内的经济发展,那么,这种外向型经济也并不可取。

二、国内经济的良性循环是参与国际市场交换的基础

发展外向型经济需要有较好的国际经济环境。但国际经济环境的好坏毕竟是外向型经济运行的外部条件。发展中国家即使遇到了有利的国际经济环境,它们能否抓住这个机会并加以充分利用,顺利地从内向型经济向外向型经济过渡,国内经济环境起着决定性的作用。而以低效率、僵化体制为基础的"外向型经济"是不可能对国际经济的发展前景做出正确反应的,也就不可能使国内经济发展。

从"新兴工业化国家和地区"发展外向型经济的历史经验看,初级进口替代和外向型经济之间存在着密切的联系,进口替代是出口替代的必要准备,如果没有进口替代时期为出口替代创造必要的条件,出口替代即有效的外向型经济也就无从产生。在进口替代工业化的发展中,要使外向型经济顺利产生,第一个必要条件是必须从土地或资源密集型的生产方式转变为劳动密集型的生产方式。发展中国家的经济大多是一种劳动过剩经济,在进口替代时期只能利用土地资源来扩大初级产品出口,作为换取中间产品和资本品的主要外汇来源。但是,土地资源是非再生资源,随着人口压力的不断加大,它会逐渐被传统的农业部门所吸收,从而成为稀缺性资源。所以,在进口替代时期,建立一种能发挥发展中国家劳动资源优势的新的生产方式和产业来替代以土地资源的利用为基础的初级产品的生产和出口是一种必然的趋势。其次,发展中国家建立劳动密集型产业,可以利用在劳动无限供给条件下的不变工资水平这个有利条件,通过出口廉价的劳动密集型产品来替代初级产品的出口,享受国际贸易中比较利益的好处,

摆脱不利的国际贸易条件。再次,如果在进口替代时期不能成功地培育出劳动密集型或资本节约型产业结构,那么,不仅会使工业部门吸收剩余劳动力的能力大大削弱,而且会使经济发展面临一个不断提高的技术进口倾向,使这些国家的国际收支进一步恶化,外汇危机更趋严重。因此,这些国家为了避开一个接一个的国际收支危机,不得不一而再、再而三地扩大进口替代的范围,并一直扩大到中间物品和资本品,而这反过来又进一步加深了危机,于是在进口替代与外汇短缺之间形成恶性循环。

进口替代阶段的第二个主要任务是实现传统农业部门的现代化,这也是发展外向型经济的内在条件。农业现代化能使农业剩余劳动力得以释放,并转移到工业部门去生产劳动密集型产品供出口;农业部门的现代化,特别是农业劳动生产率的大幅度提高,可以使以食物表示的农业部门的储蓄大量增加,从而节约用于进口粮食的外汇,促进外向型经济的成长。

通过中国台湾和菲律宾非农业劳动力在总劳动就业中的比率 Q 值的比较,可以印证上述论点。当进口替代开始时(1951 年),中国台湾和菲律宾有相近的 Q 值,分别为 0.38 和 0.37,但当进口替代阶段结束时,两者的 Q 值就有了明显的差距,中国台湾(1966 年)为 0.47,菲律宾(1965 年)为 0.41。[①] 这说明中国台湾的工业发展已朝着劳动密集型的产业方向发展,正在为出口替代创造条件。而菲律宾资源利用模式和产业结构并没有朝劳动密集型的方向发展。在这种国内经济环境下,19 世纪 50 年代末 60 年代初由于西方产业结构调整而出现的有利机会对它也就毫无利用价值。

实际上,菲律宾之所以不能从进口替代阶段顺利形成外向型经济发展的条件,主要的原因还在于农业生产发展的停滞阻碍了劳动密集型生产方式的产生与发展,助长了严重的外汇危机。中国台湾在整个发展期间工业劳动生产力和农业劳动生产力的增长基本一致、在进口替代阶段,农业劳

---

① 参见费景汉,拉尼斯,1964:《劳动过剩经济的发展》.纽黑文:耶鲁大学出版社。

动生产力逐步提高,并超过了工业部门的劳动生产力的提高幅度,使进口替代阶段的农业现代化成为促进出口替代产生的条件之一。相反,菲律宾在进口替代阶段工业劳动生产力与农业劳动生产力的差距不断扩大,工业劳动生产力提高,而农业劳动生产力递减,使人均实际国民收入的增长率递减,由于农业生产力的下降,使进口替代工业化过程趋于终止。从1961年起,两部门的生产力都呈完全停滞状态。[①] 而其国际贸易条件从1950年起就出现了相当严重的恶化趋势(见表2)。由于菲律宾国内经济萧条,尽管努力增加生产和出口,却不能改善其国际收支,因为在1954年每单位出口商品所能交换到的进口商品较1948—1949年少了13%,在1955年的前9个月中则少了18%。

表2 菲律宾的贸易条件

(以1945—1949年为100)

年　度	出口品单位价值	进口品单位价值	贸易条件
1950	93	95	97
1951	99	108	92
1952	78	106	74
1953	95	101	94
1954	85	97	87
1955 (1—9月)	78	96	82

资料来源:杨叔进,1983:《经济发展的理论与策略》.南京:江苏人民出版社。

　　现今中国的工业化绝对水平当然大大高于菲律宾20世纪50年代末的水平。但是,我国现时的经济发展格局仍然存在着出现"菲律宾危机"的许多隐患。我国原来是一个以农业为主的单一的封闭式的农业国家,新中国成立以后,由于实行的是以重工业为主的封闭性工业化,工业并没有进入农村生产力体系。而且长期以来我国城市工业的发展只是从对农村产

[①] 参见费景汉,拉尼斯,1964:《劳动过剩经济的发展》.纽黑文:耶鲁大学出版社。

出的需求方面影响农业生产力的性状,而没有给农村的物质变换手段和产品输出进行替换与补偿。农村生产力只向工业供给产出,而无法吸收机器工业生产力来替换自己落后的开发手段。农业部门仅向工业部门大量输出无偿性的生产资金,而农业劳动力则被滞留在部门内部,不能与工业部门返回的农业生产基金(生产资料)结合,这就必然造成在一般生产过程层次上农业劳动力与生产资料的急剧分离,导致农业生产力的日益低落和农村失业的加剧,这也必然造成劳动生产率水平悬殊的农业部门和工业部门长期并存,社会生产力在总体结构上呈现二元结构的特点。在 1978 年以前,我国农业劳动生产率的绝对水平一直呈下降趋势,而在 1952 年到 1985 年的整个发展过程中,农业劳动生产率与工业劳动生产率相比的相对水平一直是下降的,从而使两部门的失衡日趋严重。虽然在 1978 年以后我国粮食生产高速增长,但是农业物质技术基础的发展及其推动农村经济的发展尚不能令人满意。

我国工农业生产力出现严重失衡,除了经济体制问题以外,主要原因就是由重工业优先增长的工业化模式本身导致的。工业化从重工业起步,这就使工业化过程在它的胎儿期就面临资金、劳动力和技术三大难关,加上工业化是在与国际经济的发展相对隔绝的封闭状态下进行的,资金积累就只能靠牺牲农业的发展来取得,在技术水平和知识结构较低的环境中,虽然在 20 世纪 70 年代末就已在人均收入较低的水平上实现了较高程度的工业发展水平,形成了一种"发育不健全,过于早熟"的生产结构,但实际上这种生产结构已成为实现我国从内向型经济向外向型经济转换的严重障碍。首先,在这种生产结构的制约下,工、农业两部门生产力的巨大缺口难以愈合,农业部门的国内贸易条件长期处于不利的地位,农业部门释放劳动力和储蓄(以食物表示)的能力虚弱无力,这不仅阻碍了工业化的进程,而且由于粮食都依赖进口,加重了外汇短缺的压力。其次,这种生产结构所要求的资源利用模式越来越与我国经济运行的现实环境发生矛盾。

这不仅与我国资金供给稀缺约束型的经济环境不相适应,而且加剧了工业部门吸收劳动力无力同过剩劳动力无限供给之间的矛盾。再次,这种生产结构同国际经济中比较优势的格局不相适应。在当前国际经济体系中,仍然只有以轻纺工业为重点的劳动密集型产业,才对存在大量过剩劳动力的发展中国家具有比较优势,通过生产和出口能享受到比较利益。我国这几年虽然进行了产业结构调整,但那种"发育不健全,过于早熟"的生产结构以及由此派生出来的出口结构并没有得到根本改善。以轻纺、服装等制造业为主的劳动密集型产品的出口在 1985 年和 1986 年分别仅占出口总额的 20.30% 和 24.11%。第四,这种低效能的生产结构所形成的出口结构面临着不利的国际贸易条件。在我国的出口结构中,初级产品的出口仍然占很大的比重,1985 年为 50.56%,1986 年为 36.43%。而初级产品国际市场价格一直处于疲软状态。第五,这种生产结构导致出口商品的经济效果恶化。在体制改革和产业结构调整没有取得实质性进展以前,出口商品的经济效果也不可能有根本好转。

总括而言,如果不能把握和正确预见国际经济格局的变化趋势,及时调整产业结构,大力发展具有国际竞争优势的加工业,就不可能抓住和利用有利的国际经济环境,发展外向型经济具有较高的比较经济效益,它应该是发展中国家经济发展的共同的不可逆转的趋势,但是如果没有国内经济的良性循环,没有传统农业的现代化作为基础,外向型经济的发展也只能是空中楼阁。在现阶段,企图从内向型经济在一夜之间转化为外向型经济,国内的经济条件是不成熟的,在全国范围内大力宣传、鼓动搞外向型经济也是不明智的。我国要参与国际市场交换,并立于不败之地,必须首先促成国内经济的良性循环,否则,非但不会导致国内经济的发展,反而会引起国内经济的恶化,从而不得不再走内向型经济的回头路。

三、宏观经济环境的稳定化是发展外向型经济的前提条件

从一些发展中国家的经验看,成功地从内向型经济向外向型经济转轨,都是以宏观经济环境的稳定化为起点的。一些国家试图在宏观经济危机中通过发展外向型经济来解救危机的尝试都遭到了失败。国内财政预算收支基本平衡,货币、汇率和物价水平的基本稳定等,都是发展外向型经济的前提条件。

在内向型经济中,一般都采用进口数量限制的办法来维护国际收支的平衡。同时高估本国的币值。由于汇率定值过高,对使用进口中间物品的生产十分有利,因此会助长进口替代产业多用进口物品的技术倾向,这不仅会使进口替代产业结构在资源配置上与本国的资源赋存状况进一步偏离,而且由于本币定值过高,对出口部门实质上也是一种隐蔽的"课税"。如果出口部门以进口替代品作为原料,由于后者价格过高又会造成生产的高成本,结果使本国产品的国际竞争能力受到削弱。近年来,随着我国经济的对外开放,贸易依存比率的上升,在这方面的问题就已暴露出来了。由于高估人民币币值,技术进口和中间物品的进口急剧增加,而对出口又缺乏有效管理,微观经营失控,导致过度竞争。由于国内市场开放,以创汇为目的的对外低价竞销、外贸体制不合理和财政统负盈亏,使出口成本大增。可见,在人民币币值高估和出口高成本的双重背景下,出口远不如进口有利。在现阶段,从内向型经济到外向型经济的转换中,鼓励大量出口是得不偿失的。

近年来,由于财政"分灶吃饭",国库空虚,货币发行量过多,预算外投资大增,总需求过大,导致严重的通货膨胀和预算赤字;由于外汇地方留成,盲目进口,国际收支出现赤字。面对这些宏观经济失衡的问题,为了压低进口品的国内价格,不得不以维持名义汇率来抵消通货膨胀,但其结果

是汇率估值过高的情况越来越严重。而且汇率定值过高会进一步削弱出口，而通货膨胀引起的超额总需求又会增加对进口品的需求。这两个因素合在一起必然导致国际收支困难。因此，宏观经济不理顺，汇率上升将是不可避免的。在宏观经济恶化的环境中，进行重大的贸易改革是不可能的。

我们再来考虑一下，如果采取实现战略转换通常采用的两种外向性政策，对整个经济体系会产生什么影响。如果采取直截了当的货币贬值办法来鼓励出口，显然是不可取的。在这方面，阿根廷的教训是值得吸取的。在通货膨胀率原已很高的情况下，继续使货币大幅度贬值，必然导致赤字暴涨，通货膨胀势不可挡，出现国际收支危机。如果采用出口补贴等奖励政策来抵消反出口倾向，也并不能改变问题的实质。在存在巨额预算赤字的情况下，财政性的出口补贴就会直接转化为通货膨胀的因素。而且随着通货膨胀和汇率定值过高之间的螺旋式上升，出口补贴也必定随之直线上升。而且，出口补贴已不再是一种有效的外向性贸易政策，它已越来越成为工业发达国家反倾销关税的对象。

综上所述，在当前宏观经济环境极不稳定，通货膨胀速度过快，物价改革即将全面推出，整个经济已进入风险最大的改革阶段，还要同时进行外贸体制改革，实现内向型经济向外向型经济的转轨是不可取的。

参考文献

[1]世界银行，1987：《1987年世界发展报告》.北京：中国财政经济出版社.

[2]费景汉，拉尼斯，1964：《劳动过剩经济的发展》.纽黑文：耶鲁大学出版社.

[3]杨叔进，1983：《经济发展的理论与策略》.南京：江苏人民出版社.

国内市场分割与中国的出口贸易扩张 *

一、问题的提出

改革开放以来,中国的出口贸易呈现迅猛的增长势头,1980 年中国货物出口额为 181.2 亿美元,占同期世界货物出口总额 19906 亿美元的比重为 0.9%,居世界第 26 位;2003 年中国货物出口额为 4383.7 亿美元,占同期世界货物出口总额 74820 亿美元的 5.9%,居世界第 4 位(见图 1)。中国出口贸易的强劲增长日益显露出一些与经典贸易模型中一般规律相悖的"扭曲"现象。不可否认的经验事实是,中国大量出口企业的产品在国内市场没有销售,在国外市场销售也不使用出口企业的自有品牌,而是使用国外采购商的品牌或进入不需要任何品牌的国外"地摊"市场。这一现象明显背离 Krugman(1980) 和 Melitz(2003) 两个经典理论模型。Krugman(1980) 的"母市场效应"(HME)理论认为,一国出口的应是本国具有较大

---

* 本文原发表于《经济研究》2005 年第 12 期,是本书作者与朱希伟、罗德明合作所著。

国内市场的产品,进口的应是本国国内市场较小的产品。Melitz(2003)将企业异质性假设引入 Krugman(1980)模型,认为由于进入国内或国外市场都需要一笔固定投入(如广告、推销等成本),边际成本最高的企业将退出市场,边际成本居中的企业进入国内市场,边际成本最低的企业同时进入国内市场和国外市场。Krugman(1980)和 Melitz(2003)都认为出口企业不仅在本国市场有销售行为,而且占领本国市场是企业发挥规模经济,足以支付国际贸易运输成本的基础。中国的大量出口企业不依靠国内市场销售实现规模经济,而是直接进入国外市场,这一"反常"现象似乎蕴含着与经典模型相异的理论逻辑。

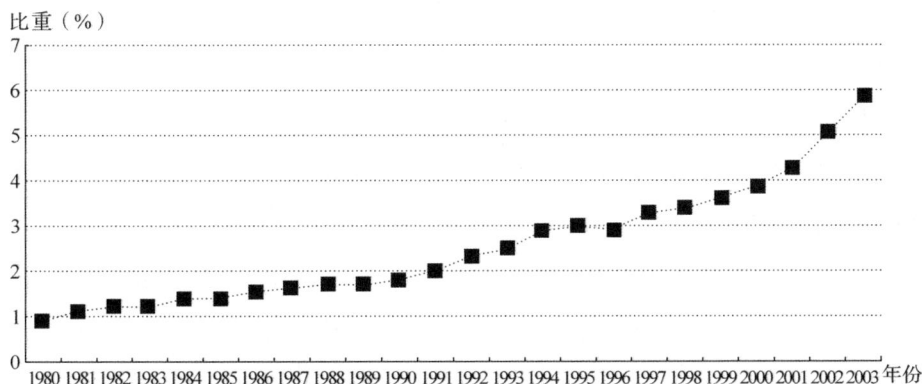

比重(%)

图 1　中国货物出口额占世界货物出口总额的比重变化(1980—2003 年)

资料来源:中华人民共和国商务部国际贸易经济合作研究院,2005:《中国对外贸易白皮书:2004》.北京:中信出版社,第 384 页。

我们不仅认为中国出口企业的行为是在不同于经典模型的预设环境下产生的"行为扭曲",甚至怀疑中国近年来出口贸易的强劲扩张本身也是一种"扭曲现象"。或者说,这种强劲增长的出口贸易其实是由某些外生因素导致的"扭曲性"的过度出口。若事实果真如此,那么究竟是什么因素导致了这两种层面的"扭曲"呢?银温泉、才婉茹(2001)援引的数据材料对我们的研究极富启示,"据统计,在(20 世纪)80 年代我国省际贸易比重呈下降趋势。1989 年同 1978 年相比,各省际互相调入的消费品由 38％降到 36％,相互调出的消费品由 47％降到 38％,呈现出与市场化反向变动的趋势(林森木,1999)。另据世界银行有关研究报告,1985—1992 年,我国外贸进出口总额年均增长分别为 10％和 17％,而国内省际贸易额的年均增长率仅为 4.8％,大大低于外贸增长速度,同时也大大低于全国零售商品总额 9％的年均增长水平,因为各省之间结构趋同、存在种种贸易壁垒,所以有时省际贸易比外贸更难做(杨再平,1996)"。Poncet(2002)利用中国 1987 年、1992 年和 1997 年的数据分析后也发现,尽管不存在文化、语言等方面的障碍,中国省际贸易成本比一些国家(如美国和加拿大)内部各地区之间的贸易成本要高得多,接近于欧盟国家之间或美国与加拿大之间的贸易成本。换言之,中国国内市场的一体化程度很低。

我们对 Melitz(2003)的企业异质性模型进行修改,用来解释中国严重的国内市场分割导致生产企业不在本国市场销售产品,而是通过 OEM (Original Equipment Manufacturer,原始设备制造商)进行出口,形成中国出口贸易的过度扩张这一"扭曲"现象。Melitz(2003)隐含地假定各国的国内市场是一体化的,或者说,生产企业在国内市场只需支付较少的广告、推销等成本即可实现全国性销售。显然,这一假设在国内市场分割严重的中国是很难成立的。在分税制财政框架下,地方政府有很强的动力对外地产品流入设置壁垒以保护本地企业,甚至会对本地企业生产假冒伪劣产品的行为采取纵容态度(银温泉,才婉茹,2001)。[①] 因此,生产企业要在全国范围内销售其产品,必须为每个"零碎"的地方性市场支付一定的进入成本(包括广告、推销以及疏通关系等成本),这些"零碎"市场的进入成本加总后的总成本是非常巨大的。除国内市场分割因素外,生产的技术特征也会

---

① 除地方政府的行政性干预外,我们可以从更广的意义理解国内市场分割这一概念,比如不同地区对企业的商标、专利等知识产权以及企业之间的商业合同的保护存在差异,或本地与外地企业之间存在歧视的现象。换言之,国内市场分割也表现为一国的法律制度并未在全国范围内得到普遍执行。

对企业的市场选择行为产生影响。受 Lewis 和 Sappington(1989)、Laffont 和 Martimort(2002)考虑企业的固定成本与边际成本之间的反向关系会导致"补偿激励"问题的启发,我们的模型将分析企业的固定成本与边际成本之间的反向关系会导致企业市场选择行为的差异。这里的基本逻辑是,固定成本与边际成本之间的反向关系意味着较高固定成本的企业具有较低的边际成本,从而较高固定成本的企业更有动力扩大产量,而其较低的边际成本使其产品的销售价格也较低。因此,当经济达到均衡时,固定成本较高而边际成本较低的企业将比固定成本较低而边际成本较高的企业生产得更多。最终,边际成本越低的企业其产品覆盖越多的市场,边际成本越高的企业其产品只能进入越少的市场,以至退出。

二、中国的市场分割:简要文献回顾

(一)观点之一:中国的市场分割非常严重

Young(2000)对中国的地方保护和市场分割提出了严格的理论解释。该文将中国的地方保护和市场分割归因于中国的渐进式改革模式。在 Young 看来,不同步的改革,特别是改革前为保障工业部门获得利润而扭曲的价格体系没有得到改革,意味着相应部门存在着"租金"。改革以来,为了巩固和攫取这些"租金",各地政府设置了各种障碍和壁垒,保护获取租金的那些企业。Young 给出了三个方面的经验证据来支持他的假说,认为中国的地方保护和市场分割问题特别严重。

郑毓盛、李崇高(2003)将中国各省份 1978－2000 年产出的潜在损失分解为三个经济含义明确的部分:技术效率损失、产出配置结构非最优的损失、要素配置结构非最优的损失。后两种损失就是市场分割和地方保护导致的产出损失。在郑毓盛、李崇高(2003)看来,各个省份的技术效率均有较大的改善;但是由地方保护和市场分割导致的后两种损失,在改革以来虽然有波动,但总体趋势是上升的。特别是 1996 年以来,后两种损失持续上升,到 2000 年竟高达 20％。

(二)观点之二:中国的市场分割并不严重

Park 和 Du(2003)用和 Young 基本一致的数据,经过更深入仔细的分析,得出了与 Young 相反的结论:中国的市场一体化程度在加深。Naughton 等(2000)从多方面的经验研究证据同样验证了中国市场一体化程度在提高的假设。白重恩等(2003)的研究也认为,改革以来的中国工业部门的专业化分工在加强,从而市场分割在减弱。刘培林(2004)用郑毓盛、李崇高(2003)的方法,分析了 2000 年中国 30 个省份 21 个两位码制造业部门的国有和规模以上非国有企业的产出损失。结果表明,地方保护和市场分割带来的产出损失是实际产量的 5％左右,没有郑毓盛、李崇高(2003)认为的那么严重。

然而,在林毅夫、刘培林(2004)看来,白重恩等的研究似乎不能表明市场分割在减弱。利税率高的行业在地区间的专业化程度低,不应该从地方保护的角度来解释。地方政府固然有积极性保护利税率高的行业,巩固其市场地位,但地方政府也有动机保护利税率低的行业。另外,利税率和产业在地区之间的集中度,或许是某个共同因素——发展战略的结果。在他们看来,改革开放以来,许多大型国有企业仍然执行赶超任务,因而没有自生能力,从而产生政策性负担和预算软约束。中国目前的地方保护和市场分割,在一定程度上可以说是改革开放之前中央政府保护赶超企业免于国际竞争的行为,在分权改革体制下,演变为各省保护当地企业免于国际和其他国内省份竞争的行为。在分权式改革模式下,地方政府受各种激励机制驱动产生了新的赶超,形成了新的地方保护主义和市场分割。

（三）观点之三：中国的市场分割有所改善，但仍比较严重

李善同等（2004）的调查表明，地方保护主义的程度在减轻。在企业调查对象中，他们认为当前地方保护程度与 20 年前相比减轻很多的和略有减轻的比重分别为 34.4％和 28.7％；认为当前地方保护程度与 10 年前相比减轻很多的和略有减轻的比重分别为 35.4％和 25.7％。但这并不意味着地方保护程度不严重。例如，阻止外地产品进入的其他非正式的无形限制的严重程度为 55.7％；工商质检等方面歧视的严重程度为 51.0％；价格限制和地方补贴的严重程度为 47.3％；直接控制外地产品的销售数量的严重程度为 46.0％。该文还分析了影响企业向省外销售产品和提供服务的诸多因素，发现无论是已经在外地销售还是准备在外地销售的企业都认为：(1)地方保护及不公平竞争是影响企业跨地区经营的重要因素之一；(2)省内的经营环境普遍优于省外的经营环境。例如，近 3/4 的被调查企业认为在法制环境、资金环境、信用环境这三方面省内明显优于省外，近 2/3 的被调查企业认为在社会环境方面省内明显优于省外。

（四）进一步的讨论

林毅夫、刘培林（2004）认为，在 20 世纪 80 年代中后期至 90 年代早期，中国的确深受地方保护和市场分割之苦。这表明，Young 的理论和经验证据是相容的。林毅夫、刘培林（2004）进一步认为，改革前的全国性赶超战略影响了改革过程中的中央和地方政府的保护主义和市场分割，而且随着分权式改革，地方政府在各种激励机制下产生了新的赶超。例如，周黎安（2004）、周黎安、汪淼军（2004）都证明，晋升机制导致了地方保护主义和重复建设；银温泉、才婉茹（2001）也认为，在分税制财政框架下，地方政府有很强的激励保护本地企业，导致市场分割。

另外，李善同等（2004）的经验证据不仅在一定程度上支持了 Young

(2000)认为中国地方保护和市场分割问题特别严重的观点,而且表明,即使不存在林毅夫、刘培林(2004)意义上的新旧赶超战略导致的地方保护主义和市场分割,法制环境、资金环境、信用环境和社会环境等也会导致市场分割,产生不完美市场。例如,在 Dixit(2003)的意义下,自我实施契约的局限性使得市场交易的扩展有限。因此,在正规法律制度及其实施机制不完善时,依靠自我实施机制进行的市场交易扩展和市场一体化都只能是局部的、地方性的。

三、理论模型

(一)转型经济的 Melitz 模型

Melitz(2003)模型将企业异质性(边际成本不同)假设引入规模经济条件下的垄断竞争贸易模型。由于企业进行一次性投资前不知道自己真实的边际成本,只知道边际成本的概率密度,当企业可自由进入的、存在外生企业淘汰率的开放经济实现均衡时,边际成本最高的企业退出市场,边际成本居中的企业供应国内市场,边际成本最低的企业同时供应国内和国外两个市场。我们将国内市场分割因素和边际成本与固定成本之间的反向关系引入 Melitz 模型,用来解释近年来中国出口贸易的迅猛扩张现象。

考虑两个存在国内市场分割的国家,每个国家都由两个完全对称的地区构成。任何一个国家的企业的产品在本地区内部销售需要支付一次性市场进入成本(f_l),不需要支付运输成本;该企业的产品销往本国的另一地区需要一次性进入成本(f_e)和国内贸易的运输成本(τ);该企业的产品销往另一国家的任一地方性市场都需要支付一次性市场进入成本(f_x)和支付国际贸易的运输成本(τ_x)。考虑到国内市场分割因素,本地市场的进入成本应低于外地市场的进入成本,即 $0 < f_l < f_e$。所有企业只使用劳

动作为投入,且具有线性的成本函数 $l = f + q/\varphi$,其中,φ 代表企业边际成本的逆指数,f 代表企业的固定成本。假设企业可以在 $(\underline{\varphi}, \underline{f})$、$(\varphi, f)$ 和 $(\overline{\varphi}, \overline{f})$ 三种技术之间自由选择,满足 $0 < \underline{\varphi} < \varphi < \overline{\varphi}$ 和 $0 < \underline{f} < f < \overline{f}$。也就是说,生产技术满足边际成本与固定成本之间的反向关系,即选择较高固定成本的企业可以获得较低的边际成本。同时,拥有任何一种技术的企业都是自由进入的,利润水平均为零。假设任何一国的任何一地均居住着不流动的 1 单位工人,由国家之间以及地区之间的对称性可知,任何两地工人的工资率均相等(将其标准化为 1)。

假设代表性消费者具有固定替代弹性的效用函数,即

$$U = \Big[\sum_{i=1}^{N} x_i^{\rho} \Big]^{1/\rho}, 0 < \rho < 1 \tag{1}$$

假设产品如果在一国内部两地区之间进行国内运输,τ 单位产品只有 1 单位运达目的地;如果在两国的任何两地区之间进行国际运输,τ_x 单位产品只有 1 单位运达目的地,且满足 $1 < \tau \leqslant \tau_x$。那么,代表性企业 i 的产品在本地的销售价格为 $p_i^l(\varphi) = \dfrac{1}{\rho\varphi}$,在本国外地的销售价格为 $p_i^e(\varphi) = \dfrac{\tau}{\rho\varphi}$,在国外的销售价格为 $p_i^x(\varphi) = \dfrac{\tau_x}{\rho\varphi}$。由于对称性假设,居住在任何一国的任何一地的消费者从市场上购买(1)式的商品组合的消费者价格指数相等,

$$P = \Big[\sum_{i=1}^{N^l} (p_i^l)^{1-\sigma} + \sum_{j=N^l+1}^{N^l+N^e} (p_j^e)^{1-\sigma} + \sum_{h=N^l+N^e+1}^{N^l+N^e+2N^x} (p_h^x)^{1-\sigma} \Big]^{1/(1-\sigma)} \tag{2}$$

其中,$\sigma = \dfrac{1}{1-\rho} > 1$ 代表任意两种产品之间的替代弹性,N^l 代表本地企业供应的产品种数,N^e 代表本国外地企业供应的产品种数,N^x 代表外国任何一地企业供应的产品种数。因此,代表性企业 i 面临的本地市场、本国外地市场和国外任一地方性市场的需求函数分别为

$$q_i^l(\varphi) = \frac{1}{P}(P\rho\varphi)^{\sigma}, q_i^e(\varphi) = \frac{\tau^{-\sigma}}{P}(P\rho\varphi)^{\sigma}, q_i^x(\varphi) = \frac{\tau_x^{-\sigma}}{P}(P\rho\varphi)^{\sigma} \tag{3}$$

代表性企业 i 在本地市场、本国外地市场和国外任一地方性市场的收益函数分别为

$$r_i^l(\varphi) = (P\rho\varphi)^{\sigma-1}, r_i^e(\varphi) = \tau^{1-\sigma}(P\rho\varphi)^{\sigma-1}, q_i^x(\varphi) = \tau_x^{1-\sigma}(P\rho\varphi)^{\sigma-1}$$

$$(4)$$

由于生产的固定成本与企业进入哪个市场无关,我们将企业从某一市场获得的收益扣除生产的变动成本与该市场的进入成本的剩余称为进入该市场的进入利润;那么代表性企业 i 进入本地市场、本国外地市场和国外任一地方性市场的进入利润函数分别为

$$\pi_i^l(\varphi) = \frac{(P\rho\varphi)^{\sigma-1}}{\sigma} - f_l, \tilde{\pi}_i^e(\varphi) = \tau^{1-\sigma}\frac{(P\rho\varphi)^{\sigma-1}}{\sigma} - f_e,$$

$$\tilde{\pi}_i^x(\varphi) = \tau_x^{1-\sigma}\frac{(P\rho\varphi)^{\sigma-1}}{\sigma} - f_x \qquad (5)$$

(5)式表明企业进入任何一个市场的进入利润与其边际成本的逆指数(φ)存在正向关系。这就是说,边际成本较低(φ较大)的企业从本地市场、本国外地市场和国外任一地方性市场获得的进入利润都较大。

我们关心的问题是,本地市场、本国外地市场和国外市场的进入成本差异是否会对企业的生产技术和目标市场选择产生影响。因此,我们必须分两种情况来讨论:(1)企业向国外任何一个地方性市场销售产品的进入成本介于本地市场和本国外地市场的进入成本之间,即 $0 < f_l < f_x < f_e$;(2)企业向国外任何一个地方性市场销售产品的进入成本低于本地市场的进入成本,即 $0 < f_x < f_l < f_e$。以下内容将分析对于不同的进入成本结构,选择不同生产技术的企业选择不同市场供应产品这一"技术 — 市场"相匹配的分离均衡是否存在,及存在性条件。[①]不失一般性,我们略去 i,用 $\tilde{\pi}^l(\varphi)$、$\tilde{\pi}^e(\varphi)$ 和 $\tilde{\pi}^x(\varphi)$ 分别代表边际成本逆指数为 φ 的企业进入本地市场、

---

① 限于篇幅,本文仅分析不同生产技术的企业选择不同市场的"技术—市场"匹配的分离均衡,不考虑不同生产技术的企业进入相同市场的混同均衡。在本文设定的"三种技术—三类市场"条件下,不同进入成本结构的"技术—市场"匹配的分离均衡具有唯一性。

本国外地市场和国外任一地方性市场的进入利润;同时,为使分析足够简化,我们进一步假设所有产品在任何两个地区之间的运输成本都相等,即 $\tau_x = \tau > 1$。

(二)以本地市场为基础的开放经济分离均衡

假设企业进入国外任一地方性市场的进入成本介于进入本地市场和本国外地市场的进入成本之间(即 $0 < f_l < f_x < f_e$),那么由(5)式可知,任何企业进入本地市场、国外任一地方性市场和本国外地市场的进入利润依次递减,即

$$\tilde{\pi}^e(\varphi) < \tilde{\pi}^x(\varphi) < \tilde{\pi}^l(\varphi), \forall \varphi \in \{\underline{\varphi}, \hat{\varphi}, \bar{\varphi}\} \tag{6}$$

换言之,任何一家企业都会最先考虑进入本地市场,然后再考虑进入国外地方性市场,最后考虑进入本国外地市场。但是,如果企业在国外某一地方性市场获得的进入利润为正,那么由对称性假设可知,它从国外的另一地方性市场也可获得相等数额的正进入利润。这就是说,企业要么选择同时进入国外的两个地方性市场,要么选择不进入国外任何一个地方性市场。由于国外存在两个地方性市场,所以企业进入本地市场、国外市场和本国外地市场的进入利润将有两种可能的情形:(1)本地市场的进入利润高于国外市场的进入利润,国外市场的进入利润高于本国外地市场的进入利润,即 $\tilde{\pi}^e(\varphi) < \tilde{\pi}^x(\varphi) \leqslant 2\tilde{\pi}^x(\varphi) < \tilde{\pi}^l(\varphi)$;(2)国外市场的进入利润高于本地市场的进入利润,本地市场的进入利润高于本国外地市场的进入利润,即 $\tilde{\pi}^e(\varphi) < \tilde{\pi}^x(\varphi) < \tilde{\pi}^l(\varphi) < 2\tilde{\pi}^x(\varphi)$。

当第一种情形出现时,从(5)式可知,应满足

$$2f_x - f_l > (2\tau^{1-\sigma} - 1) \frac{(P\rho\varphi)^{\sigma-1}}{\sigma} \tag{7}$$

如果 $2^{\frac{1}{\sigma-1}} \leqslant \tau$,任何成本类型的企业都将满足(7)式;如果 $1 < \tau < 2^{\frac{1}{\sigma-1}}$,边际成本逆指数 φ 越小(也就是边际成本越高)的企业越容易满足(7)式,那

么要使所有企业都满足（7）式，只需使边际成本最低的企业满足（7）式，即

$$2f_x - f_l > (2\tau^{1-\sigma} - 1)\frac{(P\rho\overline{\varphi})^{\sigma-1}}{\sigma} \tag{8}$$

这就是说，如果运输成本足够高，那么所有企业都将首选进入本地市场；如果运输成本不是很高，那么只要边际成本最低的企业首选进入本地市场，其余企业都会首选进入本地市场。这一点非常容易理解，运输成本的存在会减少企业从国外市场中获得的收益，从而运输成本很高时，所有企业都会首选本地市场；随着运输成本的下降，企业的产品在国外市场销售价格也随之下降，从而国外市场的需求和收益逐渐上升，这种需求和收益上升的变动对于边际成本最低的企业影响最大，因此，如果边际成本最低的企业没有首选国外市场，这意味着所有企业都将首选本地市场。

当第二种情形出现时，从（5）式可知，应满足

$$2f_x - f_l < (2\tau^{1-\sigma} - 1)\frac{(P^*\rho\varphi)^{\sigma-1①}}{\sigma} \tag{9}$$

由于$f_x > f_l$，要使（9）式成立，必须有$1 < \tau < 2^{\frac{1}{\sigma-1}}$；同时，边际成本逆指数$\varphi$越高（也就是边际成本越低）的企业越容易满足（9）式，那么要使所有企业都满足（9）式，只需使边际成本最高的企业满足（9）式，即

$$2f_x - f_l < (2\tau^{1-\sigma} - 1)\frac{(P^*\rho\underline{\varphi})^{\sigma-1}}{\sigma} \tag{10}$$

这就是说，当运输成本很低时，只要边际成本最高的企业首选进入国外市场，那么所有企业都将首选进入国外市场。

下文将证明，当第一种情形（即$\tilde{\pi}^e(\varphi) < \tilde{\pi}^x(\varphi) \leqslant 2\pi x(\varphi) < \tilde{\pi}^l(\varphi)$）出现时，选择生产技术$(\underline{\varphi}, \underline{f})$的企业供应本地市场，选择生产技术$(\varphi, f)$的企业供应本地市场并出口，选择生产技术$(\overline{\varphi}, \overline{f})$的企业供应本国市场并出口的分离均衡（称为以本地市场为基础的开放经济分离均衡）是存在的；当

---

① 由于此时与（8）式的消费者价格指数在一般情况下是不同的，故用P^*标示以示区别。

第二种情形(即 $\tilde{\pi}^e(\varphi) < \tilde{\pi}^x(\varphi) < \tilde{\pi}^l(\varphi) < \tilde{\pi}^x(\varphi)$)出现时,选择生产技术 $(\underline{\varphi}, \underline{f})$ 的企业供应国外市场,选择生产技术 (φ, f) 的企业供应国外市场和本地市场,选择生产技术 $(\bar{\varphi}, \bar{f})$ 的企业供应国外市场和本国市场的分离均衡(称为以出口为基础的开放经济分离均衡)不存在。

我们先考虑第二种情形(即 $\tilde{\pi}^e(\varphi) < \tilde{\pi}^x(\varphi) < \tilde{\pi}^l(\varphi) < 2\tilde{\pi}^x(\varphi)$)出现时,以出口为基础的开放经济分离均衡不存在。因为该均衡要求边际成本最高的企业必须满足 $2\tilde{\pi}^x(\underline{\varphi}) = \underline{f}, \tilde{\pi}^l(\underline{\varphi}) < 0$ 和(10)式,而(10)式等价于

$$2f_x - 2\tau^{1-\sigma}f_l < (2\tau^{1-\sigma} - 1)\tilde{\pi}^l(\underline{\varphi}) \tag{11}$$

由于 $1 < \tau < 2^{\frac{1}{\sigma-1}}$,$\tilde{\pi}^l(\underline{\varphi})$ 和 $f_l < f_x$,故式(11)不可能成立。这说明,当第二种情形(即 $\tilde{\pi}^e(\varphi) < \tilde{\pi}^x(\varphi) < \tilde{\pi}^l(\varphi) < 2\tilde{\pi}^x(\varphi)$)出现时,以出口为基础的开放经济分离均衡不存在。同时,因为该均衡是此时唯一可能的分离均衡,故当第二种情形出现时,不存在"技术 — 市场"相互匹配的分离均衡。

现在考虑当第一种情形(即 $\tilde{\pi}^e(\varphi) < \tilde{\pi}^x(\varphi) \leqslant 2\tilde{\pi}^x(\varphi) < \tilde{\pi}^l(\varphi)$)出现时,如果以本地市场为基础的开放经济分离均衡存在,那么外生给定的参数需要满足的条件。此时,参数除满足 $0 < f_l < f_x < f_e$ 和(8)式外,还需满足如下条件:

$$\begin{cases} \tilde{\pi}^l(\underline{\varphi}) = \underline{f}, \tilde{\pi}^x(\underline{\varphi}) < 0; \\ \tilde{\pi}^l(\hat{\varphi}) + 2\tilde{\pi}^x(\hat{\varphi}) = f, \tilde{\pi}^x(\hat{\varphi}) > 0, \tilde{\pi}^e(\hat{\varphi}) < 0; \\ \tilde{\pi}^l(\bar{\varphi}) + 2\tilde{\pi}^x(\bar{\varphi}) + \tilde{\pi}^e(\bar{\varphi}) = \bar{f}, \tilde{\pi}^e(\bar{\varphi}) > 0 \end{cases} \tag{12}$$

(三)以出口为基础的开放经济分离均衡

现在考虑企业进入国外任一地方性市场的进入成本低于本地市场的进入成本(即 $0 < f_x < f_l < f_e$)的情形。该假设的经验依据是,国内市场分割以及内外企业差别对待的歧视性政策等往往导致企业在本地市场销售产品也需要支付较高的一次性进入成本,而通过 OEM 等方式进入国外市场则可以有效地规避上述不利因素的影响,支付的一次性进入成本较低。

由于两个国家完全对称，每个国家内部的两个地区也完全对称，因此居住在任何两个地区的工人面临着相同的消费者价格指数，记为 P^+。这时，边际成本逆指数为 φ 的企业进入本地市场、本国外地市场和国外任一地方性市场的进入利润函数分别为

$$\tilde{\pi}^l(\varphi) = \frac{(P^+ \rho\varphi)^{\sigma-1}}{\sigma} - f_l, \tilde{\pi}^e(\varphi) = \tau^{1-\sigma} \frac{(P^+ \rho\varphi)^{\sigma-1}}{\sigma} - f_e,$$

$$\tilde{\pi}^x(\varphi) = \tau^{1-\sigma} \frac{(P^+ \rho\varphi)^{\sigma-1}}{\sigma} - f_x \tag{13}$$

此时企业向国外地方性市场销售产品的进入成本最低，我们讨论以出口为基础的开放经济分离均衡是否存在及其需要满足的条件。为了使该均衡存在，必须使企业在国外市场销售产品获得的收益足够大（这要求运输成本足够低）并且国外市场的进入成本足够低，故假设 $1 < \tau < 2^{\frac{1}{\sigma-1}}$ 和 $f_x < \tau^{1-\sigma} f_l$。此时，由（13）式可知，国外市场、本地市场和本国外地市场的进入利润之间存在如下关系式：$\tilde{\pi}^e(\varphi) < \tilde{\pi}^l(\varphi) < 2\tilde{\pi}^x(\varphi)$，$\forall \varphi \in \{\underline{\varphi}, \hat{\varphi}, \overline{\varphi}\}$。这就是说，所有企业进入三类市场的顺序为，首选国外市场，其次是本地市场，最后才是本国的外地市场。因此，如果以出口为基础的开放经济分离均衡存在，那么参数除满足 $0 < f_x < f_l < f_e$，$1 < \tau < 2^{\frac{1}{\sigma-1}}$ 和 $f_x < \tau^{1-\sigma} f_l$ 外，还需要满足如下条件：

$$\begin{cases} 2\tilde{\pi}^x(\underline{\varphi}) = \underline{f}, \tilde{\pi}^l(\underline{\varphi}) < 0; \\ 2\tilde{\pi}^x(\hat{\varphi}) + \tilde{\pi}^l(\hat{\varphi}) = f, \tilde{\pi}^l(\hat{\varphi}) > 0, \tilde{\pi}^e(\hat{\varphi}) < 0; \\ 2\tilde{\pi}^x(\overline{\varphi}) + \tilde{\pi}^l(\overline{\varphi}) + \tilde{\pi}^e(\overline{\varphi}) = \overline{f}, \tilde{\pi}^e(\overline{\varphi}) > 0 \end{cases} \tag{14}$$

（四）数字实例

为了获得上述两类均衡存在时，外生参数需要先验满足的条件，我们有必要对部分参数赋值或假定参数之间存在特殊关系。假设：① $\tau = \left(\frac{5}{4}\right)^{\frac{1}{\sigma-1}} \in (1, 2^{\frac{1}{\sigma-1}})$；② $\frac{\overline{f}}{4} = \frac{f}{2} = \underline{f}$；③ $f_l = \frac{f_e}{2} = k\underline{f}$，$k > 0$ 得到满足，那么

当企业向国外任一地方性市场销售产品的进入成本介于本地市场和国内外地市场的进入成本之间时,将上述假设条件 ①、② 和 ③ 代入(12) 式并结合(8) 式、$0 < f_l < f_x < f_e$ 和 $0 < \underline{\varphi} < \varphi < \bar{\varphi}$ 可知,如果参数 f_x、$\underline{f}$ 和 k 的取值满足条件(15) 式,那么以本地市场为基础的开放经济分离均衡存在。

$$0 < f_l = k\underline{f} < \max_{k \in \left(\frac{12}{13}, \frac{24}{13}\right)} \left\{ \frac{11}{4}k - 2, \frac{4}{5}(k+1) \right\} \underline{f} < f_x$$

$$< \min_{k \in \left(\frac{12}{13}, \frac{24}{13}\right)} \left\{ \frac{11}{4}k - 1, \frac{4}{5}(k+2) \right\}$$

$$\underline{f} \leqslant f_e = 2k\underline{f}, k \in \left(\frac{12}{13}, \frac{24}{13} \right), \underline{f} > 0 \tag{15}$$

在假设条件 ①、② 和 ③ 满足的情况下,当企业进入国外任一地方性市场的进入成本低于本地市场的进入成本,而本地市场的进入成本又低于本国外地市场的进入成本时,将上述假设条件 ①、② 和 ③ 代入(14) 式,并结合$0 < f_x < f_l < f_e$,$f_x < \tau^{1-\sigma} f_l = \frac{4}{5} f_l$ 和 $0 < \underline{\varphi} < \hat{\varphi} < \bar{\varphi}$ 可知,如果参数 f_x、$\underline{f}$ 和 k 的取值满足条件(16),那么以出口为基础的开放经济分离均衡存在。

$$\max_{k \in \left(\frac{5}{8}, \frac{10}{13}\right)} \left\{ 0, \frac{11}{4}k - 2 \right\} \underline{f} < f_x < \left(\frac{4}{5}k - \frac{1}{2} \right) \underline{f} < f_l = k\underline{f} < f_e = 2k\underline{f},$$

$$k \in \left(\frac{5}{8}, \frac{10}{13} \right), \underline{f} > 0 \tag{16}$$

四、结 论

本文通过引入国内市场分割和边际成本与固定成本之间的反向关系两个因素,将 Melitz(2003)的连续模型离散化、动态模型静态化来解释近年来中国出口贸易的迅猛扩张现象。因此,本文模型的基本假设更多地来源于中国的经验观察,对中国这样的转型经济国家和市场一体化程度不高的欠发达地区开放经济发展更具解释力;Melitz(2003)模型的基本假设更多地来源于欧美发达国家的经验观察,从而对完全市场经济国家更具解释力。从这种意义上说,Melitz(2003)模型更具有理论的一般性。[①] 但是,通过引入新的因素(即对原有模型基本假设的修改)也可能得出一些新的结论或解释新的经济现象。

从中国的经验事实出发,本文提出实行对外开放的国家存在国内市场分割这一假设,如果国外市场的进入成本介于本地市场和本国外地市场的进入成本之间,那么会出现以本地市场为基础的开放经济分离均衡;如果国内市场分割严重导致国外市场的进入成本低于本地市场的进入成本,那么会出现以出口为基础的开放经济分离均衡。我们认为,以出口为基础的开放经济分离均衡可以很好地解释中国目前为什么会有大量的民营企业通过 OEM 方式向国外出口产品,但却在国内市场没有该产品销售的这种"舍近求远"的反常现象。但是,这种以出口为基础的开放经济分离均衡因无法依托国内市场发挥规模经济,可能使中国企业长期"锁定"于 OEM 的出口贸易方式。换言之,很难形成具有国际知名度的品牌企业。这就为中央政府加大对地方保护主义行为的惩罚力度,建立全国统一的大市场提供了理论依据。

当然,这样一种扭曲状态存在的基础——国内市场分割——越来越受到中国对外开放不断扩大、国内国际市场一体化进程不断加快的影响。因此,随着中国国内市场一体化进程的加快,大量通过 OEM 方式从事出口的民营企业将逐步由国外市场转向国内市场,依托 Krugman(1980)提出的"母市场效应",即依靠中国巨大的国内市场需求来发挥规模经济,建立企业自有品牌,然后再进入以企业自有品牌出口的发展阶段。

---

① 本文模型一般性不足的另一原因是为了获得分析的便利假设两国完全对称。因此,讨论一国存在而另一国不存在国内市场分割的开放经济模型将是一个重要的拓展研究方向。

参考文献

[1]Sandra Poncet,2002:《中国市场正在走向"非一体化"? ——中国国内和国际市场一体化程度的比较分析》.《世界经济文汇》第 1 期,第 3—17 页.

[2]李善同,侯永志,刘云中,等,2004:《中国国内地方保护问题的调查与分析》.《经济研究》第 11 期,第 78—84 页.

[3]林森木,1999:《加快我国市场体系建设的对策》.北京:经济管理出版社.

[4]林毅夫,刘培林,2004:《地方保护和市场分割:从发展战略的角度考察》.北京大学中国经济研究中心讨论稿,C2004015.

[5]刘培林,2004:《地方保护和市场分割的损失》.国务院发展研究中心工作论文.

[6]杨再平,1996:《我国资源配置中的地方干扰及抑制试析》.//董辅.《集权与分权——中央与地方关系的构建》.北京:经济科学出版社.

[7]银温泉,才婉茹,2001:《我国地方市场分割的成因和治理》.《经济研究》第 6 期,第 3—12 页.

[8]郑毓盛,李崇高,2003:《中国地方分割的效率损失》.《中国社会科学》第 1 期,第 64—72 页.

[9]中华人民共和国商务部国际贸易经济合作研究院,2005:《中国对外贸易白皮书:2004》.北京:中信出版社.

[10]周黎安,2004a:《晋升博弈中政府官员的激励与合作——兼论我国地方保护主义和重复建设问题长期存在的原因》.《经济研究》第 6 期,第 33—40 页.

[11]周黎安,汪淼军,2004b:《锦标竞争和地区合作》.北京大学光华管理学院工作论文.

［12］C. E. Bai, Y. J. Du, Z. G. Tao, Y. T. Tong, 2003: Local Protectionism and Regional Specialization : Evidence From China's Industries. *Jaurnal of International Economics*, 63(2):397-417.

［13］Avinash Dixit, 2003: Trade Expansion and Contract Enforcement. *Journal of Political Economy*, 111(6):1293-1317.

［14］Paul Krugman, 1980: Scale Economies, Product Differentiation, and the Pattern of Trade. *American Economic Review*, 70(5):950-959.

［15］Jean-Jacques Laffont, David Martimort, 2002: The Theory of Incentives: the Principal-Agent Model. Princeton: Princeton University Press.

［16］T. Lewis, D. Sappington, 1989: Countervai ling Incentives in Agency Problems. *Journal of Economic Theory*, 49(2):294-313.

［17］Marc Melitz, 2003: The Impact of Trade on Intra-industry Reallocations and Aggregate Industry Productivity. *Econometrica*, 71(6):1695-1725.

［18］Barry Naughton, 2000: How Much Can Regional Integration Do to Unify China's Markets? Stanford University Working Paper No. 58.

［19］Albert Park, Yang Du, 2003: Blunting the Razor's Edge: Regional Development in Reform China. Mimeo. Hong Kong.

［20］Alwyn Young, 2000: The Razor's Edge: Distortions and Incremental Reform in the People's Republic of China. *Quarterly Journal of Economics*, 115(4):1091-1135.

企业出口之动态效应研究[*]

——来自中国制造业企业的经验:2001—2007

一、引　言

近几年来,对出口利益的研究经历了一个视角性的转换过程,越来越多的文献开始从微观角度来研究出口的利益。Bernard 和 Jensen（1995）被公认为奠定了这一理论分支的基石,他们利用 1976—1987 年美国制造业企业的数据发现了以下两个典型事实:第一个事实是出口企业是稀缺的,这种稀缺性表现在同一行业中只有小部分企业从事出口,例如,1976年美国的制造业中只有 10.4% 的企业从事出口业务,这一比例到 1987 年也只上升到 14.6% ;第二个事实是出口企业是同行业中的优秀企业,相对于非出口企业,出口企业在多个维度更为优异（beter performance characteristics）,具体而言,出口企业在规模、生产率水平、资本密集度、工资水平以及福利支出等方面均显著高于非出口企业,以该文所考察的美国

---

　*　本文原发表于《经济学（季刊）》2012 年第 3 期,是本书作者与刘振兴、于蔚合作所著。

为例,出口企业支付的工资平均要高出非出口企业的 14% ,福利要高出非出口企业的将近 1/3,出口企业的全要素生产率要比非出口企业高 4%～18%。在 Bernard 和 Jensen(1995)的基础上,学者们利用不同国家的微观数据,考察了出口企业相对于非出口企业的绩效优势,结果表明,出口企业优于非出口企业的确是一个普适性事实(Wagner,2007)。

围绕着上述出口企业的绩效优势,特别是出口企业与非出口企业在生产率方面的异质性,学界开始探讨出口和企业异质性两者的关系,并形成了两个不同但互不排斥的假说:出口的"学习效应"假说和出口的"自选择效应"假说(Clerides et al. ,1998;Melitz,2003)。出口的"学习效应"假说认为,企业的出口选择给企业带来了额外的收益,国际市场更为激烈的竞争、出口企业从买方或其他渠道所获取的知识和技术转移、规模经济以及创新激励的增强都会使企业的绩效得以改善,因此,出口行为本身会对企业的绩效产生正向影响。出口的"自选择效应"假说认为,由于贸易成本的存在(例如市场调研、分销和营销体系的建立、员工的培训、产品的改造等),只有最优秀的一部分企业能够在出口市场赢利,而不那么优秀的企业选择供应国内市场,因此,企业的出口内生于企业的优异表现。自上述两个假说提出以后,学界对两个假说进行了数量可观的经验检验(详见Wagner(2007)的综述),尽管相关经验研究所研究的国别各有不同,所采用的方法也不尽相同,但基本上都支持出口的"自选择效应"假说,而对于出口的"学习效应"假说,经验研究并没有得出一个比较一致的结论,也就是说,出口不一定会改善企业的绩效。2008 年,来自多个国家的学者组成的研究小组利用统一的方法考察了来自 14 个国家(包括中国)的样本,也支持上述结论。

出口的"学习效应"对经验研究上所存在的争议提出了进一步研究的必要性,这要求在经验研究的广度上进一步拓展。我们认为,我国作为一个发展中的出口大国,来自中国的经验是不可或缺的一部分。目前,以中国企业为样本研究出口的"学习效应"的文献还相对较少。Kraay(1999)的 *Exports and Economic Performance：Evidence from a Panel of Chinese Enterprises* 一文是第一篇以中国企业为样本来研究出口和企业绩效关系的文献,该文利用 1988—1992 年间 2105 家制造业企业的动态面板数据研究了企业的出口"学习效应"是否存在,结果表明中国企业出口的学习效应非常显著,企业当年出口比例增加 10%,企业下一年的劳动生产率和全要素生产率会分别提高 13% 和 2%,单位成本会下降 6%。许斌(2006)利用 1998—2000 年 1000 多家不同所有制类型企业的数据考察了出口的"学习效应"和"自选择效应",研究表明,民营企业出口的"学习效应"显著高于公有制企业和外资企业,但没有证据支持企业出口的"自选择效应"。张杰等 (2008)利用江苏省 342 家制造业企业的调研数据研究了出口对本土企业生产率的影响,发现出口对 TFP 没有显著影响,但对销售密集度和企业的人均资本有显著的正向影响。张杰等(2009)利用全国 1999—2003 年规模以上制造业企业数据进一步考察了企业出口的"学习效应",该文发现出口促进了中国本土制造业企业的生产率的提高,但持续时间可能只有三年。最近,利用中国企业样本的研究发现了一些中国出口企业的特殊性。李春顶(2010)发现了中国出口企业存在"生产率悖论",反而是低生产率的企业选择出口,路江涌等(2008)发现生产率最低的外资企业选择出口,而生产率水平最高的外资企业选择内销,而生产率居中的外资企业同时选择出口和内销。刘振兴等(2011)发现"出口企业优于非出口企业"这一学界共识并不具有普适性,其只适用于内资企业,而不适用于外资企业,同时,其只适用于从事一般贸易的企业,而不适用于从事加工贸易的企业。从上述已有的文献来看,或者采用很小的样本数据进行研究,或者局限于对某一区域的研究,或者相关研究采用的数据的年份较早或者较短,这些局限在一定程度上影响了结论的普适性和适用性,特别是不能反映我国近期的变化。在现有文献的基础上,本文利用 2001—2007 年中国制造业企业数据全面考察了出口对包括企业生产率在内的企业绩效的影响。

二、数据、指标选取和度量

（一）数据处理

本文的数据来源于工业企业年度数据库[①]，该数据库收录了年销售额超过 500 万元的工业企业的各项指标，如工业总产值、工业增加值、固定资产净值以及就业人数等，其中"出口交货值"一项使我们得以区分企业是否为出口企业。我们选取其中的本土制造业企业作为我们的研究样本[②]，并对数据进行了以下两个方面的处理：

1. 删除错误记录

按照已有文献的惯常做法（李玉红等，2008），我们定义以下几种情况为不符合逻辑关系：(1)企业总产值、工业增加值及出口交货值为负；(2)企业的各项投入为负，包括职工人数、中间投入、固定资产原值和固定资产净值；(3)企业固定资产原值小于固定资产净值；(4)工业增加值或中间投入大于总产出。

2. 统一行业口径

由于我国的统计数据从 2003 年起采用了新的国民经济行业分类，我们根据新旧行业分类代码对照表将 2003 年以前的数据根据新的国民经济行业分类进行了重新整理[③]，从而使得数据得以比较。在进行了行业统一后，样本所覆盖的制造业行业涉及 30 个大类、498 个小类。

[①] 感谢浙江大学民营经济中心在数据方面提供的帮助。

[②] 参照路江涌（2008）的方法，我们定义企业股权结构中外资和我国的港、澳、台投资比例小于 25% 的企业为本土企业。

[③] 对于将旧分类的行业进行拆分后并入不同的新行业分类的情况，我们统一将其并入第一次遇到旧行业代码的新分类行业中。

在进行了上述数据处理之后,鉴于本文的重点在于考察出口对企业绩效的动态影响,本文选择存续时间最长的企业作为我们的观测单元,这样,最终形成了一个截面为 28695 家企业、跨期 7 年的平衡面板数据。

(二)变量的处理和计算

本文所用到的变量主要包括工业总产值、工业增加值、工业品中间投入、年平均就业人数、固定资产净值、固定资产原值、出口交货值及工资水平。对于工业总产值和工业增加值,我们利用年度分行业的工业品出厂价格指数进行了平减,其数据来源于《中国工业经济统计年鉴》。对于工资水平,我们用消费者价格指数进行了平减。对于中间品投入,我们分别采用了 2002 年和 2007 年投入产出表以及各行业的价格指数计算了工业中间品投入价格指数,其中,2001—2004 年价格指数的计算采用了 2002 年的直接消耗系数,2005—2007 年价格指数的计算采用了 2007 年的直接消耗系数。资本存量我们采用各企业的固定资产净值,这样受人为干扰较小。①

企业的全要素生产率是本文的一个重要指标,为了更为准确地度量企业的生产率,本文采用了 Levinsohn 和 Petrin(2003)所使用的方法,该方法的一个优点是能够克服不可观测的生产率(学者观测不到,但企业经营者可以观测到)对企业要素投入的影响,从而克服要素投入的内生性问题(具体计算方法见附录)。

表 1 显示了我们的估计结果,作为参照,我们同时列出了普通最小二乘法(Ordinary Least Square,OLS)和固定效应(Fixed Effects,FE)的估计结果。② 为了检验回归结果的稳健性,我们也列出了以工业增加值为产

---

① 我们也采用永续盘存法计算过企业的资本存量(折旧率为 15%),从生产率水平的测算结果来看,两者的差异很小。

② 这三种方法都不损失样本信息,所以估计的样本一致。

出,以资本和劳动为投入的生产函数的结果。从结果可以看出,在大样本下,三种方法的估计结果相差不大,但正如理论所预测的,在企业的资本投入受到不可观测的生产率的影响的情况下,OLS 方法和 FE 方法倾向于高估资本投入的贡献。

表 1　生产函数估计结果

因变量	工业总产值			工业增加值		
	OLS	FE	LP	OLS	FE	LP
中间品投入	0.911***	0.881***	0.905***	—	—	—
	(0.000481)	(0.000834)	(0.00110)	—	—	—
劳动	0.0526***	0.0749***	0.0485***	0.460***	0.505***	0.407***
	(0.000515)	(0.00116)	(0.00116)	(0.00188)	(0.00333)	(0.00435)
资本	0.0414***	0.0435***	0.0402***	0.311***	0.294***	0.282***
	(0.000348)	(0.000578)	(0.000724)	(0.00124)	(0.00171)	(0.00501)
观测值	200865	200865	200865	200865	200865	200865

注:*** 代表 $p < 0.01$,括号内为系数的标准差。

三、出口企业比非出口企业更优秀吗

在文献回顾部分我们已经知道,之所以探讨出口和企业绩效的关系,是因为学界发现,出口企业是稀缺的,且出口企业相较于非出口企业有显著的绩效优势,因此,在探讨出口和企业绩效的关系之前,我们首先从静态的角度对出口企业与非出口企业的绩效进行比较。

从表 2 我们可以看出,出口企业是稀缺的,在同一个行业中,并不是每个企业都从事出口,总体而言,只有近 1/3 的企业是出口企业,此外,各行业企业的出口参与度差别比较大①,出口参与度最高的行业其外向性是出

---

① 这里我们用两位码定义行业,将行业定义得更细(例如四位码)并不改变这一基本结论。

口参与度最低的行业的十多倍。[①]

表 2 制造业企业出口参与度

年份	2001	2002	2003	2004	2005	2006	2007
总体平均	27%	28%	29%	30%	30%	28%	25%
出口参与度最低的行业	7%	7%	7%	6%	7%	6%	4%
出口参与度最高的行业	71%	74%	73%	73%	69%	66%	63%

注释:出口参与度最低的行业 2001—2002 年为 23(印刷业和记录媒介的复制业),2003—2007 年为 25(石油加工、炼焦及核燃料加工业),出口参与度最高的行业 7 年均为 24(文教体育用品制造业)。各行业的出口额通过海关的出口数据整理而得,数据来源于国研网数据库。

为了全面地反映出口企业的绩效优势,本文分别采用总量指标和效率指标来刻画出口企业和非出口企业的差异,总量指标我们选取了工业总产值和企业规模(用年平均就业人数度量),效率指标我们主要关注出口企业的人均增加值、人均工资以及全要素生产率(Total Factor Productivity,TFP),此外,我们还将人均资本、单位资本增加值作为辅助指标来考察出口企业的绩效优势。在选定指标的基础上,我们借鉴 Bernard 和 Jensen(1999)所采用的方法来度量出口企业的优势(export premia),其基本回归模型为

$$\ln Y_i = \alpha_0 + \beta_1 Export_i + \beta_2 Industry_i + \beta_3 Province_i + \beta_4 \ln(Scale_i)$$
$$+ \beta_2 Ownership_i + \eta \tag{1}$$

其中,Y_i 代表企业的绩效,$Export_i$ 代表企业是否出口的虚拟变量,$Industry_i$、$Province_i$、$Scale_i$ 和 $Ownership_i$ 分别代表企业所在四位码行业、所在省份、企业规模以及企业的所有制类型。[②]

---

① 与相关文献(Wanger,2007)的结论相比,我们国家某些行业的外向性很高,这可能与我国的出口特征有关。首先,我国出口加工贸易约占整个出口贸易一半;其次,FDI 出口占我国出口 1/2 强,特别是在高新技术领域 FDI 的出口倾向更高。限于本文的研究主题,我们不对该问题进行深入探讨。

② 为了控制企业所有制对绩效指标的影响,我们采用数据中的"控股情况"来对企业的所有制进行分类,依据对"控股情况"的解释,我们将本土企业所有制分为三类,分别是国有控股、集体控股和私人控股。

　　表 3 显示了出口企业在总量和效率两个方面的优势,为了验证出口企业优势的稳健性,我们分别选取总样本和年度样本(2001 年、2004 年和 2007 年)进行了检验。从表 3 可看出,出口企业在总量指标上要显著高于非出口企业,出口企业的企业规模要比非出口企业高 60% 左右,出口企业的工业总产值要比非出口企业高 10% 左右,这说明出口企业总体上是更大的企业。

表 3　出口企业的绩效优势

	所有企业	2001	2004	2007
企业规模	0.583***	0.559***	0.585***	0.660***
工业总产值	0.104***	0.099***	0.102***	0.112***
人均工业增加值	0.058***	0.067***	0.055***	0.033***
资本密集度	0.081***	0.082***	0.063***	0.052***
单位资本增加值	0.049***	0.011***	0.031***	0.074***
人均工资	0.072***	0.081***	0.063***	0.047***
全要素生产率	0.014***	0.017***	0.008***	0.004***
观测值	200865	28695	28695	28695

　　注:(1)***代表 $p < 0.01$;(2)在总体回归模型中我们控制了年份虚拟变量;(3)在企业规模回归模型中,控制变量中没有企业规模变量;(4)为了检验全要素生产率优势的稳健性,我们还选择了以 5%、10% 和 20% 的资本折旧率所计算的生产率进行稳健性检验,不改变系数的方向和显著性。

　　就效率指标而言,我们可以看出,无论是总样本还是年度样本,出口企业的各项指标均显著高于非出口企业,但各指标的优势幅度差异比较大。特别需要指出的是,出口企业的全要素生产率尽管显著高于非出口企业,但其优势幅度非常小,最高也不过约 1.7%,考虑到学界将全要素生产率作为衡量出口企业是否优于非出口企业的一个重要指标,我们只能认为出口企业略强于非出口企业。此外,从辅助指标看,出口企业的单位资本增加值和人均资本均显著高于非出口企业。

四、优秀的企业选择出口

本部分我们考察出口企业的优异表现是否源于优秀企业选择出口。[①]
借鉴 Bernard 和 Jensen(1999)的方法,我们的回归模型如下:

$$Y_{it} = \alpha_i + \beta X_{i,t+1} + \gamma Y_{i,t+1} + \omega_i + \eta_{it} \tag{2}$$

其中,Y_{it} 代表企业 i 在 t 期是否出口,$X_{i,t+1}$ 代表可能影响企业出口选择的其他变量。在本模型中,我们控制了企业的生产率水平、企业的规模、企业的新产品比率以及企业的资本密集度[②]。$Y_{i,t+1}$ 代表企业在前期的出口状态,ω_i 代表不可观测的企业特性,η_{it} 代表白噪声。

在可供选择的估计方法中(固定和随机效应估计方法,一阶差分广义矩估计法和系统广义矩估计法),我们选择系统广义矩估计法对模型(2)进行估计,该种方法一方面能够更好地处理观测不到的企业特征与其他变量的相关关系,另一方面也特别适用于大 N 小 T 的数据类型(Bond,2002)。

表 4 显示了回归结果,从中我们可以看出,企业前一年度的出口会对企业下一年度的出口有显著影响,前一年出口的企业比前一年度不出口的企业在下一年度出口的可能性明显要高。从生产率的角度看,企业前一年度的生产率水平对企业下一年度的出口有显著影响,前一年度企业的生产率水平越高,其下一年度出口的可能性就越大。上述结果表明,在中国同样存在优质企业做出口,劣质企业做内销的"自选择"现象。这可能来源于

---

① 由于本文更关注的问题是企业出口后相对于非出口企业在绩效上的动态变化,因此本部分我们没有对企业的出口选择理论进行描述,要详细了解本部分所用计量模型的理论背景,参见 Melitz(2003)。

② 加入新产品比率的原因是企业的产品特征可能影响企业的出口选择,例如,某些企业的产品本身可能更符合国外消费者的偏好,该变量由企业的新产品价值除以企业总销售额而得。我们尽量参考国内外文献加入可能影响企业出口的因素,具体可参见路江涌(2008)和 Bernard、Jensen(1999)的文献。

国内市场和国外市场的异质性,由于国外市场对产品偏好以及产品质量要求的不同,中国企业要进入国际市场,其需要在技术投入以及产品改良方面支付一定的沉没成本。[①]

表4 企业自选择出口

	回归系数	稳健标准误	z	$P>z$
企业 $t-1$ 期出口哑变量	0.476	0.011	41.840	0.000
企业 $t-1$ 期规模	0.076	0.007	10.530	0.000
企业 $t-1$ 期全要素生产率	0.017	0.003	5.030	0.000
企业 $t-1$ 期人均资本	0.026	0.004	5.820	0.000
企业 $t-1$ 期新产品比率	0.033	0.013	2.670	0.008
Sargan test $=92.4(0.462)$, $AR(1)=-3.30(0.00)$, $AR(2)=-0.51(0.61)$				

注:我们采用 Y 和 X 滞后三阶以及更多阶的滞后变量作为工具变量。

五、出口使企业更优秀吗

第四部分的结论表明我国的确存在优质企业做出口的现象,但我们更关心的问题是出口会对企业的绩效产生什么样的影响。之所以探讨这一问题,还缘于我们观察到出口企业的绩效优势在动态上呈现一定程度的规律性变动(见图1),具体而言,出口企业的规模优势有扩大的趋势,而出口企业的效率优势却越来越小,那么出口到底对我国企业产生了怎样的影响? 这是本部分将要探讨的问题。

目前,学界主要采用两种方法来考察出口对企业绩效的影响。第一种方法是将样本分成互补并且排斥的组别,例如出口企业和非出口企业,进而考察不同组别企业的绩效的动态差异,Bernard 和 Jensen (1999)是采用该种方法的代表人物。第二种方法采用滞后的出口参与虚拟变量对企业

---

① 沉没成本包括很多内容,例如广告宣传、营销渠道建立、产品改良等,从中国企业主要以"代工"为主的出口模式来看,其沉没成本更可能来自产品改良方面。

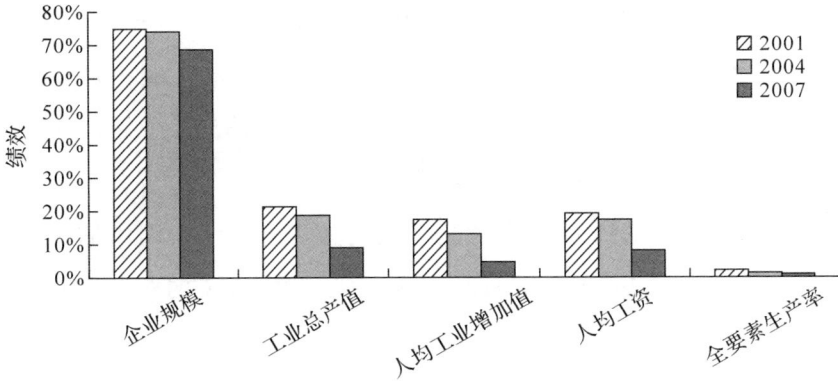

图 1　出口企业绩效变动趋势

的绩效进行回归,例如 Clerides 等(1998)采用滞后的出口参与虚拟变量对企业的单位成本进行回归。[①] 由于本文所要关注的是企业出口后的绩效相对于非出口企业的动态变化,我们采用第一种方法(下文简称 BJ 方法)来研究出口对企业绩效的影响,对于 t 期第 i 个企业的绩效,BJ 方法采用如下计量模型进行回归:

$$\ln Y_{it} = \alpha_0 + \alpha_1 D_{i0} + \alpha_2 Z_{i0} + \beta_0 t + \beta_1 D_{i0} t + \beta_2 Z_{i0} t + \omega_i + \eta_{it} \qquad (3)$$

其中,Y_{it} 代表企业 i 在 t 期的绩效,例如企业的工资水平、生产率等。D_{i0} 为虚拟变量,表示企业 i 在基期所属的组别。如果 $D_{i0}=1$,表示企业属于所要研究的组别;如果 $D_{i0}=0$,表示企业属于所要控制的组别。Z_{i0} 表示基期可被观察到的企业特征向量,例如规模、所属行业等,t 代表时间趋势,ω_i 代表不随时间而改变且不可被观测的企业特征,η_{it} 代表随机扰动。在此模型的基础上,企业从 0 期到 T 期其绩效的平均变化率就可以表示为

$$\Delta \ln Y_{iT} = \frac{1}{T}(\ln Y_{iT} - \ln Y_{i0}) = \beta_0 + \beta_1 D_{i0} + \beta_2 Z_{i0} + \varepsilon_{it} \qquad (4)$$

---

① 其基本形式为:
$$\ln Y_{it} = \beta_0 + \beta_1 D_{i,t-1} + \beta_2 \ln Y_{i,t-1} + \beta_3 X_{it} + \omega_i + \varepsilon_{it}$$
其中,$D_{i,t-1}$ 代表企业是否出口的虚拟标量,如果企业在 $t-1$ 期出口,那么其值为 1;向量 X_{it} 代表影响企业绩效的其他因素,例如企业的规模、所属行业以及区域等;ω_i 代表不可观测的企业特征,其不随时间变化;ε_{it} 代表随机扰动。

其中,ε_{it}为在该差分模型中,$\Delta \ln Y_{iT}$代表企业i从 0 期到T期绩效的平均变化率,β_1是我们最关注的参数,其表示的是研究组别和控制组别在绩效平均增长率上的差异。而且我们可以看出,不可被观测的企业特征和可观测特征的时间趋势都通过差分被消除了。

在模型设定的基础上,我们首先通过考察企业在一个时点的出口状态对企业在该时点之后的绩效的影响来进行一个初步的分析,回归模型如下:

$$\Delta \ln Y_{iT} = \alpha + \beta_1 Export_{i0} + \beta_2 Industry_i + \beta_3 Province_i$$
$$+ \beta_4 Inscale_{i0} + \beta_5 Age_{i0} + \beta_6 Ownership_i + \eta_i \quad (5)$$

其中,$Export_{i0}$代表企业在基期是否出口,$Scale_{i0}$代表企业在基期的规模,$Industry_i$、Age_{i0}、$Province_i$、$Ownership_i$分别代表企业所属产业、年龄、所在省份和所有制类型。

表 5 报告了回归结果,从中我们可以得出以下几个结论:(1)基期出口的企业其规模扩张速度和总产值增长速度显著高于基期不出口的企业,特别是企业规模的扩张速度,无论是从短期还是长期来看都要显著高于非出口企业,不过长期来看,其速度优势会减弱;(2)基期出口的企业其人均工业增加值增长速度和人均工资增长速度显著低于基期不出口的企业,这在一定程度上反映了我国企业在进入国际市场之后,会强化企业在低附加值环节的分工,从而导致人均工业增加值增长速度和人均工资增长速度的减缓;(3)基期出口的企业其下一年($T=1$)的全要素生产率增长速度较显著地高于基期不出口的企业,除此之外,我们几乎没有发现出口会提高企业全要素生产率的证据;(4)基期出口的企业其人均资本增长速度显著低于基期不出口的企业,而其单位资本增加值的增长速度显著高于基期不出口的企业,结合出口企业在规模扩张(用企业员工数代表)速度上的优势,我们可以看出出口企业的扩张方向是劳动偏向型的,这一点从出口企业在人均工资增长速度和人均工业增加值增长速度的劣势中也可以得到佐证。

表 5　基期出口状态对企业绩效的动态影响

	$T=1$	$T=2$	$T=3$	$T=4$	$T=5$	$T=6$
工业总产值						
$Export_{i0}$	0.00407**	0.00546***	0.00624***	0.00408***	0.00194	−0.000582
标准差	(0.00190)	(0.00143)	(0.00130)	(0.00128)	(0.00143)	(0.00186)
企业规模						
$Export_{i0}$	0.0393***	0.0307***	0.0263***	0.0211***	0.0141***	0.0119***
标准差	(0.00165)	(0.00116)	(0.00102)	(0.00094)	(0.00109)	(0.00140)
人均工业增加值						
$Export_{i0}$	−0.0316***	−0.0244***	−0.0202***	−0.0164***	−0.0120***	−0.0110***
标准差	(0.00318)	(0.00202)	(0.00167)	(0.00152)	(0.00159)	(0.00197)
人均资本						
$Export_{i0}$	−0.0549***	−0.0437***	−0.0376***	−0.0305***	−0.0199***	−0.0204***
标准差	(0.00268)	(0.00183)	(0.00157)	(0.00150)	(0.00161)	(0.00205)
单位资本增加值						
$Export_{i0}$	0.0169***	0.0132***	0.0116***	0.0902***	0.0510***	−0.0581***
标准差	(0.00370)	(0.00237)	(0.00192)	(0.00172)	(0.00174)	(0.00198)
人均工资						
$Export_{i0}$	−0.0203***	−0.0154***	−0.0122***	−0.0111***	−0.0099***	−0.0111***
标准差	(0.00277)	(0.00165)	(0.00130)	(0.00119)	(0.00122)	(0.00150)
全要素生产率						
$Export_{i0}$	0.00181*	0.000662	−0.000201	−0.000288	−0.000109	−0.0008
标准差	(0.00105)	(0.000629)	(0.000496)	(0.000435)	(0.000446)	(0.000543)

注:(1)***、**和*分别表示参数在 1%、5%和 10%的置信度水平下显著;(2)由于回归模型中其他控制变量数目太多,我们没有列出相关结果。

上述所做的初步分析考察了企业基期的出口状态对基期以后企业绩效的动态影响,并得到一些有价值的信息。不过,企业在基期的出口状态并没有包含企业出口的历史信息,在出口市场上,有一部分企业可能是新进入出口市场的企业,而有一部分是持续出口的企业。因此,为了更加全面地了解出口对企业绩效的影响,我们分别对新进入出口市场的企业和持续出口的企业进行了考察(持续不出口的企业作为参照组),以便观察出口经验的积累对企业绩效的影响。借鉴 Bernard and Jensen(1999)的方法,我们对如下模型进行估计:

$$\Delta\ln Y_{iT}=\alpha+\beta_1 Start_{iT}+\beta_2 Both_{iT}+\gamma Char_{i0}+\varepsilon_{it} \tag{6}$$

其中,

$Start_{iT} = 1$，如果（$Export_{i0} = 0$）且（$Export_{iT} = 1$）

$Both_{iT} = 1$，如果（$Export_{i0} = 1$）且（$Export_{iT} = 1$）

系数 β_1 和 β_2 分别代表新进入出口市场和持续出口的企业的绩效动态变化方面（$\Delta \ln Y_{iT}$）与非出口企业的差异[①]，$Char_{i0}$ 为企业在基期的特征向量，在这里我们控制了企业在基期的规模、所属四位码行业、企业所有制、企业年龄以及所在省份。

表 6 显示了回归结果，我们可以发现，新进入出口市场和持续出口的企业其企业规模和工业增加值的平均增长速度明显快于非出口企业，而且新进入出口市场的企业其扩张速度要更快。在效率指标的增长速度方面，持续出口的企业其人均工业增加值、人均工资以及全要素生产率增长速度显著低于非出口企业，新进入出口市场的企业其人均工业增加值和人均工资的增长速度也基本上显著低于非出口企业，而其全要素增长速度会在进入国际市场的短期内有一个提升，长期来看则比非出口企业要慢。从新进入出口市场的企业和持续出口企业的效率指标的增长速度的对比来看，持续出口企业效率增长速度要低于新进入出口市场的企业，这说明出口经验的累积不仅没有带来更高的效率增长速度，反而其出口历史越长，效率增长速度越慢。此外，从人均资本和资本生产率的两个指标的增长率来看，出口企业的人均资本增速显著低于非出口企业，而单位资本增加值的增速要高于非出口企业（个别不显著），而且这一效应对于持续出口的企业更为明显，其人均资本增速更慢，单位资本增加值增速更快。

结合表 5 和表 6 的结果，我们可以得出这样一个结论，在 2001—2007 年这一期间内，出口显著提高了企业规模的扩张速度，但基本上没有提高企业的效率增长速度（除了新进入出口市场的企业的全要素生产率会有一个短暂的提升），不仅如此，出口企业的效率增长表现从长期来看比非出口

---

① 在 $T > 1$ 的情况下，在基期和末期之间，企业的出口状态可能不同，但如果进行完全分类会相当复杂，所以我们采用 Bernard 和 Jenson(1999) 的方法，按基期和末期的出口状态对企业进行了分类。

企业还要差,这一结论与已有的基于中国企业的研究结论相左(见文献综述部分)。

表6　出口经验与企业绩效的动态变化

	短期($T=2$)		中期($T=4$)		长期($T=6$)	
	进入	持续	进入	持续	进入	持续
工业总产值						
β	0.0551***	0.0201***	0.0489***	0.0218***	0.0546***	0.0234***
标准差	(0.00257)	(0.00155)	(0.00200)	(0.00142)	(0.00268)	(0.00212)
企业规模						
β	0.0639***	0.0481***	0.0562***	0.0410***	0.0564***	0.0362***
标准差	(0.00209)	(0.00125)	(0.00154)	(0.00109)	(0.00200)	(0.00158)
人均工业增加值						
β	−0.0167***	−0.0296***	−0.0137***	−0.0204***	−0.00500*	−0.0124***
标准差	(0.00365)	(0.00220)	(0.00238)	(0.00169)	(0.00285)	(0.00226)
人均资本						
β	−0.0185***	−0.523***	−0.0182***	−0.0383***	−0.00355***	−0.0234***
标准差	(0.00330)	(0.00198)	(0.00234)	(0.00166)	(0.00296)	(0.00234)
单位资本增加值						
β	−0.00500	0.0154***	−0.00150	0.0110***	0.00555*	0.00563*
标准差	(0.00427)	(0.00257)	(0.00270)	(0.00191)	(0.00287)	(0.00227)
人均工资						
β	−0.0127***	−0.0314***	−0.0141***	−0.0225***	−0.0121***	−0.0181***
标准差	(0.00400)	(0.000951)	(0.00276)	(0.000706)	(0.00333)	(0.000898)
全要素生产率						
β	0.004440***	−0.00102	−0.000110	−0.00165*	−0.000659	−0.00147*
标准差	(0.000683)	(0.00113)	(0.000482)	(0.000677)	(0.000622)	(0.000779)

注:***、**和*分别代表参数在1%、5%和10%的置信度水平下显著。

最后,从已有的一些以新出口企业为样本的文献中,我们发现了出口改善企业效率的证据(张杰等,2009)。为了验证本文结论的适用性或者稳健性,我们特别选择新出口企业做进一步检验。不同于表5中的新进入企业[①],我们选择了2001年新成立的企业为考察样本。之所以选择这样的子样本,是因为这样完全可以剔除历史积累因素对企业绩效的影响(在表

---

① 表5的新进入企业在$T>1$的情况下,我们没有考虑基期和末期之间企业的出口状态,这可能会对结论产生影响。

5 和表 6 中我们通过控制企业的年龄变量来控制历史的影响），在此基础上，我们选择 2001 年不出口、2002—2007 年连续不出口的企业为控制组的样本来检验出口是否会提升新出口企业的绩效增长速度，回归模型如下：

$$\Delta \ln Y_{iT} = \alpha + \beta_1 Start_i + \gamma Char_{i0} + \varepsilon_{it} \tag{7}$$

其中，$Start_i = 1$ 代表 2001 年不出口、2002—2007 年连续出口的企业，$Start_i = 0$ 代表 2001—2007 年连续出口的企业，$Char_{i0}$ 为企业在基期的特征向量，含义与(6)式相同，不再详述。

表 7　出口对企业绩效的动态影响

（新出口企业）

	$T=1$	$T=2$	$T=3$	$T=4$	$T=5$	$T=6$
工业总产值						
$Start_i$	0.599***	0.377***	0.262***	0.252***	0.179***	0.138***
标准差	(0.209)	(0.119)	(0.0857)	(0.0666)	(0.0567)	(0.0491)
企业规模						
$Start_i$	0.453***	0.207***	0.152***	0.0855**	0.0803**	0.0418
标准差	(0.121)	(0.0726)	(0.0496)	(0.0420)	(0.0370)	(0.0318)
人均工业增加值						
$Start_i$	−0.183*	−0.213***	−0.150**	0.0954*	−0.338	−0.197
标准差	(0.0995)	(0.0779)	(0.0612)	(0.0536)	(0.254)	(0.147)
人均资本						
$Start_i$	−0.028***	−0.0955***	−0.0422***	−0.0443	−0.0829	−0.0675
标准差	(0.00272)	(0.0164)	(0.0116)	(0.0920)	(0.0783)	(0.0677)
单位资本增加值						
$Start_i$	0.218***	0.158***	0.0173	0.118	0.101	−0.0914
标准差	−0.0302	−0.0155	(0.0116)	(0.0934)	(0.0737)	(0.0701)
人均工资						
$Start_i$	−0.0852***	−0.0768***	−0.0703	−0.0462	−0.00417	−0.00881
标准差	(0.0237)	(0.0130)	(0.0796)	(0.0601)	(0.0492)	(0.0434)
全要素生产率						
$Start_i$	0.0677**	0.0662**	−0.0463**	−0.0447**	−0.00117	−0.0725
标准差	(0.0331)	(0.0278)	(0.0202)	(0.0180)	(0.0645)	(0.0487)

注：(1)***、**和*分别代表参数在 1%、5% 和 10% 的置信度水平下显著。

表 7 显示了回归结果，从中我们可以看出，企业在进入出口市场后，工业总产值增长速度和企业规模扩张速度显著高于非出口企业，而且持续性

较强,从整个时期来看($T=6$),出口企业的工业总产值平均增长速度要高于非出口企业约 13.8%,规模扩张平均增速要高于非出口企业 4%。从效率指标的增速来看,短期而言,新出口企业的人均工资和人均工业增加值增长速度要显著低于非出口企业,而全要素生产率增速显著高于非出口企业,但幅度很小;长期而言,新进入出口市场的企业其效率指标增速低于非出口企业。综合而言,我们可以说,没有充分的证据表明出口会提升企业效率的增长速度,但为数不少的证据支持出口会降低企业效率的增长速度这一观点。此外,企业出口后人均资本增速和单位资本增速的变化与表 5和表 6 所揭示的基本一致。总之,我们采用新进入企业样本得出的结果表明本文的经验研究结果基本是稳健的。

六、总结性评论

本文从企业角度考察了出口对我国本土企业绩效的动态影响。首先,我们揭示了出口企业的静态绩效优势,从结果来看,出口企业总体上比非出口企业规模更大,生产率更高。其次,我们考察了出口对我国本土企业绩效的动态影响,我们的研究表明,企业进入国际市场会加快企业规模的扩张速度,而且其扩张方向是劳动偏向型的,就效率的改善而言,我们发现出口只是加快了新出口企业的效率提升速度,但这一效应总体上幅度很小,而且会迅速衰减,对持续出口企业效率指标的动态考察进一步确认了企业出口经验的积累不仅没能促进企业效率更快地提高,反而对企业的效率提升产生了负面影响。对于出口对企业规模指标和效率指标截然不同的影响,我们认为,其可能的解释有以下三点:

第一,充裕的劳动力降低了企业进行技术升级的动力,依靠劳动力的相对价格较低,出口企业技术升级的动力并不比非出口企业强。这点我们可以从出口企业人均工资的增长速度并不快于甚至慢于非出口企业得到支持。此外,我国的要素价格的扭曲(例如土地、资源以及环境)以及政策方面的出口偏好在一定程度上也降低了出口企业学习和创新的动力。与此同时,出口企业的粗放式增长也不利于人力资本的积累,从而降低了出口企业的学习能力。

第二,我国企业出口的一个显著特征是企业镶嵌于全球垂直分工体系之中,这一分工模式一方面有利于充分利用我国在要素禀赋方面的优势,另一方面也弱化了企业家功能,专注于产品的制造和加工使得企业整体上学习曲线较短,特别是在学习效应比较强的高技术产品的生产上,我国在价值链上所处的地位更低(Koopman et al,2008),这在一定程度上使得企业的学习空间有限,抑制了出口企业生产率的提升空间。

第三,国内在制度上的不完善在一定程度上强化了企业在国际分工中的地位,产权保护、契约履行,以及国内市场一体化程度的不足进一步降低了企业创新的激励,在企业的竞争力的提升缺乏国内制度支撑的情况下,只能依托要素禀赋的优势在国际市场中竞争(朱希伟等,2005;张杰等,2008)。

附录 企业全要素生产率的计算方法

对企业全要素生产率进行估计一个常用的方法是对如下的模型进行回归:

$$y_{it} = \beta_0 + \beta_k k_{it} + \beta_l l_{it} + \varepsilon_{it} \tag{8}$$

其中,y_{it},k_{it},l_{it} 分别代表对企业 i 在 t 期的增加值、资本存量、就业人数的对数取值,ε_{it} 代表随机扰动项。如果 ε_{it} 符合经典假设,那么我们可以采用 OLS 方法获得各参数的估计值并计算企业的全要素生产率水平;如果 ε_{it} 会影响企业的要素投入,那么 OLS 估计量就不再是无偏和有效的。Marschak 和 Andrews 早在 1944 年就注意到了这一问题,他们认为,至少有一部分生产率的随机冲击(包含在随机扰动项中)可被企业经营者观测到（学者观测不到），如果这一部分可被观测到的随机冲击影响了企业的投入决策，那么随机扰动项中与要素投入就存在相关性，从而导致难以得到性质优良的参数估计值，如果将 ε_{it} 分解为可被观测到的生产率冲击 $\bar{\omega}_{it}$ 和不可被观测的白噪声 η_{it}，那么需要估计的模型如下：

$$y_{it} = \beta_0 + \beta_k k_{it} + \beta_l l_{it} + \bar{\omega}_{it} + \eta_{it} \tag{9}$$

在这种情况下，如果企业根据自身的生产率水平来选择投入，那么至少有部分投入内生于 $\bar{\omega}_{it}$，这就是企业生产率估计中所面临的内生性问题。

为了克服内生性问题，可供选择的方法主要有固定效应估计法、GMM(Generalized Method of Moment)估计法、OP(Oley and Pakes)估计法和 LP(Levinsohn and Petrin)估计法。固定效应方法首先需假定 $\bar{\omega}_{it}$ 不随时间变化（$\bar{\omega}_{it} = \bar{\omega}_i$）；同时，固定效应方法只利用了时间维度的变动，没有利用截面维度的变动，大量的数据信息未被利用，因此固定效应方法有较大的局限。GMM 方法采用滞后的因变量和自变量作为工具变量克服企业投入的内生性，与其他方法相比，由于采用了滞后变量，该方法需要时间跨度更长的面板数据并且早期的数据信息不能得到充分利用。另一个问题是，要选择一个合适的滞后期，需要进行不断尝试，如果合适的滞后期比较长，那数据利用率会进一步下降。

OP 方法是 Oley and Pakes(1996)首次开发的一种克服内生性问题的半参数估计方法，其首先假定企业的当期投资主要取决于当期的生产率水平和资本存量，用函数可以表示为

$$i_{it} = i_t(\bar{\omega}_{it}, k_{it}) \tag{10}$$

对该函数求反函数，并定义 $h(\cdot) = i^{-1}(\cdot)$，那么，

$$\bar{\omega}_{it} = h_i(i_{it}, k_{it}) \tag{11}$$

将(11)式代入(9)式，我们要估计的模型则变为

$$y_{it} = \beta_0 + \beta_k k_{it} + \beta_l l_{it} + h_t(i_{it}, k_{it}) + \eta_{it} \tag{12}$$

我们定义

$$\phi_t(i_{it}, k_{it}) = \gamma_k k_{it} + h_t(i_{it}, k_{it}) \tag{13}$$

那么我们要估计的模型又变为

$$y_{it} = \beta_0 + \beta_l l_{it} + \phi_t(i_{it}, k_{it}) + \eta_{it} \tag{14}$$

对(14)式,OP 方法假设 $\phi_t(i_{it}, k_{it})$ 为三阶多项式,可以采用最小二乘法获得 l_{it} 项的系数,然后可以求得 $\phi_t(i_{it}, k_{it})$。接着,OP 方法通过假设企业全要素的变化遵循一阶马尔科夫过程,那么,

$$\bar{\omega}_{it} = h_t(i_{it}, k_{it}) = g(\bar{\omega}_{i,i-1}) = g(\phi_{t-1} - \gamma_k k_{i,t-1}) \tag{15}$$

通过(13)和(15)式,我们可以得出要估计的模型为

$$\phi_t(i_{it}, k_{it}) = \beta_0 + \gamma_k k_{it} + g(\phi_{t-1} - \gamma_k k_{i,t-1}) + \mu_{it} + \eta_{it} \tag{16}$$

对于(16)式,我们同样采用三阶多项式来对上式进行估计,从而获得资本项 k 的一致估计值。

OP 方法被证明能够有效地克服企业要素投入内生性,成为估计企业生产率的一种重要方法。不过,该方法有一个大的局限,由于其选择投资作为企业生产率(不可被观测部分)的代理变量,导致数据中大量投资为 0 的个体不能参与估计,从而丢失了大量样本信息,LP 方法则在一定程度上对 OP 方法的局限性进行了克服,该方法通过采用企业的中间投入(原料、电力或者燃料等)作为企业生产率的代理变量,也能够有效地克服企业要素投入的内生性。

综合各种方法的优劣以及本文所采用的数据特征,本文选取 LP 方法对企业的生产率进行估计,其主要原因是一方面能克服内生性问题,另一方面也能最大限度地利用样本信息。LP 方法估计生产率的基本模型如下:

$$y_{it} = \beta_0 + \beta_k k_{it} + \beta_l l_{it} + \beta_l m_{it} h_t + h_t(m_{it}, k_{it}) + \eta_{it} \tag{17}$$

其中,$\bar{\omega}_{it} = h_t(m_{it}, k_{it})$,$m_{it}$ 为工业品中间投入,对各参数进行估计方法与 OP 方法相似,不再详述,具体可参见 Levinsohn and Petrin(2003)的文献。

参考文献

[1]李春顶,2010:《中国出口企业是否存在"生产率悖论":基于中国制造业企业数据的检验》.《世界经济》第 7 期,第 64—81 页.

[2]李玉红,王皓,郑玉歆,2008:《企业演化:中国工业生产率增长的重要途径》.《经济研究》第 6 期,第 21—42 页.

[3]刘振兴,金祥荣,2011:《出口企业更优秀吗?》《国际贸易问题》第 5 期,第 110—120 页.

[4]路江涌,2008:《企业出口与企业生产效率研究》. //金祥荣,《民营化之路——轨迹与现象的理论解释》.杭州:浙江大学出版社.

[5]许斌,2006:《外贸,外资和中国民营企业的生产率》. //林双林,《民营经济与中国发展》.北京:北京大学出版社.

[6]张杰,李勇,刘志彪,2008a:《出口与中国本土企业生产率——基于江苏制造业企业的实证分析》.《管理世界》第 11 期,第 50—64 页.

[7]张杰,李勇,刘志彪,2009:《出口促进中国企业生产率提高吗?》《管理世界》第 12 期,第 11—26 页.

[8]张杰,刘志彪,张少军,2008b:《制度扭曲与中国本土企业的出口扩张》.《世界经济》第 10 期,第 3—11 页.

[9]朱希伟,金祥荣,罗德明,2005:《国内市场分割与中国的出口贸易扩张》.《经济研究》第 12 期,第 68—76 页.

[10]A. Bernard,J. Bradford Jensen,R. Lawrence, 1995:Exporters,Jobs and Wages in U. S. Manufacturing:1976—1987. *Brookings Papers on Economic Activity:Microeconomics*,67-119.

[11] A. Bernard, J. Bradford Jensen, 1999:Exceptional Exporter Performance:Cause, Efect or Both? *Journal of International Economics*,47(1):1-25.

[12]S. Bond, 2002: Dynamic Panel Data Models: A Guide to Micro Data Methods and Practice. *Portuguese Economic Journal*, 1(2): 141-162.

[13]S. Clerides, S. Lach, J. Tybout, 1998: Is Learning by Exporting Important? Micro-Dynamic Evidence from Colombia, Mexico and Morocco. *Quarterly Journal of Economics*, 113(3): 903-947.

[14] International Study Group on Exports and Productivity 2008: Understanding Cros-Country Diferences in Exporter Premia: Comparable Evidence for 14 Countries. *Review of World Economics*, 144(4): 596-635.

[15]R. Koopman, W. Zhi, S. Wei, 2008: How Much of Chinese Exports is Realy Made in China? Assesing Domestic Value-Added When Procesing Trade is Pervasive. NBER Working Paper No. 14109.

[16]A. Kraay, 1999: Exports and Economic Performance: Evidence from a Panel of Chinese Enterprises. *Revue D' Economie Du Développement*, 1(2): 183-207.

[17] J. Levinsohn, A. Petrin, 2003: Estimating Production Functions Using Inputs to Control for Unobservables. *Review of Economic Studies*, 70(2): 317-341.

[18] J. Lu, Y. Lu, Z. Tao, 2010: Exporting Behavior of Foreign Affiliates: Theory and Evidence. *Journal of International Economics*, 81(2): 197-205.

[19]M. Melitz, 2003: The Impact of Trade on Intra-Industry Realocations and Aggregate Industry Productivity. *Econometrica*, 71(6): 1695-1725.

[20]G. Oley, A. Pakes, 1996: The Dynamics of Productivity in the Telecommunications Equipment Industry. *Econometrica*, 64 (6):

1263-1297.

［21］J. Wagner，2007：Exports and Productivity：A Survey of the Evidence from Firm-Level Data. *The World Economy*，30(1)：60-82.

关贸总协定与新保护主义[*]

在整个战后期间,经过7个回合的多边关税减让谈判,工业发达国家的平均关税水平已经降到了6%左右,关税已不再是国际贸易自由化的主要障碍。但是自20世纪70年代以来,世界贸易体系内的贸易保护在水平和范围方面都出现了重大增长,不过它主要是采取了非关税壁垒(Non-Tariff Barrier,NTBs)的形式,非关税壁垒已经继传统的贸易保护制度——关税壁垒的逐渐衰落,而形成了一整套系统的新贸易保护制度和机制,从而使它成了新贸易保护主义的代名词。本文就是力图研究在关税及贸易总协定(General Agreement on Tariffs and Trade,GATT,简称关贸总协定)的"规范"下,新贸易保护主义产生的原因和机制,揭示非关税壁垒作为一个系统的模式特征及其对世界贸易的影响,最后就中国参与世界经济整合和多边贸易体制问题,提出几点战略贸易政策建议。

＊ 本文原发表于《国际贸易问题》1993年第5期。

一、关贸总协定与非关税壁垒

顾名思义,非关税壁垒就是指关税壁垒以外的贸易保护机制及其措施。非关税壁垒最为普遍和基本的形式是直接数量限制,即是指于一定时期内限制进口的数量。如以一定数量的物理单位和进口价值来限制的种种贸易保护措施,主要有:进口配额制、关税配额、自愿出口限制、本地容量策划、市场秩序协定等。非关税壁垒的第二种基本类型是财政性的贸易保护措施,主要包括:生产津贴、出口津贴、反倾销程序、反津贴程序、差额关税与出口津贴、出口信贷津贴、地区性补贴等。财政性的非关税壁垒有些具有直接限制贸易的机制,有些则能影响国际交换的模式和流量而间接限制贸易。非关税壁垒的第三种基本形式是行政性和技术性的贸易限制,主要包括:卫生、健康和安全规则、环境控制、海关评价程序、歧视性政府采购政策等。

同关税壁垒相比,非关税壁垒有三个方面的特点:(1)数量性。关税是通过价格的变化来影响或限制贸易的一种保护措施,且具有间接限制的特点,而非关税壁垒中最普遍使用也是影响范围最大的保护措施如进口配额等,其最重要的一个特征是对贸易的直接数量限制。(2)歧视性。无歧视原则是关贸总协定所确立的国际贸易活动的根本准则,但非关税壁垒如进口配额、进口禁止、反倾销行动和自愿出口限制等都是针对个别的或有限的几个国家,因而它们都是具有歧视性的。(3)隐蔽性。非关税壁垒无法像关税那样,很容易地分析其生产和消费效应,因为许多非关税壁垒的实施和运作都是具有隐蔽性的。

新保护主义形成于 20 世纪 70 年代,它同 20 世纪 30 年代以关税壁垒为主的旧保护主义的形成背景和动因有相似之处,也即是 20 世纪 70 年代初期在工业国家经济衰退的同时,随进口竞争的增长,就业压力增加,推动了贸易保护主义的广泛抬头。新兴工业化国家（New Industrialization Countries，NICs）和 80 年代出现的又一组新兴出口国家（New Exportation Countries，NECs）①，在相当窄的产品范围内取得了较高的市场挤占份额，而且这种竞争大多是在相当简单的低技术、标准化的消费品方面采取古典价格竞争的形式。而对工业化国家的有关产业部门来说，已不存在进一步降低成本、挤压利润，同这种低价产品进行竞争的任何边际，这些部门又都是劳动密集型部门，通常具有高度的地区集中性，国内进口竞争部门的收缩就会导致较高的区域结构性失业。因此，正是在 20 世纪 70 年代和 80 年代国际分工和交换中，劳动密集型部门（西方经济界称之为敏感性部门）比较利益的结构性转移是解释新保护主义产生的根本因素。面对这种国际经济环境的变化，又在关贸总协定的贸易"规范"下，西方工业国家难以应付新的进口竞争，只能从以下途径乞求于贸易保护，从而形成了以非关税壁垒为特征的新贸易保护制度。

1. 开始乞求于关贸总协定的免除条款（escape clause）

关贸总协定明确提出要建立禁止使用数量限制，大幅度削减或取消关税，促进贸易自由化的多边贸易体制。并且根据最惠国待遇条款，在一般情况下，一旦数量限制被解除，或者关税被削减，就不能单方面再设置或提高，也就是说，贸易壁垒的这种削减具有不可逆性。但是，关贸总协定允许在某些特定条件下，可不遵守上述原则，即所谓免除条款。例如，第 12 条，为了保护本国暂时性的国际收支平衡，允许设置进口限制；而最重要的是第 19 条，它规定如果有关产品的大量进口以及其进口的条件会使进口该产品的缔约方的国内生产遭受严重损害时，该进口国可以对进口产品设置数量限制。正是由于关贸总协定的这些例外条款，在 20 世纪 70 年代贸易保护很盛行。但是，又由于这些条款（尤其是第 19 条）保护的范围和程度

---

① 这一提法最早见于 Balasa，1988：The Adding up Problem. World Bank Policy Planning and Research Working Paper No. 30.

显得十分有限,于是许多工业国家就根据第 19 条,从本国的需要和目的出发,重新加以立法和解释。如 1971—1977 年,美国根据免除条款进行贸易立法的数量由 6 增至 16,欧共体由 5 增至 41,加拿大由 5 增至 35 (Nowzad,1978)。主要工业国家贸易法的日益增加,从另一个侧面反映了这些工业国家乞助于免除条款,对非关税壁垒保护的需求状况。以美国为例,1979—1990 年,美国根据免除条款要求贸易补救的申诉为 35 起,占总申诉量的 3.6%。

　　2. 偏向"公平"贸易的目标和规范

　　针对新兴工业化国家和新兴出口国家的产品以古典价格竞争为主的竞争特点,以及在关贸总协定下关税和配额的使用受到很大限制的情况,工业化国家就越来越倾向于使用反津贴,尤其是反倾销这个所谓公平贸易法作为一种补救性的贸易保护壁垒。关贸总协定在出口方面规定禁止倾销和出口津贴,以维护公平竞争和贸易,并授权缔约方可以采取征收反倾销税和反津贴税的办法来对付倾销和津贴。在 1967 年的肯尼迪回合上,缔约国订立了一项《反倾销法》,在 1979 年东京回合上又通过了《补贴和反补贴税守则》(全称为《关于解释和适用关税与贸易总协定第 6 条、第 16 条和第 23 条的协议》),该守则从 1980 年 1 月 1 日起对签字国开始生效。20 世纪 70 年代以来,尤其是近几年来,工业化国家滥用反津贴和反倾销法,来阻挡发展中国家新的进口竞争。从 1979—1990 年间,在美国的贸易补救申诉需求中,反津贴申诉达 388 起,占总申诉需求量的 39.5%;而同期反倾销申诉达 493 起,占贸易补救总申诉需求的 50.1%[①](Salvatore,1992)。近年来,工业化国家的反倾销起诉案更是大幅度增加,根据关贸总协定的统计,在 1987 年 7 月 1 日至 1990 年 6 月 30 日期间,《反倾销守则》的主要缔约方进行的反倾销行动达到 222 个,其中有 198 个采用了临时性

---

① 　贸易补救申诉总需求包括免除条款、Section 301、反津贴税和反倾销。

的反倾销措施,而只有 149 个征收了反倾销关税。各工业国家之所以日趋增加反津贴和反倾销措施,主要是由于在关贸总协定下关税和配额的使用受到很大的限制,而反津贴和反倾销行动能有效地削弱新兴工业化国家和新兴出口国家在劳动密集型产品方面的比较成本优势。因此,反津贴尤其是反倾销已成为工业化国家新保护主义的一个基本工具,而且日益使这种显然是防卫性的贸易规范,变成了一种贸易保护的攻击性武器。

3. 游离于关贸总协定之外,使用自愿出口限制壁垒,走向双边和歧视性贸易

随着东京回合贸易自由化的结束,新保护主义在国际贸易政策中形成主导倾向。随之,双边和歧视性贸易的做法日益增加,其中最突出的就是使用自愿出口限制(包括有秩序的销售安排,Orderly Marketing Arrangements,OMAs)。自愿出口限制(Voluntary Export Restraints,VERs)是在进口国贸易限制的压力下,由一个出口国家对这个进口国设置的出口配额。自愿出口限制绝对地消除了报复的威胁,有时就被认为是一种对称合作性的削减贸易的配额政策。在 20 世纪 70 年代初期,所知的自愿出口限制协定数量不到 12 个,受其影响的仅仅是一小部分国家和产品贸易,如日本的汽车、中国台湾的鞋和韩国的皮革、丝绸产品等。到 1980 年,自愿出口限制协定的数量增加到 80 个;如果把《多种纤维协定》下实施的自愿出口限制也包括进去,到目前为止(1987 年统计)总数已达 200 多个,实施中的自愿出口限制协定所影响的贸易约占世界贸易额的 8%～10%。自愿出口限制经常直接指向发展中国家的出口,在实施中的 99 个自愿出口限制协定中,就有 50 个影响到发展中国家的出口。从自愿出口限制所影响的产品范围看,具有从农业、纺织品和服装这些传统领域向外转移的趋向,而钢铁和运输设备的贸易受自愿出口限制的影响最大(Boonekamp,1987)。

自愿出口限制这种保护壁垒日趋增长的重要原因,就在于它可以应用

于双边性和歧视性贸易。对进口国家来说,使用这种保护措施没有任何报复的威胁,而且它的实施可以游离于关贸总协定之外,贸易双方也不必做出互惠性的让步。

4. 某些临时性的贸易政策体制,在向长期性定型的制度机制转换

最突出的例子就是纺织品、服装贸易。在 1961 年,单边行动被为解决纺织服装部门中的"短期"问题而设置的多边协定(《短期棉纺织品协定》)替代以后,经过了长达 12 年的长期协定,又发展到《多种纤维协定》。作为临时性的贸易体制,纺织品、服装贸易以国际多边协定来规范,从而保证国际贸易有秩序地发展,逐渐向自由贸易过渡,这本是关贸总协定的一个原则性思想。但是,《多种纤维协定》不仅一直继续实施,而且逐步实现了大量世界制造品贸易从一个标准的关税保护体制向建立在进口配额基础上的非关税壁垒体制的转换。这种贸易保护伞虽然是关贸总协定提供的,但是其中的许多规则违背了总协定的原则。首先,允许对纺织品、服装进口设置配额限制,并可重叠课设关税,尤其是工业发达国家的纺织品、服装进口关税率都大大高于其他任何制造品的关税水平[①]。其次,配额协定是双边性的,而且对不同产品使用不同的配额及其形式,这显然就会出现贸易歧视性问题。值得注意的是,在相同的时间里,工业化国家给发展中国家的所有其他制造品的出口不断扩大特别贸易优惠,而对纺织品、服装——发展中国家最重要的工业出口品——却设置越来越严格的贸易限制。

可见,在多轮多边关贸谈判中,关税壁垒成功地被削减了,但非关税壁垒已继传统的关税保护制度之后,形成了一整套新的贸易保护制度及其机制。根据联合国贸发组织 1987 年的统计,工业国家对进口贸易设置的非关税壁垒的贸易覆盖率为 23%,而发展中国家进口贸易的 1/4 是由非关

---

① 东京回合后,美国、欧共体、日本所有制成品的平均名义关税率均为 6.5%,而纱、纺织品、服装的名义关税率美国分别为 9.0%、11.5%、22.5%,欧共体分别为 7.0%、10.5%、13.5%,日本分别为 7.0%、9.5% 和 14.0%。参见 GATT,1984 年。

税壁垒控制的。滥用免除条款、反津贴和反倾销程序已越来越成为关贸总协定保护伞下阻碍公平贸易和自由贸易的政策工具；自愿出口限制等使用的日益增长，则标志着国际贸易秩序在向双边性和歧视性贸易倒退。这也表明现行的关贸总协定规则和机制已不能适应国际贸易的新态势。这是一个值得忧虑的趋向，这不仅是因为非关税壁垒经常是具有隐蔽性的和不合市场规则的，而且更因为它们具有歧视性的特点和严重地侵蚀着作为关贸总协定基石的最惠国待遇原则。

二、非关税壁垒模式及其对世界贸易的影响

由于新保护主义所使用的许多贸易壁垒是具有隐蔽性的，因此要分离出它们的经济效应，澄清其贸易影响的范围和后果是有技术上的困难的。在这里，我们关心和要回答的问题是，是否有可采用的资料来构建非关税壁垒对贸易影响的模式？是否可证明非关税壁垒倾向于对发展中国家的出口实行歧视性政策？最近其影响的范围程度如何？日趋依赖非关税壁垒的动因是为了避开关贸总协定的免除条款以及以非关税壁垒来替代关税壁垒吗？

在评价非关税壁垒的影响和程度方面，普遍使用的评价指标是覆盖指数，它的计算公式是：

$$C_j = \frac{MB_j}{M_j} \times 100$$

上式中，MB_j 是指课以非关税壁垒产品 j 的进口价值，M_j 是指产品 j 的进口总价值，当然这个指标只能概括非关税壁垒的静态效应。表 1 和表 2 显示了 20 世纪 70 年代国际贸易受非关税壁垒影响的覆盖指数。

表 1　世界进出口受非关税壁垒影响的贸易覆盖指数

国家	所有产品			制造品		
	1974 年	1979 年	1980 年	1974 年	1979 年	1980 年
欧共体(9)	35.8%	44.5%	44.8%	0.1%	15.7%	16.1%
日　本	56.1%	59.4%	59.4%	0	4.3%	4.3%
加拿大	22.4%	18.3%	18.3%	11.4%	5.8%	5.8%
澳大利亚	17.9%	34.8%	34.8%	7.8%	30.0%	30.0%
美国	36.2%	44.4%	45.8%	5.6%	18.4%	21.0%
经济合作与发展组织(Organization for Economic Cooperation and Development,OECD)(22)	36.3%	43.8%	44.3%	4.0%	16.8%	17.4%
石油出口国	54.0%	65.3%	65.3%	45.8%	59.8%	59.8%
非石油出口的发展中国家(81)	49.8%	46.8%	46.9%	25.0%	22.7%	22.8%
世界(122)	40.1%	47.5%	47.8%	12.9%	23.0%	23.6%

注:上表中的非关税壁垒包括:(1)国际协定如国际卡特尔和市场份额协定;(2)对贸易的国家控制如进口配额、反倾销关税、自愿出口限制和其他行政控制、价格控制、政府采购政策;(3)对贸易有重要影响的其他国家控制,如安全、健康、国内津贴、专利法、海关评估程序等。

资料来源:S. B. Page,1979:The Management of International Trade. // R. L. Major. Britain's Trade and Exchange Rate Policy. London:Heinemam Education Books.

从表中所得出的研究结果看,虽然产品分类粗略了一些,但有许多特点是不能忽视的。第一,那些受传统贸易管制的部门如农产品和食品,在总贸易中有一个很高的比例受到非关税壁垒的影响,这是发达市场经济国家对农业部门严密保护的结果,而且很明显在整个 1974 年到 1979 年期间没有多大变动。第二,如果我们从表 1 中把制造品从"所有产品"中分离出来,集中考察表 2 中非关税壁垒覆盖指数较低的产品组,可以发现,在制造品贸易中非关税壁垒的产品影响指向发生了重大变化。从表 1 中可见,1974 年很多工业发达国家的许多行业、产品的贸易管制比例是非常低的,甚至是零。但到了 1980 年,这些国家的制造品的贸易管制日益增强,OECD 国家平均比重达到了 17.4%,欧共体 9 国从 1974 年的 0.1%上升到 1980 年的 16.1％。第三,20 世纪 60 年代和 70 年代,发展中国家的纺织品、服装、鞋类以及钢铁等重工业部门逐渐占有比较成本优势,而正是这些部门的非关税壁垒的平均影响度较高,新保护主义在这些部门日益发展起来。

表 2　1979 年非关税壁垒贸易覆盖指数大于 30％的进口产品

年份	鲜活牲畜	鱼类	谷物	水果蔬菜	可可	巧克力	茶叶	饲料	混合食品
1974	64	30	76	43	56	62	66	69	49
1979	64	30	76	43	56	62	64	69	48

年份	不含酒精饮料	丝绸	纺织品	石灰和水泥	钢铁	航空器械	船舶	服装	鞋类
1974	57	6	21	32	16	12	18	20	1
1979	58	71	35	35	66	83	82	48	32

资料来源:同表 1。

我们从表 3 中可见,进入 20 世纪 80 年代以后,工业国家对非关税壁垒偏好使用的增长势头仍然不减,尤其是对比较利益正向发展中国家转移的部门如冶金工业等增强非关税壁垒保护的强度。从直接的数量限制和自愿出口限制这两栏的使用情况分析看,非关税壁垒保护具有一种从农业、纺织和服装贸易领域向外转移的趋向。

表 3　工业国家对进口使用的 NTBs 的部门覆盖率(％)

部门	总的 NTBs		直接数量限制		其中:	自愿出口限制	
	1981	1986	1981	1986		1981	1986
农业原材料	2.8％	8.4％	27.3％	27.4％		0.8％	1.8％
农业食品	40.8％	42.6％	27.3％	27.4％		0.8％	1.8％
矿物和冶金	12.7％	24.7％	4.5％	16.8％		2.1％	14.4％
其中:钢铁	29.0％	64.2％	7.8％	47.3％		6.6％	45.2％
化工产品	13.2％	12.7％	8.1％	7.6％		0.0	0.0
其他制造品	18.6％	20.5％	11.7％	12.2％		9.2％	9.7％
所有产品	19.6％	23.1％	12.2％	14.4％		5.6％	7.7％

注:表 3 显示的覆盖率明显偏低于表 1、表 2,这是因为表 3 仅指对进口使用(不包括对出口使用的如津贴等)的非关税壁垒,而且,表 3 中所指的对进口使用的非关税壁垒范围也较窄,仅指差价关税、季节性关税、反倾销、反补贴、进口配额、自愿出口限制和禁止进口等。

资料来源:UNCTAD(United Nations Conference on Trade and Development,联合国贸易和发展会议),1987 年。

其次,我们来考察非关税壁垒设置的国家指向有何特点。许多研究考察了受非关税壁垒影响的国别差异,一般认为非关税壁垒对发展中国家的影响更大,而且它们受非关税壁垒影响的程度不断增大。因此,发展中国家是新贸易保护制度的主要受害者。

在 20 世纪 70 年代,非关税壁垒国家影响的模式有一个明显的特点,即工业化国家对来自非石油输出组织的发展中国家的进口,实行贸易管制的比重在 1970 年达到 52％,而到 1977 年达到了 62％,大大高于同期来自工业国家“内部贸易”的管制比重 26％和 27％。而从发展中国家之间的“内部贸易”(“南南贸易”)看,发展中国家对来自其他发展中国家的进口所实行的非关税壁垒保护率,1977 年为 47％,大大高于同年来自工业国家进口的非关税壁垒保护率 24％。①

表 4　欧共体和美国在各期间所使用的非关税限制措施　　　　　单位:次数

部门	针对所有国家的						针对发展中国家的					
	1971/1975		1976/1980		1981/1985		1971/1975		1976/1980		1981/1985	
	欧共体	美国	欧共体	美国	欧共体	美国	欧共体	美国	欧共体	美国	欧共体	美国
纺织和服装	4	1	6	9	7	11	3(2)	/	3(3)	2(1)	4(3)	10(4)
皮革、鞋、旅游品	/	1	1	8	2	/	/	1(1)	1(1)	7(2)	2(1)	/
木材和软木制品	/	2	4	/	5	1	/	/	3(3)	/	2(2)	/
纸张	/	/	4	2	4	3	/	/	1(1)	/	2(2)	/
化工产品	1	5	11	7	30	9	1(1)	1(1)	/	3(1)	10(6)	6(2)
橡胶制品	1	1	4	2	/	1	/	/	3(3)	2(1)	/	/
钢铁	1	4	19	8	15	66	1(1)	/	14(14)	4(3)	10(10)	47(35)
金属制品	/	2	5	1	3	7	/	/	1(1)	/	2(2)	/
运输设备	/	2	1	3	3	3	/	/	1(1)	1(1)	2(1)	1(1)
电力机械	/	/	6	3	6	10	/	/	2(1)	1(1)	1(1)	2(2)
机电产品	/	1	2	3	/	/	/	/	/	2(1)	/	/
其他产品	/	10	7	15	22	41	/	3(3)	4(3)	7(5)	12(8)	20(13)
总计	7	29	70	61	97	152	5(4)	5(5)	33(31)	29(17)	47(36)	87(57)

注:括号内的数字指专向新兴工业化国家或地区使用的非关税壁垒,表中统计的非关税壁垒措施是指欧共体根据保护条款使用的保护措施和反倾销、反津贴措施;美国根据免除条款采用的措施和反倾销、反津贴措施。

资料来源:European Communities,official Journal,Various issues,1987;Office of the US Trade Representative,Trade Monitoring System,Computer files,1987。

---

① 资料来源:同表 1。

从表 4 中可见，上述非关税壁垒的国家指向特点，在 20 世纪 80 年代基本未变。美国和欧共体使用的非关税壁垒所指向的产品和国家集中于新兴工业化国家和其他发展中国家的一些特殊部门，大多数非关税壁垒是为了限制劳动密集型的进口产品——木材和软木制品、纸制品、非黑色金属和钢铁部门以及那些在 20 世纪 70 年代要素价格变化效应最强和比较利益向发展中国家转移的部门。在非关税壁垒使用的偏好结构中，欧共体对保护条款和反倾销的需求以及美国对反倾销、反津贴关税的需求，在新保护主义政策选择中占据主导，这是因为这些进口的价格竞争对国内生产者的直接损害和威胁太大，尤其是反倾销和反津贴行动实际上主要是抵制比国内产品更为便宜的那些进口产品，这又意味着它们直接抵制最有攻势和最有效率的外国进口竞争者。

根据以上关于非关税壁垒保护的产品影响范围、国家指向的分析中，可以归纳出以下几个非关税壁垒模式的一般性特征：

（1）许多资料可以证明，非关税壁垒在"敏感性"的部门如纺织品、服装、钢铁、汽车等中有较高的集中度。

（2）发展中国家的出口倾向于要承受一个与之不相称的非关税壁垒管制贸易比重。

（3）遭受到非关税壁垒较高影响度的产品，也往往被课征相对较高的关税，这表明在贸易保护的政策选择中，关税壁垒与非关税壁垒不是替代使用的。

（4）值得注意的是，存在着多种非关税壁垒的堆积现象，也就是说，那些遭受非关税壁垒阻挡的产品，经常同时被重叠设置许多非关税壁垒以阻止这种产品的进口及削弱其竞争能力。

根据 Komolajoni 和 Mayer 的估算，只要消除工业化国家对发展中国家进口的鞋、皮革制品、钢铁等"敏感"部门的非关税壁垒和剩余的关税，就能使发展中国家的这些产品出口增加 10%～20%，可每年增加约 20 亿美元的出口收益。如果把对发展中国家出口的其他制造品设置的非关税壁垒也删除,并且如果进口价格弹性在 1.2 到 1.5 之间,工业化国家的贸易自由化,将使发展中国家的出口增加 18%～38%。取中间估算方案,假定发展中国家仅仅保持它们对工业化国家出口的现有市场份额,以 1985 年为基数,那么每年能增加 180 亿美元到 200 亿美元的出口收益(Grilli et al,1990)。

三、对中国参与世界经济整合和多边贸易体制的几点建议

非关税壁垒和歧视性是当今国际贸易保护政策的两大特征,而进一步推进自由贸易和公平贸易仍然是关贸总协定下国际多边贸易体制调整和改革的两大目标。因此,中国在争取恢复关贸总协定缔约国地位的同时,不能低估工业国家的特别保护体制及其非关税壁垒的贸易保护作用。

(1)要循序渐进地开放国内贸易市场,参与国际经济整合。推进产品贸易自由化,不能盲目冒进,应按各行业、产品发展的情况,分阶段实施产品贸易自由化。在第一阶段如可以逐步开放轻纺工业中进口替代已经"毕业",并具有较强国际竞争能力的行业和产品。

(2)加快进口体制改革,向国际多边贸易体制靠拢。在这方面,首要任务是进行关税改革,调整关税结构和对各行业、产品提供的有效保护率,降低关税总水平。其次,在关贸总协定范围内,逐步建立符合国际惯例的公开进口配额制,逐步建立起合理的非关税特别贸易保护体制和法律程序。

(3)加快向市场经济体制的过渡,根据国际竞争标准,规范出口体制和管理。改革开放以来,随着中国出口的扩大,中国的出口产品已日益成为欧、美西方工业国家反倾销行动的主要目标。就以欧共体对中国产品的反倾销为例,在对中国进口产品所确证的 40 起倾销案中,1988 年以来就

有 23 起,其中仅在 1991 年一年内对中国进口的倾销申诉就高达 16 起,这在国际反倾销行动中也是史无前例的,而且许多产品的申诉高达 2 次以上。这说明 1990 年起所推行的中国的外贸新体制,还没有从根本上触动和撤除传统的血本出口、公共倾销的出口体制,也表明中国政府和企业还没有充分认识或低估了欧共体反倾销程序的重要性。尤其是在欧共体市场上,申诉驳回或程序撤回率低,而确证的倾销差价或损害差价偏高,据此所课征的从价反倾销关税竟高达 13.1% 到 69%。这主要是由于欧共体把中国划归为非市场经济国家,把经济发展水平很高的市场经济国家作为"替代国",从而高估正常价格,造成高的倾销差价。十几年经济改革和开放以来,中国经济运行的市场取向进程快而稳,借此,中国政府应积极要求欧共体把中国作为市场经济国家看待,或者采用美国的要素测算法来估价倾销差价,合理估价产品的正常价格。

(4) 继续加快推进出口产品结构的升级,实施"以质取胜"的出口战略。这是因为在当今国际市场上,古典式的价格竞争越来越受到如反津贴、反倾销行动、差价关税和价格监视与控制等非关税壁垒贸易保护的制约。

(5) 在关贸总协定的框架内,加强对幼稚工业的保护。主要是对具有动态内部经济和动态外部经济的产业,如一些机电、石化、航天等高新技术产业,善于使用关税和非关税壁垒如配额、津贴、本地市场容量策划等加以特别保护,以扶持这些产业度过幼稚期。

参考文献

[1]Balasa,1988:The Adding up Problem. World Bank Policy Planning and Research Working Paper No. 30.

[2]B. Nowzad,1978:The Rise in Protectionism:Trade and Payments division. Pamphlet Series No. 24. Washington D. C. International

Monetary Fund：28,29,31,33.

[3]Dominik Salvatore，1992：Recent Trends in U. S. Protectionism. *Open Economics Review*，3(3)：307-321.

[4] Boonekamp，1987：Voluntary Export Restrains. *Finance and Development*，24：2-5.

[5]S. B. Page,1979：The Management of International Trade. // R. L. Major，Britain's Trade and Exchange Rate Policy. London： Heinemam Education books.

[6]Enzo Grilli，Enrico Sasson，1990：The New Protectionist Wave. London：Macmillan Education Ltd：152.

关贸总协定的"灰色区域"*

——自愿出口限制的保护机制及其经济效应

一、关贸总协定与自愿出口限制

自愿出口限制(VERs)是在进口国家贸易限制的压力下,由一个出口国家对这个进口国设置的出口配额。虽然没有严格意义上的"自愿",但是自愿出口限制是两个有关国家政府之间协定的结果,因此可能反映了贸易国家的某些偏好。自愿出口限制绝对地消除了报复的威胁,有时就被认为是一种对称性、合作性的削减贸易的配额政策①。

自愿出口限制具有不同于进口限制形式如关税、进口配额等的几个特征:(1)它是由出口国家实施的为保护进口国家的生产者而设计的一种贸易政策。(2)它仅仅应用于几个特定的出口者(可能只有一个),而不同于关税和进口配额通常应用于一国大多数供给者的进口,而且当自愿出口限制实施的时候,没有被自愿出口限制协定包括进去的出口者可以向这个国

＊ 本文原发于《国际贸易问题》1993 年第 12 期。

① 有秩序的销售安排(OMAs)具有与自愿出口限制相同的机制和效应,因此对其不另做分析。

家继续增加其出口。(3)同无定期设置的关税等贸易壁垒相比,自愿出口限制的一个典型特点是实施于一个特定的时期。

20世纪七八十年代以来,使用自愿出口限制进行保护日趋盛行。在自愿出口限制使用的这种增长趋势中,表现出三个方面的特点:(1)受自愿出口限制影响的贸易覆盖率越来越大。在20世纪70年代初期,所知的自愿出口限制协定数量不到12个,到1980年,其数量增加到80个,如果把《多种纤维协定》下实施的自愿出口限制也包括进去,到目前为止总数已达200多个。同时,自愿出口限制的贸易覆盖率在20世纪七八十年代也大幅度增长,在20世纪80年代初期为5%~7%,而到1986年,实施中的自愿出口限制协定所影响的贸易约为世界贸易额的8%~10%。(2)从所影响的国家范围看,自愿出口限制经常直接指向发展中国家出口(见表1),而且有增长的趋势。由表1可见,在实施中的99个自愿出口限制协定中,50个影响到发展中国家的出口,其中韩国为16个,巴西为4个,其他发展中国家有30个。从自愿出口限制的需求看,欧共体是最主要的策源地(占55个),其次为美国(占32个)。(3)从自愿出口限制所影响的产品范围看,具有从农业、纺织品和服装这些传统领域向外转移的趋向,钢铁、汽车的贸易受自愿出口限制的影响最大。

自愿出口限制使用的盛行,这与关贸总协定的有关条款和运行机制有直接关系。(1)关贸总协定的某些条款含糊不清,解释不一致,因此存在着曲解和滥用条款的可能性。从程序上看,自愿出口限制协定都是各国在总协定之外私下达成的协议,它虽已背离了总协定关于取消数量限制的原则和非歧视原则,但它实际上处于既不合法又不非法的模糊区域,即"灰色区域"。这不仅因为这种出口限制是"自愿"的,而且在总协定下由部分缔约方参加的《反倾销守则》中也有其法律根据。《反倾销守则》第7条第1款规定:"一旦从进口商处得到修改其价格或停止按倾销价格向有关地区出口的令人满意的自愿保证,从而使当局确信的倾销损害性影响已经消除,在不实施临时措施或征收反倾销税的情况下,可以中止或结束诉讼。"
(2)由于关贸总协定运行机制的缺陷,关贸总协定只有在某一缔约方主动
指控另一方违反了总协定条款,并且在双方协商失败的情况下,才能成立
专家小组对该案做出仲裁。但是,自愿出口限制协定下的双方,由于政治
原因或受害方"自愿"希望通过"灰色区域"措施来解决贸易争端,可以得到
更加满意的结局,从而回避了关贸总协定的监督机制。

表1 实施中的自愿出口限制协定

1987 年

部门	已知的主要 VERs	受到限制的出口贸易（根据协定的数量）	受到保护的市场（根据协定的数量）
钢铁	39	欧共体(4)、其他工业化国家(12)、发展中国家(12)、东欧(11)	美国(25)、欧共体(14)
农产品	17	发展中国家(6)、工业国家(6)、东欧(5)	欧共体(16)、加拿大(1)
汽车和运输设备	13	日本(11)、韩国(2)	欧共体(9)、美国(1)、其他工业国家(3)
纺织品、服装	11	韩国(2)、其他发展中国家(9)	美国(4)、欧共体(3)、其他工业国家(4)
电子产品	7	日本(6)、韩国(1)	欧共体(6)、美国(1)
鞋类	5	日本(1)、韩国(3)、台湾(1)	欧共体(2)、其他工业国家(3)
工具机械	3	日本(3)	欧共体(2)、美国(1)
其他	4	韩国(3)、工业国家(1)	欧共体(3)、挪威(1)
总计	99	日本(24)、韩国(14)、巴西(4)、其他发展中国家(21)、其他工业国家(20)、东欧国家(16)	

资料来源:Boonekamp,1987:Voluntary Export Restrains,Finance and Development,24:2-5.

二、自愿出口限制与进口限制形式的比较

下面我们从自愿出口限制与进口限制形式如关税、进口配额的比较中,来分析自愿出口限制这种贸易保护形式的经济效应。假定有 A、H 两国,前者是个出口国,后者为进口国,而且它是个大国。在图 1(a)中,横轴表示 H 国家的进口,纵轴表示价格。图中 $D_h D'_h$ 表示 H 国家的进口需求曲线,S_A 表示在自由贸易下 A 国的出口供给曲线,而且假定所有市场都是完全竞争市场。在自由贸易下,贸易均衡为 E,对这两个国家来说价格都是 P_w。OQ 为自愿出口限制的单位数量,这个自愿出口限制使 A 国的供给曲线变为 VGQ^*,均衡移动至 F 点,这个产品的国际价格上升至 P''_w,这也是在 H 国的国内价格。

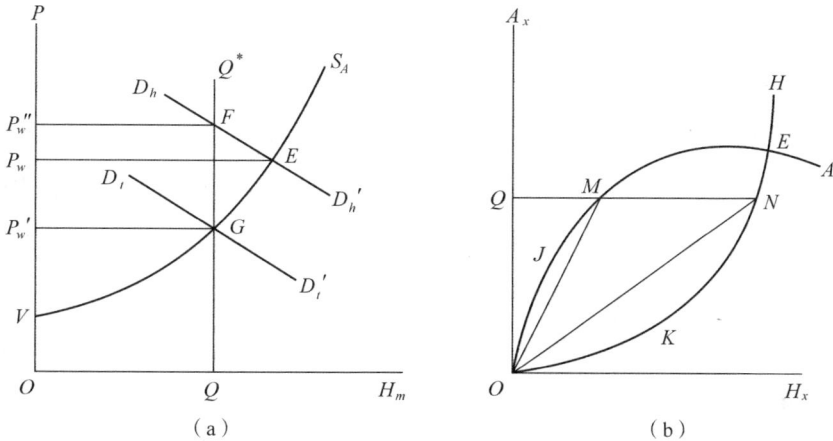

图 1

把上述分析的结果与能对 H 国产生相同的 OQ 进口水平的关税或进口配额相比较,也可以这样获得这个结果。假设一定量的关税使 H 国的进口需求曲线从 $D_h D'_h$ 移动到 $D_t D'_t$,而同供给曲线 S_A 相交于 G 点。在这种情况下,国际价格为 P'_w,而 H 国的国内价格为 P''_w,这与自愿出口限

制下的情况相同。但是相对于关税或进口配额(配额租归进口国家)来说,自愿出口限制包含着进口国家贸易条件的恶化效应。在关税或进口配额的情况下,H 国家获得这部分关税收益或配额租,在图 1(a)中相当于矩形面积 $P'_wGFP''_w$。而在自愿出口限制下,这块矩形面积的利益就归出口国家。

但是,应该注意的是,在这两种政策下,由于贸易条件变化有关的收入效应,H 国家的国内价格会发生不同的变化。这个差别可以通过图 1(b)来阐述。在图 1(b)中,横轴衡量 H 国的出口,纵轴表示 A 国的出口。OH 和 OA 分别表示 H 国和 A 国的供应条件曲线,自由贸易均衡位于 E 点,自愿出口限制使 A 国的出口为 OQ,从而使 A 国的供应条件曲线变为 $OJMN$,均衡点为 N,国际价格由 ON 直线的斜率给出。能与自愿出口限制产生相同进口水平的关税或配额将使 H 国的供应条件曲线变为 $OKNQ$,均衡就位于 M 点,贸易条件由 OM 直线的斜率决定。很明显,H 国在 N 点比在 M 点位于一条更低的无差异曲线上,而 A 国在 N 点境况更好。可见,对出口国家来说,自愿出口限制比关税或进口配额限制更有利,而对进口国家来说正相反。这种结果完全是由于在自愿出口限制下,进口国家的贸易条件变化所造成的。而且,由于贸易条件变化有关的收入效应的作用,H 国家的国内相对价格在两种不同的政策下是不同的。如图 1(b)中的 M 和 N 点,通过 M 和 N 点的 H 国家贸易无差异曲线的斜率是不同的。

但是,某些情况下,可能对出口国家来说接受外国(进口国)进口限制如关税、进口配额等比自愿出口限制有利。例如,如果在美国的纺织品、服装进口市场上有两个重要的出口者,中国的某种产品出口实施自愿出口限制协定来调节,而另一个出口者如意大利不受自愿出口限制协定的约束。在这种情况下,中国的纺织品出口宁愿接受关税等贸易限制而不是自愿出口限制。这个分析可如图 2 所示。在图中,横轴表示 H 国(例子中的美

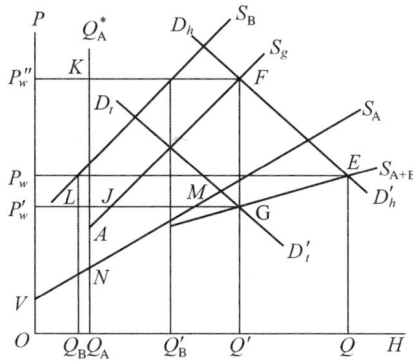

图 2

国)的进口,纵轴表示价格,S_A(例子中的中国)表示中国的出口供给曲线,S_B 为意大利的出口供给曲线。S_{A+B} 是 S_A 和 S_B 的水平相加,自由贸易均衡位于 E 点。P_w 为自由贸易价格,美国与中国的自愿出口限制协定的实施,使中国的出口限制到 OQ_A,从而使中国的供给曲线转变为 VNQ_A^*,从而总供给曲线就变为 S_g,它是 VNQ_A^* 与 S_B 的水平相加(现在变为 $VNAJF$),新的均衡位于 F 点,在这里 S_g 相交于 $D_hD'_h$ 曲线。这个产品的国际价格上升至 P''_w(在美国的国内价格),不受自愿出口限制协定限制的 B 国意大利,对中国的自愿出口限制做出的反应是它的出口从 Q_B 增加到 Q'_B,而总的贸易数量从 Q 减少到 Q'。

使用能形成 H 国相同进口水平的关税,也能达到上述相同的贸易限制效应,征一定量的关税使 H 国的需求曲线 $D_hD'_h$ 移动到 $D_tD'_t$,而与 S_{A+B} 相交于 G 点,在关税限制下,矩形面积 $P'_wGFP''_w$ 作为关税收益归美国所有。而在自愿出口限制厂,矩形面积 $P'_wJFP''_w$ 转移至两个出口国家所有。剩下的一部分相当于面积 GFJ 是实施自愿出口限制的一种纯福利损失(作为一个整体世界的损失),它是一种由于资源被吸收到不受自愿出口限制国家的出口部门而导致的一种效率损失。很显然,美国作为进口国家在自愿出口限制下比关税进口限制的境况更坏了,A 国(中国)接受自愿

271

出口限制也比关税限制的境况更坏,只有 B 国(意大利)的境况更好。

三、自愿出口限制形式的选择及其效应

在这里,我们来探讨自愿出口限制的两种基本类型,也即数量型和市场份额或比例型的不同经济效应。

在图 3 中,横轴衡量进口竞争产品的数量,纵轴代表价格。在一个小国开放经济的市场条件下,DD_h 表示进口竞争产品的国内需求曲线,SS_h 为这个进口产品的国内供给曲线,而 S_w 表示这个进口竞争产品的国际供给曲线。这里假定进口起初只有一个单独来源,不存在出口供给方面的垄断。当不存在贸易限制的时候,总的市场需求为 OB,其中 OA 由国内生产者供应,进口数量为 AB。假定现在为了达到使国内产量从 OA 提高到 OC,就需要通过设置一种自愿出口的保护措施来实现,从而使进口从 AB 限制到 CD。但是,这个贸易限制目标,可以通过选择不同的自愿出口限制形式来达到。如果选择一种数量型的 VERs,那么就需要把进口数量限制到 CD;如果使用比例型的 VERs 措施,那么就需要使进口份额限制到 CD/OD。在一个数量型的 VERs 下,国内部门所需面临的剩余的需求曲线为 VV_Q,它平行于市场总需求曲线 DD_h,两条曲线之间的水平距离就等于 CD。而在比例型的 VERs 下,国内生产者面临的剩余的需求曲线为 VV_R,它比 VV_Q 更为陡斜,这是因为当总需求扩大时,比例型 VERs 下的进口数量也会随之扩大。因此,沿着 VV_R 曲线的所有点,总偏求中的进口比例是 CD/OD。

这两种自愿出口限制形式的价格效应,都取决于国内甚至国外的市场结构。假如国内市场起初具有完全竞争的特征,所有企业只是价格接受者。在数量型的 VERs 下,国内价格从 OP_w 上升至 OP_d,而国外的进口价格也相应上升,从而导致再分配和纯的福利损失,这是在经济学文献中的

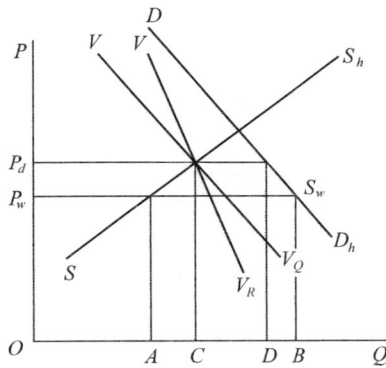

图 3

一种标准分析,而且对比例型来说,也会产生这种结果。

但是,如果假定国内市场存在垄断,那么 VV_Q 就变为这个垄断者的平均收益曲线。而自愿出口限制减少了边际竞争,加强了垄断者的市场地位,允许其价格能提高到 P_d 以上。如果 SS_h 为这个垄断者的边际成本曲线,那么边际成本与 VV_Q 相应的边际收益曲线的交点将位于 OC 的左边,结果价格的上升将超过 P_d。注意,自愿出口限制能加强国内垄断者的市场垄断地位的这种效应,在自愿出口限制的两种形式之间是不同的。在图 4 中,如果剩余的需求曲线是 VV_R,边际成本曲线为 SS_h,在比例型的 $VERs$ 下,这个垄断者利润最大化的价格大于数量型 VERs 的场合。在图 4 中,VV_Q 和 VV_R 的边际收益曲线分别为 QQ' 和 RR'。在数量型的 VERs 下,产量被限制为 OF,价格上升至 OP_Q,进口者的供应以一个固定的市场份额为限;而在比例型的 VERs 下,这个国内垄断者可把产量限制到 OG,进而把价格提高至 P_R。因此,在国内市场高度集中的条件下,国内生产者及其院外活动集团,不仅一般地偏好于选择自愿出口限制这种保护形式(相对于如关税、补贴等保护壁垒),而且更偏好于选择比例型的 VERs。

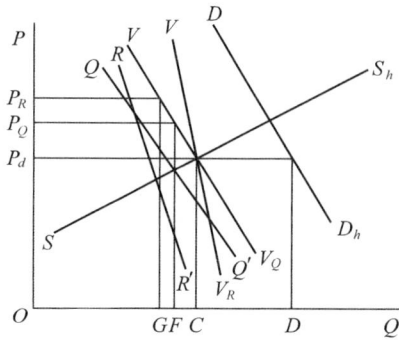

图 4

四、自愿出口限制效应的验证

对自愿出口限制的经济效应进行经验实证研究的最为著名的案例是，在 1981—1984 年日本向美国出口的小汽车实行自愿出口限制，许多研究贸易政策的学者用不同方法对这一案例的福利经济效应做了分析研究，虽然每个人所估计出的福利成本及其分配效应的最后结果有差别，但都基本相近。因此，这个案例及其实证研究最能说明自愿出口限制的福利经济效应[①]。

在 20 世纪 70 年代末，美国小汽车生产面临激烈的进口竞争，特别是日本的汽车进口占了美国市场销售的 21% 以上。在 1980 年 6 月 12 日，美国汽车工会根据美国 1974 年贸易法 201 条款，向美国国际贸易委员会（United States International Trade Commission，USITC）投诉，声称国内汽车工业受到外国进口的严重伤害。从此，美国国贸委开始调查。在 1981 年 1 月，美国正式决定限制在 1981—1983 年期间的日本汽车进口，每年的进口配额数量为 160 万辆。在 1981 年 4 月，日本通产省（Ministry

---

① 可参见 Feenstra Robert C，1984：Voluntary Export Restrain in US Autas，1980 — 81；Quality，Employment，and Welfare Effects. Structure & Evolution of Recent US Trade Policy，22(8)：35-66.

of International Trade and Industry，MITI）提出一个向美国的汽车出口实行自愿出口限制的建议，许诺日本向美国的汽车出口每年限制在 160 万～170 万辆，从而让美国的汽车工业有时间做出调整，提高竞争能力。在 1983 年 11 月 1 日，日本政府又同意在 1984 年 4 月 1 日至 1985 年 3 月 31 日，继续实行自愿出口限制，把汽车出口限制在 168 万～185 万辆。

　　日本对汽车出口的自愿限制，影响了美国市场的汽车价格、销售份额和消费结构。在出口配额下，日本汽车生产者为了实现这种限制下的利润最大化，会有提高产品价格的刺激，这种行为减少了美国和非日本汽车出口者的竞争压力，接着也能相应提高他们的汽车价格，虽然可能他们的价格提高幅度要小于日本汽车的价格。美国消费者面对大多数汽车品牌类型的价格上升的情况，会较少地购买新而更昂贵的汽车，那么消费者的部分需求就会从更昂贵的日本汽车上转移出来，国内汽车和非日本汽车的进口市场份额就将提高。从表 2 中可见，自从日本实行自愿出口限制以后，非日本汽车进口的市场份额迅速增长，而美国生产通过一段时间的调整以后，也在 1984 年迅速回升。当然也应考虑到，对日本汽车出口的限制，会对美国汽车消费的平均质量产生重大的影响。日本生产者为了使来自每单位的销售利润达到最大化，就改变汽车的出口结构，向美国市场推出更为新型、舒适、豪华型的汽车，从而来提高单位销售价格，以降低因出口配额导致的市场价值和利润的减少。这些行为趋向提高了日本出口汽车的平均质量，在出口限制以后，日本汽车在美国市场上平均交易价格的上升，部分反映了更高的日本汽车的平均质量。如果日本的汽车同美国国内生产的汽车是相接近的替代品，那么美国国内汽车生产的平均质量也会提高。

表 2　日本汽车自愿出口限制对美国进口市场和国内生产的影响

		在 VERs 之前			在 VERs 之后		
		1979	1980	1981	1982	1983	1984
进口市场							
来自日本	数量(百万辆)	1.62	1.99	1.91	1.80	1.87	1.97
	价值(10 亿美元)	6.47	8.23	9.49	9.61	10.76	12.50
所有进口	数量(百万辆)	3.01	3.11	2.86	2.93	3.69	3.56
	价值(10 亿美元)	14.85	16.68	17.69	20.18	24.17	29.26
所有进口在美国的市场份额(%)		15.2	22.2	22.4	22.6	20.4	18.9
国内生产	数量(百万辆)	8.41	6.39	6.26	5.07	5.98	7.77
	价值(10 亿美元)	49.6	40.79	44.95	38.46	45.57	61.69
生产能力利用率(%)		82.9	65.0	67.8	54.6	69.6	86.8

资料来源：USITC 1419,4；USITC 1650,2；USITC 1648,18；USITC 1648,9；以及 G. C. Hufbauer 等(1986)的 *Trade Protection in the United States：31 Case Studies* 中汽车案例的有关数据。

从表 3 中可见,日本的汽车实行了自愿出口限制,使美国的国内生产得到部分回升,国内汽车生产能力的利用率上升了 21.8%,那么肯定也对保护汽车工业部门的就业起了一定的作用。但是,美国所付出的经济代价是巨大的。在日本汽车自愿出口限制期间(1981－1984 年),消费者付出的总成本达 160 亿美元,因日本出口配额流失的配额租和国内生产的效率损失高达近 90 亿美元。从贸易限制政策的选择角度看,如果实施关税或进口配额(许可证归国内进口企业持有)的限制措施,相当于每年 22 亿美元的出口配额租就不会流失。

表3　日本汽车自愿出口限制对美国的福利影响

(1)导致进口汽车的价格上升(1981—1984年平均)		11.0%
(2)导致国内汽车的价格上升(1981—1984年平均)		4.4%
(3)由于贸易限制导致进口每年下降	数量(百万辆)	0.7
	价值(亿美元)	58
(4)由于贸易限制导致国内产量上升	数量(百万辆)	0.7
(5)日本的自愿出口限制给美国消费者带来的成本(1951—1984年平均)		39亿美元
(6)日本自愿出口限制使外国出口者获利(1984年)		22亿美元
(7)美国国内生产的效率损失(每年)		2亿美元

资料来源:同表2。

　　在自愿出口限制如此高的运作成本下,为什么对自愿出口限制的使用日趋普遍?从上面的分析中就可以看到,对出口国家来说,接受自愿出口限制就得到了因稀缺性进口而能摄取的出口配额租的权利。尤其是当出口国已知其出口要被限制时,通过自愿出口限制协定来掌握配额,就可能确保来自出口限制的租移归自己而不是外国。而对进口国家来说,可能认为这部分配额租的流失转移是合算的,因为在自愿出口限制下,贸易限制是"自愿"的,它的实施就可以游离于关贸总协定之外,贸易双方也不必做互惠性的让步,这种贸易保护措施可以应用于歧视贸易的状态之中。

　　在过去,可能由于我们对"灰色区域"如自愿出口限制保护机制的不同形式的选择及其效应等不甚了解和缺乏研究,以及操作较为陌生,从而使我们出口贸易中有些应得的利益和市场没有得到应有的保护。在国际贸易保护实践中,反倾销往往就导致自愿出口限制,因为正如前文所分析的,这往往对贸易双方都有利。虽然中国的出口产品已成为西方工业发达国家反倾销的主要对象,例如,近10年内,在欧共体的反倾销史上,就牵涉中国47起反倾销案,而面对这种大肆的反倾销,我们很少或不会正确使用如自愿出口限制等保护机制来减少出口损失和稳定出口市场,甚至许多产品的进口倾销申诉高达2次以上,不少产品在对方倾销投诉后,由于仍不"自愿"限制出口,而被逐出出口市场①。随着乌拉圭回合的推进和最终完成,总协定的有关条款和规则将得到修正和完善,"灰色区域"的狭缝就将缩小,甚至可能消除,对此我们应予以关注。

参考文献

[1]G. C. Hufbauer, D. T. Berliner, K. A. Elliott. Trade Protection in the United States: 31 Case Studies. International Executive, 1986, 28 (28):26-27.

[2] Boonekamp, 1987: Voluntary Export Restrains. *Finance and Development*, 24:2-5.

[3]Feenstra Robert C, 1984: Voluntary Export Restrain in US Autas, 1980—81: Quality, Employment, and Welfare Effects. *Structure & Evolution of Recent US Trade Policy*, 22(8):35-66.

---

① 参见 Journal of World Trade: Law,Economics,Public Policy, 1992,26(3),50-60.

论出口贸易中的规模与效益问题 *

1995 年,我国外贸出口出现了增长幅度逐月下降,下半年出口远大于上半年出口的反常态势。1996 年上半年,全国外贸出口下降了 7.5%,一般贸易出口下降高达 23%,这一形势已引起了社会各界的关注。如何判断当前的出口形势、看待当前的出口滑坡? 中国的出口贸易在经历了 15 个年头的高速增长和规模扩张以后,会不会出现规模萎缩、停滞增长? 过去是否存在以牺牲效益为代价的过度出口? 这些问题值得在理论上加以澄清,从而构筑新的出口贸易战略和对策,推动出口增长方式的转变。

一、关于过度出口与过度竞争

同出口贸易有关的规模问题,有三个方面:

第一个方面是指规模经营,主要是为了有效地控制市场秩序,形成垄断经营,以获得有利于出口国的贸易条件。这个层次的规模问题不是本文

---

* 本文原发表于《经济理论与经济管理》1997 年第 1 期。

研究的对象,但由于这一层次的规模经营问题缺乏相应的制度安排,已是导致市场秩序混乱,从而过度出口和过度竞争的重要原因。这种微观层次规模经营的必要性是建立在"大国"和"小国"划分的贸易理论之上的。这里"大国"是指该国某种产品的出口所占的世界市场份额很大,从而足以影响国际市场价格。例如中国的生丝绸缎、茶叶、山羊绒、兔毛、猪鬃、乌、锌、铅等产品的出口均占世界同种产品贸易量的50%以上。如果该国是个大国,不组织形成出口卡特尔,来维护和规制出口市场秩序,在出口产品需求弹性缺乏的条件下,过度出口和过度竞争,一般会导致"贫困化的出口增长",出口效益被不利的贸易条件所吞没。从这方面来说,我国许多商品的出口规模,已具有大国的性质,但由于缺乏规模经营的体制安排,加上国有外贸企业体制的固有弊端,已是造成许多产品过度出口和过度竞争,从而是面临日趋不利贸易条件的重要根源。

第二个方面,有学者根据外贸依存度这一指标的国际经验数据及其比较,认为我国的出口贸易规模偏大,存在不合理部分或过度出口(江小涓,1993)。从人口和国土规模角度来划分大国和小国,由于大国的市场容量大、资源条件好等原因,一般来说,大国的外贸依存度低,根据世界银行的统计,国际上6个超过1亿人口的大国除印度尼西亚和中国以外,没有一个国家的出口依存度超过15%,16个人口超过5000万的大国没有一个国家的出口依存度超过30%。但我认为,对中国来说,用外贸依存度的国际经验标准来推断我国的出口规模是否偏大,是有缺陷的。中国是一个巨大的发展中国家,中国外贸的经济意义不同于先行的发达国家,促进出口的最大意义不在于获取规模经济和市场贡献,而在于获得一种发展中国家特有的"后发性利益或后发性优势"的外汇贡献。出口规模的决策存在着边际社会收益与边际私人(企业)收益之间的不一致,也即边际背离,前者大于后者。因此,中国要赶上和超过发达国家,外贸的作用是独特而巨大的,应该贯彻和实施工业化与国际化互动战略,走出一条经济发展的新道路——大国外向型经济发展的模式。

第三个方面是有没有存在转换过度问题。在标准市场经济条件下，外贸企业以追求利润最大化为目标函数，且出口产品价格、汇率、利润等要素和产品价格不存在扭曲，这时不可能存在转换过度问题。而在企业行为与价格信号双重扭曲、企业行为扭曲而价格信号正确、企业行为正确与价格信号扭曲这三种组合下，都有可能导致转换过度从而出口过度问题。在改革开放以前，我国的经济运行基本处于封闭经济条件下，无所谓转换过度。自从实施改革开放以来，我国较长一段时间内物价结构扭曲，并把外贸当作一个与其他经济活动分离的部门或活动，实行由"国家控制"的国有外贸垄断制度，在国家财政支持的容忍程度下，逐步形成了一种偏向出口的政策环境，它体现在利率优惠、出口补贴、信贷支持、以换汇成本为决定汇率的基础等方面，以支持国有外贸企业尽可能多地获取外汇，创汇并不是企业的经济性市场行为，而是一种政府行为。一方面，如果汇率贬值、各种出口优惠和补贴过度，客观上低估了出口产品价格，夸大了出口产品的比较成本优势，这就会导致转换过度和出口过度。如果在封闭经济条件下，国内价格线的斜率低于国际价格线的斜率，但由于国内转换曲线的斜率不等于且大于国内价格斜率，这说明存在价格扭曲。在这种情况下，生产转换不会在国内价格线与国际价格线的斜率相等处于停止，而会更多地转向本国的出口商品，导致过度出口。另一方面，实际上即使在出口产品价格信号正确的情况下，只要外贸企业的行为是扭曲的，同样会导致转换过度和出口过度。如果外贸企业以出口创汇为企业的目标函数，而不以追求出口活动的利润最大化即边际出口收益等于边际出口成本（$\frac{dR}{dQ} = \frac{dC}{dQ}$）为条件，不受出口成本的约束，而以出口创汇额最大化为目标，这时要求外贸企业出口的边际收益为零，也即$\frac{dR}{dQ} = 0$，但由于企业的边际出口成本为一个不为零的正值，因此，在既定汇率水平下，外贸企业以出口创汇最大化为目标函数意味着企业的边际出口成本必定大于边际出口收益,企业所选择的出口产品数量偏离了利润最大化的水平。当然这还取决于国家对外贸企业的亏损容忍程度和国际市场条件。

总括而言,即使我们对汇率、物价结构等价格扭曲是否导致或导致多大的过度出口(不合理的出口规模)无法计量出来,但从企业的微观体制分析看,过度出口是肯定存在的;然而我们也不能简单地根据大国外贸依存度低的经济标准,夸大我国的过度出口,从而对出口贸易规模有偏大的估计,忽视中国实施"大国外向型经济发展模式"的独特成功之处。

二、对当前出口形势的判断

1996 年上半年,全国对全社会经济和工业生产拉动最为重要的国有专业外贸企业出口,也即通常所讲的一般贸易出口下降高达 23%,从而引致全国外贸出口大幅度滑坡。这种出口形势是近年来宏观经济调控、外贸体制改革、出口政策环境变化等长期与短期、宏观与微观、体制背景与政策环境等多种因素综合作用的结果。但是,承接前文所述,不难看出,当前的出口形势主要是出口增长方式转变过程中出现的一些过渡性问题,是外贸出口活动在逐步体现效率原则的转型中必经的"阵痛"。因此,总的判断是,外贸出口增长方式正面临一种重要转折,增长的动力结构和轴心正在发生变化。

(1)出口增长的微观体制基础和动力结构在发生重大变化。改革开放以来尤其是进入 90 年代以后,国有外贸企业经历了一系列的改革,尤其是出口补贴的取消和承包制的推行,改变了国有外贸企业单纯以创汇本身为主要目标函数的微观制度基础。虽然企业经营行为的短期性仍然没有克服,但对成本、价格变化已有理性反应,企业已开始根据边际出口收益等于边际出口成本的利润最大化原则行事。如果假定汇率和价格等没有受扭曲,从而正伴随着企业微观体制变化出现过度出口的矫正和外贸出口规模的收缩。因此,从这个角度来分析,当前的出口形势是企业理性选择的结果,是属正常的,是由于国有外贸企业的微观体制改革,导致的外贸经济活动正逐步从单纯创汇的数量扩张型出口增长方式向效益型转变的结果及其效应。

(2)偏向出口的政策随着外汇的影子价格的下降逐步向中性化调整。随着我国外贸出口 15 年的高速增长,我国外贸出口规模已达到 1488 亿美元,已连续 4 年保持贸易额世界第 11 位的地位,出口依存度已高达23.0%。如果不随着外汇紧缺问题的缓解,从而外汇影子价格的下降,调整偏向出口的政策,尤其是消除有"过度"成分的偏向出口的政策因素,不仅超出了国家财政支持的承担能力,而且不利于开放经济条件下资源配置效率的改善。例如,绝大部分出口财政补贴政策取消;出口外汇留成制度取消;汇率的生存基础放到了市场上,不再简单地跟着换汇成本走,国家不再为外贸企业承担汇率风险;国有银行正按照商业银行要求改革,贷款等资金政策主要考虑风险和收益;"三资企业"、自营出口生产企业加入到了外贸活动中来,从而使外贸成为一个相对可自由进入的竞争领域等原来偏向出口的政策都在逐步向中性化调整,从而使原本由于这方面的政策偏向导致的、可能存在的过度出口得到矫正,或导致外贸出口规模部分收缩。

(3)出口退税制度及其政策变化。1994 年的税制改革,我国规定对出口货物实行零税率的政策,即货物在出口时的整体税率为零。但是由于中央财政负担过重,退税管理体制不完善等问题,近年来几经调整退税政策,只好对出口退税实行统一压低退税率和实行指标管理办法,这些办法又导致出口退税不足。对出口产品进行全额退税是国际贸易中实现公平税负、平等竞争的国际惯例。如果我们对出口产品的国内征税退税不足,则会使出口产品的售价既包括国内流转税,又包括进口国的流转税款。双重征税人为压低了出口产品的价格竞争能力或比较成本优势。如果假定不存在任何价格和企业行为的扭曲,就会出现生产转换不足。

(4)外贸出口增长方式面临的转折也是这一轮经济周期波动的一个组成部分。实际上每一轮经济周期波动的一个重要组成部分是相应出现的进出口波动,但有一定的时间滞后。在宏观调控紧缩时期,利率上调,银根紧缩,信贷资金紧张,必然导致进口压缩或下降。这一轮经济周期波动同样出现了这种效应,但渗进了前几种因素并起了主导作用,从而使这一轮出口周期波动异常而猛烈。

(5)国际分工中,正在出现新一轮的动态比较利益的结构性转移。劳动密集型产业方面的比较成本优势,由于受到了一些新兴出口国家如东盟、东欧等的挑战,中国正面临丧失市场的威胁。其主要原因是沿海地区的工资成本等上涨过快,短期行为支配的、低效率的经济体制进一步削弱了劳动密集型经济的比较成本优势,使制造品的非价格竞争能力薄弱,而一旦国内出现宏观经济收缩、通货膨胀、人民币汇率升值等情况,就难以通过出口产品向外转嫁或消化。

三、推动出口增长方式顺利转变的战略对策

(1)通过深化国有外贸企业改革,推动一般贸易出口及增长方式的转变。

①出口增长方式能否顺利转换,取决于国有外贸企业的成功改革。无论是采取资产经营责任制还是其他企业组织形式,深化改革的主要任务在于解决长期效率问题。

②国际贸易是一个信息搜索、谈判成本很高的交易活动,在外贸经营许可制逐步向登记制的过渡中,应注重贸易组织创新,尽快转变贸易方式,积极推广代理制,这是扩大规模经营、降低交易费用、搞活国有外贸企业的重要途径。

③应支持企业集团,通过联合、兼并等形式,扩展集团功能从单一的出口功能向进口、内贸、货运等综合功能转变。注意对各地县各类专业外贸公司的整合,改变过度分散经营的局面。

(2)"三资企业"和自营出口生产企业是推动我国出口增长方式的重要力量。"三资企业"和自营出口生产企业的崛起使外贸出口增长轴心出现重大变化。在出口增长方式的转型期,这一变化的意义重大,它解决了长期以来外贸活动与生产企业的隔离现象;整体上说大大降低了出口贸易费用,因为节省了不少中间交易环节、有利于生产企业节约流动资金占用、更好地做到了交货时点的衔接和质量控制等;而且给外贸领域引入了竞争机制,又能防止出口增长方式的转型期间外贸出口大幅度下滑。因此应顺应这种变化,大力支持"三资企业"和自营出口生产的企业扩大出口,并在配额、许可证方面也做适当安排。

(3)实施劳动密集型产业西移战略。由于东部沿海地区的纺织等劳动密集型产业受到通货膨胀、工资成本大幅度上涨的影响,其在国际市场上的比较成本优势在日趋缩小。因此有必要扩大"东锭西移"战略的实施范围,制定区域产业政策,推动纺织、丝绸、农副产品加工等出口产业逐步西移,实现劳动密集产业比较利益的国内地区性转移,以确保不丢失国际市场。

(4)逐步实现出口活动的经济性和政策性行为分离。

①当前要注意防止出口政策调整过度,应继续实施鼓励出口的外向型经济发展战略。仍应确立出口偏向资金信贷政策、扶植幼稚产业的生产补贴或优惠政策、实施鼓励出口产品结构升级、市场多元化的贸易政策等,只是这些政策的实施应当立足于国际规范化。

②完善出口退税管理体制,有效实施出口货物零税率的政策。出路在于要清理进口环节税,改变出口退税和进口环节征税脱节的格局,通过对进口产品普遍征收进口环节的增值税、消费税,实现进出口环节征退税自

求平衡,以进养出,这也是目前世界各国的普遍做法。

③深化改革人民币汇率变化机制,让汇率由市场来决定。以出口换汇成本作为人民币汇率的决定基础,不利于汇率的稳定,会使汇率在通胀压力下不断波动、滞后调整,并导致企业对汇率贬值的强烈心理预期。如果在汇率升值压力下,让汇率继续跟着出口换汇成本走,则会养成企业的惰性,高成本的行业就不会向低成本地区转移,出口产品结构就难以升级。

参考文献

[1]张幼文,1995:《双重体系的扭曲与外贸效益》.上海:上海三联书店.

[2]江小涓,1993:《中国工业发展与对外经济贸易关系的研究》.北京:经济管理出版社.

[3]林桂军,1995:《出口创汇指标与外贸企业的经营效益》.《国际贸易问题》第 7 期,第 55—57 页.

[4]姜波克,1995:《人民币自由兑换论》.上海:立信会计出版社.

[5]安体富,梁朋,黄然,1996:《关于出口退税存在的问题及对策》.《财贸经济》第 2 期,第 42—45 页.

[6]杨圣明,裴长洪,冯雷,1996:《趋势、效益、结构、监管——我国加工贸易问题研究》.《国际贸易问题》第 7 期,第 20—26 页.

[7]国家统计局,1996:《中华人民共和国国家统计局关于 1995 年国民经济和社会发展的统计公报》.《人民日报》,1996-03-07.

对中国历次关税调整及其
有效保护结构的实证研究 *

近年来,国内学术界对我国的关税以至非关税壁垒的福利效应做了大量研究[①]。但是,他们所考察的某些关税福利效应,指的是名义关税的福利效应。他们都有这样的明确假定,给定的名义关税对消费者和生产者面临的价值具有相同的效应。实际上,这种分析是以单一阶段生产过程的假设为前提的。事实上,大多数生产过程是由多个生产阶段组成的。而且大多数产品的生产,必须购买中间产品,其中许多中间投入尚需进口。在这种情况下,给定的名义关税对生产者和消费者形成的价格就具有不同的效应。如研究着眼点在名义保护率测算贸易保护的代价上,为有步骤地推进贸易自由化进程提供依据,上述测算是一个合适的工具。如果把着眼点转到在多边贸易体制给定的名义关税率约束下,如何用最小的保护成本,提高关税的有效保护程度,优化关税的有效保护结构。那么,现在涉及的是对产品生产增加值的保护,有效保护率才是合适的分析工具。本文在充分

---

    * 本文原发表于《世界经济》1999 年第 8 期,是本书作者与林承亮合作所著。

    ① 这方面最有价值的文献有张曙光,张燕生,万中心,1997:《中国贸易保护代价的实证分析》,《经济研究》第 2 期,第 12—22 页;盛斌,1995:《中国贸易自由化福利效果的实证分析》,《经济研究》第 11 期,第 40—46 页。

讨论有效保护率概念的基础上,通过对中国 1992 年以来历次降税后形成的关税有效保护率及其结构的计量测算,提出优化关税有效保护结构等关税改革建议。

一、关税有效保护理论和计量模型

在生产过程是多元阶段的情况下,一个生产部门的贸易保护程度不仅要受最终产品关税课征的影响,而且还会受到因中间投入的被征进口关税及其中间投入系数的大小的影响。因此,关税的有效保护率不同于名义关税率,它是对某种产品生产增加值提供的一种保护率,是某一产品相对于自由贸易下单位增加值提高的比率。从这个意义上说,有效保护率(Effective Rate of Protection,ERP)就是通过关税手段可能实现的某一产品实际价格的相对增加量,而不是名义价格的变化。假定某个产业,只生产一种产品 j,中间产品有 i 种,那么其 ERP 为:

$$ERP_j = \frac{V_j - V_j^*}{V_j^*} = \frac{\left[P_j - \sum_i P_i a_{ij}\right] - \left[P_j^* - \sum_i P_i^* a_{ij}\right]}{P_j^* - \sum_i P_i^* a_{ij}}$$

$$= \frac{P_j^* t_j - \sum_i P_i^* a_{ij}}{P_j^* - \sum_i P_i^* a_{ij}} = \frac{t_j - \sum_i a_{ij} t_i}{1 - \sum_i a_{ij}} \tag{1}$$

其中,t_j 是对 j 种产品的名义关税税率;t_i 是对 i 种中间投入的名义关税税率;a_{ij} 是生产单位 j 产品所需投入 i 产品的数量,即投入产出系数;V_j 为商品 j 在关税扭曲下的单位增加值($P_j - \sum_i P_i a_{ij}$);V_j^* 为自由贸易下商品 j 的单位增加值($P_j^* - \sum_i P_i^* a_{ij}$);$P_i$ 代表国内生产者面对的商品 i 的国内价格,即 $P_i^*(1 + t_i)$,P_i^* 为商品 i 的国际市场价格。

从上式可见,有效保护率是三个变量的函数:(1) 对最终产品的名义关税率。在其他条件不变的情况下,最终产品名义关税率的上升会相应提高有效保护率。(2) 对进口投入的名义关税率。在其他条件不变的情况下，进口投入名义关税率的提高，会提高最终产品的中间成本，降低其单位增加值，从而降低有效保护率。(3) 在名义关税水平一定的条件下，投入产出系数(a_{ij})越高，将有一个相应越高的有效保护率(金祥荣，1993)。再将上述含义进一步概括如下：

如果 $t_j = t_i$，则有 $ERP_j = t_j = t_i$ (2)

如果 $t_j > t_i$，则有 $ERP_j > t_j > t_i$ (3)

如果 $t_j < t_i$，则有 $ERP_j < t_j < t_i$ (4)

如果 $t_j < a_{ij} P_i^* / P_j^* t_i$，则有 $ERP_j < 0$ (5)

从有效保护率概念中很容易得出这样几个值得重视的结论：(1) 一个国家可以建立起这样一种关税梯度结构，对越低加工阶段的产品课征越低的名义关税率。(2) 要防止负的有效保护率的出现。式(5) 给出了负的有效保护率出现的条件。其含义是如果对这个最终产品的中间投入课征的关税如此之高，以至使它不仅抵消了对最终产品课征的关税，而且中间成本的上升还消除了最终产品价格与中间投入价格之间的差距，那么这时该产品的实际价格就会变成负的。这种情况在实践中是较少的，因为当一个产品的实际价格是负的或者为零的时候，这种产品的国内生产就不可能继续下去。(3) 过度保护会使某种产品原本自由贸易中负的实际价格转变为正的实际价格[①](W. M. Corden，1971)。例如某最终产品在自由贸易中的实际价格是负的，其一单位最终产品的自由贸易价格为 100 美元，但生产这种产品所需的一单位投入的自由贸易价格却要 120 美元，实际价格为负的 20 美元。但如果对最终产品征 100% 的关税，而对中间投入仅课 10% 的关税，就会形成一个课征关税后正的 68 美元的实际价格。这时的国内生产如果用自由贸易价格来衡量，其产品生产呈负增加值，中间投入成本大于最终

---

① 这种情况在本文计量模型中难以测算出来，但根据初步判断这种情形是存在的，应该引起特别重视。

产品价格。但贸易保护使国内生产成为有利可图的正的增加值。

另外，上述公式中的 a_{ij} 是指在没有关税的情况下，该产品在 j 产品成本中所占的比重，关税的征收会导致各种投入品之间价格比例的变异，从而出现相互替代和生产技术系数的改变。因此在 ERP 的实际量度中，必须对上述公式进行修正，将 a_{ij} 修正为 a'_{ij}，它是在关税提高国内最终产品价格和国内投入产品价格之后得到的投入产品的比重。a'_{ij} 和 a_{ij} 存在如下关系：

$$a'_{ij} = a_{ij} \frac{1+t_i}{1+t_j}$$

结合前面给出的 ERP 公式，可以得到修正后的 ERP 计算公式：

$$ERP_j = \frac{1 - \sum_i a'_{ij}}{\frac{1}{1+t_j} - \sum_i \frac{a'_{ij}}{1+t_i}} - 1$$

本文根据《1995 年度中国投入产出表》[①] 采选了 22 个可贸易部门，在计算时，a'_{ij} 采用的是"投入产出表"中列举的产品部门之间的直接消耗系数；t_i 和 t_j 由 1987 年、1993 年、1994 年、1997 年和 1998 年的海关税则，运用简单算术平均法对每项产品优惠税率进行计算、合并所得。

二、中国的关税有效保护率及结构实证分析

1992 年以来，中国连续 6 次降低关税水平，算术平均关税税率已从 1992 年的 43.1％ 降至目前的 17％。根据其中 4 次大幅度关税调整的数据资料，分 45 个部门测算了历次关税调整后的名义税率结构；同时，分别计算了 4 次大幅度降税前后的 22 个可贸易部门的关税有效保护率，并与相应

---

① 仅用《1995 年度中国投入产出表》中该年的直接消耗系数，也就是说，本文的模型计量中含有投入产出系数是不变的这样一个假定。

的名义关税率相应对照(见表 1、表 2)①。

表 1　历次关税调整后的有效保护结构(22 个部门)

单位:%

	1987 年		1992 年 12 月后		1993 年 12 月后		1996 年 4 月后		1997 年 10 月后	
	名义税率	有效保护率	名义税率	有效保护率	名义税率	有效保护率	名义税率	有效保护率	名义税率	有效保护率
农业	37.7	37.9	34.5	33.5	34.4	34.5	27.2	28.2	17.2	17.1
煤炭采选业	18.2	14.7	15.2	10.1	12.6	7.2	5.6	0.9	4.4	0.6
石油和天然气开采业	9.0	2.3	20.8	17.6	17.7	14.3	8.4	4.8	6.8	3.9
金属矿采选业	0.9	−11.0	0.3	−12.4	0.3	−11.6	0.2	−8.5	0.2	−7.0
其他非金属矿采选业	27.2	26.7	19.6	14.2	24.9	23.8	7.3	1.5	3.8	−1.8
食品制造业	59.5	93.6	55.0	84.8	48.1	67.4	39.5	57.7	27.1	40.0
纺织业	70.7	148.2	61.0	109.5	53.7	89.6	29.0	37.9	24.3	35.6
缝纫皮革制品业	76.3	122.7	76.8	147.2	72.4	149.6	41.8	77.6	30.2	48.2
木材加工及家具制造业	43.6	52.8	47.3	64.0	43.1	56.4	28.1	39.5	16.5	19.2
造纸及文教用品制造业	32.3	26.2	33.4	29.7	29.8	25.4	22.6	23.2	14.7	12.8
电力及蒸汽、热水生产和供应业	3.0	−5.7	3.0	−6.2	3.0	−5.1	3.0	−1.6	3.0	−0.4
石油加工业	17.6	24.1	16.0	10.5	13.9	9.2	8.1	6.4	7.6	7.3
炼焦煤气及煤制品业	17.2	13.2	15.9	9.2	13.3	6.5	7.2	2.9	6.9	5.4
化学工业	28.1	25.3	32.9	34.8	29.1	29.6	17.4	16.5	14.2	14.5
建筑材料及其他非金属矿物制品业	46.4	78.2	44.5	72.8	39.9	62.9	26.9	42.7	18.4	26.9
金属冶炼及压延加工业	15.1	13.5	14.9	12.8	14.7	13.7	9.8	9.2	8.6	8.7
金属制品业	43.0	98.6	42.8	97.9	38.5	82.3	20.4	34.3	13.5	18.5
机械工业	25.6	25.5	27.0	27.1	24.4	24.4	16.5	16.4	14.3	15.6
交通运输设备制造业	27.2	28.2	63.7	134.0	62.4	137.8	33.7	58.3	28.1	48.4
电气机械及器材制造业	37.2	59.9	37.0	57.4	30.6	42.5	26.5	45.8	20.3	33.4
电子及通信设备制造业	29.1	28.3	38.4	42.9	31.1	33.1	18.1	17.3	14.3	13.9
仪器仪表及其他计算器具制造业	35.1	40.4	31.2	29.6	28.6	28.4	21.9	24.8	14.6	14.4

---

① 需要说明的是,贸易政策对产业的实际保护,除了关税以外,还有非关税壁垒,包括配额、补贴等,本文没有对这些因素进行"等价"转换。本文测算研究的有效保护率,仅仅是关税有效保护率。

表 2　历次关税调整后的名义税率结构(45 个部门)

	1987 年	1992 年 12 月后	1993 年 12 月后	1996 年 4 月后	1997 年 10 月后
总算术平均关税率	43.1	39.9	36.4	23	17
农业	37.7	34.5	34.4	27.2	17.2
种植产品	12	10.7	8.6	4.4	4.4
林业产品	42.3	35.8	35.8	19.2	15.3
畜牧业	35.4	38.7	35.8	28.6	16.5
其他农产品	41.7	39.4	37.6	28.4	18.2
渔业产品	42.2	33.7	32.7	33.7	21.1
采掘业	22	20.2	20.4	6	3.4
煤炭采掘业	18.2	15.2	12.6	5.6	4.4
石油及天然气采掘业	9	20.8	17.7	8.35	6.8
金属矿采掘业	0.9	0.3	0.3	0.2	0.2
非金属矿采选业	32.3	29.3	27.8	8	4.2
采盐业	8.3	7.7	6.7	3.3	1.3
木材及竹材采运业	12.8	7.2	5.5	3.3	2
制造业消费品	65.8	63.9	60.5	35.5	25.3
食品	59.6	54	41.4	40.9	25.3
饮料及酒	90	82.2	10.8	60.2	55.4
烟草行业	100	99.5	99.5	58.6	53.6
文化产品	10	28.8	16.7	9.2	8
纺织工业	70.7	61	53.7	29	24.3
服装及纤维制品	86.9	82.2	75.5	42.7	31.9
皮革毛皮羽绒制品	58.4	56.8	57.9	37.8	21.5
家具及其他木制品	68.2	64.3	59	38.9	21.1
文教体育艺术用品	33	38.5	34.4	26.7	15.7
其他制成品	67.7	67	61.8	40	20.6
制造业资本品	29.5	36.2	32.9	21.6	17.2
机械产品	25.6	27	24.4	16.5	14.3
铁路运输设备	10.5	8	7.7	7.2	5.7
汽车	37.8	83.2	82	44.5	37.2
船舶制造	11.3	13.6	13	10.8	8.4
飞机及其他运输设备	6	5.2	5.1	3.7	3.6
电气机械及器材	37.2	37	30.6	26.5	20.3
电子和通信设备	29.1	38.4	31.1	18.1	14.3
仪器仪表及其他计量器具	35.1	31.2	28.6	21.9	14.6
制造业中间投入品	28.8	21.7	29	17.1	15.1
饲料	19.2	20.8	21.2	7.5	5.3
锯材加工及人造板	23.4	20.2	17.9	13.2	10.1
造纸及纸制品	34.8	31.1	28.9	23.1	16.0

	1987 年	1992 年 12 月后	1993 年 12 月后	1996 年 4 月后	1997 年 10 月后
印刷制品	21.8	20	18.5	14.4	8
电力及蒸汽热水	3	3	3	3	3
石油加工业	17.6	16	13.9	8.1	7.6
炼焦煤气及煤制品	17.2	15.9	13.3	7.2	6.9
化学原料及制品	26.6	26.2	23.3	14.1	11.4
医药制品	21.8	20.7	18.1	11.2	9.9
化学纤维	48.3	70.2	61.6	32.7	27.7
橡胶制品	35.9	27.8	25.7	17	14.4
塑料制品	36	34.8	30.4	21.8	16.4
建材及其他非金属制品	46.4	44.5	39.9	26.9	18.4
黑色金属冶炼及压延加工品	13.3	14.1	14.3	9.6	9.1
有色金属冶炼及压延加工品	16.2	16.2	15.4	10	7.8
金属制品	43	42.8	38.5	20.4	13.5

　　从 1997 年 10 月关税调整后形成的关税有效保护结构看，从有效保护的程度分析，形成了高、中、低三类程度不同的有效保护结构。(1)ERP<17% 的低关税有效保护部门。包括采掘业、造纸及文教用品制造业、电力、石油加工业、炼焦煤气及煤制品业、化学工业、金属冶炼及压延加工业、机械工业、电子及通信设备制造业、仪器仪表及其他计量器具制造业。其中金属矿采选业、其他非金属矿采选业和电力行业处于 ERP<0 的负保护状态，体现了政府对这些产品的进口促进意图。(2)17%<ERP<30% 的中等关税保护部门。包括农业、木材加工及家具制造业、建筑材料及其他非金属矿物制品业、金属制品业。(3)ERP>30% 的高关税保护部门。按顺序分别为：交通运输设备制造业、缝纫皮革制品业、食品制造业、纺织业、电气机械及器材制造业。其中交通运输设备制造业和缝纫皮革制品业的有效保护率分别为 48.4% 和 48.2%，远高于其他三个部门。原因主要来自两个方面：一是这两个部门的产品具有较高的名义税率，分别为 28.1% 和 30.2%，在所有 22 个行业中分别居第二位和第一位。从部门内部看，汽车行业(37.2%)和服装及纤维制品业(31.9%)的名义关税率是造成这两个

部门的高名义关税率的主要因素。二是在这两个部门产品的成本形成中占较大比重的投入品的名义关税率,均较大幅地低于相应最终产品的名义关税率。如在交通运输设备制造业产品成本中,占第二和第三大比重的机械工业和金属冶炼及压延加工业产品,名义关税率分别只有 14.3% 和 8.6%,低地产成品名义关税率分别为 13.8% 和 19.5%。

上述的关税保护结构基本符合对越低加工阶段的产品课征越低的名义关税率的关税升级原理。形成了从上游产品到下游产品有效保护率逐渐升高的梯形有效关税结构,调整后的名义关税率也呈现从上游产品到下游产品逐渐升高的梯形分布,使有效保护结构上的梯度差距更为扩大。

采掘业为唯一的负保护部门,低于名义关税率近 6 个百分点。主要是由于名义关税率较低,普遍低于作为其生产主要投入品的机械工业、化学工业、建材及其他非金属矿物制品业的名义保护水平。内部四个部门的关税有效保护率也均低于相应的名义关税税率,其中金属矿和其他非金属矿采选业呈现负保护。尤其是我国资源非常贫乏的金属矿采选业,负保护程度达到 −7%。农业部门的关税有效保护率接近于名义关税率。从表 2 可以看出,除种植业外,林业、畜牧业和其他农产品的名义关税率均接近于农业部门的算术平均关税率,渔业产品的税率则相对较高。从制造业投入品开始,包括制造业资本品和消费品,关税有效保护率开始超过名义关税率,而且随着产品加工度的加深,超过的幅度越来越大。在制造业的中间投入品中,除电力及蒸汽、热水生产和供应业出现负保护外,石油加工、炼焦、金属冶炼及加工业的有效保护程度较低,为 5%~8%,造纸、化学工业、金属制品业的关税有效保护率为 12%~18%,建材及其他非金属矿物制品业的保护程度最高,达到 26.9%,高出制造业中间投入品平均保护水平近一半。在制造业资本品中,五大部门明显分成两类。一类有效保护率为 14%~16%,包括机械工业、电子及通信设备制造业、仪器仪表及其他计量器具制造业。另外两个部门的实际保护水平远远超出上述三个部门,电气机械及器具制造业为 33.4%，交通运输设备制造业最高，为 48.4%，在全部 22 个部门中也为最高。从《1995 年中国投入产出表》和表 2 中可以发现，这主要是由于汽车的高名义关税，以及为该部门提供主要投入品的机械工业和金属冶炼及压延加工业的较低关税率导致的。制造业消费品的有效保护率最高，符合关税结构合理化的要求。从其部门内部也可以看出，除了木材加工及家具制造业外，缝纫皮革制品业、食品制造业、纺织业的有效关税率分别高达 48.2%、40% 和 35.6%，在全部 22 个可贸易部门中分别居第二、三、四位。

经历了 6 次关税调整以后，中国的关税有效保护虽然已消除不少结构性问题，关税结构呈现优化的倾向。但是，仍存在较多问题，需要在今后的关税调整中引起足够重视。

(1)在 6 次降税调整过程中，出现了一些部门的关税有效保护率的下降幅度超过对应的名义保护率的下降幅度。在一般情况下，随着名义关税率的下降，有效保护率也会随之降低，但只有当该产品的中间投入的名义关税同时相对提高的条件下，后者的下降幅度才会超过前者。显然这种关税改革与关税升级原理是相悖的。

(2)从关税的名义保护率与相应产品或部门的有效保护率比较看，根据国际经验，在名义关税率不变甚至逐步降低下，提高（至少保持）关税有效保护率的潜力还很大。经过几次关税调整以后，至 1997 年 10 月 22 日可贸易产品部门形成的关税有效保护率为 21.3%，仅比关税名义保护率高出 4.3%。从分部门看：①有 7 个部门产品的有效保护率低于名义关税率。这些部门的关税有效保护率之所以低于名义保护率，其原因主要是，除了造纸及文教用品制造业以外，这些部门的名义关税税率已极低，只要对其中间投入稍征一定水平的名义关税就会使有效保护率降至名义关税率之下。而这些技术、设备等中间投入正是还需要保护的幼稚产业。同时，这类采掘或采选业有效保护率的大幅度下降以至由正变负，也意味着这些原来在我国储藏量相对较为丰富的矿产品已经因大量开采而变得相对稀缺,政府由鼓励自给开始转向鼓励进口。②9 个部门的有效保护率明显高于名义税率,绝大部分属于制造业消费品和制造业资本品生产部门。③6 个部门的有效保护率接近于对应的名义关税率。除了农业以外,其他5 个部门均是刚进入重化工业阶段而需要保护的成长性产业或幼稚产业。但又由于这 5 个部门大多属于资本密集型的重化工业部门,产业关联度大,后向联系丰富,且较多中间投入部门也是需要保护的成长性产业。这正是导致上述 6 个部门的有效保护率与名义关税率相近的主要原因。实际上可以参照国际通行做法,配合使用中间投入的当地含量要求这种数量限制措施,降低或免征中间投入的名义关税,以提高最终产品部门的关税有效保护率(W. M. Corden,1985)。

(3)关税的有效保护结构的优化与国际贸易比较优势的动态变化还不十分相应适应。根据斯托尔帕—萨缪尔森定理,一国贸易的展开会使其原来较为便宜的要素价格上涨,从而出现要素使用替代的竞争比较优势的动态变化(E. Helpman, Paul R. Krugman,1989)。很显然,20 世纪 90 年代初期,我国已开始进入重化工业阶段,依靠劳动力、土地等初级要素,投入的比较优势在逐步失去,正被资本、技术等要素取代。但是,改革开放以来,我国 6 次重大的关税调整,比较好地坚持或把握了关税降低中应体现的如"网络协调法"等技术原则,而没有很好地注意有效保护结构的变化与动态比较优势的变化相适应,从而更好地支持产业结构的调整和升级。

根据我们的分析,在几次关税调整中,除电力和金属矿采选业以外,22个部门中 20 个部门的有效保护率是随名义关税率的削减而大幅度下降的。其中其他非金属矿采选业、煤炭采选业和金属制品业 3 个部门的有效保护率下降幅度达 80%以上。在剩下的 17 个部门中,有 7 个部门的有效保护率下降达 60%～80%;其中 10 个部门的下降率均为 30%～60%。从20 个有效保护率下降部门的绝对降幅来看,原先高保护部门的降幅最高,如纺织业、缝纫皮革制品业、金属制品业、交通运输设备制造业。这些部门在 1993 年的有效保护率均接近或超过 100％，降幅也均在 70％以上。原先中等或中等偏上保护程度部门的有效保护率也有较大幅度下降。石油加工、炼焦、金属冶炼及压延加工业等原先保护程度较低部门的有效保护率降低较少，均不足 5％。这样的关税调整使整个有效保护结构的差异程度缩小，标准差从 44.5 减少到 15.8，其中体现了关税降低的"网络协调法"原则。但是，"原则"的掌握上过于"机械"，忽视了结构考虑各部门在国际贸易中比较利益优势的动态变化。从表 1 中可见，1997 年 10 月最后一次关税调整形成的有效保护结构中，保护的重点仍然落在轻纺工业，而幼稚性、成长性强的资本、技术密集性产业的绝大部分部门的有效保护率都低于 17％的中等水平。

三、对进一步调整关税的几点政策建议

进一步调整关税要考虑加入世界贸易组织的名义关税的 13％的约束条件，以提高有效保护水平，优化关税的有效保护结构为原则和目标。

（1）根据各产业部门在国际贸易中比较利益优势的动态变化，优化关税的有效保护结构。给幼稚工业提供的贸易保护是有针对性、时间性、强调经济合理性的递减保护。如我国的轻纺工业已是国际竞争能力较强、国际市场份额很大的成熟性产业，应逐步撤销过度的贸易保护，把保护重点向资本、技术密集型产业转移。从表 1 中可见，我国机械工业的有效保护率几乎总是与名义税率一起同幅下降，尽管这一情况在 1997 年 10 月的关税调整中已有所改善，但相对其支柱产业地位来说，有效保护程度仍然偏低；电子及通信设备制造业的有效保护率自 1996 年 4 月的降税后，便开始低于名义税率，而且保护程度远低于其他制造业资本品生产部门，甚至低于部分制造业中间投入品生产部门。炼焦煤气和造纸业的保护程度也偏

低。根据《1995年度中国投入产出表》提供的部门影响力系数资料,炼焦煤气及煤制品业和造纸业的影响力在全部33个部门中分别居第三位和第四位,仅次于缝纫皮革制品业和纺织业。这两大部门的快速发展能够产生对相关部门较强的连锁波及需求,从而促进国民经济的更快发展。但目前两大部门的有效保护率均低于名义保护率,而且炼焦煤气业的有效保护程度更是远远不足。

(2)配合使用中间投入品当地含量要求的数量保护措施,以降低中间投入的名义关税率,提高对资本、技术密集型产业最终产品生产者的有效保护。当地含量要求是一种可变配额制,它要求国内最终产品生产者向国内中间产品企业购买一个确定的最小投入比例。一般情况下,这个比例是逐渐提高的,目的在于能达到百分之百地使用国产投入。这种本地含量要求有两个方面的效应:影响了最终产品生产者的有效保护率,同时保护了国内投入生产者,更重要的是能比关税保护更低福利成本地达到这个目的。因此,当地含量要求在幼稚工业特别保护制度下,具有特别重要的作用。我国应重视这一措施的作用和使用,制定全面的幼稚工业零部件国产化规划和措施,并把它们纳入国家产业政策体系之中。

(3)在"网络协调法"指导下进一步降低关税水平。由于关税保护实质上是对国内价格信号的扭曲,因此会带来资源利用中的扭曲和社会福利的损失。根据现代关税理论,关税保护的福利损失与有效保护结构密切相关,有效保护率之间差异的缩小会降低保护成本。因此,为尽可能地在贸易自由化过程中减少保护成本的支出,可以在有效保护结构的优化中选择各部门关税削减顺序。当然,在实际操作过程中,还必须同时考虑产业保护与节省保护成本之间的关系。但是,在同一层次类似部门的关税削减顺序选择过程中,"网络协调法"仍然是有意义的。例如在消费品生产部门中,应首先考虑削减缝纫皮革制品业的有效保护率,而不是家具制造业。

(4)随着关税有效保护结构向资本密集型部门倾斜,将形成不利于劳动的收入分配扭曲,这是应该引起注意的,政府可以通过其他收入分配政策加以矫正。

(5)防止过度的有效保护率,从而出现自由贸易中负的实际价格转变为保护贸易下正的实际价格。这种情况在目前我国高贸易保护下的轻纺工业和家电工业中有可能已经存在,值得做一些调查和进一步研究。

参考文献

[1]金祥荣,1993:《关税与非关税壁垒的效应分析》.北京:学苑出版社.

[2]张曙光,张燕生,万中心,1997:《中国贸易保护代价的实证分析》.《经济研究》第 2 期,第 12—22 页.

[3]盛斌,1995:《中国贸易自由化福利效果的实证分析》.《经济研究》第 11期,第 40—46 页.

[4]E. Helpman,Paul R. Krugman,1989:Trade Policy and Market Structure. Cambridge:MIT Press.

[5]W. M. Corden,1971:The Theory of Protection. Oxford:Oxford University Press.

[6]W. M. Corden,1985:Protection,Growth and Trade:Essays in International Economics. Oxford:Blackwell Publishing Ltd.

第三部分

中国改革问题

对现代土地租佃制度的实证分析和政策思考*

在中国农村经济的 10 年改革和发展过程中，家庭承包责任制展示了它推动农村商品经济发展的巨大优势，但同时也产生了一系列阻碍农村经济增长和发展的问题，分户承包的历史局限性已充分暴露了出来：农民经济行为短期化，农业生产资源配置低效，规模不经济等。深化农村经济改革，为今后农村经济的发展扫清道路，改变和重新配置原有的土地占有关系已势在必行。本文在论证实行"土地公共占有—佃农补偿制"的同时，试图更详尽地比较研究现代土地租佃制中分成租佃和定额租佃两种模型的公平和效率问题，亦相应地提出一些政策建议。

一、"土地公共占有—佃农补偿制"

在经济学术界关于中国土地制度改革的讨论中，较为流行的观点大致有两个：一是"土地私有派"，认为中国农村现代化的进程已提出了确立农

---

* 本文原发表于《管理世界》1989 年第 4 期。

村土地私有权的客观要求,土地私有制是发育和形成农业规模经营的条件。二是"土地租佃派",主张将承包制发展为永佃制,实现土地所有权与经营权的彻底分离,或者施行有期限(10～20年)的土地租赁制。

笔者认为,我国恢复土地私有制是不利于农村经济增长的。"土地私有派"大多把土地私有制看成是农业经营规模机制发育和形成的前提条件。他们认为,由于农业承包户从国家或集体那里得到了一份土地所有权,从而获得了土地集中和长期投资的刺激,在土地私有条件下,土地的自由买卖、转租、转让,就能自动调节土地的再分配状况,实现土地的集中经营;而绝对自由支配的土地所有权则给他们提供了投入的刺激。但我认为,以下几个方面的问题是值得讨论的。

(1)我国农村人口密度如此之高,而土地面积如此之少,是否能为农业专业户提供足够的土地,实现规模经营。一般认为,农业适度规模经营的土地面积基数是25亩,目前我国有平均每户4.5人的农户1.85亿户,按25亩的经营规模集中土地,就会有5亿多农民没有土地。

(2)虽然规模经营是提高农业劳动生产率的一条重要途径,但是不能简单地把规模平移扩展同建立在生产函数发生革命性变化基础上的规模扩大等同起来。前者可在一夜之间人为强制地建筑起来,而后者只能通过提高劳动生产率,促进经济趋向来达到,这是一个动态发展的过程。在我国农村商品经济发展的初级阶段,农业规模经营机制形成的社会经济条件是不具备的,农业规模经营机制只是处于缓慢发育的状态。它的运行特点是以农民广泛在农业外就业的兼业化为中心,具有单极"分化"(专业化与兼业化)的倾向,这种现象在东部发达地区已表现得很明显。而专业农户只能通过转租离开农业的农户土地、转租兼业户的土地以及改进生产技术和增加投资等,部分地扩大经营规模,向"大型化小农"的经营方向发展。在初级阶段,农业规模经营机制的发育和形成过程如此缓慢的主要原因在于:①农业外部产业未得到充分发展,不可能大幅度迅速地为大量农村过剩劳动力提供充分的就业机会。②土地资源贫乏,人均耕地面积过少。③大量兼业农户难以脱离农业。这又是因为:首先,由于农业外部产业的经营风险大,并且有相当高的不稳定性。其次,在非农产业就业的收入虽然较高,但完全依靠工资收入生活,放弃廉价的粮食等自给生产,对"离土不离乡"的兼业农户来说是放弃了一部分既得利益。第三,在农村缺乏社会保障、特别是无养老和保健制度的现阶段,保持小块田地经营也是一种必要的生活保险。即使在江浙一带,在外部产业兼业比率很高的农户一般只愿放出部分承包土地,有些农户宁肯出钱代耕或者弃耕也不愿意放弃土地的承包权。第四,对传统农业的依恋。城镇居住的困难等,也是难以举家弃农的原因。④大多数农户都缺乏必要的资金积累,他们难以扩大投资规模。正是由于这些原因,在农村商品经济发展的初级阶段,农业劳动力的转移模式主要采取兼业化的形式,而不一定导致农户大量弃农,那么农业经营规模的扩大也就难以采取集中土地的形式。在这个阶段,企图人为地或强制地实现农业土地集中和规模经营是一种错误的政策选择。

（3）在我们这样一个不发达的传统农业国,土地经营规模和效率之间是否存在着密切的正相关关系也是值得怀疑的。在农业经营规模的大小适度问题上,不能按照西方标准经济学中的有效规模理论,简单地否定或肯定大农业或小农业。一般来说,如果具有机械耕作网,大规模的灌溉系统,良种、植保、农产品加工和销售等服务体系,那么可以说,建立在此基础上的大规模农业将比小规模农业经营方式更有效率,经济增长更快。但是,我国现阶段即使是在较发达的东部经济地带也还不具备上面所提到的这些农业大规模经营的条件。在现有环境下,小规模的农业经营也许更适合我国农业经济的具体情况。这时,小规模的农业经营,甚至按经济标准看,比大规模的农业经营效率更高。这是因为,小规模经营比大农业的耕作更加精细;小规模集约经营可以缓和城乡的劳动过剩、资本和管理人员大量缺乏的压力,而且在我国许多人仍习惯于小规模的农业经营方式。

（4）既然在初级阶段不能迅速地培育出农业规模经营机制，而小规模经营又具有相对优势，那么在土地公共占有的生产条件下，实行农户租佃补偿制就可以较好地解决农业问题。笔者所设想的"土地公共占有——佃农补偿制"的主要内容是：①承租者对所租土地有继承、转租、转让的永久使用权。②国家或集体在征用或收回租给农民的土地，或者由于各种经济和非经济因素中止租佃契约时，应确立对农民在土地上的一切未用资源给予补偿的规章制度。③根据各经济地带的土地数量、自然经济条件、生产力发展水平等具体情况，分别采用分成租佃和定额租佃两种模型。根据上述三个方面规定性所建立起来的土地租佃制度，就能培育出较为合理的、长期的农民经济行为，再造出一个新的农业经营体制模式。第一，"土地公共占有——佃农补偿制"中的"永佃性"消除了租佃条件中的"时间"因素，可在相当大的程度上消除农民对政府政策的不信任感。而"补偿性"能有效地保护农民在土地上的一切投资权益，可使农民的投资动机和行为得以正常再现，从而形成土地的长期投资机制。第二，由于在家庭承包责任制中，绝大部分乡村的土地资源是按每个家庭的人口多少来平均分配的，但由于各个家庭拥有的劳动力和劳动强度、技能是有差异的。那么也就是说，土地按人均分配的承包制造了资源配置上的低效。实行"土地公共占有——佃农补偿制"能从两个方面改善家庭承包责任制中的资源配置状况。一方面，租佃通过招标（除口粮田以外）打破了土地分配上的平均主义做法，从而形成了一个适合各个家庭所拥有的生产资源（劳动与资本）的数量和质量的土地配置组合。另一方面，租佃制同样可以通过土地的继承、借贷、转让等形式，不断调节家庭土地分配状况。因为农民的家庭规模不仅差异很大，而且会经常变化，儿女多、劳动强度和农业技能好的家庭以及在非农产业就业机会较少的家庭希望占用较多的土地；相反，儿女少、劳动力少、劳动强度弱和农业技能差一些的家庭以及在外部产业就业机会相对较多的家庭会暂时或永久地转租、转让部分或全部土地，以减少家庭开支，提高家庭劳动的边际收入水平。这样,在农民家庭之间就会出现一种以让渡形式出现的农民土地市场,农民土地市场及其机制能有效地调节农民家庭的生命周期与家庭土地占有量之间的矛盾,使不断变化的家庭规模、消费需求和家庭劳动力与土地占有量之间趋于动态均衡。对租佃制中的效率评估、合理的租佃期限和地租率、未用资源的补偿等问题,在下文将做更充分的实证研究。

(5)一个有效的佃农制将比以小块土地私有制为基础的小耕农经济更具有职能专业化和技术革新与推广的优越性。在"土地公共占有——佃农补偿制"下,作为土地所有者的集体经济单位主要负责财产管理、保养、行政管理和一系列农技服务,佃农可以独立自主地从事耕种活动。实际上,仅仅依赖于把公有土地分配给农户不可能促进农业的发展。因为广大农民普通缺乏知识、农业技能和经营管理的能力,他们缺乏独立经营的能力和经验,因此,除了把土地分给农民以外,通常还需要政府和集体为广大农民提供信贷、销售、推广农业技术甚至提供农作物的管理、饲养牲畜的生产咨询等。

(6)在现阶段,专业农户的资金积累能力本来就十分有限,如果恢复土地私有制,那么农村集体核算单位就将彻底崩溃,原来由国家集体承担的"土地公共占有——佃农补偿制"内部的农业服务成本将直接由各个农户自己负担,这就必然大大削弱农民经济的内部积累能力,从而妨碍农业内部自我发展机制的发育与形成,有可能使农村经济陷入"贫穷恶性循环的陷阱"之中,从而使中国农村经济又步入停滞增长的小农经济。

总括而言,在土地公共占有的生产条件下,实行土地租佃补偿制度,不仅能够尽可能消除由于生产条件占有方面的差异所带来的一些不平等竞争机会和经济分化,而且更有助于培育土地集中、资源有效配置和长期投资机制,构造一个可以同时实现较大的平等和较高生产效率的双重目标的农业经营体制模式。

二、现代土地租佃制中分成租佃和定额租佃模型的效率比较

在现代土地租佃制中,一般有两种较为流行的租佃模型:分成租佃和固定货币租佃(或定额租佃)。下面将分别考察这两种模型的结构和运行机制问题,判估它们对农业生产资源利用效率的影响。

无论是分成租佃,还是定额租佃,模型的确立都是以这样三个假定为前提的:(1)在农业部门自给性与商品性的二元经济结构中,农民的经济性格也是二重的,他们关心怎样使收益最大化,但为了给家庭提供生存物资,他们又不得不把用于商品生产的资源限制于首先保证粮食自给的范围内,从而寻求经济上的安全或使风险最小化。(2)农副产品价格体系能够充分合理地反应消费者的偏好,所以,虽然在二元经济中,农民有可能以边际利润换取边际安全这样的方法去分配资源,但资源的最优配置效率,也即最大化的生产收益或安全是可以用市场价格来表示的。(3)经济社会中的竞争是较为充分的"多数或自由竞争"。当然,我国目前的农村经济发展同这三个假设中的某些方面有一定的差距,但毫无疑问,随着农村经济改革的深入,农民经济商品性的一面将迅速扩大。

分成租佃是指地租的缴纳,是按生产量的比例而缴付的。所以,在这种租佃制度下,对佃农来说,地租额是一种"可变"成本,它随产品生产的产量大小而定,是产量的一个函数。而对土地出租者来说,他所收取的地租是一种对土地资源的"可变"收益。而所谓定额租佃就是指承租者必须按契约中规定的一定地租金额缴纳地租。定额租佃的最大特点是,佃农所缴纳的这种定额地租可以看做是承租者为了取得土地资源的使用权而必须支付的一种"固定"成本。就土地出租者而言,定额租佃中的地租收入是他利用土地所有权而获得的一种"固定"收益。在生产过程中,定额地租既然

是一种"固定"成本,所以它不会影响佃农生产产品的边际成本,而只是增大农户的固定成本或把总成本曲线推向更高的水平。了解了分成租佃和定额租佃这两种模型的基本规定性以后,我们就可以来比较分析这两种租佃模型对生产规模、资源集约度和资源在时间过程中的配置效率的影响。

(1)生产函数。设 y 为生产产量,x 为农户拥有的可变资源(劳动与资本),农户的总生产函数为:

$$y = f(x) \tag{1}$$

这一总生产函数就是表示农户将他所拥有的劳动和资本投资于土地上时的生产函数。如果假设佃农可分得的产量比例为 s,须缴付给土地出租者的产量比例就是 $(1-s)$,而且租佃条件中规定的地租分成数为 $1/3$,那么 s 就等于 $2/3$。根据租佃条件,就可以得到佃农的实际生产函数为:

$$y_t = s \cdot f(x) = \frac{2}{3} f(x) \tag{2}$$

而土地所有者出租利用土地的实际生产函数是:

$$y_l = (1-s) \cdot f(x) = \frac{1}{3} f(x) \tag{3}$$

在定额租佃模型中,佃农缴付给土地出租者的地租是一个固定的数额,它是总生产函数中的一个常数项。那么,定额租佃农户的实际生产函数是:

$$y_c = f(x) - b \tag{4}$$

分成租佃和定额租佃这两种不同的土地关系配置结构及其所形成的不同的生产函数结构,形成了两种不同的农业经营体制模式。在分成租佃制下,由于地租是农业产量大小的函数,土地所有者一般都十分关心效率,他会干预生产和经营决策过程,而佃农的生产经营和管理的自主性就会受到限制,因此,分成制具有计件制、分红制和合作制三大现代制度的许多优点。而在定额租佃制下,对土地所有者来说,不存在关心投入产出的经济效率大小的动力结构,一般说来,佃农完全自主经营,自负盈亏。

（2）生产规模。这里所说的生产规模，是指土地所有者拥有的土地面积的大小和佃农所投入的劳动与资本的多少及其组合而言的。首先，我们来分析分成租佃制下生产规模的适度及其决策问题。根据前面所给出的分成租佃制下的生产函数，可以求得一组边际产量函数：

$$MPP = \frac{\partial y}{\partial x} \tag{5}$$

$$MPP_t = s \cdot \frac{\partial y}{\partial x} = \frac{2}{3} \cdot \frac{\partial y}{\partial x} \tag{6}$$

$$MPP_t = (1-s)\frac{\partial y}{\partial x} = \frac{1}{3} \cdot \frac{\partial y}{\partial x} \tag{7}$$

根据（5）～（7）式的边际函数，我们可以得到图1的三条边际产量曲线。在图1中，横坐标为固定土地面积下投入的不同数量的劳动与资本，或者在分成制下从佃农的立场而言，表示固定的劳动与资本数量下投入的不同数量的土地资源，纵坐标为产品产量与成本。

从图1中可见，就土地所有者的立

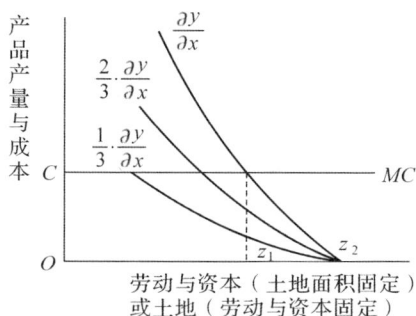

图1　租佃制下的生产规模

场来说，$\frac{2}{3} \cdot \frac{\partial y}{\partial x}$是他出租土地利用佃农的可变资源应支付的报酬，也就是土地所有者使用佃农资源所支付的边际成本，而$\frac{\partial y}{\partial x}$可作为土地出租者的边际收益。如果土地出租者以收益最大化为行为准则，则他必须使生产规模扩大到边际收益等于边际成本之点，即z_2点。也就是说，土地所有者必须把土地出租给这样的佃户，当佃户把所拥有的全部资源投入到土地上时，它的边际生产力等于零。

从佃农的立场来看，他把自己拥有的劳动和资本看作固定的，尽量多租入些土地，可使他的可变资源的利用能力充分发挥，达到产量最大化。

这时土地的边际产量$\frac{\partial y}{\partial x}$是佃农租用土地的边际收益曲线,而$\frac{1}{3}\frac{\partial y}{\partial x}$是租入土地必须支付的边际成本。农户希望能选择租入的土地规模要求是,当租入的土地与他的变动资源组合时,土地的边际生产力等于零。因此,在分成租佃契约成立时,土地出租者总希望承租者拥有的资源越多越好,经营能力越强越好;而承租者总希望租入的土地面积愈大愈好,对他来说采用外延平推式的粗放经营反而有利。

在定额租佃模型中,由于地租收益与佃农的资源数量不发生直接关系,所以土地出租者并不在乎佃农拥有的资源数量和经营能力的大小。对佃农来说,租入一定面积的土地,必须支付一定量的地租,所以佃农希望租入的土地,其边际生产力应等于所付出的定额地租为止。在图1中,设单位面积的定额地租为$OC=b$,这就是佃农租用土地的边际成本(固定不变),而佃农的边际收益曲线是$\frac{\partial y}{\partial x}$,生产规模为$Oz_1$。可见,在一般情况下,定额租佃制下的生产规模较分成制为小,但是对定额租佃制的佃农来说,采用集约经营式的内涵扩大再生产较为有利。

(3)资源集约度。在分成租佃和定额租佃制中,两者不同的生产函数结构,造成了不同的成本结构,从而导致了不同的资源集约度。所谓资源集约度,是指单位土地面积上可变资源的投入以及单位面积产量的大小。

在分析资源集约度时,我们仍然以(1)~(4)式的生产函数为基础,假定土地面积为固定数量,而投入的劳动和资本在短期中是可变的。根据已知的生产函数和市场价格,就可以求出产品的单位成本函数。如图2所示。在分成租佃制中,由于土地出租者不负担任何可变成本,他的边际成本曲线同横轴重合,所以,土地出租者的产量目标是以最大产量为极限的,图2中Oy_3产量假定为佃农将所拥有的全部资源投入土地后的最高产量,那么土地出租者的效率决策又会同佃农以边际成本等于边际收益的最优产量决策相冲突,一般说来,最优产的资源集约度(Oy_1)小于最大产量下的资源集约度。

在定额租佃制下,由于对土地出租者来说,地租额与产量的大小不发生直接关系,所以,出租者不过问佃农的资源集约度,佃农可以自主决定资源的利用效率。我们假定在分成租佃制下,佃农也能自由决定资源的利用效率,从而来比较分析分成与定额租佃这两种模型中的资源集约度。

在图 2 的成本结构中,ATC_t、MC_t 分别代表分成租佃下的佃农产品平均总成本和边际成本曲线,ATC_c、MC_c 则代表定额租佃制中佃农的产品总成本和边际成本曲线。当产品单位价格为 P 时,两种租佃模型中的单位面积产量就确定了,分别为 Oy_1 和 Oy_2。为什么定额租佃制下的资源集约度大于分成租佃制下的集约度? 这是由两方面的原因造成的:一方面,由于计算分成租佃制下的平均总成本与边际成本是以佃农所费的可变资源和他所获得的 2/3 的总产量为基础计算的,而定额租佃制下的佃农除必须负担相同的可变资源成本以外,还须负担支付给土地出租者的定数地租,但在计算单位成本时,是以全部生产量为基础计算的,所以后者的边际成本一般较前者小。另一方面,由于定额租佃制下的地租数额固定不变,因此在产量水平较低的水平下,定额租佃的单位平均总成本必大于分成租佃制下的情况。只有当产量扩大时,定额租佃的佃农每单位产品分摊的固定成本也就愈少,而分成租佃的佃农由于计算单位成本时以 2/3 产量为基数,所以随产量水平的提高和报酬递减规律的作用,其平均产品单位成本较定额租佃情况下的大。

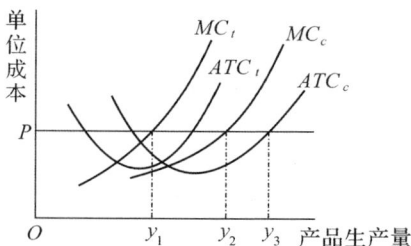

图 2 租佃制中的资源集约度

（4）租佃期限。关于租佃期限，在这里我们主要研究在不同的租佃期限和租佃条件下，资源在时间过程中的配置效率问题。如图3中的生产可能性曲线所示。如果全部资源用于前期 t_1 生产使用，前期产量为 Oy_1；如果全部资源用于后期 t_2 生产使用，则生产产量为 Oy_2，资源分配于两个时期的产品组合就是生产可能性曲线 y_1y_2。通过价格折算可求得不同时期的价格比率，

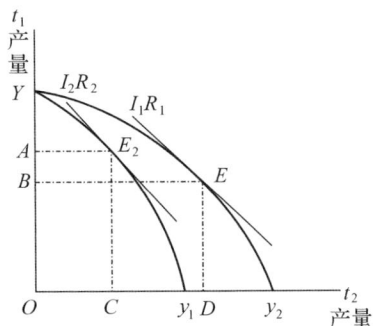

图3 时间过程中的资源配置

假定 I_1R_1 为等收益曲线，同生产可能性曲线相切于 E_1 点，这时 E_1 就是两个时期产品产量的最佳配置点。但是，如果租佃期限并不包括全部期限 t，那就不能以 y_1y_2 这一生产可能性曲线作为资源配置的决策基础。如果整个 t 时期为4年，t_1 时期为前两年，t_2 指后两年。设租佃期限仅为3年，那么农户就不可能获得第4年的产品。这时佃农的生产可能性曲线为 y_1y_3。再假定价格比率相同，这时，佃农在两个时期中的最大收益产量组合比为：前期（头两年）生产 OB 产量，后期生产 OC 产量。在比例上，前期的产量要比后期大得多。也就是说，在这种情况下，佃农必然以较大数量的资源投在前期生产，而不多做土地改良的投资以期获得后期更高的产量。后期产量的获取主要是借助于前期两年中所培育的土地肥力和水土保养工作来进行生产的。

总而言之，在分成租佃和定额租佃两种不同的模型中，由于存在不同的租佃条件和土地关系，形成了不同性质和结构的佃农生产函数和成本函数，导致了两种不同的生产规模、资源集约度和经营方式，这些都是我们在农村土地制度改革中，选择不同的租佃模型和农业经营模式的重要政策依据。

三、几点分析推论和政策选择

通过以上对土地租佃制度中两种不同模型的实证分析,还可以推出以下几点理论结论和政策建议。

(1)现阶段,我国各地区的土地人口比率和农业内外部的物质经济条件极不平衡。首先,在经济发达的东部和中部部分地区,劳动力过剩与土地资源贫乏之间的矛盾最为尖锐,但非农产业(乡村工业)发展迅速,产生了新的利益参照系,务农收入和务工收入之间的巨大势差,大大降低了农民经营土地的热情。[①] 而在西部和中部部分不发达地区,虽然劳动力过剩与土地短缺之间的矛盾也十分突出,但是由于这些地区的农业外部产业相当落后而发展缓慢,广大农民缺乏新的利益参照系的比较和工农业两部门收入势差的诱导,绝大部分劳动者仍然安心留在农业部门。其次,发达地区有良好的灌溉系统、发达的农产品加工和销售网、雄厚的机械耕作体系和良种、植保等农业服务系统,不发达地区则不具备这些农业物质经济条件。第三,上述两点决定了两地区农民生产的目标函数的差别。在发达地区,农民主要关心的是使收益最大化;而在不发达地区,农民则把避免风险的考虑置于使收益最大之前。考虑到这样一种经济背景,笔者认为,在西部和中部部分不发达地区较适宜实行分成租佃制,这一方面可以让政府和集体同佃农分摊风险,另一方面,可以通过政府和集体的经济优势,加强对佃农的农业生产和管理方面的技术指导。在东部发达地区实行定额租佃

---

① 务农和务工之间的巨大收入势差,很重要的原因是农业(粮食)贸易条件不断恶化。从近年来农副产品价格改革的实践看,例如蔬菜、水果等在价格放开以后,通过市场机制的自动调节使其贸易条件得到了根本性改善。因此,这两年来,特别是郊区农民的种地热情又高涨起来了,甚至出现了一些乡村企业人员放下榔头重新拿锄头的特殊现象。而非郊区农民则利用农副产品内部的"价格双轨制",把资源尽可能地转移到经济作物土地上,对经济作物的种地热情也高涨了起来。可见,随价格改革的成功展开,整个农业贸易条件得到根本改善,农民种地的比较利益被矫正过来,那么农民经营土地的热情仍会上涨。

制,可以鼓励农民集约经营。

(2)确定一个合理的地租率,对佃农的生产规模决策和资源利用效率等都会产生重大影响。特别是在分成租佃制下,传统理论一直认为,土地所有者往往收取很高的地租,从而使佃农缺乏生产更多产品的经济刺激和从事投资的动力和能力,因此,这一租佃模型缺乏资源配置的效率。那么,在土地公共占有的生产条件下,制定一个合理分成地租率是完全可能的。在定额租佃制下,制定一个合理的地租率仍有重要意义。如果地租率过高,农户所能获得的产量份额少于他的劳动边际机会成本,他就会缺乏集约经营和生产更多产品的刺激;相反,如果地租过低,就会导致土地资源使用上的不经济和粗放经营。

(3)为了消除租佃期限的长短对于资源利用效率所产生的不利影响,可以确立租佃未用资源补偿制度。这里的未用资源是指农户投资于土地上的资源在租佃期满时,所投资源尚未能全部转化为产品的过剩生产能力。例如,农户为了增大土地肥力,在租佃期的前两年栽培了各种能增进土壤肥力的保护性作物,这种作物的物效甚至还可以在第三年、第四年生效,如果租佃契约于三年期满,那么农户在契约期满时,可向土地出租者申请未利用的第四年所存的土壤肥效的补偿。这一土地租佃补偿制曾在欧洲施行过。通过确立补偿制,就可以使农户的投资动机和行为正常再现。

另一种消除因租佃期限而影响资源利用效率的方法,是延长租佃期限,甚至可以消去租佃条件中的"时间"因素,实行"永佃制",笔者较倾向于这种方法,并在前文中提到过。

(4)在定额租佃制下,如果农户面临一个较为波动的经济,例如当产品价格大幅度下跌时,定额租佃佃农就比分成租佃制下的佃农面临的风险和不确定性要大。这时,他们一方面会尽可能选择收益确定性较大的短期作物;另一方面,会迫使他们进行粗放经营,挤出更多的资源从事外部产业的活动。为了克服定额租佃制这一弊端,可以采用"弹性"定额租的办法。所谓弹性定额租,是指佃农支付的地租额可以随产品的价格水平而变动。这样,佃农的地租额可以随着他的收益变化情况做适当的调整。

政治关联和融资约束：信息效应与资源效应[*]

一、引　言

经济转型 30 多年来，民营经济逐步发展成为支撑我国经济持续快速增长的重要力量。民营经济创造的国内生产总值已占 GDP 的 60％左右，吸纳的就业人数占全国城镇就业的 70％以上（张平，2009），缴纳的税收约占全部税收的 80％（刘迎秋，刘霞辉，2008）。尽管民营经济成就如此巨大，但是民营企业的成长依然面临诸多瓶颈和制约，其中以融资约束问题最为突出（罗党论，甄丽明，2008）。外部融资是影响企业发展的重要因素（Demirgün-Kunt，Maksimovic，1998；Rajan，Zingales，1998），而我国民营企业却长期遭遇融资困境，对企业发展相当不利（林毅夫，李永军，2001）。世界银行投资环境调查显示，75％的中国民营企业把融资约束视为企业发展的主要障碍（Claessens，Tzioumis，2006）。

＊　本文原发表于《经济研究》2012 年第 9 期，是本书作者与于蔚、汪淼军合作所著。

伴随民营经济蓬勃发展的同时,一个非常有意思的现象是,民营企业家的参政议政积极性急剧提高。越来越多的民营企业家主动参政议政,并且取得了一定的政治地位(陈钊等,2008);尚未参政的民营企业家也有很高的"争当人大代表、政协委员"以及"与党政领导人经常联系"的意愿(冯天丽,井润田,2009)。最近,学界开始关注民营企业家踊跃参政议政的动因,不少学者从融资约束角度理解民营企业家建立政治关联的积极性。来自美国(Houston et al,2011)、马来西亚(Johnson,Mitton,2003)、巴基斯坦(Khwaja,Mian,2005)、泰国(Charumilind et al,2006)、巴西(Claessens et al,2008)以及跨国研究(Faccio,2007;Boubakri et al,2009)的经验证据都表明,政治关联显著提高了企业的信贷获得能力,具体表现为贷款金额增大、贷款成本降低和债务期限延长。除了银行信贷方面的融资优惠,政治关联还能显著降低企业的股权融资资本(Boubakri et al,2010)。

胡旭阳(2006)以浙江省2004年百强民营企业为研究对象,发现企业家的政治身份有助于企业进入金融行业,提高资本获得能力。白重恩等(2005)利用全国工商联调查数据所做的研究表明,政治关联有助于民营企业获得银行贷款。余明桂和潘红波(2008)以民营上市公司为样本的研究显示,建立了政治关联的企业更容易获得银行信贷,从而有更高的负债率。Fan等(2008)以23例省部级官员腐败案件作为自然实验,也发现政治关联能够帮助企业获得更多的银行贷款,尤其是长期贷款。罗党论和甄丽明(2008)以投资—现金流敏感度作为融资约束的衡量指标,发现了政治关联帮助企业缓解融资约束的直接证据。他们的研究表明,有政治关联的民营上市公司,投资对内部现金流的依赖程度较小,融资约束较轻。

国内外经验研究都发现政治关联有助于缓解企业融资约束,但至于政治关联究竟通过何种微观机制起作用,现有研究大多语焉不详,仅笼统地把融资约束的缓解视为由政治关联带来的"政治租金"(Khwaja,Mian,2005)。胡旭阳(2006)以及罗党论和甄丽明等(2008)认为,政治关联之所以能够帮助民营企业缓解融资约束,一个可能的原因是政治关联具有信号传递的功能:有政治关联的企业更有可能是那些绩效较好的优质企业。不过遗憾的是,上述研究都没有为此提供直接的经验证据,也没有验证政治关联缓解融资约束的具体作用机制。而只有厘清了机制,才能采取对症的政策措施切实破解民营企业的融资难问题,这就是本研究的核心所在。

本文通过全面考察企业政治关联、信息不对称与民营企业融资约束之间的关系,探讨政治关联影响企业外部融资的微观机制。首先,我们利用证券市场微观结构数据构造反映资金供求双方信息不对称程度的指标,对政治关联与信息不对称之间的关系加以直接检验,发现政治关联起到了信号发送功能,有助于缓解信息不对称;其次,基于 Almeida 等(2004)提出的现金—现金流敏感度融资约束识别策略,检验政治关联缓解民营企业融资约束的微观作用机制。在控制信息效应的基础上,研究发现政治关联缓解融资约束还存在资源效应,且资源效应占主导地位。本文的发现表明,要解决民营企业融资难问题,构建公平的市场环境,消解政策性歧视,给予所有企业同等的资源获取机会,比缓解信息不对称更为关键和紧迫。

本文其余部分安排如下:第二部分结合文献讨论政治关联缓解融资约束的作用机制;第三部分描述本文使用的数据并定义相关的变量;第四部分是实证分析,首先检验政治关联是否有助于缓解信息不对称,其次检验政治关联是否有助于缓解融资约束并检验其作用机制;第五部分是稳健性检验;最后是结论。

二、政治关联缓解融资约束的机制分析

(一)信息效应

我国资金市场上,资金供求双方关于企业未来经营状态的信息高度不

对称,由此导致的逆向选择问题是妨碍民营企业融资的重要因素(林毅夫,李永军,2001;李志赟,2002;白重恩等,2005)。而政治关联则是关于企业未来业绩的有效信号,能降低资金供求双方之间的信息不对称程度,从而缓解民营企业融资约束,这就是政治关联的信息效应。

在向银行申请贷款或通过资本市场募集资金时,经营前景差的劣质企业会伪装成前景好的优质企业。成熟金融市场中有完善的评级机构和审计机构对企业质量和未来业绩加以分析评估,并提供给资金供给方。而我国金融系统的基础设施不健全,没有完善的信用评估体系,市场上缺乏具有高公信力和高专业水准的独立第三方认证机构。尽管我国的资信评级机构已有了初步的发展,但在人员、技术、业务范围等方面都与全球性评级机构有较大差距,研究报告的数量和质量都难以满足市场的需求,市场认可度不高(袁敏,2007),信用评级的真实性值得怀疑(白重恩等,2005)。因此,作为资金供给方的银行和外部股权投资者关于企业信息的来源渠道非常有限,资金供求双方存在严重的信息不对称。资金供给方无力区分优质企业与劣质企业,难以对企业的未来收益做出准确的预期和判断,无法确保投资收益和资金安全,导致企业融资困难。作为本文经验研究样本的民营上市公司多是地方上的骨干企业,按照监管要求建立了信息披露制度,信息不对称相对要低一些,但由于信息披露整体质量依然低下(陈晓,秦跃红,2003;平新乔,李自然,2003),特别是对包括公司战略信息在内的非财务信息的披露非常少,信息不对称问题依然严重。中国社科院和证券时报社联合发布的《中国上市公司非财务信息披露报告(2011)》显示,沪深300指数成分股公司的信息披露平均得分仅为29.8分(满分100分),99%的企业低于及格线60分,近1/3的企业低于20分。而这些缺失的非财务信息是企业未来业绩的"先行指示器"(马连福,赵颖,2007),是投资者评估企业价值、进行投资决策的必要参考依据。

政治关联的获取机制决定了,相比于无关联企业,政治关联企业更可能是经营效率较高的优质企业。民营企业建立政治关联，大致有两种渠道：一是党委政府出于经济和政治考虑，树立优秀企业和企业家典型，给予龙头企业和企业主政治荣誉和地位；二是企业家聘请政治关联人物担任企业高管。无论哪种渠道，高效率的优质企业都有更大的可能性建立政治关联：效益好、纳税多的优质企业和企业家更有可能获得政治地位；出于自身利益的考虑，政治关联人物更愿意选择去业绩好和盈利能力强的企业任职。由于业绩好的优质企业更易建立起政治关联，政治关联可被视为反映企业未来经营表现的一种重要声誉机制（孙铮等，2005），资金供给方认为具有政治关联的优质企业更有可能在未来取得良好的经营业绩。目前的实证证据也是支持以上判断的。从事后的角度看，本文所选样本的经验数据以及罗党论和唐清泉（2009b）的研究显示，政治关联企业的确要比无关联企业有更高的劳动生产率和更高的资产利润率，或者说具有更高的经营效率。

（二）资源效应

我国以国有商业银行为主的高度集中的金融体制下，信贷分配存在体制性主从次序（Huang，2003），民营企业面临严重的融资歧视（林毅夫，李永军，2001）。尽管"非公经济 36 条"以及"新 36 条"等鼓励民营企业发展和融资的政策陆续颁布，但落实很不到位，政策歧视未有根本性转变。而政治关联则让民营企业与政府建立良好关系，部分消除政策歧视，在核心要素供给、税收缴纳以及市场准入等方面获得与国有企业类似的优惠待遇，从而切实提高企业市场价值，缓解企业融资约束。这就是政治关联的资源效应。资源效应可分为直接效应和间接效应，直接效应就是企业通过政治关联更加容易获得银行贷款、更加容易进入资本市场；而间接效应就是企业通过政治关联获得各种政策优惠，以低于市场的价格获得各种资源，从而增加企业的未来总收益和市场价值，降低资金供给方提供资金的风险。

Sapienza（2004）和 Dinç（2005）指出，国有银行的政府背景会使其放贷行为受到政治目标的主导。在我国,尽管国有商业银行的股份制改革和上市弱化了地方政府对银行地方分支行的"话语权",但在当前各级政府仍主要借助银行体系的力量来推动经济增长的背景下,商业银行依然不能完全摆脱政府的干预(吴军,白云霞,2009)。比如,各地政府普遍将政府性资金存款额度与商业银行对地方经济发展的贡献挂钩,按照贡献度确定政府性资金在各商业银行的存放比例,调动银行对地方的信贷投放积极性。在银行信贷投放受到政府偏好影响的背景下,有政治关联的民营企业往往会得到银行的优待。股权融资方面,虽然股票发行方式自 2000 年起由审批制转为核准制,但行政色彩依然较强,有政府支持的政治关联企业能够优先获取上市资格,上市后也更容易获得股权再融资资格。

政治关联的资源效应除了上述直接效应之外,其间接效应也非常重要。间接效应主要是通过以下三个途径发挥作用的。第一,政治关联企业能够利用与政府的良好关系,以低于市场的价格获得各种生产要素和资源。我国尚未形成完全以市场为主导的资源配置体系,行业准入限制也未放开,政府仍掌控大量稀缺资源和行政审批权,自由裁量的余地相当大,政治关联可以帮助民营企业形成更强的资源获取能力。政府及政府官员或出于政治目标或出于私人利益,资源分配往往会向与之关系密切的企业倾斜。政治关联有利于民营企业获得税收优惠、政府补贴(潘越等,2009;余明桂等,2010)、管制行业的准入资格(罗党论,刘晓龙,2009a;罗党论,唐清泉,2009c)等诸多好处,企业生产经营中遇到的能源、物资需求问题也得以优先协调解决,进而在市场竞争中占得先机。

第二,政治关联能够帮助民营企业化解政策风险。"摸着石头过河"的渐进改革过程中,政府政策变动频繁,缺乏长期一致性。政策环境的不确定性给民营企业带来了很高的政策风险(张维迎,2001;吴晓波,2007)。为及时准确地把握政府的制度调整和政策动态,民营企业家热衷于通过政治参与同政府有关部门和官员建立联系,参加政府会议或者参加由与政府官员关系密切的经济学家作为主讲人的宏观经济形势研讨会。政治关联可以帮助民营企业家及时了解和把握政府的政策动向，化解政策风险，保障企业收益。

第三，政治关联作为产权保护的替代机制，有助于减少民营企业在生产经营活动中可能遭受的各方面侵害（罗党论，唐清泉，2009b；杨其静，2010）。转型经济中法律制度不健全，民营企业产权保护严重缺失，契约得不到有效保护，遇到纠纷时难以受到公平对待，与此同时"乱摊派、乱收费"现象高发，企业面临形形色色的掠夺和侵害（Che，Qian，1998；Cull，Xu，2005）。而企业可以利用政治关联获得更好的产权保护。王永进（2010）利用世界银行 2003 年中国企业投资环境调查数据所做的研究显示，政治关联显著提高了商业纠纷中企业的契约执行和产权保护的概率，表明政治关联在功能上起到了保护企业产权的作用，有效地降低了民营企业遭受的法律歧视、改善了企业的契约实施环境。

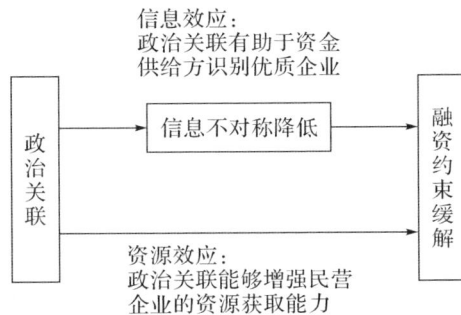

图 1　政治关联缓解民营企业融资约束的作用机制

综上所述，政治关联可以通过信息效应和资源效应帮助民营企业缓解融资约束（见图 1）：拥有政治关联的民营企业更可能是经营效率较高的优质企业，同时关联企业具有更强的资源获取能力，企业未来的总收益和市场价值更高。而信息效应和资源效应的关键区别是，信息效应在于政治关联作为企业经营效率的信号，增加资金供给方关于企业未来业绩的信息，从而降低资金供求双方的信息不对称程度；而资源效应在于政治关联能增强企业获得资源的能力，提高企业的未来总收益，但并没有改变资金供求双方的信息不对称程度。在本文中，我们利用民营上市公司的微观数据，从实证角度检验政治关联缓解融资约束的具体机制：政治关联的信息效应和资源效应是否存在？如果存在，究竟是信息效应占据主导，还是资源效应占据主导，抑或两种效应同等重要？

三、数据与变量

（一）样本说明

本文选取 1999 年到 2009 年间在沪深证券交易所上市的民营上市公司数据为原始样本，构建了一个企业数据和高管数据相匹配的微观数据库。参照中华全国工商业联合会（简称全国工商联）《中国民营经济发展报告（2008—2009）》的做法，我们对民营上市公司的界定以实际控制人是自然人为标准，民营上市公司指由个人或家族最终控制的上市公司。需要说明的是，与许多早期的政治关联研究不同，我们的样本中没有包括买壳上市的民营企业。这类企业的高管构成较为复杂，在公司控制权发生转移的过程中，企业高层人事安排往往是几方妥协的结果，"不纯粹"（邓建平，曾勇，2009）。将样本限定在 IPO（Initial Public Offerings，首次公开募股）时即为民营的上市公司，可以使得我们的分析免受上述复杂因素的干扰。

本研究所需的企业层面数据涉及公司财务和治理数据、金融市场微观结构数据以及高管政治关联信息三个方面。财务和治理数据为年度数据，市场微观结构数据为日频数据，取自 CSMAR 数据库和 RESSET 数据库。高管政治关联信息以手工方式收集。我们主要通过新浪网和凤凰网财经版块，并辅之以百度、Google 等搜索引擎，搜集各上市公司历任总经理和董事长的简历，从其任职经历中提取政治关联信息。依照惯例，我们按以下原则对样本进行处理：(1)剔除数据不全的公司样本点；(2)剔除金融类公司和被特别处理的公司；(3)对连续变量在 1％和 99％分位上进行缩尾处理(winsorize)，以避免异常值对分析的影响。最终形成了一个包含 260家公司 1099 个有效观测值的非平衡面板数据。

(二)变量设定

1. 信息不对称指标 ASY

借鉴金融市场微观结构文献(market microstructure literature)所采用的策略，本文利用公司个股的交易资料来捕捉证券市场上非知情交易者与知情交易者关于企业价值的信息的不对称程度，并以此作为资金供给方与企业之间信息不对称程度的代理变量。股票交易中，与企业关系密切的知情交易者通常比其他交易者拥有更多关于企业经营状况和经营前景的信息，非知情交易者由于担心其因处于信息劣势而蒙受损失，会要求一个"柠檬溢价"作为补偿，以弥补逆向选择问题可能给其带来的潜在损失。关于资产价值的信息不对称强度是资产流动性的重要决定因素，信息不对称程度和逆向选择问题越严重，柠檬溢价就越高，股票的流动性也就越差。

考虑到我国证券市场高频交易数据缺失严重，本文援用 Amihud 等(1997)、Amihud(2002)、Pastor 和 Stambaugh(2003)基于日频交易数据的方法来测算信息不对称程度。Amihud 等(1997)的流动性比率指标 LR 和 Amihud(2002)的非流动性比率指标 ILL 都利用买卖指令流(order flow)与股票价格之间的相互作用关系来识别流动性。基本思路是，逆向选择问题越轻，则股票流动性越高，单位成交量对应的价格变化越小。测算方法分别为 $LR_{it} = -\dfrac{1}{D_{it}}\sum_{k=1}^{D_t}\sqrt{\dfrac{V_{it}(k)}{|r_{it}(k)|}}$ 和 $ILL_{it} = \dfrac{1}{D_{it}}\sum_{k=1}^{D_t}\sqrt{\dfrac{|r_{it}(k)|}{V_{it}(k)}}$，其中 $r_{it}(k)$ 表示 i 企业 t 年度第 k 个交易日的股票收益率，$V_{it}(k)$ 表示日成交量，

D_{it} 表示当年交易天数。Pastor 和 Stambaugh(2003) 认为,流动性差的股票会对指令流反应过度(overshoot),给定成交量不变,流动性越低则收益率反转(return reversal)越大。他们建议用收益率反转衡量流动性。收益率反转指标 $GAM_{it} = |\gamma_{it}|$,系数 γ_{it} 由下式估计得到: $r_{it}^e(k) = \theta_{it} + \varphi_{it} r_{it}(k-1) + \gamma_{it} V_{it}(k-1) \text{sign}[r_{it}^e(k-1)] + \varepsilon_{it}(k)$,其中 $r_{it}^e(k) = r_{it}(k) - r_{mt}(k)$ 为超额收益率,$r_{mt}(k)$ 表示按市值为权重加权的市场收益率(考虑到我国股市的特殊性,我们以流通市值作为权重)。在其他条件不变的情况下,信息不对称程度越高,股票流动性越低,LR、ILL 和 GAM 指标越大。

我们利用中国民营上市公司股票交易的微观结构数据(按流通市值加权的市场收益率 r_m、公司个股日收益率 r、日成交量 V 和年度交易天数 D)构建 LR、ILL 和 GAM 指标。但正如 Hasbrouck(2007) 所指出的,上述每个指标既包含与非对称信息相关的成分,也可能包含与非对称信息无关的成分,不能全面刻画信息不对称的全部特征。为此,我们遵循 Bharath 等(2009)的做法,对原始指标提取第一主成分,捕捉它们的共同变异信息也即与非对称信息相关的成分,记为信息不对称指标 ASY。表 1 显示,各信息不对称指标的相关程度较高。从主成分分析的结果来看,仅第一主成分的特征值大于 1,且对应的方差累积贡献率已近 75%,表明第一主成分已经包含了三个原始指标的主要信息。我们主要以 ASY 作为资金供给方与企业之间信息不对称程度的代理变量。

表 1　信息不对称指标的相关系数矩阵

	ASY	LR	ILL	GAM
ASY	1			
LR	0.8759***	1		
ILL	0.9417***	0.8051***	1	
GAM	0.7799***	0.4456***	0.6323***	1

注:*** 表示在 1% 水平上显著。

2.政治关联 POL

文献通常以企业高管的政治身份作为企业政治关联的代理变量(胡旭阳,2006;Fan et al.,2007;陈钊等,2008;罗党论,唐清泉,2009b,c;刘慧龙等,2010)。罗党论和唐清泉(2009b,c)以有政治背景高管占董事会规模的比例刻画企业政治关联;刘慧龙等(2010)选取总经理作为公司高管代表,衡量企业政治关联;Fan等(2007)用董事长和总经理的政治身份作为企业政治关联的代理变量。考虑到与非核心成员相比,董事长和总经理作为核心高管,对企业经营负有更多权利和责任,其政治背景可发挥更大作用,我们参照 Fan 等(2007)的做法,以总经理和董事长的政治身份衡量企业政治关联。本文所指的政治关联包括下述四种情形:曾任党政官员(包括人大和政协常设机构任职经历);曾在军队任职;现任或曾任人大代表;现任或曾任政协委员。只要董事长或总经理有一人具有上述四类政治类别中的一项,我们就定义该企业为政治关联企业,POL 取 1,否则 POL 取 0。

3.其他变量

本文参照 Almeida(2004)、张学勇和廖理(2010)等相关研究选取控制变量,表2显示了变量的度量方法和统计特征。我们还设置了省份、行业、年份虚拟变量,其中行业类别划分遵循证监会 2001 年发布的《上市公司行业分类指引》,参照张纯和吕伟(2009)的做法,制造业取 2 位行业代码,其余行业取 1 位。

表 2　变量的衡量方法和统计性描述

变量	衡量方法	均值	标准差	最小值	最大值
信息不对称(ASY)	见前文	0.003	2.243	−5.344	8.348
政治关联(POL)	见前文	0.517	0.500	0.000	1.000
企业规模(Size)	总资产对数值	20.894	0.771	19.698	22.325
资产收益率(ROA)	利润总额/总资产	0.060	0.067	−0.178	0.285
负债率(Lev)	总负债/总资产	0.455	0.175	0.087	0.876

续表

变量	衡量方法	均值	标准差	最小值	最大值
企业年龄($FmAge$)	企业成立年数对数值	2.103	0.419	1.386	2.708
董事长是否兼任总经理（$Plurm$）	是取1,否取0	0.238	0.426	0.000	1.000
股权集中度（$H10$）	前10位大股东持股比例的平方和	0.155	0.101	0.002	0.658
非流通股比例（$NTrad$）	未流通股数/总股数	0.491	0.217	0.000	0.805
投资机会（Q）	（总负债＋股权价值①）/总资产	1.842	1.036	0.792	5.381
营业现金流（CF）	经营活动产生的现金流量净额/总资产	0.051	0.078	−0.178	0.281
现金存量（$Cash$）	现金及现金等价物期末余额/总资产	0.164	0.120	0.004	0.564
资本支出（$Expen$）	资本支出②/总资产	0.068	0.067	−0.036	0.295
非现金净营运资本（NWC）	（短期资产－短期负债－现金存量）/总资产	0.011	0.175	−0.433	0.451
短期债务（SD）	短期负债/总资产	0.395	0.160	0.079	0.820

注:①股权价值＝流通股本×股价＋非流通股本×每股净资产;②资本支出＝（经营租赁所支付的现金＋购建固定资产、无形资产和其他长期资产所支付的现金－处置固定资产、无形资产和其他长期资产而收回的现金净额）。

四、实证结果和分析

本节首先检验政治关联是否降低资金供给方与企业之间的信息不对称,然后识别政治关联缓解融资约束的具体作用机制。

（一）政治关联和信息不对称

我们采用如下经验模型检验政治关联是否降低了资金供求双方的信息不对称程度:

$$AsyInfo_{it} = \tau POL_{it} + \beta X_{it} + Yr + u_i + \varepsilon_{it} \qquad (1)$$

信息不对称方程式(1)中，$AsyInfo$ 表示信息不对称程度，分别以前述的 ASY、LR、ILL 和 GAM 指标作为代理变量。POL 表示企业政治关联。X 为控制变量，参考张学勇和廖理(2010)等相关经验研究，我们选取企业规模、资产收益率、负债率、企业年龄、董事长是否兼任总经理、股权集中度、非流通股比例作为控制变量。Yr 为年份虚拟变量，用以控制年份效应。u_i 表示企业个体效应(individual effect)，用以控制那些难以观测和量化的非时变影响因素，ε_{it} 表示特异性误差(idiosyncratic error)。τ 的符号及显著性将是我们的关注重点，假如 τ 显著为负，就表明政治关联可以帮助民营企业降低信息不对称。

模型设定检验表明，解释变量与企业个体效应之间存在相关性，固定效应法是较为合理的估计方法，回归结果如表3所示。政治关联 POL 对四个信息不对称指标 ASY、LR、ILL、GAM 的影响均为负。除了 LR 在15％水平上弱显著之外，其余至少在5％水平上显著。导致 LR 弱显著的原因可能是，它既包含与信息不对称相关的成分，也包含与之无关的噪音。对三个原始指标提取主成分 ASY，捕捉原始指标中与非对称信息相关的共同变异信息，很有必要。经验结果表明，政治关联确实能够帮助民营企业有效降低信息不对称带来的逆向选择成本。当资金供给方观察到民营企业拥有政治关联后，会修正其先验信念，认为该企业是经营效率较高的企业的可能性会比较大，有良好经营前景的可能性也更大。

表3 政治关联与信息不对称

	ASY	LR	ILL	GAM
POL	−0.4320***	−0.2293	−0.0356**	−0.0044**
	(0.1415)	(0.1491)	(0.0154)	(0.0018)
$Size$	−0.5152***	−0.5165***	−0.0444***	−0.0036***
	(0.0956)	(0.1007)	(0.0104)	(0.0012)

续表

	ASY	LR	ILL	GAM
ROA	−2.2413***	−2.6361***	−0.1990**	−0.0054
	(0.8453)	(0.8907)	(0.0920)	(0.0109)
Lev	1.4916***	1.5855***	0.1157**	0.0099*
	(0.4129)	(0.4351)	(0.0450)	(0.0053)
FmAge	−0.6859*	−1.5476***	−0.0441	0.0039
	(0.3756)	(0.3958)	(0.0409)	(0.0049)
R^2	0.7393	0.7966	0.6845	0.2339
Obs	1099	1099	1099	1099

注:回归中还控制了董事长是否兼任总经理、股权集中度、非流通股比例以及年份效应和企业个体效应,限于篇幅未报告;()内是各解释变量的稳健标准误,***、**、*分别表示在1%、5%及10%水平上显著,下表同。

从表3中,我们也发现控制变量的估计结果符合经济直觉。企业规模越大,越容易受到市场关注,资金供给方越容易了解企业的相关信息;资产收益率越高,企业运营状况越好,逆向选择成本越小;负债率越高,资金供给方对于企业破产风险的担忧加剧,逆向选择成本增大;企业存续越久,经营状况越稳定,信息不对称越低。

(二)政治关联缓解融资约束:信息效应与资源效应

1.融资约束的经验识别策略

如何从经验上识别融资约束的强弱,相关公司金融文献做了许多有益的探讨。Fazzari 等(1988)率先提出投资—现金流敏感度(investment-cash flow sensitivity)融资约束识别策略。当面临融资约束时,企业的投资决策不仅取决于投资机会,还会受到自身财务状况的影响。Fazzari 等(1988)把反映企业财务状况的变量现金流水平引入托宾 Q 投资模型,建议用投资—现金流敏感度的大小来衡量融资约束的强弱。但该策略的合理性饱受诟病。经验证据显示,投资对现金流的敏感性并未随着融资约束的增强而增大(Kaplan,Zingales,1997;Cleary,1999;李金,李仕明,熊小舟,2007;

连玉君,程建,2007)。后续研究指出,投资—现金流敏感度的缺陷可能来自以下两方面:其一,从理论逻辑上讲,融资约束并非导致投资对现金流敏感的唯一原因(Vogt,1994),经理人出于在职消费的考虑,往往会片面追求规模扩张(Jensen,1986;Stulz,1990),把所有可用资金都用于新项目投资,进而提高投资—现金流敏感度;其二,从实证研究策略上讲,现金流不仅包含财务信息,也部分包含关于投资机会的信息,即便没有融资约束,投资—现金流敏感度也可能正显著(Hubbard,1998)。

为避免上述问题,Almeida 等(2004)提出了一种基于现金—现金流敏感度(cash-cash flow sensitivity)的融资约束识别策略。他们关于企业现金持有策略的分析表明,由于不易获得外部融资,融资约束紧的企业需要储备现金来保证后续投资项目的实施,此种预防性储蓄动机促使企业从营业现金流中提取更多的部分作为储备现金,进而表现出更为强烈的现金—现金流敏感度。Almeida 等(2004)分别以股利水平、企业规模、债券评级和商业票据评级作为分组标准,把样本企业划分为不同的融资约束组别,测算各组别企业的现金—现金流敏感度并进行组间比较。经验证据显示,在各分类标准下,融资约束紧的企业都表现出更高的现金—现金流敏感度,表明基于现金—现金流敏感度的融资约束识别策略是较为可靠的。

Wan、Zhu(2011)利用我国东北三省增值税试点改革作为自然实验,考察投资—现金流敏感度和现金—现金流敏感度在识别我国企业融资约束方面的合理性。从逻辑上讲,试点改革并不会对企业的外部融资约束造成实质性影响,假如识别策略是恰当的,则相应的敏感度在改革前后不致发生重大变化。经验证据显示,试点改革对现金—现金流敏感度无显著影响,却显著提高了投资—现金流敏感度表明现金—现金流敏感度是更为合适的融资约束衡量方法。

2.政治关联缓解融资约束的机制检验

本文采用 Almeida 等(2004)的策略来检验政治关联是否缓解企业的

外部融资约束,并识别具体的作用机制。模型设定如下:

$$\Delta Cash_{it} = \beta_1 CF_{it} + \kappa_0 POL_{it} \cdot CF_{it} + \mu_0 POL_{it} + \beta_2 Q_{it} + \beta_3 Size_{it}$$
$$+ Yr + u_i + \varepsilon_{it} \tag{2}$$

$$\Delta Cash_{it} = \beta_1 CF_{it} + \kappa POL_{it} \cdot CF_{it} + \mu POL_{it} + \lambda ASY_{it} \cdot CF_{it}$$
$$+ \nu ASY_{it} + \beta_2 Q_{it} + \beta_3 Size_{it} + Yr + u_i + \varepsilon_{it} \tag{3}$$

其中 $\Delta Cash$ 表示企业现金持有量的变动,Q 表示投资机会,$Size$ 表示企业规模,CF 表示营业现金流,POL 表示政治关联,ASY 表示信息不对称指标,$POL \cdot CF$ 表示政治关联与营业现金流的交互项,$ASY \cdot CF$ 表示信息不对称与营业现金流的交互项。

在融资约束方程式(2)中,我们主要关注政治关联是否能够缓解企业的融资约束,也就是关注交互项 $POL \cdot CF$ 系数 κ_0 的符号及显著性。假如 κ_0 显著为负,就表明与有政治关联的企业相比,无关联企业的现金——现金流敏感度更高,有更紧的融资约束。在式(3)中我们主要分析政治关联缓解融资约束的基本机制,具体做法是在式(2)的解释变量中同时引入政治关联 POL、信息不对称指标 ASY 以及它们与现金流的交互项 $POL \cdot CF$ 和 $ASY \cdot CF$。在不控制 $ASY \cdot CF$ 的情况下,$POL \cdot CF$ 的估计系数 κ_0 包含了政治关联的信息效应和资源效应;而一旦通过控制 $ASY \cdot CF$ 分离出信息效应,$POL \cdot CF$ 的估计系数 κ 则仅仅表示资源效应。检验的基本逻辑是,假如控制 $ASY \cdot CF$ 后,κ 不再显著,则表明信息效应占据主导;假如 $ASY \cdot CF$ 的系数 λ 不显著而 κ 显著,则表明资源效应发挥主导作用;假如 λ 和 κ 均显著,则表明信息效应和资源效应都扮演了重要角色。考虑到企业现金持有行为的影响因素不仅仅是投资机会和企业规模,参考现金持有行为的相关文献,我们在扩展模型中进一步控制资本支出 $Expen$、非现金净营运资本的变动 ΔNWC 和短期债务的变动 ΔSD。

表4第(1)列和第(3)列显示,无论有无政治关联,民营企业的现金——现金流敏感度都显著为正,表明民营企业整体上面临融资约束的限制。

$POL \cdot CF$ 的估计系数 κ_0 显著为负,说明与政治关联企业相比,无关联企业的融资约束更紧,需要从营业现金流中提取更多的部分用作预防性储蓄,现金—现金流敏感度更高。经验结果显示,政治关联能够显著缓解民营企业的融资约束,这个结论与罗党论和甄丽明(2008)的研究结论基本一致。

表 4　政治关联缓解融资约束的机制检验

	(1)	(2)	(3)	(4)
CF	0.2275***	0.2422***	0.1072***	0.1202***
	(0.0376)	(0.0377)	(0.0365)	(0.0368)
$POL \cdot CF$	−0.0891*	−0.1040*	−0.1026**	−0.1129**
	(0.0539)	(0.0539)	(0.0502)	(0.0502)
POL	0.0028	0.0033	−0.0004	0.0003
	(0.0079)	(0.0079)	(0.0073)	(0.0073)
$ASY \cdot CF$		0.0372***		0.0273**
		(0.0117)		(0.0110)
ASY		−0.0003		0.0005
		(0.0019)		(0.0018)
Q	0.0071**	0.0076**	0.0081**	0.0087***
	(0.0035)	(0.0036)	(0.0032)	(0.0033)
$Size$	0.0262***	0.0281***	0.0308***	0.0331***
	(0.0071)	(0.0076)	(0.0067)	(0.0071)
R^2	0.1389	0.1493	0.2619	0.2676
Obs	1099	1099	1099	1099

注:回归中控制了年份效应和企业个体效应,第(3)列和第(4)列还控制了资本支出 $Expen$、非现金净营运资本的变动 ΔNWC 和短期债务的变动 ΔSD,限于篇幅未报告。

表 4 第(2)列和第(4)列则清楚地表明政治关联缓解融资约束的基本机制,政治关联通过信息效应和资源效应显著地降低企业的现金—现金流

敏感度。$ASY \cdot CF$ 的估计系数 λ 至少在 5% 水平上正显著,说明信息不对称问题是影响我国民营企业融资的重要因素。资金供给方与企业之间的信息不对称程度越高,现金—现金流敏感度就越高,企业的融资约束越紧。而表 2 的经验证据显示政治关联能够改善资金供给方与企业之间的信息不对称,因此政治关联能够通过信息效应帮助企业缓解融资约束。假如政治关联仅通过信息效应发挥作用,那么在控制 $ASY \cdot CF$ 之后,$POL \cdot CF$ 应该不再表现出显著性;而实际上我们发现 $POL \cdot CF$ 的估计系数 κ 显著为负,政治关联企业仍表现出较低的现金—现金流敏感度。这表明即便控制政治关联的信息效应,关联企业仍会受到资金供给方的格外优待,资源效应也是缓解融资约束的重要机制。

接下来我们从数量上考察政治关联资源效应和信息效应的相对重要性。首先,分别考察政治关联通过资源效应和信息效应引起的企业现金—现金流敏感度变动;其次,对两者加以比较,看哪一种效应占主导。政治关联通过资源效应引起的现金—现金流敏感度变动为式(3)$POL \cdot CF$ 的估计系数 κ,通过信息效应引起的敏感度变动为式(3)$ASY \cdot CF$ 的估计系数 λ 与式(1)POL 的估计系数 τ 之乘积。相关显著性检验的统计量和显著性 p 值,除检验 $H_0 : \kappa = 0$ 直接由回归得到之外,其余均由 Bootstrap 方法反复抽样 1000 次得到,具体操作可参见 Cameron 和 Trivedi(2005)的文献。

表 5 第(1)列显示,政治关联通过资源效应引起的企业现金—现金流敏感度变动 κ 约为 0.104(在 10% 水平上显著);而通过信息效应引起的敏感度变动 $\lambda\tau$ 约为 0.016(在 5% 水平上显著)。差异性检验 $H_0 : \kappa - \lambda\tau = 0$ 显示,两者间的差异在 10% 水平上显著,表明政治关联的资源效应远远超过信息效应。前者约占政治关联总效应的 85%(= 0.104/(0.104 + 0.016)),后者约占 15%。在加入更多控制变量之后(见表 5 第(2)列),我们同样发现资源效应占主导地位。

表 5　政治关联的资源效应与信息效应

		(1)对应表 4 第(2)列	(2)对应表 4 第(4)列
政治关联通过资源效应引起的	κ	-0.1040^{*}	-0.1129^{**}
现金—现金流敏感度变动	$H_0 : \kappa = 0$	[0.0540]	[0.0248]
政治关联通过信息效应引起的	$\lambda\tau$	-0.0161^{**}	-0.0118^{**}
现金—现金流敏感度变动	$H_0 : \lambda\tau = 0$	[0.0164]	[0.0294]
资源效应与信息效应引起的	$\kappa - \lambda\tau$	-0.0879^{*}	-0.1011^{**}
现金—现金流敏感度变动之差	$H_0 : \kappa - \lambda\tau = 0$	[0.0554]	[0.0469]

注:H_0 表示检验的原假设,[]内是相应检验的显著性 p 值,除检验 $H_0 : \kappa = 0$ 的 p 值直接由回归得到之外,其余均由 Bootstrap 方法反复抽样 1000 次得到。

五、稳健性检验

(一)关于信息不对称内生性的讨论

为避免信息不对称内生于政治关联可能给分析结论带来的影响,借鉴 Agrawal 和 Knoeber(1996)的做法,我们将融资约束方程式(2)和式(3)与信息不对称方程式(1)组成联立方程,运用三阶段最小二乘法(3SLS)进行稳健性检验。检验分为两步:首先,把融资约束方程式(2)解释变量中的政治关联 POL 替换为信息不对称指标 ASY,检验政治关联缓解融资约束的信息机制;其次,与固定效应回归中采取的策略相类似,我们在融资约束方程中同时引入 POL、ASY、$POL \cdot CF$ 和 $ASY \cdot CF$,检验除信息效应之外,政治关联缓解融资约束是否存在资源效应。出于篇幅考虑,这里仅给出第二步检验的联立方程:

$$\begin{cases} \Delta Cash_{it} = + \beta_1 CF_{it} + \kappa POL_{it} \cdot CF_{it} + \mu POL_{it} + \lambda ASY_{it} \cdot CF_{it} \\ \qquad\qquad + \nu ASY_{it} + \beta_2 Q_{it} + \beta_3 Size_{it} + Yr + Indu + Provn + \varepsilon_{1it} \\ ASY_{it} = \tau POL_{it} + \beta X_{it} + Yr + Indu + Provn + \varepsilon_{2it} \end{cases}$$

$$(4)$$

式(4)控制了年份效应 Yr、行业效应 $Indu$ 和省份效应 $Provn$,其他变量含义同前文。

表 6 显示了估计结果,第(1)列和第(2)列显示,信息不对称方程中 POL 负显著,融资约束方程中 $ASY \cdot CF$ 正显著,再次确认了信息机制。第(3)列和第(4)列显示,信息不对称方程中 POL 负显著,融资约束方程中 $ASY \cdot CF$ 和 $POL \cdot CF$ 均显著,又一次表明资源效应和信息效应都发挥了作用。采用同前面完全相同的分析方法发现,资源效应依然占主导地位。

表 6　政治关联缓解融资约束的机制检验:3SLS

	(1)	(2)	(3)	(4)
融资约束方程估计结果(被解释变量 $\Delta Cashit$)				
$ASY \cdot CF$	0.0266**	0.0219**	0.0275**	0.0229**
	(0.0109)	(0.0101)	(0.0109)	(0.0101)
$POL \cdot CF$			−0.0897**	−0.0884**
			(0.0442)	(0.0410)
R^2	0.1555	0.2918	0.1524	0.2929
信息不对称方程估计结果(被解释变量 ASY)				
POL	−0.1912**	−0.1964**	−0.1989**	−0.1992**
	(0.0831)	(0.0839)	(0.0842)	(0.0843)
R^2	0.7159	0.7160	0.7159	0.7159
Obs	1099	1099	1099	1099

注:回归中控制了年份效应、行业效应和省份效应,第(2)列和第(4)列在融资约束方程中进一步控制了资本支出 $Expen$、非现金净营运资本的变动 ΔNWC 和短期债务的变动 ΔSD,限于篇幅,控制变量结果未报告。

(二)关于政治关联内生性的讨论

政治关联固定效应估计量的一致性依赖于严格外生假设,即政治关联

POL_{is} 与特异性误差 ε_{it} 不相关（$s,t=1,2,\cdots,T_i$）。在此，我们以信息不对称方程式（1）为例，讨论两类可能的内生性问题。首先是同期内生性问题（contemporaneous correlation）亦即 POL_{it} 与 ε_{it} 相关。我们在模型设定中把诸如企业规模、企业年龄等可能既与信息不对称相关又与政治关联相关的变量都纳入估计方程，并通过企业个体效应控制非时变的非观测因素（time-invariant unobservable effect），尽最大努力缓解遗漏变量问题，但仍有可能遗漏时变的非观测因素（time-varying unobservable effect）。假如这些时变非观测因素同时影响信息不对称和政治关联，就会给 POL 的估计带来偏误。其次，当期冲击 ε_{it} 较高（进而加重信息不对称程度）的企业可能会有更强的动机建立政治关联，此种反馈（feedback）机制可能使得 $POL_{i,t+1}$ 与 ε_{it} 具有相关性，从而造成 POL 估计量有偏。

针对后一种内生性问题，我们利用 Wooldridge（2002）提出的检验策略来加以识别。具体的做法是，在原模型式（1）右边加入政治关联的前导变量 $POL_{i,t+1}$，假如 $POL_{i,t+1}$ 显著就表明存在内生性问题，反之则不能拒绝严格外生假定。该策略的基本逻辑是，如果 $POL_{i,t+1}$ 与 ε_{it} 相关，那么 ε_{it} 对被解释变量的影响也会体现在 $POL_{i,t+1}$ 的系数上。检验结果表明，政治关联前导变量 $POL_{i,t+1}$ 没有在 10% 水平上表现出显著性，不能拒绝严格外生假定。

更一般地，我们利用 Durbin-Wu-Hausman（DWH）方法对 POL 进行内生性检验。按照 Fisman 和 Svensson（2007）提出的构造分组平均值作为工具变量（Instrumental Variable，IV）的思路，我们选取企业政治关联的行业—省份均值 POL^{avg} 作为 POL 的 IV。政治关联可被分解为两个部分：$POL_{it}=POL_{it}^{avg}+POL_{it}^{spc}$，其中 POL^{avg} 表示企业所在行业—省份的政治关联均值，POL^{spc} 表示企业政治关联与行业—省份均值的差异。上述分解使得企业层面非观测因素所造成的影响只与 POL^{spc} 有关，POL^{avg} 与 POL 相关但又与非观测因素不相关，是合适的 IV。检验的思路是：如果

POL 严格外生,则 IV 估计量与原估计量都是一致的,两者不会表现出系统性的差异,DWH 统计量应不显著;反之如果内生性问题较严重,则原估计量不再是一致的,而 IV 估计量仍是一致的,两者存在系统性差异,DWH 统计量应显著。检验结果表明,DWH 统计量没有在 10% 水平上表现出显著性,不能拒绝严格外生假定。由于 IV 估计量标准误偏大,原估计方法更有优势。

对于融资约束方程式(2)和式(3),我们也利用上述两种策略检验政治关联的内生性,发现同样不能拒绝严格外生假定。根据上述讨论,我们认为,政治关联的内生性问题,假如有的话,也不至于给我们的分析带来严重的影响,本文的经验结论是较为可靠的。[①]

六、主要结论

长期以来,中国民营企业融资难问题突出,严重制约了企业的成长。为突破发展瓶颈,民营企业家积极与政府建立各种形式的政治关联。前期经验研究显示,政治关联有助于民营企业缓解外部融资约束,但这些研究都没有阐明微观作用机理。我们认为,政治关联通过信息效应和资源效应缓解企业融资约束:具有政治关联的企业更有可能是经营效率较高的企业,因此政治关联能够降低资金供求双方之间关于企业未来业绩的信息不对称;同时,政治关联能够增强民营企业的资源获取能力,提高企业的未来总收益,降低资金供给方提供资金的风险。

本文利用 1999—2009 年的民营上市公司数据对上述观点进行了实证检验。其一,我们借鉴金融市场微观结构文献的做法,利用证券市场的微观结构数据构造了反映逆向选择成本的信息不对称程度指标,直接检验政

---

① 限于篇幅,结果未报告,感兴趣的读者可向作者索取。

治关联对信息不对称的影响,发现政治关联的确有助于降低资金供给方与企业之间的信息不对称。其二,我们利用 Almeida 等(2004)基于现金—现金流敏感度的融资约束识别策略,确认了政治关联缓解融资约束的资源效应和信息效应。经验结果还表明,政治关联的资源效应占主导地位。

本文的发现有助于加深我们对当前民营企业融资困境的认识,融资难的首要问题在于政策歧视,而不在于金融市场不发达。本文的经验证据表明,政治关联缓解民营企业融资约束的关键在于其资源效应。在资源分配存在体制性主从次序的环境中,政治关联除了帮助民营企业获得直接的融资政策倾斜之外,还能增强企业在税收减免、财政补贴、行业准入、政策信息、产权保护等方面的资源获取能力,增加企业未来的收入,进而缓解民营企业融资约束。

尽管政治关联能够缓解民营企业的融资约束,但是借助政治关联实现资金配置,仅仅是市场化融资方式受限情况下的一种替代手段,资金配置效率低下①,并且在客观上导致了民营企业内部的不公平竞争,也为寻租与腐败提供了空间,不利于市场经济公平竞争秩序的形成。因此,要从根本上帮助民营企业走出融资困境,需要尽快为民营企业发展提供更为健全的正式制度保障。一方面,进一步改善民营经济发展的宏观政策环境,为所有企业提供同等的资源获取机会,建立完善保护民营企业产权的法律体系,降低民营企业的经营风险,增强市场主体和资金供给方对民营企业健康成长的良性预期;另一方面,加强金融系统基础设施建设,缓解企业外部融资过程中的信息不对称问题。鉴于本文发现资源效应远远超过信息效

---

① 从效率角度来看,如果说政治关联的信息效应有助于资金供给方识别出高经营效率的优质企业,尚且符合效率原则的话,那么其资源效应就未必符合效率原则了。在资源效应的视角下,资金供给方之所以更倾向于为关联企业提供资金,就是因为关联企业能够在一定程度上突破制度瓶颈,获取更多的关键发展资源,经营前景和未来收益更有保障,而并非由于此类企业在经营效率上更具优势。另外,应当看到,无论是信息效应还是资源效应,建立政治关联过程本身是消耗社会资源的。本文的主旨在于研究政治关联缓解民营企业外部融资约束的微观作用机理,不拟就政治关联对企业运行效率和资源配置效率的影响展开更深入的探讨,另文专门讨论。感谢《经济研究》审稿人的有益评论。

应,我们认为,消解政策性歧视可能要比缓解信息不对称更为关键和紧迫。

参考文献

[1]白重恩,路江涌,陶志刚,2005:《中国私营企业银行贷款的经验研究》.《经济学(季刊)》第 4 卷第 3 期,第 605—622 页.

[2]陈晓,秦跃红,2003:《"庄家"与信息披露的质量》.《管理世界》第 3 期,第 28—33 页.

[3]陈钊,陆铭,何俊志,2008:《权势与企业家参政议政》.《世界经济》第 6 期,第 39—49 页.

[4]邓建平,曾勇,2009:《政治关联能改善民营企业的经营绩效吗》.《中国工业经济》第 2 期,第 98—108 页.

[5]冯天丽,井润田,2009:《制度环境与私营企业家政治联系意愿的实证研究》.《管理世界》第 8 期,第 81—91 页.

[6]胡旭阳,2006:《民营企业家的政治身份与民营企业的融资便利——以浙江省民营百强企业为例》.《管理世界》第 5 期,第 107—113 页.

[7]李金,李仕明,熊小舟,2007:《我国上市公司投资—现金流敏感度实证研究》.《管理学报》第 6 期,第 824—828 页.

[8]李志赟,2002:《银行结构与中小企业融资》.《经济研究》第 6 期,第 38—46 页.

[9]连玉君,程建,2007:《投资—现金流敏感性:融资约束还是代理成本?》.《财经研究》第 2 期,第 37—46 页.

[10]林毅夫,李永军,2001:《中小金融机构发展与中小企业融资》.《经济研究》第 1 期,第 10—18 页.

[11]刘慧龙,张敏,王亚平,吴联生,2010:《政治关联、薪酬激励与员工配置效率》.《经济研究》第 9 期,第 134—138 页.

[12]刘迎秋,刘霞辉,2008:《中国非国有经济改革与发展三十年:成就、经

验与展望》.《社会科学战线》第 11 期,第 1—16 页.

[13]罗党论,刘晓龙,2009a:《政治关系、进入壁垒与企业绩效——来自中国民营上市公司的经验证据》.《管理世界》第 5 期,第 97—106 页.

[14]罗党论,唐清泉,2009b:《中国民营上市公司制度环境与绩效问题研究》.《经济研究》第 2 期,第 106—118 页.

[15]罗党论,唐清泉,2009c:《政治关系、社会资本与政策资源获取:来自中国民营上市公司的经验证据》.《世界经济》第 7 期,第 84—96 页.

[16]罗党论,甄丽明,2008:《民营控制、政治关系与企业融资约束——基于中国民营上市公司的经验证据》.《金融研究》第 12 期,第 164—178 页.

[17]马连福,赵颖,2007:《国外非财务信息披露研究评述》.《当代财经》第 7 期,第 123—128 页.

[18]潘越,戴亦一,李财喜,2009:《政治关联与财务困境公司的政府补助——中国 ST 公司的经验证据》.《南开管理评论》第 5 期,第 6—17 页.

[19]平新乔,李自然,2003:《上市公司再融资资格的确定与虚假信息披露》.《经济研究》第 2 期,第 55—63 页.

[20]孙铮,刘凤委,李增泉,2005:《市场化程度、政府干预与企业债务期限结构》.《经济研究》第 5 期,第 52—63 页.

[21]王永进,2010:《政治关联与企业契约实施环境的所有制差异》.中国经济学学术资源网工作论文.

[22]吴军,白云霞,2009:《我国银行制度的变迁与国有企业预算约束的硬化》.《金融研究》第 10 期,第 179—192 页.

[23]吴晓波,2007:《大败局Ⅱ》.杭州:浙江人民出版社.

[24]杨其静,2010:《政治关联与企业成长》.《教学与研究》第 6 期,第 38—43 页.

[25]余明桂,回雅甫,潘红波,2010:《政治联系、寻租与地方政府财政补贴有效性》.《经济研究》第 3 期,第 65—77 页.

[26]余明桂,潘红波,2008:《政治关系、制度环境与民营企业银行贷款》.《管理世界》第 8 期,第 9—21 页.

[27]袁敏,2007:《资信评级的功能检验与质量控制研究》.北京:立信会计出版社.

[28]张纯,吕伟,2009:《信息环境、融资约束与现金股利》.《金融研究》第 7 期,第 81—94 页.

[29]张平,2009:《民族振兴的壮丽诗篇 举世瞩目的辉煌成就》.《人民日报》,2009-09-16.

[30]张维迎,2001:《企业寻求政府支持的收益、成本分析》.《新西部》第 8 期,第 55—56 页.

[31]张学勇,廖理,2010:《股权分置改革、自愿性信息披露与公司治理》.《经济研究》第 4 期,第 28—39 页.

[32]钟宏武,张旺,张蕙,2011:《中国上市公司非财务信息披露报告(2011)》.北京:社会科学文献出版社.

[33] A. Agrawal, C. R. Knoeber, 1996: Firm Performance and Mechanisms to Control Agency Problems between Managers and Shareholders. *Journal of Financial and Quantitative Analysis*, 31(3):377-397.

[34] H. Almeida, M. Campello, M. S. Weisbach, 2004: The Cash Flow Sensitivity of Cash. *Journal of Finance*, 59(4):1777-1804.

[35] Y. Amihud, 2002: Illiquidity and Stock Returns: Cross-section and Time-series Effects. *Journal of Financial Markets*, 5(1):31-56.

[36] Y. Amihud, H. Mendelson, B. Lauterbach, 1997: Market Microstructure and Securities Values: Evidence from the Tel Aviv

Stock Exchange. *Journal of Financial Economics*,45(3):365-390.

[37] S. T. Bharath, P. Pasquariello, G. Wu, 2009: Does Asymmetric Information Drive Capital Structure Decisions? *Review of Financial Studies*,22(8):3211-3243.

[38] N. Boubakri, J. Cosset, W. Saffar, 2009: Politically Connected Firms: An International Event Study. SSRN Working Paper.

[39] N. Boubakri, O. Guedhami, D. R. Mishra, W. Saffar, 2010: Political Connections and the Cost of Equity Capital. SSRN Working Paper.

[40] A. C. Cameron, P. K. Trivedi, 2005: Microeconometrics: Methods and Applications. Cambridge: Cambridge University Press.

[41] C. Charumilind, R. Kali, Y. Wiwattanakantang, 2006: Connected Lending: Thailand before the Financial Crisis. *Journal of Business*, 79(1):181-218.

[42] J. Che, Y. Qian, 1998: Institutional Environment, Community Government, and Corporate Governance: Understanding China's Township-Village Enterprises. *Journal of Law, Economics, and Organization*,14(1):1-23.

[43] S. Claessens, K. Tzioumis, 2006: Measuring Firms' Access to Finance. World Bank Working Paper.

[44] S. Claessens, E. Feijen, L. Laeven, 2008: Political Connections and Preferential Access to Finance: The Role of Campaign Contributions. *Journal of Financial Economics*,88(3):554-580.

[45] S. Cleary, 1999: The Relationship between Firm Investment and Financial Status. *Journal of Finance*,54(2):673-692.

[46] R. Cull, L. C. Xu, 2005: Institutions, Ownership, and Finance: The Determinants of Profit Reinvestment among Chinese Firms. *Journal*

of Financial Economics,77(1):117-146.

[47]A. Demirgün-Kunt, V. Maksimovic,1998: Law,Finance,and Firm Growth. *Journal of Finance*,53(6):2107-2137.

[48]I. S. Dinç, 2005: Politicians and Banks: Political Influences on Government-Owned Banks in Emerging Markets. *Journal of Financial Economics*,77(2):453-479.

[49]M. Faccio,2007: The Characteristics of Politically Connected Firms. Purdue University Working Paper.

[50]J. P. H. Fan,O. M. Rui, M. Zhao, 2008: Public Governance and Corporate Finance: Evidence from Corruption Cases. *Journal of Comparative Economics*,36(3): 343-364.

[51]J. P. H. Fan,T. J. Wong, T. Zhang,2007: Politically Connected CEOs,Corporate Governance,and Post-IPO Performance of China's Newly Partially Privatized Firms. *Journal of Financial Economics*, 84(2):330-357.

[52]S. Fazzari,G. Hubbard, B. Petersen, 1988: Financial Constraints and Corporate Investment. *Brookings Papers on Economic Activity*, 1:141-195.

[53]R. Fisman, J. Svensson,2007: Are Corruption and Taxation Really Harmful to Growth? Firm Level Evidence. *Journal of Development Economics*,83(1):63-75.

[54] J. Hasbrouck, 2007: Empirical Market Microstructure: The Institutions, Economics and Econometrics of Securities Trading. Oxford: Oxford University Press.

[55]J. F. Houston,L. Jiang,C. Lin, Y. Ma,2011: Political Connections and the Cost of Borrowing. SSRN Working Paper.

[56] Y. Huang, 2003: Selling China: Foreign Direct Investment During the Reform Era. Cambridge: Cambridge University Press.

[57] R. G. Hubbard, 1998: Capital-Market Imperfections and Investment. *Journal of Economic Literature*, 36: 193-225.

[58] M. C. Jensen, 1986: Agency Costs of Free Cash Flow, Corporate Finance, and Takeovers. *American Economic Review*, 76 (2): 323-329.

[59] S. Johnson, T. Mitton, 2003: Cronyism and Capital Controls: Evidence from Malaysia. *Journal of Financial Economics*, 67(2): 351-382.

[60] S. Kaplan, L. Zingales, 1997: Do Financing Constraints Explain Why Investment is Correlated with Cash Flow? *Quarterly Journal of Economics*, 112:169-216.

[61] A. I. Khwaja, A. Mian, 2005: Do Lenders Favor Politically Connected Firms? Rent Provision in an Emerging Financial Market. *Quarterly Journal of Economics*, 120(4):1371-1411.

[62] L. Pastor, R. F. Stambaugh, 2003: Liquidity Risk and Expected Stock Returns. *Journal of Political Economy*, 111(3):642-685.

[63] R. G. Rajan, L. Zingales, 1998: Financial Dependence and Growth. *American Economic Review*, 88(3):559-586.

[64] P. Sapienza, 2004: The Effects of Government Ownership on Bank Lending. *Journal of Financial Economics*, 72(2):357-384.

[65] R. Stulz, 1990: Managerial Discretion and Optimal Financing Policies. *Journal of Financial Economics*, 26(1):3-27.

[66] S. C. Vogt, 1994: The Cash Flow/Investment Relationship: Evidence from U. S. Manufacturing Firms. *Financial Management*, 23 (2):

3-20.

[67]H. Wan,K. Zhu,2011：Is Investment-Cash Flow Sensitivity a Good Measure of Financial Constraints? *China Journal of Accounting Research*,4(4)：254-270.

[68]J. M. Wooldrige,2002：Econometrics Analysis of Cross Section and Panel Data. Cambridge：MIT Press.

制度、企业生产效率与中国地区间出口差异 *

一、引　言

改革开放以来,中国对外贸易的快速增长成为推动中国经济发展的重要因素之一。同时,中国地区间贸易发展差距持续扩大,已成为地区经济发展差异的重要原因(沈能,刘凤朝,2006a;李斌,陈开军,2007)。对这一现象的解释主要集中在对 FDI 地区分布差异(梁琦,施晓苏,2004),以及地区金融发展差异(沈能,刘凤朝,2006)的考察,而很少追根溯源地从地区制度差异的角度直接加以研究。已有的贸易理论很少考虑一国内部地区制度差异如何影响地区出口贸易的差异,因为现有贸易理论处理的是国家层面比较优势问题,假设一国内部的地区制度是相同的。而转型经济地区

---

　　* 本文原发表于《管理世界》2008 年第 11 期,是本书作者与茹玉骢、吴宏合作所著。

之间往往存在较大所有制结构差异、合约实施和产权保护等制度差异[①]。地区的制度质量差异是否是导致地区贸易发展差异的重要原因呢？根据North(1981)及 Acemoglu 和 Johnson(2005)对制度的分解,本文试图考察产权保护制度和合约实施制度[②]这两类重要制度对地区贸易差异作用的微观机制,为地区贸易发展不平衡提供新的解释。

我们假定地区内部某产业内的企业是同质的,而地区之间的企业因生产效率差异而呈现异质性[③]。地区企业异质性假说的合理性主要基于中国地区市场分割的观察,地方保护导致了地区之间较高的贸易壁垒,李坤望、施炳展(2007)关于地区异质性问题的经验研究,颜鹏飞、王兵(2004),沈能(2006b),王志刚等(2006),王争、史晋川(2008)对于地区生产率差异的研究都支持了这个假设[④]。根据 Melitz(2003)的观点,企业效率越高的

---

① 国务院发展研究中心 2004 年发表的《中国国内地方保护的调查报告——基于企业抽样调查的分析》,以及樊纲和王小鲁(2000,2001,2004)的一系列关于中国市场一体化进程的研究充分说明了这一点。世界银行出版的《中国经商报告 2008》(Doing Business in China 2008)关于地区司法效率和企业创办成本等的量化研究很好地刻画了制度地区性差异特征,另外,世界银行 2006 年《中国治理、投资气候与和谐社会》(China Governance Investment Climate and Harmonious Society:Competitiveness Enhancements for 120 Cities in China 2006)报告所得到的中国 120 个城市的全要素生产率之间的较大差异也在很大程度上是制度地区差异的反映。这种制度差异很可能是市场交易内生的结果(Dixit,2003)。

② Acemoglu 和 Johnson(2005)将制度解构为"产权保护制度"和"合约实施制度"两个维度,他们认为,尽管两个制度集都是和机会主义行为相关,但其本质是有差异的。签约制度调整私人交易者之间的交易;而产权制度把社会政治权力分配紧密地联系起来,因为它们调节普通私人居民和政治或政治权力精英的关系。他们的经验研究表明产权制度对长期经济增长、投资和金融发展具有一阶效应。

③ 模型中我们并不区分国内企业和外资企业,因为在开放条件下它们面临相同的环境,地区的制度环境将对外资企业和内资企业生产效率同时产生影响,效率高的企业总是会倾向于参与国际分工和出口。

④ 李坤望、施炳展(2007)提出了地区异质性假说并对该假说进行了实证研究,他们认为中国市场的非完全性背景下,非技术因素是企业生产和贸易成本地区异质性的重要来源,它导致了出口贸易的地区差异性。借助随机前沿的分析方法,他们定义了"贸易潜力"与"贸易效率",用贸易效率来衡量中国市场的非完全性。结果发现,中国贸易效率呈现上升趋势;贸易效率是影响地区出口贸易差异性的主要方面,但作用减弱,从而验证了"地区异质性"假说。其他关于地区全要素生产率差异的文献也支持了我们的假设,王志刚等(2006)对 1978—2003 年分省数据的实证检验发现,地区之间生产效率存在显著差异,虽然呈现一定的波动性,但地区间差异基本保持不变;而地区制度因素对生产效率产生显著影响,其中国有化程度和财政支出占 GDP 的比重对生产效率有负面影响,国有企业比重、财政支出比重和出口比重越高,生产的不确定性越高。颜鹏飞、王兵(2004)、沈能(2006b)的实证研究表明近年来地区制造业的全要素生产率差距和技术进步增长率差距呈发散趋势,制度因素对全要素生产率和技术进步均有重要影响。王争、史晋川(2008)对私营企业的生产效率研究表明地区间的生产率差异则主要来源于劳均资本的差异。

企业越倾向于出口,那么企业生产效率越高的地区出口规模越大,地区之间企业生产效率的差异就应该是解释地区之间的对外贸易发展差异的重要因素。由于产权保护制度和合约实施制度质量会影响企业专用性投资和企业研发创新的激励,从而提高企业的生产效率和出口竞争力。因此在市场分割情况下,地区产权保护、合约实施效率等制度因素是地区企业生产率差异的重要来源。

论文沿着制度—生产效率—地区贸易差异的思路,在地区异质性假说基础上,借用新经济地理的分析框架,构造了一个两国三地区的垄断竞争模型,其中一国由两个相对独立的地区构成,地区内的企业同时开展国内地区之间贸易和出口贸易。劳动力生产效率是由产权保护制度和合约实施制度决定的变量,制度通过多个渠道来影响劳动生产率。在这个理论模型基础上,利用 1998—2004 年的分地区面板数据,对地区产权保护制度、合约实施制度和出口之间的关系展开经验研究,结果表明这些制度的地区差异显著地影响了地区的出口差异,而且显著性和敏感性呈递增趋势。

文章的主要结构如下:第二部分对相关研究文献进行评述;第三部分建立了一个两国三地区的垄断竞争贸易模型;第四部分建立了相应的计量模型;第五部分进行数据说明;第六部分是计量检验和解释;第七部分是结论和政策建议。

二、文献回顾

有很多文献讨论了制度对贸易流量和比较优势的影响(Berkowitz et al., 2006; Costinot, 2004; Levchenko, 2007; Ranjan, Lee, 2003; Nunn, 2007; Acemoglu, Antras, Helpman, 2007),但大多涉及跨国的比较,忽视

了变迁中的转型国家内部地区之间的制度差异[①],以及这种差异对出口乃至地区发展不平衡的影响。新经济地理学（Krugman,1991）考察了地区之间的贸易成本对产业集聚的影响,提供了研究地区经济差异的基本模型,从而有可能把影响交易成本的制度因素纳入分析范畴,但 Krugman（1991）的基本模型中也没有考虑地方制度差异问题。新新贸易理论重新把企业异质性问题纳入国际贸易的视野,异质性企业相关文献（Melitz,2003;Bernard,Jensen,Schott,2007）的核心观点认为,由于出口面临额外固定成本的投入,企业生产效率的差异导致了企业出口规模的差异,他们没有进一步分析企业生产效率差异的制度因素,而将企业生产能力分布假定为外生给定。国内的一些文献从异质性企业假设出发,解释中国的贸易扩张形成原因,中国在 20 世纪 90 年代以来为什么有如此高的进出口依赖呢[②]? 对此,朱希伟、金祥荣和罗德明（2005）和张杰、刘志彪（2008）认为地区市场分割是中国对外贸易扭曲性扩张的重要因素,国内地区之间贸易较高的固定成本使得高效率企业放弃异地国内市场而选择国外市场。谷克鉴、吴宏（2003）和赵伟、何莉（2007）也持有类似观点,但这些研究都没有进一步解释企业异质性和地区出口差异之间的联系。

国内对于地区贸易发展差异形成原因的经验研究,主要强调了 FDI 地区分布差异和地区金融发展差异因素,在生产国际化和产品内分工的格局下,FDI 大量流入是引发东道国对外贸易（特别是加工贸易）发展的重要因素,而 FDI 流入的地区差异也导致了地区间对外贸易发展的差异。经验研究发现,各省市 FDI 与贸易之间的关系存在着惊人的一致性（梁琦、

---

① 林毅夫、刘培林（2004）认为,分权后的地方政府依然没能完全摆脱改革以前的赶超战略思维而实行新一轮的赶超战略,即中西部赶超东部发达地区,而承担赶超战略的企业缺乏自主生存能力,需要依赖地方政府的保护,由此造成了地方保护和市场分割在财政分权实施后更为严重。按照他们的逻辑,可以说地方制度的差异很大程度上是地区计划经济时代所有制结构的一个遗留问题,国有经济越发达的地区,政府越偏好于赶超战略,结果要素禀赋扭曲,企业的效率进一步下降,出口的竞争力进一步减弱,从而出现地区对外贸易发展水平的差异。他们本质上强调了一种累积因果效应。

② 当然很多主流的文献强调了国际垂直专业化分工所导致的这种贸易扩张（Hummels,2001;Feenstra,1998）,即产品价值链全球区位重新配置导致的发展中国家出口的增加。

施晓苏,2004)。但是 FDI 地区分布的差异很可能是造成地区贸易差异的表面原因,它并不能解释那些 FDI 流入量不大的地区(如浙江省)的对外贸易为什么迅猛发展,因此 FDI 作为地区贸易发展差异的解释并不彻底。相关研究表明,制度因素(政府效率、产权保护等)才是 FDI 地区分布差异性重要因素(鲁明泓,1997,1999;鲁明泓,潘镇,2002;潘镇,潘持春,2004),良好的运营体系、高效廉洁的政府、完善的法律制度将会为国际直接投资提供优越的制度环境。而沈能、刘凤朝(2006a)用地区金融发展差异来解释地区贸易发展的差异,他们的研究没有涉及地区制度差异。影响地区对外贸易差异的因素除 FDI 外,还包括地理的因素、市场分割的因素、要素禀赋和规模经济等,上述文献没有直接就制度对地区贸易规模差异展开研究。

那么制度是否是企业效率差异的一个重要来源呢,如果是,那么产权保护和合约实施制度又是通过什么渠道来影响企业的效率,进而对地区的企业出口行为和地区出口差异产生影响?新制度经济学和合约理论的文献表明,制度的两个重要维度——合约实施制度和产权保护制度将通过多种渠道对企业生产效率产生影响。其中合约实施制度质量的高低直接影响交易双方合约的事后实施和事前投资效率,一些学者的文献(Klein et al,1978;Williamson et al,1975,1985;Grossman,Hart,1986;Hart,Moore,1990)强调了合约实施制度质量对企业事前投资的激励作用,合约实施制度通过事前专用性投资激励、技术选择和研发激励等途径对企业的生产效率产生影响。作为对这些理论的一个经验研究,Nunn(2007)从中间品投入专用性角度研究了合约实施制度国别差异对于比较优势的影响,认为合约实施制度质量高的国家在合约密度高的产业具有比较优势,茹玉骢、金祥荣(2008)在中国分省分产业层面的经验研究中证实了上述观点。涂正革、肖耿(2005a)对中国地区的全要素差异研究表明,技术差异是地区全要素差异的主要来源。除事前研发专用性投资水平影响企业技术水平外,Acemoglu、Antras 和 Helpman(2007)的理论研究表明合约实施制度质量会导致企业技术选择决策,由于先进技术需要更多的专用性投入,合约制度越差企业将倾向于选择简单的技术,从而为制度影响地区比较优势提供了新的解释。合约实施制度质量成为影响外资企业采购当地化的重要因素,根据交易成本理论和不完全合约理论,合约实施制度质量越高,市场交易越有可能替代企业内部交易,外资采购的当地化程度越高,外资越有可能和当地供应商之间发生知识的直接转移,而通过这种纵向技术外溢(vertical spillover)效应而促进国内上下游企业的劳动生产率的提高。Javorcik 等(2004)利用企业层面数据的经验研究发现,外资通过纵向水平的技术扩散而提高东道国上下游企业劳动生产率,外资纵向水平的技术扩散主要通过产业内前向关联(forward linkages)和后向关联(backward linkages)的途径完成,其中下游部门外资流入增加 1 个单位,那么国内供应企业的产出增加 15%,这种生产率的扩散效应在合资情况下更加显著。地区的合约实施制度质量差异在一定程度上可以解释全要素生产率的地区差异。

产权保护制度是指保护居民免受政府和精英权力侵害的规则,主要防止投资者免遭政府的盘剥,以及防止对与政府相关企业予以特别的关照(Acemoglu,Johnson,2005),研究表明,产权保护制度差异是国家之间投资和增长差异的重要来源。由于产权保护能够直接刺激企业投资,因此产权保护制度越完善的地区,潜在的企业更有动力进入市场,在位的企业也有动力扩大投资,行业内的竞争通常比较激烈,效率更高的新企业进入市场导致低效率企业退出市场,这种竞争效应最终提高企业平均生产效率。李玉红等(2008)的研究表明,转型经济企业效率的提高不仅仅来自于技术进步,还来自制度环境的改善,他们认为 2000—2005 年间我国工业生产效率的提高 50%依靠存活企业的技术进步,50%依靠存活企业和进入退出企业资源重新配置。这种由于企业进入退出造成的市场均衡生产率变化问题,在 Melitz(2003)的文献中已经作了分析,只不过在他的模型中进入退出是由企业的贸易地区选择决定了。另外,地区产权保护差异已经成为外资区位选择的重要决定因素,而外资的流入将对本地企业造成竞争效应,而对地区企业生产率产生影响,张海洋(2005)的经验研究强调了外资竞争效应对当地企业生产效率的促进作用[①]。除这种竞争效应外,在转型经济中,产权保护制度也会影响地区企业的所有权结构,产权保护越好的地区,私有企业受的歧视越少,民间投资的积极性比较高,民营经济比较发达,而国有经济所占的比重比较低,又因为企业的所有制结构将影响资源的配置效率,于是地区所有权结构差异可能是地区企业生产效率差异的重要来源。涂正革、肖耿(2005b)运用中国大中型工业企业 37 个两位数工业行业 1995—2002 年的年度企业数据及随机前沿生产函数模型,对影响企业技术效率差异的外生性因素、企业技术进步的过程及渠道进行深入系统分析,认为产权结构是导致企业技术效率差距的核心因素。姚洋(1998)、刘小玄(2000)、胡一帆(2006)、方军雄(2007)等的经验研究表明,整体上国有企业的资本配置效率显著弱于非国有企业。李玉红等(2008)的研究还表明,在新企业中,外商直接投资和私营企业对生产率增长的贡献显著,在由企业进入退出带来的资源优化配置作用中,这两类企业占所有企业的90%左右。

三、开放条件下两地区出口垄断竞争模型

我们构造了开放环境下的两国三地区垄断竞争模型,假设国内的两地

---

① 目前国内对外资技术外溢的研究主要集中在水平方向的溢出,而缺少外资纵向技术扩散渠道的研究,张海洋(2005)、蒋殿春、张宇(2008)从技术水平扩散的角度研究表明外资的技术溢出并不显著。从水平技术外溢角度(horizontal spillover),外资进入所带来的竞争效应也可能是导致行业内企业生产率提高的因素,张海洋(2005)发现外资对国内企业的生产率水平的提高主要是通过竞争效应,而非技术扩散,即水平型技术扩散并不显著。

区没有完全分工,拥有相同的产业结构,国内的两地区开展对外贸易,出口面临相互竞争关系。国内地区之间存在的地方保护主义构成实质性关税壁垒[①],在一定程度上抑制了地区之间的贸易而有利于国际贸易。两个地区存在显著的制度质量差异,不妨假定地区 2 的制度质量比地区 1 更高。假定同一地区内的企业是相同的,制度质量地区差异导致地区 2 的企业生产效率要比地区 1 高,即存在地区之间的企业异质性。首先我们在Fujita,Krugman 和 Venable(1999)经济地理模型基础上,引入一个开放条件下的两地区垄断竞争模型,该模型涉及两个国家 3 个地区,以中国地区市场分割为背景,模型中本国由两个相对独立地区构成,而另一个地区代表除本国以外其他国家,设国内有两个地区,地区 j 的消费者效用水平是 $U_j =$ $A_j^\mu X_j^{1+\mu}, j = 1, 2, X_j$ 为消费指数,$X_j = \left(\sum_{i=1}^{N_1} X_{j,i}^{\frac{1-\sigma}{\sigma}} + \sum_{i=1}^{N_2} X_{-j,i}^{\frac{1-\sigma}{\sigma}} + \sum_{i=1}^{N_3} X_{m,i}^{\frac{1-\sigma}{\sigma}} \right)^{\frac{\sigma}{1-\sigma}}$,消费者所消费的差异产品由三部分构成:本地生产产品、异地产品和进口产品,差异产品之间的替代弹性都是 σ。

(一)消费者均衡

假定本国地区 j 某产业内企业数量为 $N_j, j = 1, 2$,产品 i 的需求 $x_{j,i} = (\mu E_j / P_j^{1-\sigma}) p_{ji}^{-\sigma r}$,假定同一地区内的企业采用相同的技术,在对称情况下,外国市场对地区 j 生产产品的市场需求分别为:

$$D_1 = N_1 x_1 = N_1 p_{1i}^{-\sigma} \mu \left(\frac{E_1}{P_1^{1-\sigma}} + \frac{\tau^{-\sigma} E_2}{P_2^{1-\sigma}} + \frac{\lambda^{-\sigma} E_3}{P_3^{1-\sigma}} \right),$$

$$D_2 = N_2 x_2 = N_2 p_{2i}^{-\sigma} \mu \left(\frac{\tau^{-\sigma} E_1}{P_1^{1-\sigma}} + \frac{E_2}{P_2^{1-\sigma}} + \frac{\lambda^{-\sigma} E_3}{P_3^{1-\sigma}} \right)$$

---

① 黄赜琳、王敬云(2006)运用国际上测量综合贸易壁垒的"边界效应"方法对中国的贸易壁垒分地区分行业进行了测算,发现 1997 年中国地方保护的等价关税介于 32%～53%,远高于 Wolf(2000)计算的美国国内 3%～3.7%的边界效应和 Helliwell(1997)测算的加拿大 2.1%的国内边界效应,而相当于欧洲统一大市场内部独立国家之间的情况,说明中国国内的市场一体化还很不完善,地方保护主义对区域间贸易构成了实质性关税壁垒。

国内地区之间的运输成本参数为 τ，λ 是地区对外贸易中的运输成本参数。p_{1i}，p_{2i} 是两个地区产品的价格，P_1，P_2，P_3 分别是各个地区的制造业部门的物价指数，E_1，E_2，E_3 分别是三个地区的总收入。

产业 X 中第 j 个地区代表性厂商的生产函数是 $l_j = f + x_i c_j$，生产只采用劳动力一种要素，生产 x_i 单位产品需要 l_j 单位劳动投入，f 是用劳动投入表示的固定成本，c_j 是生产的边际劳动投入，它的大小反映了劳动生产效率的高低，c_j 越低表示劳动生产效率越高或者说企业的生产效率越高。与全要素生产率（Total Factor Productivity，TFP）相类似，它的大小取决于技术水平、制度质量等因素的差异。制度通过技术创新激励、技术选择、投资竞争效应、外资纵向技术溢出等途径对地区劳动生产率产生影响。考虑人口地区内能够自由流动的极端情况，假定同一产业内两地区所有企业的生产函数的固定成本相同，同一地区内企业的边际成本相同，而地区之间的边际生产成本不同。地区 2 制度环境比地区 1 好，将意味着地区 1 企业的边际成本要大于地区 2 企业的边际成本。垄断竞争市场按照边际定价原则 $p_i = \sigma c_i / (\sigma - 1)$，地区 1 的企业的销售价格要高于地区 2，如果地区之间贸易的成本是对称的都是 τ，那么明显地外国市场对地区 2 产品的市场需求要大于地区 1，$D_2 > D_1$。如果把地区 3 的工资水平正则化为 1，那么地区 1 和 2 相对于 3 的工资水平 w_1 和 w_2 外生给定，地区分割情况下，允许两者存在差异。令 $\rho = (\sigma - 1) / \sigma$，同一地区内企业具有相同的产品价格 $p_{ji} = c_j w_j / \rho$。

（二）生产均衡

产业均衡时企业利润为零，从而得到均衡的产量和劳动力投入 $x_{ji}^* \equiv f(\sigma - 1) / c_j$，$l^* \equiv f + c_j x_{ji} = f\sigma$，令 $f = 1/(\sigma - 1)$，那么 $x_{ji}^* \equiv 1/c_j$，$l^* \equiv f + c_j x_{ji} = \sigma / (\sigma - 1) = 1/\rho$，可以看到每一个企业的劳动投入 l^* 是相同的，而企业的产量和边际成本有关系。由于地区的产权制度差异影响劳动力的

生产效率,从而使得不同地区企业的产量存在差异。制度质量越差的地区,企业边际成本越高,则产量越小,而与地区的工资水平没有关系。假定第 j 个地区的制造业人口总量为 L_j,那么该地区的企业数量为 $N_j = L_j/l_j = \rho L_j$。这表示地区某产业中的企业数量是和地区产业内的劳动力人口成正比的,产业内劳动力数量越多,那么企业数量越多,产品竞争越激烈。于是我们可以把地区 1 和 2 的出口额表示为:

$$
\begin{aligned}
EX_{j3} &= N_j \mu \lambda_j^{1-\sigma} p_\mu^{1-\sigma} E_3 / P_3^{1-\sigma} \\
&= p^\sigma L_j \mu (\lambda_j c_j w_j)^{1-\sigma} E_3 / P_3^{1-\sigma}, j = 1,2
\end{aligned}
\tag{1}
$$

(三)局部均衡:市场出清

垄断竞争市场长期均衡时企业的经济利润为零的情况下,同时生产量和需求量相一致,$x_{ji}^d = p_{1i}^{-\sigma} \mu \Psi = f(\sigma-1)/c_j = x_{ji}^s$,可以得到 $p_{ji}^\sigma = \mu \Psi / x_{ji}^*$,其中 $x_{ji}^* = x_{ji}^s = x_{ji}^d$,$\Psi = \left(\dfrac{E_1}{P_1^{1-\sigma}} + \dfrac{\tau^{1-\sigma} E_2}{P_2^{1-\sigma}} + \dfrac{\lambda^{1-\sigma} E_3}{P_3^{1-\sigma}} \right)$,又因为 $p_{ji} = c_j w_j / \rho$,可以得到地区 j 的实际工资水平:

$$
w_1 = \frac{\varphi}{c_1^\rho} \left[\left(\frac{E_1}{P_1^{1-\sigma}} + \frac{\tau^{1-\sigma} E_2}{P_2^{1-\sigma}} + \frac{\lambda^{1-\sigma} E_3}{P_3^{1-\sigma}} \right) \right]^{1/\sigma}
$$

$$
w_2 = \frac{\varphi}{c_2^\rho} \left[\left(\frac{\tau^{1-\sigma} E_1}{P_1^{1-\sigma}} + \frac{E_2}{P_2^{1-\sigma}} + \frac{\lambda^{1-\sigma} E_3}{P_3^{1-\sigma}} \right) \right]^{1/\sigma}
$$

其中 $\varphi = \rho \mu^{1/\sigma}$。地方实际工资水平取决于本地企业的边际劳动投入 c_j、物价水平、地区收入水平。边际劳动投入越高工资水平越低,c_j 提高将导致产品价格提高和需求减少;而本地区实际工资水平和其他地区的名义收入成正相关,这体现为需求导致规模扩张所引发的收入效应。但实际工资和销售到其他地区的运输成本负相关,因为运输成本越高,其他地区的名义收入所导致的对本地区的产品的需求就越少。由于工资水平是内生决定的,我们可以把出口方程(1)重新表述为:

$$EX_{j3} = \frac{\varrho^\sigma \mu \varphi^{1-\sigma} L_j \lambda_j^{1-\sigma} c_j^{\frac{1-\sigma}{\sigma}} E_3}{P_3^{1-\sigma}} \left[\left(\frac{E_j}{P_j^{1-\sigma}} + \frac{\tau^{1-\sigma} E_{j'}}{P_{j'}^{1-\sigma}} + \frac{\lambda^{1-\sigma} E_3}{P_3^{1-\sigma}} \right) \right]^{\frac{1-\sigma}{\sigma}}, \quad j,j' \in \{1,2\}$$

$$(2)$$

这个方程对后面的经验研究很重要,因为名义工资变量用一些外生变量替代后,避免了经验研究中出口和工资水平之间的内生性问题。方程(2)表明地区某产业的出口额取决于边际生产效率、劳动力数量和进口国的收入水平,如果地区的生产效率越高,那么出口越多。

白重恩等(2004)认为地区分割问题的存在,地区之间较高的贸易壁垒使得地区之间的产业结构出现雷同,因此我们的研究并没有考虑地区产业结构性差异,尽管这种制度差异的长期存在很可能导致地区产业结构和比较优势的重大差异,这种忽略简化了问题分析。因此本文关注的一个重点是制度通过对企业生产效率的影响,进而对地区出口规模差异产生作用的机制。我们假设地区 j 的边际劳动投入和地区制度质量参数 θ_j 之间存在着对应关系,制度变量主要包括产权保护制度质量、合约实施制度质量等,θ_j 越高表示制度质量越好,不妨设边际劳动投入 $c_j(\theta_j) = Z_j(\theta_j)^{-\gamma} \theta_j^{-\alpha}$,其中 $0<\gamma<1, 0<\alpha<1, Z_j(\theta_j)$ 表示除了制度因素以外影响企业生产效率的其他参数,如研发投入、人力资本水平等,它们本身又由制度因素内生决定。当地区 2 的制度质量比地区 1 要好的时候,$\theta_2>\theta_1$,那么生产一单位的产品,地区 2 劳动生产率要高于地区 1 劳动生产率,$1/c_2>1/c_1$。

假定国外消费需求中对各个产业的支出比例 μ 是相同的,地区内每个产业的边际劳动力投入相同,同一地区内不同产业的实际工资相等,都等于 w_j。我们可以对一个地区的各个产业出口额进行加总,得到某地区总的出口额:

$$TEX_{j3} = \frac{\varrho^\sigma \mu \varphi^{1-\sigma} TL_j \lambda_j^{1-\sigma} (Z_j^{-\gamma}\theta_j^{-\alpha})^{\frac{1-\sigma}{\sigma}} E_3}{P_3^{1-\sigma}} \left[\left(\frac{E_j}{P_j^{1-\sigma}} + \frac{\tau^{1-\sigma} E_{j'}}{P_{j'}^{1-\sigma}} + \frac{\lambda^{1-\sigma} E_3}{P_3^{1-\sigma}} \right) \right]^{\frac{1-\sigma}{\sigma}}$$

$$j=1, j'=2 \qquad (3)$$

后面的计量模型将据此展开,其中 TL_j 为两个地区的劳动力人口,生产效率越高的地区,劳动的边际产出越高,工资水平也越高,工资水平越高就越能促进人口的流入,近 10 年来农民工的大规模流动说明了这一点。产业劳动人口越多,在我们的模型中意味着企业越多,那么地区生产的差异产品种类越多,产品之间的竞争越激烈,价格也更低,地区出口规模越大。地区制度质量正是通过影响企业的生产效率而对地区出口规模产生影响。在这里我们直接用制度变量替代了企业生产效率变量$(1/c_j)$,如前面文献所提到的那样,制度通过很多渠道影响企业生产效率,这些渠道并不是本文所关注的重点。在后面的经验研究中没有出现劳动生产效率这个指标,而将劳动生产效率地区差异还原为地区制度差异。因为劳动生产率对出口的影响是显然的,一个简单的方法就是用地区劳动工资表示劳动生产率,我们发现劳动生产率和出口规模之间有显著的相关性,而我们关注的是这个现象背后的故事,即制度地区差异对出口规模的影响本身。E_3 表示外国收入,在模型中我们相当于把除中国以外的其他所有国家作为一个超级国家看待,而忽视了这些国家具体情况。

四、计量模型:地区制度差异与出口规模差异

前面我们讨论了产业结构相似地区相互开展差异化竞争情况下,地区的对外贸易规模的决定问题,我们关心的重点是合约实施制度和产权保护制度是否显著影响了地区贸易(出口)规模差异,其影响程度如何。对方程(3)两边取对数:

$$\ln TEX_{j3} = \ln\Phi + \ln TL_j + (1-\sigma)\ln\lambda_j + \gamma\rho\ln Z_j$$
$$+ \alpha\rho\ln\theta_j + \ln E_3 + \ln P_3^{1-\sigma} + ((1-\sigma)/\sigma)\ln\Psi$$

其中,$\Phi = \ln\rho^\sigma\varphi^{(1-\sigma)}\mu$,这里 $j=1,2$,它说明地区 j 的出口取决于以下三方面的因素:一是资源禀赋因素,如劳动人口 L_j,其他地区的名义收入 E_j;二是制度因素 θ_j 和非制度因素 Z_j;三是进口国的因素,如收入 E_3 和物价指数

P_3，另外还与地方之间的运输成本参数 τ 负相关。由方程(2)可知，地区的出口总额的差异取决于三个方面的因素：劳动力数量总额差异、制度质量差异、出口运输成本差异。其中劳动力数量相对越多的地区由于提供更多的产品种类而出口越多，而制度质量相对越好的地区出口也越多，运输成本相对越高的地区出口成本越高，从而出口越少，因为运输成本提高了出口产品的价格，从而在地区竞争出口中缺乏竞争力，导致出口减少。

为了能够衡量地区之间的出口差异，我们定义地区 1 和地区 2 的出口总额之差为：

$$\Delta \ln TEX_{12} = \Delta \ln TL_{12} + (1-\sigma)\Delta \ln\lambda_{12} + \gamma\rho\Delta \ln Z_{12} + \alpha\rho\Delta \ln\theta_{12} + \Delta \qquad (4)$$

其中，$\Delta = \left(\dfrac{E_1}{P_1^{1-\sigma}} + \dfrac{\tau^{1-\sigma}E_2}{P_2^{1-\sigma}} + \dfrac{\lambda^{1-\sigma}E_3}{P_3^{1-\sigma}} \right) - \left(\dfrac{\tau^{1-\sigma}E_1}{P_1^{1-\sigma}} + \dfrac{E_2}{P_2^{1-\sigma}} + \dfrac{\lambda^{1-\sigma}E_3}{P_3^{1-\sigma}} \right)$，$\Delta \ln TEX_{12} = \ln TEX_1 - \ln TEX_2$，$\Delta \ln\lambda_{12} = \ln\lambda_1 - \ln\lambda_2$，$\Delta \ln TL_{12} = \ln TL_1 - \ln TL_2$，$\Delta \ln\theta_{12} = \ln\theta_1 - \ln\theta_2$，$\Delta \ln Z_{12} = \ln Z_1 - \ln Z_2$。地区之间总变量之间差分的一个优点是消除了对地区出口有影响的一些共同因素，如国外的收入水平、物价水平等，把关注的焦点集中在地区特征变量的差异上。在开放条件下由于外国的总收入 E_3 要远远大于国内各地区收入，Δ 很小可以忽略。

可以把上述开放条件下两地区模型很容易地推广到多地区的出口垄断竞争模型，根据(2)得到时期 t 国内任意两个地区 j 和 j' 出口差异决定因素的回归方程：

$$\Delta \ln TEX_{jj't} = \beta_0 + \beta_1 \Delta \ln LEG_{jj't} + \beta_2 \Delta \ln PROP_{jj't} + \beta_3 \Delta \ln DIS_{jj't}$$
$$+ \beta_4 \Delta \ln TL_{jj't} + \beta_5 \Delta \ln TECH_{jj't} + \sum_{i=6}^{l} \beta_i \Delta \ln Z_{jj't} + \mu_{jt} + \varepsilon_{jt}$$
$$(5)$$

其中，$TECH$ 表示地区技术水平；LEG 表示地区司法制度质量变量；$PROP$ 表示地区产权保护制度质量变量；DIS 表示出口的距离，通常运输距离和运输成本高度相关，DIS 可以刻画地区出口运输成本的差异；Z 表示其他控制变量；ε_{jt} 是随机扰动项；μ_{jt} 是两地区其他固定因素之差。根据方程(4),变量 $\Delta lnDIS$ 的回归系数 β_3 的绝对值反映了产品之间替代弹性的变化,$\sigma=1-\beta_3$,由于随时间变化在产业从均衡向非均衡调整的过程中,企业数量会增加,产业内差异产品数量会增加,因此估计 β_3 的绝对值随时间变化而增加。另外,由方程(4)和前面关于企业劳动边际投入 c_j 的假设,变量 $\Delta lnPROP$ 的回归系数 β_2 和变量 $\Delta lnTECH$ 的回归系数 β_5 之比反映了制度和技术水平对 c_j 的投入产出弹性之比,$\beta_2/\beta_5=\alpha/\gamma$,此值越大,说明制度相对于技术水平而言对 c_j 的投入产出弹性在变大,产品对制度质量的敏感性越强,β_2/β_5 比值的变化能够反映出口对制度的依赖程度的变化。

五、数据说明

我们采集了 1998 年、2000 年、2002 年和 2004 年全国各地区的 4 年的数据,由于西藏自治区的一些数据缺失,我们把西藏从样本中剔除;对于其他有些省份缺失的数据,或者行政区划调整导致的数据异常,我们采用了前后期的算术平均数方法加以弥补,样本包括了省、自治区和直辖市在内的 30 个地方行政单位。其中地区的出口总额变量我们采用了《中经网统计数据库》,按经营当地企业出口总额数据,选择任意两个地区出口对数值的差额得到变量 $\Delta lnTEX_{jj'}$。各地区劳动力数量 $LABOR$,我们采用年末第二产业劳动力数量来代替,由于不同地区的出口产品结构是不同的,有的地区偏向于农产品的出口,有些倾向于制造业的出口,因此选用这个指标会产生向上的偏误,因为有些省份可能以农业出口为主,导致制造业劳动力数量比重偏低,这样就会夸大地区人口差异对贸易差异的影响。鉴于中国最近十年出口结构中制造业出口占了绝对比重,因此选择第二产业劳动里数量作为替代变量一定程度上可以克服上述缺陷。各个省地理位置的不同会影响运输成本差异和企业的出口 FOB(Free On Board,离岸价)

价格,由于运输成本和距离大致成正比,因此根据回归方程(5)我们用各个省的对外贸易距离 DIS 变量来代替贸易成本。为此我们分别选择天津港、上海港和广州港作为中国出口的三大港口,每个省根据各个省会城市到这些港口的最近距离来选择出口港口,国内距离是省会城市到各港口城市的火车里程,另外沿海地区出口的国内运输里程记为零,出口运输还包括到国外的一段距离。我们罗列了四年中我国出口最多的前 10 位国家,然后对这 10 个国家的主要港口到上海港的距离取平均值,作为中国各省出口的贸易距离,国内运输里程加境外运输里程就构成了我们所需要的 DIS 变量数据。其中我们也考虑了边境省份的边境贸易问题,做了一些数据的调整,例如新疆的对外贸易里程我们用国内省会之间最大铁路里程来代替。对于地区技术水平变量 TECH 的指标,我们采用了 InfoBank 提供的《中国科技年鉴》1999 年和 2005 年全国各地区劳动力人均申请三项专利数量的数据,因为一个地区劳动力人均申请专利数量越多,说明一个地区的技术研发和创新能力越强,相应的劳动生产效率也越高。由于各地区的贸易分行业数据很难收集,因此在计量方程的设计和数据采集时,我们从总量而非分行业数据展开考察。

本文最大的困难之处在于对衡量地方司法制度质量、产权保护制度质量替代性指标的寻找。我们用"GDP/地区财政收入中罚没款收入(PROP)①"来表示地方政府的产权保护倾向,产权保护制度质量随这个比率的提高而提高。尽管随着经济规模的扩张,交易者由于触犯各种法规的

① 很多研究用各省"三项专利申请(或批准)数量/科技人员数量"来衡量地方的知识产权保护力度(樊纲,王小鲁,2001—2006),或者是表示地方产权保护质量(潘镇,潘持春,2004)。这样做的不合理之处在于,该指标的高低很大程度上反映了各地区科研人员能力的高低,而这种能力的高低很可能是人员水平和资金投入不同造成的,而很少是因为这个地方的产权保护比较好导致了科研人员有积极性进行研发。尽管确实存在这样的情况,地方知识产权保护不力导致企业研发激励减少,但知识产权在同一个法律下面在全国各地区都有同等的法律效应,只有当国家层面上的产权保护力度比较差的时候,才会抑制企业的研发激励。因此制度对企业研发的激励不仅取决于本地区的知识产权保护,而且更重要的是取决于全国的产权保护力度。因此我们认为"三项专利申请/科研人员数量"只能用来衡量一个地区的技术创新能力和水平,而不能用来说明地区产权保护制度的优劣。

可能性增加,会提高地方财政中的罚没款收入,但同时产权保护弱的地区,官员更会依靠设定更多的法规(通过设租的方式)来增加罚没收入,因此上述 PROP 指标还是能够反映出地方的产权保护倾向。司法制度质量高低比较恰当的指标是经济诉讼案件的平均司法支出或诉讼费用,但是由于不能获得各地区的经济诉讼案件数据而无法计算各个年度的每个案件的司法支出指标,因此我们采用"地区财政支出中公检法支出/GDP 指标(LEG)"表示[①],该指标越大表明地方愿意投入更多的资金从事司法建设,从而司法系统效率越高。各地区财政罚没收入和公检法支出数据均来自《中经网统计数据库》。

　　作为控制变量的地区外资流入量,我们采用了各地区年度实际外商直接投资流入额,由于在生产全球化背景下,产品的价值链在全球不同区位重新分布,FDI 将带动东道国的出口,因此 FDI 变量的估计参数是正的。又由于中国的金融市场尚处于发展和完善过程中,地区金融发展也存在很大差异,而通常金融越发达的地区融资成本相对越低,融资效率较高,企业的生产效率也越高,因此地区金融发展程度是我们研究制度作用时的另一个重要的控制变量。通常用金融相关率[②]来衡量地区的金融发展,而采用短期贷款总量(FDEV)占全部贷款总量的比率反映信贷结构的配比情况,衡量一个地区经济主体的活跃程度。FDEV 越高表示金融深化程度越深,企业的生产效率可能越高,FDEV 变量的估计参数是正的。另外,我

---

　　① 司法界人士普遍认为,司法制度执行不畅是因为预算和从业人员不足。发展中国家等用在司法制度上的财力非常有限。在这种情况下,资源供给可以发挥一定的作用。如新近国家规定给予法官数额不等的补贴就是旨在加强法律的国内公平性和执行力。不过,增加资源投入一定和其他司法改革动议一起施行才会产生效果。增加投入可能在短期内可以消除审判过慢的现象,但如果只凭借这一项措施,它所产生的效果不会长久(增加资源投入使得需求增长(诉讼案件增多),审判速度将回到原来的水平)。这是因为单纯地增加资源投入无法改变司法从业人员的基本行为模式。

　　② 金融相关比率(Financial Interrelations Ratio, FIR),由著名经济学家戈德史密斯在《金融结构与金融发展》一书中率先提出,是衡量金融发展程度的一个最重要指标,它是指"某一时点上现存金融资产总额(含有重复计算部分)与国民财富(实物资产总额加上对外净资产)之比"。通常,人们将其简化为金融资产总量与 GDP 之比。具体计算上,可以用全部金融机构的存款与贷款之和代替全部金融资产。

们还认为地区的所有制结构会影响资源配置效率,从而影响企业效率,一般认为地区民营经济越发达,企业效率相对越高,我们采用樊纲和王小鲁(2004,2006)计算的各地区非国有经济发展程度指标(PRIE),该指标由以下三个方面构成:销售收入比重、固定投资比重、就业比重。通常非国有经济发展程度越高的地区出口的能力比较强。

表 1 显示了各项自变量估计参数的预期符号。

表 1　各项自变量估计参数的预期符号

自变量	参数预期符号	自变量	参数预期符号
司法效率(LEG)	+	技术水平(AVEP)	+
产权保护(PROP)	+	外商直接投资(FDI)	+
劳动力供给(LABOR)	+	非国有经济发展(PRIE)	+
地区间距离(DIS)	+	金融发展(FDEV)	+

所有数据都根据前面模型做了相应的处理,我们采用的是年度数据,每年 30 个省、自治区和直辖市的出口差异回归方程一共有 435 个样本,因此每一年我们就能得到足够的样本来分析地区贸易差异在多大程度上由制度因素引起的。我们主要做了两类实证研究:第一类是跨地区之间贸易差异来源的经验研究,它既包括全国不分地区所有省份之间的交叉比较,也有东部地区沿海省份之间的交叉比较,还包括了东部西部省份交叉比较,以及东部和西部省份之间的交叉比较;第二类是随时间变化的制度对贸易差异作用变化的比较研究,并且预计制度差异对地区差异的影响在变强,因为随着中国出口产业结构的调整,产品的生产效率对制度将越来越敏感。

六、计量结果和解释

(一)总体回归

我们首先构建了全国 30 个地区和直辖市两两交叉 435 个样本 4 年的

面板数据,Hausman 检验得到的卡方分布值为负,不符合检验的假设前提,故 Hausman 检验无效,因此不应当拒绝选择固定效应模型。在异方差检验中,无交叉项固定效应 F 统计量报告接近为 0,相伴概率为 1,因此存在异方差假设不成立。因此我们选择固定效应最小二乘估计。其中我们最关心的是代表合约实施制度质量和产权保护制度差异对地区贸易差异的影响参数。

我们对 4 年 1740 个各地区间贸易差异的样本做回归,给出了 5 组面板数据回归结果,每个回归的应变量都是出口额对数地区差异 $\Delta \ln TEXP$,而应变量包括地区司法效率变量对数地区差异 $\Delta \ln LEG$、产权保护变量对数地区差异 $\Delta \ln PROP$、技术创新能力对数地区差异 $\Delta \ln TECH$、制造业劳动人口对数地区差异 $\Delta \ln LABOR$、贸易距离对数地区差异 $\Delta \ln DIS$。控制变量包括外商直接投资实际流入额对数地区差异 $\Delta \ln FDI$、金融发展对数地区差异 $\Delta \ln FDEV$、地区所有制结构对数地区差异 $\Delta \ln PRIE$。

总体回归结果支持前面的垄断竞争模型,变量回归参数的方向符合我们的预测,而且总体上所有变量是稳健而显著的。其中地区的制造人口的多少是显著影响地区出口差异的重要原因,即地区劳动人口越多越有利于产品的多样性发展和竞争的充分性,从而导致地区的出口的扩张,$d \Delta \ln TEXP / d \Delta \ln LABOR > 0$。可见,人口的流动和城市化所导致的劳动力人口地区分布差异是造成地区贸易差异的重要因素。地理因素造成的运输成本差异显然是阻碍地区出口的重要因素,$\Delta \ln DIS$ 回归系数始终是负的,由于内陆地区开展国际贸易存在较高的运输成本,从而使得地理区位因素也毫无争议地成为地区贸易差异的重要来源,沿海地区比内陆地区更具有开展贸易的运输成本比较优势,内陆地区开展国际贸易的比较劣势在地区之间存在严重贸易壁垒的情况下尤为突现。中国的对外贸易发展是在国内市场分割状态下展开的,地方市场分割并没有成为中国对外贸易扩张的障碍,人口的流动所带来的规模经济可能抵消了市场分割对贸易的负面影响。技术差异变量 $\Delta \ln TECH$ 的回归系数也非常稳健和显著,说明技术创新是影响企业生产效率和出口规模的重要因素,这和生产效率进步的经验研究是吻合的,技术差异是影响地区生产率差异的重要因素。其他变量如 FDI 分布差异、金融发展差异、所有制经济结构差异变量 $\Delta \ln FDI$,$\Delta \ln FDEV$,$\Delta \ln PRIE$ 的回归系数也都非常显著。比较有趣的是,尽管外资的地区分布差异对地区出口差异有显著影响,但其显著程度和稳健程度不如金融发展差异变量,而且强度也不如金融发展差异,后者的回归系数是前者的数十倍,这说明出口对于金融的依赖程度在不断加深。

从表 2 中,我们还发现随着控制变量数量的增加,变量 $\Delta \ln LEG$ 回归变得越来越显著和稳健,这表明增加的控制变量 $\Delta \ln FDI$、$\Delta \ln FDEV$、$\Delta \ln PRIE$ 可能通过司法差异变量 $\Delta \ln LEG$ 而对地区出口差异产生正的影响,或者说,外资规模越大、金融发展程度越高、私有经济越发达的地区对于司法效率的要求也越高,表现为司法行政支出占 GDP 比重的提高。对于司法效率差异 $\Delta \ln LEG$ 不太稳健的原因,其他的解释是与我们选择的指标有关系。尽管一方面司法支出占 GDP 比重的提高有助于司法效率的提高,同时也说明经济活动对司法制度的依赖性和信任度增加;另一方面也可能存在这样的情况,因为地区的法制环境比较差,所以才需要更大的司法支出来改善司法环境。而且这个指标不能反映转型经济合约的非正式实施效率,可能因为地区的非正式合约实施比较有效率,而对正式制度的依赖性减弱,这样就出现了司法支出比率小的地区,合约实施的效率未必低下,司法制度对企业效率的影响可能被非正式制度替代了。Acemoglu 和 Johnson(2005)认为人们更能够通过长期声誉机制等方法来缓解合约实施制度比较弱的不利情况。

表 2　总体样本出口差异回归结果(应变量为地区出口对数)

自变量	回归(1)	回归(2)	回归(3)	回归(4)
常数	-0.076***	-0.081***	-0.121***	-0.126***
	(-4.694)	(-4.993)	(-7.634)	(-7.983)
$\Delta\ln LEG$	-0.016	0.048	0.097**	0.165***
	(-0.365)	(0.985)	(2.063)	(3.423)
$\Delta\ln PROP$	0.582***	0.642***	0.644***	0.633***
	(17.225)	(16.788)	(17.508)	(17.347)
$\Delta\ln DIS$	-0.531***	-0.516***	-0.561***	-0.529***
	(-38.501)	(-35.487)	(-38.723)	(-34.506)
$\Delta\ln LABOR$	0.791***	0.763***	0.699***	0.680***
	(55.036)	(45.784)	(41.495)	(39.966)
$\Delta\ln TECH$	1.234***	1.184***	1.20***	1.176***
	(65.021)	(45.968)	(51.544)	(50.245)
$\Delta\ln FDI$		0.032***	0.019***	0.012
		(3.318)	(2.092)	(1.314)
$\Delta\ln FDEV$			0.956**	1.037***
			(11.886)	(12.838)
$\Delta\ln PRIE$				0.215***
				(5.928)
R^2	0.912	0.913	0.919	0.921
极大似然值	-1522.242	-1516.723	-1448.387	-1430.868

注:* 表示在 10% 的置信水平上的显著性,** 表示在 5% 的置信水平上的显著性,*** 表示在 1% 的置信水平上的显著性。

从回归结果,我们可以得到关于制度变量的以下结论:(1)在控制了除制度差异变量以外的所有其他变量差异后,司法效率 LEG 差异和产权保护制度 PROP 差异是对地区贸易差异产生显著影响的两个制度变量;(2)产权保护制度 PROP 差异对地区出口差异影响的显著性和稳健性都超过了法律效率 LEG,回归(3)和(4)表明前者的回归系数是后者的 4 倍多,说明出口差异对于产权保护制度差异的敏感度要高于它对于司法效率的敏感度,产权保护制度质量的提高更有利于企业效率提高和出口差距的缩小。这个结论与 Acemoglu 和 Johnson(2005)的结论是一致的,即与合约实施制度相比,产权保护制度在经济增长、投资和金融发展中发挥了主要作用。(3)出口差异变动对产权保护制度差异的敏感性超过了地理因素、外资分布因素差异的敏感性,出口差异变动对司法效率差异的敏感性超过了外资分布差异敏感性,这表明地区制度差异的缩小比外资差异的缩小更有利于减少地区出口差距。

(二)分地区回归分析

中国对外贸易总体上存在较大的地区差异,为了考察制度因素对东中西部区域内部省份之间的贸易的影响,我们分别建立了东部沿海内部省份交叉、东部和中部交叉、东部和西部地区交叉的面板数据。其中东部地区包括北京、天津、辽宁、山东、上海、江苏、浙江、福建、广东和海南 10 个地区和直辖市;中部地区包括河北、内蒙古、吉林、黑龙江、山西、湖北、湖南、河南、江西、安徽;西部地区包括广西、重庆、四川、贵州、云南、陕西、甘肃、青海、宁夏。这样重新建立的 3 个面板数据中,东部的面板数据样本一共是182 个,而东中部交叉和东西部交叉面板数据样本分别是 400 个。

东部沿海省份之间交叉样本回归以及东中部地区交叉样本、东西部地区交叉样本回归的结论总体上和总体回归一致。几乎所有的回归结果都支持了金融发展差异对地区贸易差异的影响显著性,Acemoglu 和Johnson(2005)认为产权保护制度差异很大程度上解释了地区金融发展和金融中介的形成差异。因为通常金融越发达的地区融资成本越低,企业的生产成本更低而使得出口更具竞争力。比较表 3 中(7)(10)(13)3 组回归中金融发展差异变量 $\Delta \ln FDEV$ 参数的大小恰好说明了这一点,因为直觉上沿海省份企业更依赖于外源性融资,因此在中西交叉组回归中回归系数最大,即金融发展在解释中西部贸易差异中作用非常明显,而由于中部省份的金融发展要快于西部地区,因此在东中部交叉回归中 $\Delta \ln FDEV$ 系数依然显著,但小于中西部组的回归。东部地区内部金融发展差异不大,因此对东部地区之间贸易差异的解释力就弱了。同样道理,$\Delta \ln LABOR$ 和 $\Delta \ln TECH$ 也呈现出类似的特征,即在中西部组回归中的参数比其他组参数更大。

表3 东部、中部、西部三个地区的回归结果（应变量为地区出口对数 $\Delta \ln TEX$）

自变量	东部地区内部			东部中部地区交叉			东部西部地区交叉		
	(5)	(6)	(7)	(8)	(9)	(10)	(11)	(12)	(13)
常数项	0.067	0.002	0.009	−0.065***	−0.061**	−0.021	0.966***	0.830***	0.802***
	(1.564)	(0.037)	(0.214)	(−2.386)	(−2.245)	(−0.810)	(8.927)	(8.144)	(7.908)
$\Delta \ln LEG$	−0.347	0.027	0.386*	0.152	0.490***	0.697***	−0.041	0.078	0.128
	(−1.533)	(0.119)	(1.811)	(1.307)	(4.330)	(6.214)	(−0.451)	(0.840)	(1.370)
$\Delta \ln PROP$	−0.179	0.263*	0.427***	0.321***	0.516***	0.512***	0.194***	0.304***	0.306***
	(−1.388)	(1.841)	(3.234)	(4.222)	(7.030)	(7.338)	(2.467)	(3.685)	(3.743)
$\Delta \ln DIS$	−1.614***	−1.285***	−0.617***	−0.704***	−0.610***	−0.475***	−0.157***	−0.238***	−0.217***
	(−6.728)	(−5.758)	(−2.693)	(−26.118)	(−19.843)	(−13.291)	(−3.669)	(−5.669)	(−5.116)
$\Delta \ln LABOR$	0.919***	1.140***	0.489***	0.887***	0.701***	0.636***	0.792***	0.694***	0.677***
	(30.459)	(11.097)	(9.420)	(35.577)	(22.537)	(20.370)	(30.649)	(22.831)	(21.988)
$\Delta \ln TECH$	1.475***	0.637***	0.850***	1.161***	0.895***	0.787***	1.083***	1.118***	1.100***
	(14.855)	(12.473)	(8.168)	(29.770)	(17.291)	(15.187)	(22.531)	(21.489)	(21.178)
$\Delta \ln FDI$		0.368***	0.461***		0.216***	0.223***		−0.007	−0.013
		(6.279)	(8.366)		(7.070)	(7.677)		(−0.458)	(−0.794)
$\Delta \ln FDEV$		0.156	0.187		0.574***	0.599***		1.321***	1.408***
		(0.633)	(0.839)		(4.229)	(4.637)		(8.061)	(8.521)
$\Delta \ln PRIE$			0.910***			0.695***			0.179***
			(6.182)			(6.515)			(2.843)
R^2	0.92	0.937	0.948	0.963	0.969	0.972	0.836	0.86	0.863
极大似然值	−123.475	−102.876	−84.425	−280.265	−243.156	−222.389	−338.402	−323.726	−323.403

注：*表示在10%的置信水平上的显著性，**表示在5%的置信水平上的显著性，***表示在1%的置信水平上的显著性。

相反，外资分布差异 $\Delta \ln FDI$ 和地区所有制状况差异 $\Delta \ln PRIE$ 对贸易差异的影响是东部地区最大，而中西对照组最小。这是符合我们的直觉的，因为沿海地区省份的外资分布很不均匀，在全球化生产背景下它确实可以在很大程度上解释东部省份之间的贸易差异。尽管 $\Delta \ln PRIE$ 在所有回归中都是显著的，但在解释地区贸易差异上，东部地区更加明显，东部地区在外资分布不平衡的情况下，民营经济越发达的地区要素配置效率越高，民营企业有竞争力的出口能很好地弥补外资流入不足问题。

在控制了上述这些变量后，我们发现制度质量差异 $\Delta \ln LEG$ 和 $\Delta \ln PROP$ 依然是显著影响东部省际出口差异的制度变量，其中 $\Delta \ln PROP$ 的影响表现得特别稳健，而且产权保护制度质量差异的回归系数超过了司法效率差异回归系数，这表明地区间产权保护制度差距的缩小更有助于地区出口差异的缩小。这对于中西部的政府发展政策的制定具有重要意义，即中西部地区政府加快贸易或经济发展的当务之急可能不是增加外资的引进，而是改善企业生存的制度环境和地区的技术创新能力，尽可能为经济发展提供高效便捷的司法系统，抑制政府对企业直接干预和变相掠夺行为。因为引资只是表象的东西，而地区经济发展根本上取决于企业的生产效率和影响企业生产效率的那些因素，制度环境在这方面发挥着重要作用。

（三）分时期回归分析

现在我们希望了解一下，随着时间的变化，地区贸易差异对各种解释变量的敏感性或强度的变动情况，我们对相近两年的数据做时间固定效应面板回归，结果如表 4 所示。

分时期回归结果分析表明，总体上所有的解释变量对于被解释变量的回归是比较显著而稳健的，从各年的回归结果来看，控制其他变量后，两个制度变量对于地区出口差异变量的回归是显著而稳健的。自 20 世纪 90 年代末以来，制度变量对地区出口差异的解释强度越来越大，回归系数随时间呈递增态势，其中 1998—2004 年，法律制度差异项 $\Delta \ln LEG$ 的回归系数从 0.017 上升到 0.825，产权保护制度差异项 $\Delta \ln PROP$ 回归系数从 0.364 上升到 1.327，这在某种意义上反映了我国产业结构和出口产品结构的逐步调整，产品生产对于制度的依赖程度在加深。因为通常复杂产品由于涉及更多的中间产品和合约，它们对于合约实施制度和产权保护制度的敏感性要远大于一般产品（Levchenko，2007；Berkowitz et al，2006），因此随着出口产品结构的调整，制度差异越来越成为影响地区出口规模的重要因素，这符合中国 20 世纪 90 年代以来制造业产品出口比率不断上升，初级加工和原材料出口比重下降的贸易结构（江小娟，2007）。同产权保护差异 $\Delta \ln PROP$ 相关的地区所有制状态差异 $\Delta \ln PRIE$ 的回归系数也呈现出同样的变动趋势,这可能是因为产权保护制度好的地区,效率高的民营企业越有动力进入市场,随着出口产品结构调整,私营企业内部更富有效率的管理制度,使得所有制状态也越来越成为影响企业生产效率的重要因素,这和李玉红等(2008)的研究结论是一致的。

从表4可见,变量 $\Delta \ln DIS$ 的回归系数的绝对值除1998年以外,2000—2004年呈现逐年上升的趋势,根据前文对回归方程(5)回归系数的解释,距离差异变量 $\Delta \ln DIS$ 的回归系数的绝对值反映了产品的替代弹性的大小,$\sigma = 1 - \beta_3$,因此,1998—2004年,意味着出口产品的价格弹性呈现出周期性的变化,从1.534下降到1.445,然后又上升到2004年的1.587,这可能和亚洲金融危机后企业退出导致差异产品数量减少,而2000年后经济复苏导致行业内企业和差异产品数量增加有关。

表4 全国各地区分时间段面板回归结果

	1998 年和 2000 年	2000 年和 2002 年	2002 年和 2004 年
$\Delta \ln LEG$	0.017	0.166***	0.825***
	(0.331)	(3.115)	(7.318)
$\Delta \ln PROP$	0.364***	0.646***	1.027***
	(7.570)	(14.956)	(17.921)
$\Delta \ln DIS$	−0.534***	−0.445***	−0.587***
	(−24.877)	(−23.306)	(−26.088)
$\Delta \ln LABOR$	0.768***	0.590***	0.642***
	(32.116)	(26.011)	(26.201)
$\Delta \ln TECH$	1.32***	1.176***	1.01***
	(37.677)	(40.085)	(29.667)
$\Delta \ln FDI$	−0.009	0.075***	0.011
	(−0.704)	(6.571)	(0.866)
$\Delta \ln FDEV$	1.175***	1.574***	1.584***
	(10.126)	(13.755)	(11.053)
$\Delta \ln PRIE$	0.085*	0.218***	0.479***
	(1.790)	(4.225)	(8.677)

注:* 表示在10%的置信水平上的显著性,*** 表示在1%的置信水平上的显著性。

技术差异变量 $\Delta \ln TECH$ 对出口差异变量回归系数随时间呈下降趋

势,1998—2004 年从 1.32 下降到 1.01,这也意味着技术创新地区差异程度对地区出口差异的贡献度在下降。这意味着出口对技术创新的依赖程度在下降,对此的一种合理解释是,虽然中国的制造业产品出口占总出口的比重上升,但是由于全球化生产使得价值链重新做区位分布调整,产品价值链中劳动密集的环节放在中国,因此反而使得出口产品对于技术水平的依赖程度有所下降。另外,也很可能是地区的技术进步发生了相互的赶超而使得地区技术水平呈现收敛的趋势(涂正革,肖耿,2005a)有关。此外金融发展差异 $\Delta \ln FDEV$ 对贸易差异的解释不仅是显著的,而且回归系数随时间变化呈现上升趋势,从 1.175 上升到 1.584,这表明金融发展地区差异程度对地区出口差异的贡献度呈上升趋势,这也意味着随着中国金融市场的发展,那些生产效率高的企业在选择出口的同时,对间接融资的依赖程度在上升。而且对内源性融资、非正式融资依赖程度也在上升。地区外资分布差异对于地区贸易差异的影响与预测方向大致一致,但显著性不是很稳定,可能由于受 1998 年亚洲金融危机的影响,1998—2000 年的回归中,$\Delta \ln FDI$ 回归系数符号为负,和预测不相吻合。

在文章第四部分计量模型回归系数关系的解释中,制度差异 $\Delta \ln PROP$、$\Delta \ln LEG$ 和技术差异 $\Delta \ln TECH$ 的回归系数之比,$\beta_2 / \beta_5 = \alpha / \gamma$ 的提供反映了制度相对于技术,或者制度相对于金融发展等其他因素在对劳动力生产效率贡献中所发挥的重要程度。从回归结果我们可以看到,无论是制度变量参数相对于技术水平变量参数,还是制度变量参数相对于金融发展参数,都随时间而提高,回归结果证明了这一点,它说明相对于技术改进和金融发展而言,制度对于劳动生产率的提高发挥着越来越重要的作用。

七、结 论

本文借助新经济地理学的思想构建了一个两国三地区的开放垄断竞

争模型,分析了制度对地区出口差异产生影响的微观机制。制度质量影响地区出口企业生产效率,进而影响企业的出口竞争力,制度质量的地区差异成为地区出口差异的重要来源。我们的经验研究表明:除了区位优势差异、外资分布差异和地区金融发展差异是地区贸易差异的重要来源外,总体上地区制度质量的差异,如司法效率和产权保护制度质量差异对地区贸易差异产生了显著影响,而且影响力呈逐年上升趋势。在1998—2004年,相对于其他控制变量,制度对于劳动生产率和地区出口差异的解释力处于上升的态势。地区出口差异对制度差异的敏感性超过了其对于地区外资流入差异的敏感性。合约实施制度和产权保护制度质量差异从根本上导致了两者的地区差异。另外,在经济周期中,随着行业中企业数量的多少,出口产品的替代弹性也呈现某种周期性。

随着我国出口产品结构的提升,工业制成品占出口比重不断上升,出口产品对制度的依赖程度越来越强,地区出口差异对于制度差异越来越敏感,制度质量对地区企业生产效率和出口竞争力的提高越来越重要。中西部地区要缩小和东部地区的贸易和经济发展的差异,可能并不完全在于加大引资力度,而应切实改善企业生存的制度环境,良好的司法制度和产权保护制度将有助于企业生产效率的改进和产品竞争力的加强。

参考文献

[1]白重恩,杜颖娟,陶志刚,月婷,2004:《地方保护主义及产业地区集中度的决定因素和变动趋势》.《经济研究》第4期,第29—40页.

[2]国务院发展研究中心,2004:《中国国内地方保护的调查报告——基于企业抽样调查的分析》.《经济研究参考》第6期,第2—18页.

[3]谷克鉴,吴宏,2003:《外向型贸易转移:中国外贸发展模式的理论验证与预期应用》.《管理世界》第4期,第9—16页.

[4]樊纲,王小鲁,2001—2006:《中国市场化指数——各地区市场化相对进

程年度报告》.北京:经济科学出版社.

[5]方军雄,2007:《所有制、市场化进程与资本配置效率》.《管理世界》第
11 期,第 27—35 页.

[6]胡一帆,宋敏,郑红亮,2006:《所有制结构改革对中国企业绩效的影
响》.《中国社会科学》第 4 期,第 50—64 页.

[7]黄赜琳,王敬云,2006:《地方保护与市场分割:来自中国的经验数据》.
《中国工业经济》第 2 期,第 60—67 页.

[8]蒋殿春,张宇,2008:《经济转型与外商直接投资技术溢出效应》.《经济
研究》第 7 期,第 26—38 页.

[9]江小娟,2007:《我国出口商品结构的决定因素和变化趋势》.《经济研
究》第 5 期,第 4—16 页.

[10]李斌,陈开军,2007:《对外贸易与地区经济差距变动》.《世界经济》第
5 期,第 25—32 页.

[11]李坤望,施炳展,2007:《中国各地区出口贸易差异性分析——基于地
区异质性与贸易潜力的视角》.第七届中国经济学年会论文.

[12]梁琦,施晓苏,2004:《中国对外贸易和 FDI 相互关系的研究》.《经济学
(季刊)》第 3 期,第 839—858 页.

[13]林毅夫,刘培林,2004:《地方保护和市场分割:从发展战略的角度考
察》.北京大学中国经济研究中心讨论稿,C2004015.

[14]李玉红,王皓,郑玉歆,2008:《企业演化:中国工业生产率增长的重要
途径》.《经济研究》第 6 期,第 12—24 页.

[15]刘小玄,2000:《中国工业企业的所有制结构对效率差异的影响——
1995 年全国工业普查数据的实证分析》.《经济研究》第 2 期,第 17—
25 页.

[16]鲁明泓,1997:《外国直接投资区域分布与中国投资环境评估》.《经济
研究》第 12 期,第 37—44 页.

[17]鲁明泓,1999:《制度因素与国际直接投资区位分布:一项实证研究》. 《经济研究》第 7 期,第 57—66 页.

[18]鲁明泓,潘镇,2002:《中国各地区投资环境的评估与比较:1990— 2000》.《管理世界》第 11 期,第 42—49 页.

[19]潘镇,潘持春,2004:《制度、政策与外商直接投资的区位分布》.《南京 师大学报》第 3 期,第 18—23 页.

[20]茹玉骢,金祥荣,2008:《合约实施制度与中国地区对外贸易结构性差 异研究》.第八届中国经济学年会会议论文.

[21]沈能,刘凤朝,2006a:《金融因素对我国地区国际贸易发展差异的影 响》.《现代财经》第 7 期,第 64—68 页.

[22]沈能,2006b:《中国制造业全要素生产率地区空间差异的实证研究》. 《中国软科学》第 6 期,第 101—110 页.

[23]涂正革,肖耿,2005a:《中国的工业生产力革命——用随机前沿生产模 型对中国大中型工业企业全要素生产率增长的分解及分析》.《经济研 究》第 3 期,第 4—15 页.

[24]涂正革,肖耿,2005b:《中国工业生产力革命的制度及市场基础——中 国大中型工业企业间技术效率差距因素的随机前沿生产模型分析》. 《经济评论》第 4 期,第 50—62 页.

[25]王争,史晋川,2008:《中国私营企业的生产率表现和投资效率》.《经济 研究》第 1 期,第 114—126 页.

[26]王志刚,龚六堂,陈玉宇,2006:《地区间生产效率与全要素生产率增长 率分解(1978—2003)》.《中国社会科学》第 2 期,第 55—67 页.

[27]颜鹏飞,王兵,2004:《技术效率、技术进步与生产率增长:基于 DEA 的 实证分析》.《经济研究》第 12 期,第 55—65 页.

[28]姚洋,1998:《非国有经济成分对我国工业企业技术效率的影响》.《经 济研究》第 12 期,第 29—35 页.

[29]张杰,刘志彪,2008:《制度扭曲与中国本土企业出口贸易的扩张》.第八届中国青年经济学者论坛会议论文.

[30]赵伟,何莉,2007:《对外贸易与地区经济增长差距——基于中国省际面板数据的实证分析》.《技术经济》第 5 期,第 107—112 页.

[31]张海洋,2005:《R&D 两面性、外资活动与中国工业生产率增长》.《经济研究》第 5 期,第 107—117 页.

[32]朱希伟,金祥荣,罗德明,2005:《国内市场分割与中国对外贸易扩张》.《经济研究》第 12 期,第 68—76 页.

[33]Daron. Acemoglu, Simon Johnson, 2005：Unbundling Institutions. *Journal of Political Economy*, 113(5):949-995.

[34]Daron. Acemoglu, Pol Antras, Elhanan Helpman, 2007：Contact and Technology Sdaptation. *American Economic Review*, 97(3):916-943.

[35]Daniel Berkowitz, Johannes Moenius, Katharina Pistor, 2006：Trade, Law and Product Complexity. *Review of Economics & Statistics*, 88(2):363-373.

[36]Andrew Bernard, Stephen Redding, Peter Schott, 2007：Comparative Advantage and Heterogeneous Firms. *Review of Economic Studies*, 74(1):31-66.

[37]Arnaud Costinot, 2004：Contract Enforcement, Division of Labor and the Pattern of Trade. Mimeo, Princeton：Princeton University.

[38]A. K. Dixit, 2003：Trade Expansion and Contract Enforcement. *Journal of Political Economy*, 111:1293-1317.

[39]Grossman, J. Sanford, D. H. Oliver, 1986：The Costs and Benefits of Ownership：A Theory of Vertical and Lateral Integration. *Journal of Political Economy*, 94(4):691-719.

[40]Oliver Hart, John Moore, 1990：Property Rights and the Nature of

the Firm. *Journal of Political Economy*, 98(6):1119-1158.

[41] David Hummels, Ishii Jun, Kei-Mu Yi, 2001: The Nature and Growth of Vertical Specialization in World Trade. *Journal of International Economics*, 54:75-96.

[42] R. C. Feenstra, 1998: Integration of Trade and Disintegration of Production in the Global Economy. *Journal of Economic Perspectives*, 12:31-50.

[43] Masahisa Fujita, Paul Krugman, Anthony J. Vernables, 1999: The Spatial Economy: Cities, Regions, and International Trade. Cambridge: MIT Press.

[44] J. F. Helliwell, 1997: National Borders, Trade and Migration. *Pacific Economic Review*, 2(3):165-185.

[45] Javorcik, Beata Smarzynska, 2004: Does Foreign Direct Investment Increase the Productivity of Domestic Firms? In Search of Spillovers through Backward Linkages. *American Economic Review*, 94(3): 605-627.

[46] Benjamin Klein, Robert G. Crawford, Armen A. Alchian, 1978: Vertical Integration, Appropriable Rents and the Competitive Contracting Process. *Journal of Law and Economics*, 21:297-326.

[47] Paul Krugman, 1991: Increasing Returns and Economic Geography. *Journal of Political Economy*, 99(3):483-499.

[48] Andrei A. Levchenko, 2007: Institutional Quality and International Trade. *Review of Economic Studies*, 74(3):791-819.

[49] Marc J. Melitz, 2003: The Impact of Trade on Intra-Industry Reallocations and Aggregate Industry Productivity. *Econometrica*, 71:1695-1725.

［50］Douglass C. North，1981：Structure and Change in Economic History. New York：W. W. Norton & Co.

［51］Nathan Nunn，2007：Relationship-specificity，Incomplete Contracts and the Pattern of Trade. *Quarterly Journal of Economics*，122(2)：456-600.

［52］P. Ranjan，J. Y. Lee，2003：Contract Enforcement and the Volume of International Trade in Different Types of Goods. Mimeo. Irvine：University of California，Irvine.

［53］Oliver Williamson，1975：Markets and Hierarchies：Analysis and Antitrust Implications. New York：Free Press.

［54］Oliver Williamson，1985：The Economic Institutions of Capitalism. New York：Free Press.

［55］H. C. Wolf，2000：International Home Bias in Trade. *Review of Economics and Statistics*，82(4)：555-563.

多种制度变迁方式并存和渐进转换
的改革道路 *
——"温州模式"及浙江改革经验

　　渐进式改革是否始终只能推行单一的供给主导型的制度变迁方式，而且这是追求改革成本最小化的唯一路径。这已经有人提出质疑（杨瑞龙，1998）。我们从"温州模式"的研究及其浙江的改革经验中也得到启示：供给主导型的制度变迁方式在完成向现代市场经济体制过渡方面存在着一系列难以逾越的障碍，因此在整个改革过程中，推行单一供给主导型的强制性制度变迁方式并不是改革成本最小的最佳方案；随着改革的深化，尤其是随着进一步解放思想，应该在不同地区或部门渐进转换制度变迁方式；在全国来说，应走供给主导型、准需求诱致型和需求诱致型等多种制度变迁方式并存和渐进转换的改革道路。

---

　　* 　本文原发表于《浙江大学学报：人文社会科学版》2000 年第 30 期。

一、解放思想与"温州模式"：准需求诱致型的制度变迁方式

"温州模式"是在全国性经济体制渐进式改革中，率先通过需求诱致的局部制度变革所形成的浙江省以至全国"制度创新"的一个"空间极点"，或者说类似于发展极意义上的"改革极"。许多重大的改革思想和举措的形成都离不开温州这片"改革土壤"。至今，非公有制经济的实际比重已超过75％，非国有、非公有制经济占 GDP 的产出贡献已在 95％以上[①]。温州在全国率先通过局部制度创新，也即通过体制外的制度创新，完成了从传统的计划经济到市场经济的体制转轨，建立起了以非国有、非公有制经济为基础的明晰的排他性产权制度。改革开放以来，温州事实上已成为全国自下而上"需求诱致型制度创新"的示范和扩散中心，但是这一"中心"的性质功能和扩散机制完全不同于深圳、上海浦东等。后者是靠政府的"优惠政策"和体制改革的"特许权"构筑起来的，其纯属政府强制性、供给主导型的制度创新。而"温州模式"是在自发需求诱致制度创新与中央权力中心推行的强制性供给主导型改革的制度博弈中形成的。与后者相比，"温州模式"是创新主体根据潜在的制度创新收益与成本的比较做出的，而不是根据什么文件精神，也不会存在"改革泡沫"，偏好于宣传改革的政绩；相反，只做不说，做得比说得还好；对内和对外"说"的口径是不一样的，这是为了规避解放思想[②]方面的风险和成本。许多前来的参观考察团往往也只能心领神会，他们只是偷偷地学。"温州模式"中的制度创新属于一种自愿的安排，是相互同意的个人之间的合作性安排，任何人可以合法地退出，退出

---

① 温州的大量私营经济隐藏于乡镇集体企业中，被称为挂户或戴帽子，而近 80% 的股份合作制企业实属私人合伙企业。因此，对温州企业的所有制属性划分统计是较为困难的。这充分反映了意识形态的取舍变化对"温州模式"演进的影响。

② 这里思想解放的风险和成本，是"意识形态"的风险和成本的同义语。

成本很低。例如党的十五大召开以后,随着思想解放或向鼓励发展私营经济方面变化,温州许多股份合作制企业迅速通过股权回购集中,向私营有限责任公司转变。从自愿组织中撤出的成本较低,大大提高了企业制度自我调整的能力。但是,"温州模式"这种制度创新,又不同于典型意义上的需求诱致型制度创新,主要区别是后者不存在思想解放问题及束缚。在标准的市场经济条件下,需求诱致型制度创新的解放思想的摩擦成本等于零。而"温州模式"及其制度创新,对中央权力中心来说,它在全国性的政府主导型的渐进改革中,也不过是一种体制外的"增量"改革,一直是"边际"性质的,也即仍在权力中心直接控制之下的"最后一个"罢了,也只是有思想解放方面的"试验""推广"的意义。在转型社会里,受到意识形态约束的任何制度创新,都要承受很大的解放思想的风险和成本。因此,我们把解放思想的摩擦成本大于零的需求诱致型制度创新称为准需求诱致型的制度变迁方式。这正是在两个极端之间所存在的"半自愿、半政府"的结构①。新古典经济学家以及萨克斯教授主张激进改革的根由,不在于他们没有改革成本的概念,而在于他们心目中只有解放思想方面的摩擦成本。在他们看来,社会主义国家的市场化改革实际上是一场政治革命,更确切地说是意识形态领域的革命;只要打破旧的意识形态,解除旧的意识形态的约束,改革就没有阻力了。因此,在摩擦成本(政治成本)中区分解放思想的摩擦成本与由于直接的利益冲突引起的摩擦成本是十分重要的。

"温州模式"(包括浙江改革)在二十多年的运行中,为了规避解放思想方面的风险,付出了巨大的解放思想的短期和长期的摩擦成本,走出了一条追求摩擦成本最小化的、以准需求诱致型的制度变迁方式为主的渐进改革道路。给温州和浙江构筑了一种比全国产权效率更高的"体制落差"优

---

① 戴维斯、诺斯曾看到并指出过,在两个极端之间,存在着广泛的半自愿、半政府结构。参见戴维斯和诺斯所著的《制度创新的理论:描述、类推与说明》,载于《财产权利与制度变迁》(中译本),上海三联书店1991年版。

势,推动了其区域经济持续快速增长。

(1)改革开放以来,温州每天要接待数以千计的、形形色色的参观、考察、学习的集体或个人,地方政府或企业要从"积极"的立场给予介绍、解释"温州模式",这里付出的"接待费"属于思想解放的摩擦成本。

(2)高度不稳定的制度预期导致的长期效率的损失。根据我国官方意识形态的远期安排,既然多种所有制形式并存只是社会主义初级阶段的特有和过渡现象,那么非公有制经济企业就难以形成稳定和合理的制度预期,在这种心理和行为倾向支配下,就长期而言,资本积累等长期生产就存在很强的正的外部性。在温州大量向境外抽逃资本,企业普遍不愿长大的情况下[1],1996 年私营企业平均资本规模只有 53.23 万元。

(3)租借旧制度的外壳来削减思想解放方面的风险和成本。在稀缺和竞争世界中,以最小成本解决方案而存在的产权形式将是有效率的。在"温州模式"中的企业产权制度的变迁过程中,解放思想发挥了重要的作用[2]。"温州模式"的起源,就可以用温州区域文化中特有的意识形态和制度安排来解释。在改革开放以前,温州临近台湾,地处"前线",几乎没有什么成规模的国有投资企业。相反,在 20 世纪 70 年代末,就形成了数量庞大的个体经济。随后温州也没有经历全国多数地区集体所有制乡镇企业蓬勃发展的过程,以个体私营经济的形式所出现的体制外明晰、排他性的产权制度的形成是一步到位的[3]。因此,在温州民间,什么是有效率的企业产权制度的经验和传统社会主义意识形态的不一致始于全国发动改革之前,并已有了一个积累过程。永嘉学派的功利主义在理念上也支持了温

---

[1] 温州的非公有制经济成分的企业不愿意长大、长不大以及长大了就走(总部搬迁),这三方面的问题是值得深思的。

[2] 现有文献中关于意识形态的制度性作用的概述,可以参见林毅夫所著《关于制度变迁的经济学理论:诱致性变迁与强制性变迁》,载于《财产权利与制度变迁》,上海三联书店 1991 年版,第 379—382 页。

[3] 1981 年在温州注册的个体工商户达 1.32 万户,从业人员 1.46 万人;但是这时走出温州分布在全国的从事个体经营的温州人已有 10 多万,至 1995 年达到发展高峰,在温州登记的达 22.32 万户,从业人员达 33.78 万人。

州人对传统社会主义意识形态的质疑。对传统社会主义意识形态看法的改革或扬弃,以及原有公有制经济存量很小是"温州模式"产生的两个相互作用的原因。这说明对温州参与改革的各微观主体来说,新制度替代旧制度(包括正式和非正式的)的边际转换成本(也即体制转换的机会成本)是很低的,或者说由于对旧制度的依赖度很低,从而体制退出成本很低,这是解释温州人所持的改革态度及其"温州模式"为什么在温州产生的重要变量(刘世锦,1993)。

意识形态调整的滞后性,是不同制度的社会所共有的。但是意识形态与制度环境、具体制度安排之间的相互作用的关系(攀纲,1996),在不同社会是不一样的,从而也决定了滞后的程度是大不相同的,正如图 1 和图 2所示。图 1 是传统社会主义意识形态与制度环境、制度安排之间的作用关系。在这个关系中,意识形态是一种未被经验证明了的理论假说,它的作用远大于图 2 所示仅仅作为一种节约认识世界费用的工具,它还直接决定了制度环境和制度安排。

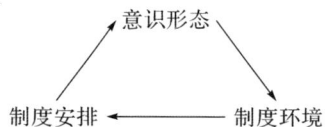

图 1

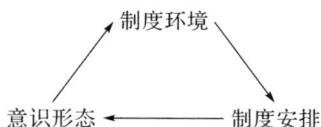

图 2

制度环境是一系列用来建立生产、交换与分配基础的政治、社会和法律基础规则(诺思等,1976)。它集中体现在一个国家的宪法之中,而在一个一党制的国家,制度环境是以党纲形式出现的,从而构成官方的意识形态。在这里,官方的意识形态就以宪法的形式得到了保护,任何个人或团体随着对认识世界的经验的改变,从而出现个人对意识形态的看法与官方不一致,那么这种不一致的看法任何在语言和行动上(发动诱致型的制度创新)的出现,都属违法。因此,很明显,在上述两种不同的三角关系中,传统社会主义意识形态与制度环境和制度安排之间反应、调整的滞后时间要比自由市场经济长得多;而且,在转型期间个人与官方意识形态看法的不一致是必然存在的。那么,个人(微观主体)意识形态的改革及其制度创新都将承受极大的思想解放风险和成本。最后的问题就可以归结为如何解放思想和化解这种风险,或在思想解放的摩擦成本最小化的条件下,推进改革。温州采取了"借壳上市"或"披外衣"的变通办法,也即个人(微观主体)已改变了意识形态及其制度创新披上旧的官方的意识形态及其具体的制度"外壳"或"外衣"而"合法"地出现。温州的个体工商户和私营合伙企业曾采用挂户经营和股份合作制来规避意识形态的风险。在挂户经营的情况下,"集体所有制企业"只是挂户的"外衣"或"外壳",这种"集体企业"实际上由个人出资兴办,自负盈亏。但要为其"外衣"或"外壳"支付0.5%~1%的管理费和极少量的集体积累[①]。1986年前后,挂护经营没有直接向私营的合伙制和有限责任公司演化,而是演变为合伙制与合作制"杂交"而成的股份合作制[②]。从深层次的原因分析,这实际上仍是官方思想解放的滞后及其约束下造成的制度扭曲。股份合作制中的职工持股、设立公积金包含了深刻的意识形态制度含义。这一制度创新的成本是因公积金的设置使企业的资本积累出现外部性,股权分散不仅会降低管理效率(张维迎,1995),而且在团队生产中对激励积累以及确保动态效率也会产生消极作用(金祥荣等,1998)。但是,股份合作制这一制度创新削减了解放思想的风险和成本,改善了私营经济企业已有的制度歧视环境[③]。"温州模式"演进过程中,松解传统思想的约束,同样不是采取激进的方式,而是渐进的方式。这是一种成功的创造。

---

① 参见温州市人民政府1987年颁布的《挂户经营管理暂行规定》。1984—1986年,挂户经营集中在当时的十大专业市场中,约占家庭工业或联户办工业的62%,个别地方挂户经营者甚至达到90%以上。1986年以后,由于发展个体私营经济的思想解放及政策开始松动,挂户经营才逐渐消失。

② 参见温州市人民政府于1991年10月颁布的《关于股份合作企业规范化若干问题的通知》。

③ 个体、私营企业同国有、集体所有制相比,一直处于严重的制度歧视环境之中。股份合作制企业可以享受一系列集体企业的"制度待遇",例如,享受集体企业1.02%的贷款利率(而个体私营企业则为1.29%)。1992年温州市人民政府规定,从1993年1月1日起股份合作制企业的所得税降为15%。

(4)在公有化偏好的意识形态制度环境中,假冒也是"借壳上市"、节约认识世界费用的手段。长期以来,政府对传统社会主义的意识形态进行了大量的教育投资,从而使人们形成了一种制度幻觉基础上的公有化偏好。即使到了 20 世纪 80 年代,持有国有企业生产的产品质量比集体企业生产的好,集体企业生产的产品比私营企业的好这种意识形态的信仰还较为普遍。温州个体、私营企业"借壳上市"(挂户、股份合作制)以致长期租用或挂靠上海等地的商标等,是在其他个人和官方的意识形态调整滞后条件下,节约交易费用的一种做法。当然,我们也不否认其中尤其是在后来严重掺有了机会主义倾向。这造成的另一种后果是温州一度成了"假冒"的代名词,给"温州模式"在思想解放的环境中进一步制度创新构筑了很高的代价。

(5)争取改革的"特许权",列为改革"试点"。这虽然要付出很高的寻租成本,但这可以从根本上化解解放思想的风险和成本。1987 年,国务院批准建立温州经济体制改革试验区(简称"温州试验区")。

二、从初级市场经济向现代市场经济的第二次体制转变:向需求诱致型制度变迁方式的渐进转换

《宪法修正案》(1999 年)的通过,标志着非公有制经济发展的制度环境出现了重大变化。同时,随着体制外增量改革的深化,非公有制经济在整个所有制结构中的比重逐步增大[1],民间个人的原有的意识形态看法发生了重大改变,原有的公有化偏好也出现了相应的改变[2]。非国有、非公有制企业生产的产品和服务比国有企业成本低、质量好,已经成了人们较

---

[1]　据《中国统计年鉴》,非国有经济在全国工业产值和零售商业中的产出贡献占 70%以上。

[2]　根据经验可以观察证实,民间个人意识形态及其观念正从"公有化偏好"向"私有化偏好"转变,公有制企业缺乏效率,成本高,产品质量差,服务观念和态度差;而私有企业的效率高,生产的产品成本低,质量好,服务观念和态度好等。这已经成了较为普遍的看法,从而成了一种价值判断和观念。

为普遍的看法,从而成了一种价值判断和观念。在这种新的制度环境条件下,对"温州模式"来说,非公有制经济制度创新的思想约束得到了基本解除,这方面的摩擦成本几乎降到零状态。于是,原来温州摩擦成本大于零的准需求诱致型的制度变迁方式,开始转为思想解放的摩擦成本为零状态下的需求诱致型的制度变迁方式。

随着传统思想约束条件的放松或消除,一方面,除了原有"温州模式"运转中的思想解放的摩擦成本可以节约以外,温州非公有制经济企业还可形成合理和稳定的制度预期,从而转到以追求制度安排的动态效率为中心的改革(金祥荣等,1998),形成转向长期生产也即追求动态效率的动力机制。另一方面,被传统思想所抑制的大规模的制度创新需求将转变为有效制度需求。从二十多年"温州模式"演化的历史看,每一轮全国性大规模的思想解放,首先促成被抑制的制度需求转变为有效需求,从而推动形成新一轮较大规模的制度创新。例如,1986年前后,党的十三大的召开,对个体私营经济发展的政策放宽,从而推动温州的"挂户企业"纷纷"脱壳宽衣",创建股份合作制企业;1992年邓小平南方谈话以后,又促成相当多的私营企业开始了优化股权配置的制度创新,把股份合作制企业改造为有限责任公司。

至今,温州(包括整个浙江)已基本建立了非国有、非公有制经济占多数(浙江在工业和商业中的非国有、非公有制经济占GDP产出贡献的90%)的产权制度,从而已在全国率先基本建立起了市场经济有效运行所要求的产权明晰的微观制度基础。这正是温州和浙江省二十多年来经济持续快速增长的最大动力来源。但是,从本质上说,温州及浙江这一市场化改革所形成的微观制度基础和市场组织、产业组织具有典型的古典市场经济(或称初级市场经济①)特征。它是现代市场经济的原始形态,是资本

---

① 为了通俗起见,笔者有时称之为"初级市场经济",而把古典企业通俗称为"传统企业"。

原始积累时期特有的经济形态。我们把从计划经济向初级市场经济的转型[①]称为第一次体制转变;把从初级市场经济向现代市场经济的转型称为第二次体制转变[②]。在解放思想的摩擦成本为零的条件下,向现代市场经济转型的第二次转变中提出的大规模制度创新需求,将从抑制性需求转变为有效需求,并且在较低改革成本条件下,推动制度创新。由于温州特有的改革模式,研究每一个重要阶段制度需求的形成及其满足条件具有重要的理论价值和实践指导意义。向现代经济转型过程中提出的大规模制度创新需求及其决定因素主要有:

(1)市场结构的变化及其扩张的市场机会,提供了制度变迁新的获利机会。从企业本质分析,温州现有的非公有制经济企业(温州的私营企业平均资本规模为 53.23 万元[③],浙江省的私营企业的平均资本规模为 53.1 万元)仍属钱德勒所谓的"古典企业"。这种企业规模普遍较小,大多为个人拥有或合伙的单一经营企业,大多为家族式企业;所有权与经营权没有分离;企业内部没有精细的、专业化的管理分工,没有形成层级制的支薪经理职业企业家阶层;企业股权设置不完整,股权流动性低,难以吸引投资者,大多为无限责任公司。这种古典企业是资本原始积累时期固有的形态。按照诺思和托马斯的观点,只有经济组织是有效时,经济才会发生增长(诺思等,1988)。温州和浙江其他地方以"三北地区"为目标市场的消费者的收入水平也有了很大提高,消费者从绝对追求价格便宜正转到要求对产品的品牌偏好有所表达。这意味着市场结构将从古典式的完全竞争向垄断竞争转变。如果企业不能实现古典企业向现代企业的转变,就无法容

---

① 虽然,对温州来说,体制退出成本很低,但毕竟在改革开放之前也是以传统的国有企业及计划经济为主,思想、观念等与计划经济体制是相应的;因此,同样存在从计划经济向初级市场经济过渡的问题。

② 钱德勒描述了美国从古典市场经济向现代市场经济转型的过程和机制,参见钱德勒的《看得见的手——美国企业的管理革命》,商务印书馆 1987 年版。

③ 参见温州市统计局编的《温州 1997 年统计年鉴》。50 万元规模的隐含的经济意义是温州的私营企业达到了向现代企业转变的"门槛"要求,因为我国工商企业的有限责任公司的最低注册资本要求为 50 万元。

纳具有现代技术特性的生产函数,就会缺乏技术传导创新的能力,缺乏实现潜在规模经济或范围经济的制度装置。

(2)企业与市场之间"革命"性的边界变化,获取潜在的规模经济或范围经济。在古典企业组织下,企业与市场的边界变化只是很弱的替代关系。而在现代企业组织下,企业与市场的边界变化才会出现科斯意义上的强替代。就"温州模式"中的工业企业而言,普遍在生产上不具有规模经济要求;但是,在生产上没有规模经济要求的企业,同样可以获取批发经销上的规模经济或范围经济。从科斯立场看,产品销售问题并不是关于市场中的独立主体之间的交换过程的问题,而是把其交换过程内部组织化,并转换为一个更有效的内部交易过程的企业一般活动体系的问题。这里销售管理制度的前提是企业组织的存在。目的是通过形成外延组织,节省交易费用。这种外延组织既包括选择形成流通渠道这种企业狭义的外延组织,也包括到消费阶段为止的广义的外延组织,即扩大企业的知名度,开发各种新产品,对客户提供售后服务,等等。温州最早发明的专业市场只是帮助没有实现批发经销上的规模经济能力的中小企业把上述交换过程或两类外延组织外部化,而不是内部化;不是通过内部化过程来实现企业对市场的替代,而是通过外部化过程来实现"前摊后厂"式的市场对企业的"倒替代",形成一个可供共同享用的销售网络,以降低搜索市场信息的费用,降低因产品不对路而引起的成交失败的概率,获取同类产品和不同产品大规模集中形成的批发经销上的外部规模经济和范围经济(金祥荣等,1997)。但是,随着企业规模的扩大和企业组织朝现代化方向发展,通过交换过程外延组织的内部化来实现企业对市场的替代过程开始了。温州正泰是一个典型的例子。当然,营销功能从专业批发市场内部化到企业内,也即企业对市场的替代是一个过程,这个过程的完成也不是简单地把原专业市场摊位及销量转变为企业自营销售,而是从自然营销向现代品牌营销的革命性转变,而品牌营销是有很高的规模经济要求的。因此,随着古典企业向现代企业的转变及其交换过程实现纵向一体化,不仅可以实现品牌经营竞争;而且可使信息供给内部化;更重要的是实现了潜在的批发经销上的规模经济,从而引发了企业与市场之间的边界出现"革命"性变化。

(3)产品假冒伪劣负的外部性的内部化。产品的假冒伪劣有很强的负的外部性,这一内部化过程是从事品牌经营、实现潜在的批发经销上的规模经济,从而实现从古典企业向现代企业转变的必要条件。

(4)专用性知识价值外部性的内部化。国内市场由卖方市场向买方市场的转变,标志着企业之间将从完全竞争向垄断竞争市场结构转变,而这要依靠特殊的专业知识和创新,而传统小企业和专业市场难以实行知识产权和创新保护,提高专用性知识价值的有效办法就是实现内部化。其途径是以品牌为纽带,用企业替代市场,实现交换过程外延组织的内部化。

(5)市场化过程重点转向要素市场建设和创新。发展非国有、非公有制经济从而实现第一次体制转变,主要是依靠农村工业化来推动的,而这一次初级市场经济向现代市场经济的转型必须依托城市化来推动。这是因为传统企业(小规模古典企业)及其经济增长可以主要依赖传统商品市场及其网络的建设,可以较少依赖要素市场。但是,第二次体制转变,例如微观基础从古典企业到现代企业制度的再造,离不开发达的要素市场和现代中介组织的支持,而发达的要素市场和中介组织离开了城市经济是难以形成的。或者说离开了城市要在农村培育要素市场和中介组织,其社会成本是诱致型制度方式的转换,或在一些体制外领域,直接推行准需求诱致型的制度变迁方式,更好地考虑了改革的激进程度与摩擦成本之间的关系,并使改革没有脱离渐进式改革的路径。实际上,在考虑思想解放的摩擦成本最小化条件下推进的改革,都属于渐进式改革的范畴。其次,由供给主导型强制性的制度变迁方式向准需求和需求诱致型制度变迁方式的转换,或者说,前者与后两者相比,会出现有时甚至较为严重的"改革泡沫"。从进入角度看,供给主导型的制度创新是强制性的,甚至对微观主体来说,在改革成本大于收益条件下,也必须强制进入。而这种情况在准需求诱致型的需求、诱致型的制度创新中,都是不可能出现的。从退出角度看,后两者的制度创新都属微观主体或个人的自愿安排,是相互同意的微观主体或个人之间的合作性安排,任何人都可以合法地退出,撤出的成本很低。而政府的安排也即强制性制度创新并没有提供退出的选择权。一般来说,极权的程度和范围越大,撤出的成本越高。第三,适时实现制度变迁方式的转换,能使低效率产权结构的存在所谓"诺思悖论"尽快消除或降到最小范围内。中间扩散型的制度变迁方式仍然难以化解所谓"诺思悖论"。这是因为地方政府同样具有降低交易费用实现社会总产出最大化与追求最大化的垄断租金,也即经济目标与政治支持之间的冲突和矛盾;地方政府与中央政府比较,不过是这两种相互矛盾的效用函数的权重及结构不同罢了。从供给主导型的制度变迁方式向准需求诱致型的制度变迁方式转换,仍会出现低效率的产权结构的存在,但会得到大大改善,原因在于制度创新主体和激励机制转换了。第四,国有企业的改革本身也应遵循制度变迁方式渐进转换的路径。国有企业的改革过程可以划分为这样三个阶段:通过扩大企业自主权、承包制、股份制等,实现剩余索取权和控制权部分从政府向企业转移;再实现经营者持股;然后是经营者持大股控股(承包制、股份制→经营者持股→经营者持大股)。在第一阶段要面临很高的政治风险和成本,因此推行强制性的制度变迁方式更为合适;在经营者持大股以后的阶段,参与制度创新的主体变化了,但思想解放仍是一个重要的约束条件。这个阶段应转换为准需求诱致型的制度变迁方式,直至思想解放的约束消除为止。

参考文献

[1]杨瑞龙,1998:《我国制度变迁方式转换的三阶段论》.《经济研究》第1期,第3—10页.

[2]刘世锦,1993:《经济体制创新的条件、过程和成本——兼论中国经济改革的若干问题》.《经济研究》第3期,第52—59页.

[3]攀纲,1996:《渐进改革的政治经济学分析》.上海:上海远东出版社.

[4]道格拉斯·C.诺思,兰斯·戴维斯,1976:《制度变迁与美国经济增长》.上海:上海三联书店.

[5]张维迎,1995:《企业的企业家——契约理论》.上海:上海三联书店.

[6]金祥荣,柯荣住,赖文洪,1998:《转到以改善制度安排的动态效率为中心的改革——以乡镇企业股份合作制为例的研究》.《中国社会科学季刊》.秋季卷,第121—131页.

[7]道格拉斯·C.诺思,罗伯特·托马斯:1988:《西方世界的兴起》.张炳九,译.北京:学苑出版社.

[8]金祥荣,柯荣住,1997:《对专业市场的一种交易费用经济学解释》.《经济研究》第4期,第74—79页.

第四部分

马克思主义问题

试论约翰·穆勒的折衷主义经济理论体系[*]

约翰·穆勒(1806—1873)是 19 世纪中叶英国经济学家、哲学家和逻辑学家,资产阶级自由主义的代表人物之一。对于约翰·穆勒的经济理论体系,历来存在着不同的评价。西方的资产阶级经济思想史学者,都把他看做古典政治经济学的杰出代表。如法国的季德和利斯特就认为,约翰·穆勒的经济学是古典经济学的"结晶",他的《政治经济学原理》集古典经济学之"大成"(季德,利斯特,1926:262)。苏联有的学者又把约翰·穆勒看做古典学派的"追随者"和"摹仿者"(马克思,恩格斯,1973:705,633)。我国的大多数经济学说史论著,则把约翰·穆勒列入庸俗经济学者的行列,有的甚至把他同西尼耳、巴师夏等庸俗经济学辩护士相提并论。本文试图依据马克思对于约翰·穆勒的有关评价,谈谈我们对约翰·穆勒经济理论体系的一些看法,欢迎批评指正。

穆勒在其《政治经济学原理》中,论述了他的折衷主义经济理论体系。现在按其顺序,将这个折衷主义的经济理论体系概述如下:

---

* 本文原发表于《马克思主义来源研究论丛》1986 年第 7 辑,是本书作者与蒋自强合作所著。

一、关于政治经济学的研究对象以及生产规律与分配规律的性质

约翰·穆勒在《政治经济学原理》的"绪言"中,概述了他关于政治经济学研究对象的观点。他跟许多资产阶级经济学家一样,也把财富作为政治经济学的研究主题的。他说:"经济学著作家所要教与学的,是财富的性质及其生产与分配的法则。"(穆勒,1936:1)但他又认为,社会经济繁荣与衰落的原因,也属于政治经济学研究的范围;于是,他又把一些主观因素或经济以外的因素也列入政治经济学研究的对象。他认为,财富的生产与分配所呈现出的差别,是不能单纯从不同时代、不同国家的人民对自然法则认识程度上的差别来说明的。从这一认识出发,约翰·穆勒指出:政治经济学所研究的不是财富依存于自然知识方面的原因,而是与精神、心理、制度、社会关系和人类天性等方面有关的原因。他说:"各国的经济状况,就其涉及物质知识方面来说,是自然科学的及以此为基础的技术的研究对象。可是,就其原因是精神的或心理的,依存于社会制度和社会关系或依存于人类天性因素这方面来说,它们的研究就不是属于自然科学而是属于精神和社会科学的了,因而它们就成为所谓政治经济学的对象。"(季陶达,1963:254)约翰·穆勒把精神、心理和人类天性等列入政治经济学的研究对象,显然是错误的。因为政治经济学是一门研究客观经济运动规律的科学,它在研究客观经济运动规律时,当然应该联系某些上层建筑因素的作用与影响来研究,但是,这些因素本身的发展规律,却不能成为政治经济学的研究对象。

约翰·穆勒在把财富的生产与分配规律确定为政治经济学的主题以后,就进而论述了生产规律与分配规律的不同性质。他的整个折衷主义的经济理论体系,就是建立在对生产规律与分配规律的不同性质的分析之上

的。他在《政治经济学原理》的"绪言"结尾处写道:"生产和分配的规律,以及可以从它们推论出来的一些实际结论,便是本书的论题。"(季陶达,1963:254)

在约翰·穆勒看来,生产规律具有永久的自然规律的性质。他说:"财富的生产法则与条件,具有物理学真理的性质。其中没有任意选择的要素。人类所生产的物品,无论是什么,其生产方法与条件,都由于外界事物的构造及人类肉体与精神的固有特性。无论人类喜欢不喜欢,他们的生产终须受限制于他们先前的蓄积额,如果先前的蓄积额是已定的,他们的生产就须比例于他们有怎样的能力与熟练,他们的机构是怎样完善,他们怎样利用合作的利益。无论人类喜欢不喜欢,加倍量的劳动,终不能在同一土地上,生产加倍量的食物,除非在耕作过程上已有某种改良。无论人类喜欢不喜欢,个人的不生产的支出,总归有使社会贫乏的趋势,只有生产的支出,可使社会富裕。关于这种种问题,人们的意见或愿望,不能支配事物本身。"(穆勒,1936:187)

我们知道,在各个不同历史发展阶段上的生产是存在某些共同点的。如果把这些共同的东西,作为"生产一般"抽象出来,在分析各个历史阶段的生产时,就可避免重复。因此,这种抽象是一种"合理的抽象"(马克思,恩格斯,1962:735)。它对于我们研究各个社会形态共有的经济规律是有意义的。可是,约翰·穆勒把一切时代的生产,都归结为劳动、生产工具和土地等抽象要素的生产,他分析生产一般条件的真实意图却不是这个"合理的抽象",而是从生产的一般条件出发,来论证生产是不受历史条件制约的,是纯属永恒的自然规律的事情。他由此抹杀资本主义生产和其他历史阶段的生产之间的本质差别,从而把资本主义生产关系当作一切社会生产的一般自然规律看待,这是有意为资本主义生产做辩护。对此,马克思指出:"照他们的意见,生产不同于分配等等(参看穆勒的著作),应当被描写成局限在脱离历史而独立的永恒自然规律之内的事情,于是资产阶级关系就被乘机当做社会(in abstracto)〔一般〕的颠扑不破的自然规律偷偷地塞了进来。这是整套手法的多少有意识的目的。"(马克思,恩格斯,1962：737)

至于分配规律,约翰·穆勒认为它与生产规律具有根本不同的性质。他说："财富的分配却不然。这纯然是人类制度的问题。物品一经在那里,人类(个别的或集合的)就可随其所欲来处分。他们能以任何条件,将此种物品,为他们所高兴的任一个人支配。……所以,财富分配乃依存于社会的法律与习惯。分配所由而定的条件,是由社会统治阶级,按照他们的意见及感情制定的。那须随时代随地方而甚有变异;如果人类愿意,其变异程度还可以更大。"(穆勒,1936：188)在这里,约翰·穆勒把分配规律看成一种具有历史性质的规律。他承认资本主义分配关系是一种暂时的历史关系,这在政治经济学史上,不能不是一个进步。对此,马克思有所肯定地指出："只把分配关系看作历史性的东西而不把生产关系看作历史性的东西的见解……是对资产阶级经济学开始进行的、但具有局限性的批判。"(马克思,恩格斯,1974：999)这种"局限性"的表现之一,就在于他割断了生产和分配之间的联系。我们知道,分配关系是由生产关系决定的,一定的分配关系是以特定社会的生产关系为前提的。马克思指出："工资以雇佣劳动为前提,利润以资本为前提。因此,这些一定的分配形式是以生产条件的一定的社会性质和生产当事人之间的一定的社会关系为前提的。因此,一定的分配关系只是历史规定的生产关系的表现。"(马克思,恩格斯,1974：997)可见,"分配关系的历史性质就是生产关系的历史性质,分配关系不过表示生产关系的一个方面"。(马克思,恩格斯,1974：998—999)"穆勒等把资产阶级的生产形式看成绝对的,而把资产阶级的分配形式看成相对的,历史的,因而是暂时的,是多么愚蠢!"(马克思,恩格斯,1973：第3册,86)

约翰·穆勒之所以会割断生产与分配的联系,只把分配关系看做历史性的东西而不把生产关系也看做历史性的东西,主要是由于他抛弃了劳动过程的历史形式。马克思指出:"这种见解建立在一种混同上面,这就是,把社会的生产过程,同反常的孤立的人没有任何社会帮助也必须进行的简单劳动过程相混同。就劳动过程只是人和自然之间的单纯过程来说,劳动过程的简单要素对于这个过程的一切社会发展形式来说都是共同的。但劳动过程的每个一定的历史形式,都会进一步发展这个过程的物质基础和社会形式。这个一定的历史形式达到一定的成熟阶段就会被抛弃,并让位给较高级的形式。"(马克思,恩格斯,1974:999)

约翰·穆勒认为分配关系是由人们的意志和感情任意决定的观点,也是错误的。因为分配关系只是生产关系的一个组成部分,它是由生产资料的所有制性质决定的。

二、关于作为生产要素的劳动、资本和土地

穆勒在《政治经济学原理》第一篇中对生产所做的分析,是追随当时的一种时髦做法,从论证生产的一般要素出发的。他认为任何社会生产都必须具备以下三个要素:"劳动,资本,及自然所提供的材料或动力。"(穆勒,1936:96)

关于作为生产第一个要素的劳动,约翰·穆勒首先规定了劳动的含义。他说:"劳动是肉体的或精神的,说得明白些,是筋肉的或神经的。在劳动这个观念中,不仅包括动作,且必须包括思想或筋肉或二者用在特殊职业上所引起的一切不快意的感情,一切肉体的束缚或精神的烦恼。"(穆勒,1936:21)可见,他所谓的劳动,不仅是指体力和脑力的支出,而且还包括由这些支出引起的主观感受。

约翰·穆勒依据劳动对生产所起的作用,在对劳动进行分类时,否定了通常按照农业、制造业和商业来划分劳动的见解。他很赞赏萨伊的观

点,认为劳动不创造物质,只生产效用。在约翰·穆勒看来,劳动所生产的
效用有三种:第一种效用是固定并体现在外界对象物上的;第二种效用是
固定并体现在人身中的;第三种效用是既不固定也不体现在任何对象上
的。他指出:生产第一种效用的劳动,就是通常讲的,生产物质产品的劳
动;生产第二种效用的劳动,就是一切培植自身或他人的体力和智力的劳
动,它不仅包括医生和教师的劳动,还包括政府工作人员(如果他们改良了
人民)、道德家和牧师(如果他们生产了幸福)的活动;生产第三种效用的劳
动,就是给人们提供一定快乐或避免烦恼痛苦的活动,它包括音乐家、演
员、陆海军、法官和政府官吏(如果他们的活动对人民的改良无影响)的
活动。

约翰·穆勒依据萨伊的观点,分析了劳动所生产的不同效用后,又依
据斯密关于生产性劳动和非生产性劳动的传统观点,将两者调和起来,以
确定劳动的生产性和非生产性。他认为一切直接或间接生产物质产品的
劳动,都是生产性劳动,反之,则是非生产性劳动。

在此,我们可以看出,约翰·穆勒企图用法国资产阶级庸俗经济学家
萨伊的劳动只"生产效用"的观点,来"解释"并"充实"亚当·斯密的生产劳
动理论。可是他的"苦心研究","除了断言把劳动能力本身生产出来的那
种劳动也是生产的以外,对斯密(第二种)解释没有增添什么东西"(马克
思,恩格斯,1972:176)。

关于作为生产第二个要素的资本,约翰·穆勒在确定资本的含义时,
否定了"资本即是货币"的观点,认为资本是先前劳动生产出来的,由蓄积
而保存下来用于维持生产性劳动的物质产品。他说,资本是"蓄积的原先
劳动的生产物。劳动生产物的这种蓄积,名为资本。"(穆勒,1936:53)被蓄
积的劳动产品之所以成为资本,就是"因为它是生产地被使用"(穆勒,
1936:59)。因此,"资本是被用以再生产的财富"(穆勒,1936:53)。当自耕
农为维持自己而把劳动产品蓄积起来时,他也把这种劳动产品称为资本。

可见,被约翰·穆勒看作资本的物质产品并不体现一定的生产关系。他往往把资本与构成资本的物质组成部分混为一谈。不过,约翰·穆勒混同资本与构成资本的物质组成部分,与其他资产阶级学者混同这两者又是有区别的,这明显地表现在他对"资本生产力"这一命题的批判上。他说:"严格说来,资本并不具有生产力。唯一的生产力是劳动生产力,当然它要依靠工具并作用于原料。"(马克思,恩格斯,1973:258)马克思认为,在这里,约翰·穆勒显然"把资本与构成资本的物质组成部分混为一谈了。可是,这个论点对于那些同样把两者混为一谈,但又认为资本有生产力的人来说,却是好的。当然,这里说穆勒的论断正确,也仅仅就所指的是价值的生产而论,要知道,如果指的只是使用价值,那自然界也是会生产的"(马克思,恩格斯,1973:258)。而且,约翰·穆勒还进一步指出:"资本的生产力不外是指资本家借助于他的资本所能支配的实际生产力的数量。"(马克思,恩格斯,1973:258)马克思认为,"在这里,资本被正确看作生产关系"了(马克思,恩格斯,1973:258)。可见,约翰·穆勒对资本的看法也是调和折衷的,他既把资本看做用于生产的物质产品,又把它看做生产关系。

关于作为生产第三个要素的"自然所提供的材料与动力"。约翰·穆勒认为,它们是进行生产所不可缺少的必要条件,是生产的"自然要素",因为它们所包括的"都不是劳动的生产物"(穆勒,1936:145)。约翰·穆勒认为提供"农作物资源的土地"是各种生产要素"当中最主要的;如把名辞推广适用于矿山及渔场——适用于地中所发现的物品,适用于覆盖地面一部分的水中所发现的物品,并推广适用于地上长养的物品,土地一辞也包括了我们现在所欲的一切"(穆勒,1936:146)自然要素了。因此,生产的自然要素"可用土地一辞代表之"(穆勒,1936:145)。他认为,把生产的三个要素说成是"劳动、资本与土地亦未尝不可"(穆勒,1936:146)。

约翰·穆勒在论述了生产的一般要素以后,就分析了生产诸要素增加的规律。在他看来,生产的增加不仅决定于生产要素的生产效率,而且还依存于生产要素的增加。他说:"生产增加,或是这诸要素本身增加的结果,或是它们生产力增加的结果。生产增加的法则,必然是这诸要素法则的结果。生产增加的限制,必然是这诸法则立下的限制。"(穆勒,1936:146)于是,他依次研究了生产三要素增加的规律。

约翰·穆勒认为,"生产增加第一依存于劳动"(穆勒,1936:146);而劳动的增加,即"是人口的增加"(穆勒,1936:146)。在他看来,劳动增加的规律就是马尔萨斯在其《人口论》中引出的"真理":在无限制时,人口的"增加率必然是几何级数率而不是算术级数率"(穆勒,1936:146)。在实际生活中,人口的增加虽然会受到种种限制,但由于"人口自然增加力的无限"(穆勒,1936:150),因此,他认为劳动不会成为生产增加的主要阻碍。

约翰·穆勒认为,生产增加"第二依存于资本"(穆勒,1936:146);而"资本的增加必依存于两事——即节蓄所从出的基金的多寡及节蓄欲望的强弱"(穆勒,1936:151)。所谓节蓄所从出的基金,就是从劳动产品中扣除生产当事人的生活必需品以后的剩余。他把这种剩余称为纯产品。纯产品越多,节蓄的数额便越大,从而也将增加节蓄的欲望,因此,增加资本的基本途径之一,便是发展生产,使纯产品增多。约翰·穆勒认为,增加资本的另一条途径,就是要节欲,反对奢侈。他说:"节蓄致富,支费致穷,在个人为然,在社会亦然。换言之,把财富用来维持生产的劳动,将增加社会全体的财富;若把财富用在享乐上,即将增加社会全体的贫穷。"(穆勒,1936:72)

约翰·穆勒认为,生产增加"第三依存于土地"(穆勒,1936:146)。在他看来,土地生产的基本规律,就是土地报酬递减律。对于这个规律,他曾做过如下的表述:"农业进步达到一定阶段(不必要怎样了不起的进步)以后,则按照土地生产的法则,在农业技术及农业知识的一定状况下,劳动增加,生产物不能有相等程度的增加;倍加劳动,不能倍加生产物。换句话说,生产物的每次增加,均应由土地上的劳动之超比例的增加而取得。"(穆勒,1936:146)并认为,这个规律"是经济学上最重要的命题"(穆勒,1936:

146)。尽管在实际生活中,这个规律的作用会受到种种因素的阻碍,但他认为,土地报酬递减却是一个"趋势",一个"真理",因此,这是"土地生产的一般法则"(穆勒,1936:173)。

约翰·穆勒在分别考察了生产三要素增加的规律后,得出结论说:"按照上述的说明,生产增加的限制是二重的,即资本不足或土地不足。"(穆勒,1936:177)他认为,亚洲各国由于蓄积欲望不强所造成的资本不足是阻碍生产发展的主要问题,因此,这些国家应采取措施增加积累;西欧各国,特别是英格兰人口增加过多,导致土地报酬递减则是阻碍生产发展的主要问题,因而这些国家必须采取措施限制人口的增长。

约翰·穆勒在分析生产诸要素增加的规律时,把古典经济学家斯密等人的资本积累规律和庸俗经济学家马尔萨斯等人的土地报酬递减规律和人口按几何级数增长的"人口规律"综合在一起进行论述,以证明生产规律是一种永久的自然规律。显然,约翰·穆勒的这些论据本身是难以成立的。众所周知,资本主义的资本积累规律,是资本主义特有的历史规律,它是随着资本主义的产生而产生的。关于人口规律,我们姑且不论马尔萨斯杜撰的人口按"几何级数"增长这一谬论,就人口规律本身来说,也不能说它是自然规律。马克思指出,人口的增长是由生产方式决定的。他说:"每一种特殊的、历史的生产方式都有其特殊的、历史地起作用的人口规律。抽象的人口规律只存在于历史上还没有受过人干涉的动植物界。"(马克思,恩格斯,1972:692)至于土地报酬递减规律,正如列宁所说,这是"极其相对的'规律',甚至说不上是农业的一个重要特征"(列宁,1986:87)。

由此可见,约翰·穆勒对生产规律的这种理解是错误的。但在他对生产规律的论述中,却包含着一些有价值的见解,如他关于生产劳动能力的劳动也属生产性劳动的见解,普及教育提高劳动者的智力是劳动生产力最重要因素的见解(穆勒,1936:175),当人口增长超过生产技术增长速度时必须实行限制人口的主张等(穆勒,1936:179),这些见解对于我们有一定的借鉴意义。

三、关于作为分配范畴的工资、利润和地租

约翰·穆勒在分析了生产之后，不是紧接着分析交换，而是抽掉了商品交换来分析分配问题，这在方法上是错误的。脱离了商品交换的一般规律，就不可能理解利润率和平均利润率，从而也无法理解整个资本主义社会的生产与分配。

约翰·穆勒在《政治经济学原理》第二篇中对资本主义分配的考察，首先分析的是工资。他认为，在资本主义制度下，"竞争是工资的主要支配者"，而习惯只具有一定的"影响"。他说："工资取决于劳动的需求与供给，即取决于人口与资本。"（穆勒，1936：310）这里所说的人口，就是劳动阶级的人数，即指劳动的供给；这里所说的资本，是指用于购买劳动力的那部分流动资本，它和其他用于雇佣非生产劳动者的基金一起，代表对劳动的需求。因此，高工资只能是被雇佣的劳动者减少或雇佣劳动者的总基金增加的结果，而低工资则是被雇佣的劳动者增加或雇佣劳动者的总基金减少的结果。从劳动的供求决定工资高低的观点出发，约翰·穆勒认为，物价的涨跌，通常是通过影响劳动的供给来影响工资的，或通过影响资本的增减从而间接引起对劳动需求的变化而影响工资的。所以，在一般情况下，"工资取决于资本与劳动的比例的法则"，不会因物价变化而"动摇"。关于实际工资水平的决定，约翰·穆勒认为，这主要取决于人口的多少。他说："除了少数例外，高工资是以人口限制为前提。"（穆勒，1936：316）在他看来，工资"既然取决于劳动人数及其用来购买劳动的资本及其他基金之比例，那么改变这个比例使之有利于劳动者阶级的关键，不是蓄积之绝对量，生产之绝对量"，甚至也不是"分配于劳动者间的基金额"，而是"这种基金及分熟这种基金的人数之比例"（穆勒，1936：316）。可见，约翰·穆勒实际

上是赞同马尔萨斯的观点,把资本主义条件下工资低下的原因归于劳动阶级人口过多。这一观点对他的改良主义纲领有很大影响。

在分析了工资以后,约翰·穆勒就转而分析利润。他分析了利润的性质、利润的来源、利润的职业差异和平均化趋势,以及利润率的决定等。

在分析利润的性质时,约翰·穆勒赞同西尼耳的节欲论,认为利润是忍欲的报酬。他说:"劳动者的工资是劳动的报酬,同样,资本家的利润,照西尼耳精当的用语,则是忍欲的报酬。他自己忍住不自己消费自己的资本,而让给生产的劳动者为他的益处而消费,利润便是这种忍欲的所得。这种忍欲,是必然有报酬的。"(穆勒,1936:368)约翰·穆勒从西尼耳的节欲论出发,进而认为,总利润必须分成三个部分:利息、保险费和监督工资;即利息作为忍欲的报酬,保险费作为冒风险的报酬,监督工资作为管理的报酬。他说:"无论在何种布置下,这三种事物皆须有报酬,皆须从总利润中获得报酬。这三种事物是忍欲、冒险和努力。利润是分成三个部分,这三个部分可分别称利息、保险费及监督工资。"(穆勒,1936:370)在利润的性质问题上,约翰·穆勒折衷主义的经济理论体系表现得最为明显。他一方面采纳庸俗经济学家西尼耳的观点,把利润中的利息规定为忍欲的报酬,并把其他部分规定为监督劳动的工资和保险费;另一方面则接受古典经济学家李嘉图的意见,认为利润来源于劳动,甚至来源于剩余劳动。他事实上是在李嘉图劳动价值论的基础上论证资本家占有剩余劳动的合理性。在他看来,由于资本家进行了节欲,从事了监督劳动,承受了风险,就理所当然地应该从工人所创造的劳动产品中取走一大部分作为报酬。他的这种利润观与庸俗经济学家萨伊的"三位一体"公式相比较,可以说是殊途同归。

在分析利润的来源和利润的平均化时,约翰·穆勒否定了那种认为利润是买卖的结果、取决于价格的观点。他认为利润产生的原因,在于劳动生产力,在于劳动所生产的产品多于所耗费的产品,在于劳动者在生产了资本家以工资形式垫支的产品之后,有时间剩余为资本家工作。在约翰·穆勒看来,利润的产生并不是由于偶然的交换,即使在不存在交换的地方,只要劳动生产力较大,利润也依然会存在。他提出,由于不同行业中的资本的风险不同以及所需要的管理能力不同,从而不同行业所需要的保险费和监督工资亦不相同,因此就会存在利润的职业差异。同时,自然垄断和人为垄断也会造成不同职业的利润差异。尽管如此,不同行业中的利润却具有平均化的趋势。他说:"如果一种营业,比别种营业……有更顺利的赚钱机会,那就会有更多的人投资到这种营业上来……反之,如果一种营业不被认为繁荣的营业,如果该业的获利机会被认为逊于其他营业,资本即将逐渐离去,至少,新资本不会吸向那里,在较少利润与较多利润的职业间,资本的分配逐渐发生变化……但其趋势是归向共同的平均数。"(穆勒,1936:375)

在分析利润率的决定时,约翰·穆勒是从总利润的决定谈起的。他认为一个国家的利润总量取决于两个要素:"第一是生产物的数量,换言之,劳动的生产力;第二是劳动者自己在这生产物中所得的比例。换言之,劳动者的报酬对于其生产额所保持的比例。"(穆勒,1936:381)并认为利润率与上述第一个因素无关,"只取决于第二个因素"(穆勒,1936:381)。因此,利润率与劳动者的报酬成反比。对此,他解释说:利润率不是和通常所说的工资成反比,而是同劳动费成反比;劳动费就是"劳动所费于资本家的……是三个可变数的函数:劳动的效率;劳动的工资(指劳动者的真实报酬);这真实报酬所含的物品的生产费或获得费"(穆勒,1936:383)。于是利润率也就受支配于这三个可变数。"如果劳动一般更有效率,而报酬不更多;如果劳动更少效率,报酬减落,这种报酬所包含的物品的费用亦不增加;又或,如果这些物品的费用减低,劳动者所获得的这些物品不增多;在这三种的任何一种情况下,利润都将腾起。反之,如果劳动的效率减少……如果劳动者获得较少的报酬,构成这种报酬的物品不更低廉;又或,如果他不获得更多的报酬,构成这种报酬的物品已更昂贵;在这三种任一种情况下,利润都将减落。"(穆勒,1936:383)关于利润率的变动,他认为,每一个国家任一时间都有一个诱使人们进行储蓄,并把储蓄转变为资本的最低必需的利润率,若实际利润率低于此,人们将没有储蓄投资的欲望。这种最低利润率取决于人们的远虑和投资的安全,远虑的大小决定了储蓄的多少,安全的大小决定了储蓄转化为投资的多少。

约翰·穆勒对利润率的分析,虽然承认利润与工资在量上此消彼长的关系,但由于他混淆了利润和剩余价值、利润率和剩余价值率,因而做出了利润和劳动费成反比的错误结论。约翰·穆勒实际上说的是劳动生产率对真实工资的高低、真实工资的价值量变动对剩余价值率的影响,但他却不正确地将其表述为劳动生产率对利润率的影响。对此,马克思在《剩余价值理论》第二十章中做了分析批判,并针对他的例证评价说:"可见,穆勒为李嘉图学说作的第一个辩护,就是他从开始就推翻了这个学说,也就是说推翻了它的这样一个根本原理:利润只是商品价值的一部分,就是说,只是商品所包含的劳动时间中由资本家随着他的产品的出卖但没有给工人付报酬的那一部分。穆勒认为,资本家对工人的全部工作日付了报酬,但是仍然取得利润。"(马克思,恩格斯,1973:220—221)

约翰·穆勒混淆利润率与剩余价值率的根源是"斯密教条",即把商品价值中的不变资本那部分分解为三种收入。这样,他就错误地认为利润率是利润与工资之比。从斯密教条出发,他认为总利润等于劳动总产品扣除劳动报酬后的余额,完全忽略了总产品中的不变资本。

关于地租,约翰·穆勒不同意重农主义者和斯密关于地租来源于自然对农业的特殊恩惠的见解,基本上是重述李嘉图的级差地租理论。不过,在说明小屋农制度下的地租决定时,他是用土地的供求竞争来说明的。

四、关于价值和国际价值

穆勒在《政治经济学原理》第三篇中阐述价值理论时,不同意一些经济学家把价值论的重要性强调到不恰当的地位。他说:"我们现在将要讨论的题目,在经济学上占如此重要的显著地位,所以照若干思想家的解释,价值论范围与经济学本身的范围是混同的。"(穆勒,1936:399)在约翰·穆勒看来,价值论并不是政治经济学的主题。他认为财富的生产是与价值无关的,只有分配才与价值相关,并且分配也只是当其由竞争而非由习惯决定时,才与价值问题有关,但交换依然不是竞争社会中决定财富分配的根本法则,"象道路车辆不是运动的基本法则,只是执行机关的一部分一样"(穆勒,1936:399—400),即交换不引起分配法则的变化。同时,他又承认在商品社会中,价值问题仍是"根本问题"(穆勒,1936:400)。

约翰·穆勒在分析商品价值时,首先区别了使用价值、价值和价格等概念。在他看来,使用价值就是商品"满足欲望或适合目的的能力"(穆勒,1936:401)。他实际上是以人们对商品的主观评价来定义使用价值的。因此,他反对亚当·斯密关于钻石只有很低的使用价值而有很高的交换价值的廉洁。他认为一物的交换价值是不能超过其使用价值的。他写道:"说一物的价值或交换价值,意即指它的一般购买力。"(穆勒,1936:401—402)这个一般购买力就是指拥有该商品,可以为拥有者提供多少对其他各种商品的支配能力。他实际上是把价值规定为相对价值,否定价值是商品的内在属性。他说:"价值是一种相对的名辞:一个商品的价值,不指示该物自体所固有某种实在的性质,不过指示它交换所能得的他物的份量。"(穆勒,1936:424)关于价值,他说:"价格一辞,表示一物与货币相对的价值,指它所换得的货币量。"(穆勒,1936:401)当货币的一般购买力不变时,价格就表现了该商品的一般购买力,表现了它的交换价值。把价值规定为相对价值,这就使约翰·穆勒只承认价格会普遍地上升或下降,而否认价值(其实是相对价值)会普遍地上升或下降。他说:"这是名辞的矛盾。商品 A 价值提高仅因其所交换的商品 B 及商品 C 的数量已加大;但在这场合,商品 B 及商品 C 所能交换的商品 A 的数量,必定会减少。物不能彼此相对而一般腾贵。"(穆勒,1936:403)这一观点,对他分析价值量的决定因素有很大的影响。

约翰·穆勒在区分了使用价值、价值和价格以后,就进而分析价值量的决定及其因素。他认为,"一物要有交换价值,有两个条件是必要的"。第一,"它必须能适合某种目的,满足某种欲望";第二,"一物不仅须有某种效用,且在它的获得上须有某种困难"(穆勒,1936:407)。根据获得的困难的不同情况,他把商品分为三类:(1)供给数量绝对有限的商品,如古代的艺术品、稀有的书籍、特殊的葡萄酒等;(2)通过劳动与支出方能获得且当劳动与支出增加时其数量也同比例增加的商品,即其单位成本不会随其数量增加而提高的商品,如制造业的产品;(3)通过劳动与支出方能获得并可增加其数量,但其单位成本在其产量达到一定点之后,将随数量增加而提高的商品,如农产品。他认为这三类商品的价值决定因素是不相同的。他首先分析了第一类商品的价值决定因素,认为这类商品的价值由它的供求状况决定,但不是由人们以往所说的供求比例决定,而是由供求的均衡点决定。在分析有效需求时,他看到了需求会随价格的下降上升而增加减少,即需求与价格的反方向运动;并看到了需求的变化幅度依商品性质的不同可以大于或小于价格的变化,即他已经有了需求规律和需求的价格弹性的初步概念。并且他认为供求均衡决定价值的法则,不仅适用于供给由于自然原因而绝对有限的商品,而且也适用于供给由于人为原因而有限的商品,供给暂时不能增加的商品,供给不能迅速减少的商品。因此一切商品的暂时价值或市场价值也由供求均衡点决定。

第二类商品的价值决定因素,约翰·穆勒认为是生产费加普通利润。

他说:"一般规则是,诸物品之相交换的价值,趋向于使每一个生产者能补还其生产费加普通利润;换言之,趋向于使一切生产者,能对于其支出,取得等率的利润。"(穆勒,1936:417)这样决定的价值就是亚当·斯密和李嘉图所说的自然价值,它是市场价格波动的中心。他反对用供求均衡点来说明第二类商品的价值决定。他说:"需要与供给,却只在变动供给所必需的期间内,决定价值的变动。供给与需要,虽如此支配价值的变动,但仍须服从一种较优越的力,这种力,使价值引向生产费,并使价值定在那里……比喻说,需要与供给常常会平衡,但安定平衡的条件是,物品按照它们的生产费,按照它们的自然价值来互相交换。"(穆勒,1936:421)既然在一般情况下商品的价值是由生产费决定的,那么,生产费由什么组成呢?约翰·穆勒认为生产费的"主要成分(如此主要,简直可以说是唯一要素)是劳动(穆勒,1936:422)",即"商品的价值,主要取决于其生产所必需的劳动量(穆勒,1936:422)"。他又认为,当劳动者为资本家劳动时,"劳动一辞也可以工资一辞为代替;生产所费于他的,即是他不得不付的工资。"(穆勒,1936:422)但是,在约翰·穆勒看来,工资的普遍涨落却不会影响商品的价值,只有当个别行业的工资相对于其他行业而涨落时,这种涨落才会影响该行业商品的价值。这是他把价值规定为相对价值的一个推论。同样,各种商品生产上所费的劳动量的普遍增减也不会影响价值,只有不同商品生产上所费的劳动量发生相对变动时,价值才会受影响。关于劳动量和工资在决定商品价值中的相互关系,约翰·穆勒采纳了李嘉图对价值决定问题的最后看法。他写道:"严格说,劳动的工资和劳动量一样有影响于价值;李嘉图不曾否认这一事实,任何人都不曾否定这个事实。但在考虑价值变动的原因时,劳动量是最重要的;因为,劳动量变动时,其变动都属于一种或少数种商品,工资的变动(除暂时的变动)则通常是普遍的,对于价值没有大的影响。"(穆勒,1936:42)这就是说,劳动量是价值的主要决定因素,而工资是次要的因素。在约翰·穆勒看来,利润也和工资一样是生产费的要素,因为机器制造厂的利润将成为购买机器的人的生产费用，"所以，在生产物价值所由而定的生产费中，利润和工资一样是构成的要素"（穆勒，1936：427）。

第三类商品的价值决定因素，约翰·穆勒认为是"生产及上市所费最大的那一部分供给的费用"（穆勒，1936：436）。由于该类商品主要是一些农产品和矿产品，所以，他特别提到地租与价值的关系。在穆勒看来，农产品价格并不是像亚当·斯密所说的那样是独占价值。他认为，地租一般不是价格的原因，而是价格的结果。只有当农产品的价格由最不利的条件下的费用决定仍不能使供给满足需求，供求均衡会使农产品价格高于最不利条件下的生产费用，成为独占价格时，地租才成为生产费，成为价格的原因。

约翰·穆勒把第一类商品的价值称为稀少性价值，把第二、三类商品的价值称为成本价值。他在用生产成本解释商品价值时，并不是接受李嘉图关于商品价值完全由耗费劳动所决定的观点，而是接受了李嘉图关于价值主要是由耗费劳动决定，而工资、利润等也有次要影响的错误见解。为了分析工资、利润等影响价值的具体机制，他否定了绝对价值的存在，仅仅把价值看成商品之间交换的比例。从而，工资、利润等的普遍变化不影响价值。而由于后一种情况较为少见，价值便主要由劳动决定了。乍一看，约翰·穆勒似乎坚持了劳动价值论，实则不然。从主观上说，约翰·穆勒是想用生产费用论来消除李嘉图劳动价值论的内在矛盾，是想把李嘉图的价值理论阐述得更加清楚，但其结果却否定了绝对价值的存在，这就从根本上否定了李嘉图的劳动价值论。约翰·穆勒用供求均衡点来决定李嘉图所说的那种稀少性商品的价值，实际上他对于所有供给缺乏弹性的商品，都是用供求均衡点来决定价值的。由此可见，约翰·穆勒的价值论不过是生产费用论和供求论的调和折衷，也可以说是李嘉图等人的古典政治经济学价值论与庸俗政治经济学价值论的调和折衷。

关于国际价值。在约翰·穆勒看来,国际贸易中商品价值的决定问题,"是经济学上最复杂的问题"(穆勒,1936:546)。他认为,在国际贸易中,由于以国界为标志的民族政治体设置的障碍,劳动和资本不能自由转移,因而很难形成一个统一的国际市场价值,但在国际贸易中,供求规律对商品交换比例确定的作用却加强了。由此,约翰·穆勒认为,在国际贸易中"生产费的法则是不适用的",商品的价值只能取决于"别一个法则,即供给与需求的法则"(穆勒,1936:546)。穆勒把它称为"国际需求方程式"。关于这个方程式的内容,他曾做过如下的表述:"一个生产物与其他诸国生产物交换,其价值,必须使该国输出品全部,恰好够支付该国输入品全部。国际价值的这个法则,其实,则是更一般的价值法则——可称之为供给与需要方程式——的引用。我们曾讲过,一商品价值,往往会这样自行调整,使其需要恰与其供给相等。但一切贸易,无论是国家间的还是个人间的,都是商品的交换,在这种交换上他们各自所有的可用来售卖的物品,便是他们各自的购买手段:一方所提出的供给,便是他方所提出的供给的需要,所以,供给与需要,不过是相互需要的别一称呼:说价值将如何调整,使需要与供给相等,实际即是说,价值将如此调整,使一方的需要与他方的需要相等。"(穆勒,1936:555)这就是说,在自由贸易并舍象掉运输费用的条件下,两种进出口商品的交换比例(即它们的国际价值)不是取决于生产费用,而是取决于供求关系;而这两种商品在两个国家中的交换比例将使两种商品的出口量都正好与两个国家在此交换比例下对进口商品量的需求相等,但这两种商品在两国之间的交换比例不可能大于它们在不存在外贸时的国内交换比例。他以如下数例来说明这一点:

假设,英国用一定量劳动可生产 10 码毛呢或 15 码麻布,德国用一定量劳动可生产 10 码毛呢或 20 码麻布。当不通商时,在英国,毛呢与麻布的交换比例是 10：15,在德国则是 10：20。而一旦按自由贸易原则通商之后,英国将倾向于用毛呢换德国的麻布,而德国将倾向于用麻布换英国的毛呢。如果当交换比例为 10 码毛呢换 17 码麻布时,英国对麻布的需要量正好与德国的供应量相等,即英国出口的毛呢量也正好与德国的需要量相等,那么 10 码毛呢的国际价值就为 17 码麻布,同样,17 码麻布的国际价值也就是 10 码毛呢。但如当交换比例为 10∶17 时,英国对麻布的需要量小于德国的供应量,即英国出口的毛呢量小于德国的需要量,那么麻布的国际价值将降低(即毛呢的国际价值将提高),由于需求将随价格降低而提高,于是当麻布的国际价值降低到某一点(比如说交换比例为 10∶18时),英国对麻布的需要量(即对毛呢的出口量)正好与德国的供应量(即对毛呢的进口量)相等,那么,这一点所决定的交换比例(10∶18)就决定了毛呢与麻布的国际价值:10 码毛呢值 18 码麻布,18 码麻布值 10 码毛呢。

约翰·穆勒认为,在国际贸易中,生产费决定商品价值的法则显然是不适用了,但这个法则仍制约着、规定着国际交换比例的上、下限。他说:"我们知道,变动所不能超过的界限,是此国此二商品的生产费的比例,与彼国此二商品的生产费的比例。十码毛织物不能交换二十码以上的麻布,亦不能交换十五码以下的麻布。十码毛织物将交换的麻布在十五码至二十码之间。"(穆勒,1936:549)实际上,这种情况反映了劳动价值论对国际价值决定的一种制约作用,而约翰·穆勒却用"生产费用论"来解释。在"国际需求方程式"中所谈的"国际价值",并不是国际市场上商品内在的价值实体,事实上他已经用交换价值偷换了价值,用价格代替了价值。这样,他就把影响价格波动的供求规律误认为是国际市场上起作用的价值规律了。但是,约翰·穆勒关于国际贸易中商品价值主要决定于供求关系以及商品交换比例上、下限的研究等,不仅是对李嘉图比较成本学说的重要补充,而且对于进一步研究国际贸易理论也是有一定启发意义的。实际上,约翰·穆勒已经感觉到了"价值规律"在国际市场上的作用发生了重大变化,这种变化突出地表现在供求关系在国际贸易中对商品交换比例的确定作用的加强上。同时,他也感到完全用供求关系来解释国际贸易中的交换比例,是会得出荒谬结论的,因此,他又用生产费用即生产成本来规定国际交换比例的上、下限,从而阐述了劳动生产率的提高对国际价值的影响作用。这也就告诉我们,在国际贸易中,只有立足于发展本国经济,提高劳动生产率,降低生产成本,才能在国际市场的竞争中处于有利的地位。

五、关于经济增长、经济自由主义和政府的职能

约翰·穆勒除了在《政治经济学原理》的第一、第二、第三篇中,对生产、分配和交换做静态的考察外,还在该书的第四篇中,对社会经济做了动态的考察,即从动态角度分析经济进步的长期趋势,用他自己的话讲,就是"在经济学的静力学以外,加入一种经济学的动力学"(穆勒,1936:651)。他还在第五篇中论述了经济自由主义和政府的作用问题。

约翰·穆勒认为,社会经济的进步,即经济的增长,表现为社会支配自然能力的增加,人身与财产的安全和自由支配权的增加,以及各种形式的合作能力的增加。他把经济增长的三大要素(人口增加、资本增加、技术进步)分别组合,来考察经济增长对分配的各种影响,总的结论是,社会进步往往增加地主的财富,使劳动者的生活水平大体上有提高的趋势,而利润则有跌落的趋势。但他又提出了种种阻碍利润下降的因素。在约翰·穆勒看来,利润下降的趋势,最终会导致经济增长的静止状态。他把经济增长的这种静止状态,看做财富分配公平、人口得到限制、劳动不再繁重、闲暇时间大增、个人自由发展的一种"理想社会"。

在约翰·穆勒看来,经济增长的一般办法和基本原则,就是自由放任。他说:"当作一般原则来说,人生的事务,最好是由利害关系最切的人自由去经营,使不受法律规定的统制,亦不受政府人员的干涉。亲任其事的人或诸人,比政府,似更能判断,他们应以何法,达到他们所欲的目的。就假设政府所有的知识,和最善营业者所有的知识相等(这当然是不可能的),

个人对于营业的结果,究竟有更强得多,更直接得多的利害关系,所以,如让他们自由选择,方法多少会更改良,更完美。"(穆勒,1936:880—881)由此可见,约翰·穆勒和其他许多资产阶级学者一样,也是把经济自由主义作为资本主义制度和政治经济学的基本信条的。

约翰·穆勒虽然是经济自由主义的拥护者和倡导者,但他却反对"放任学派"把政府的职能仅仅限制在"保护人民,使不受强者侵凌,诈者欺骗"(穆勒,1936:736)的范围之内。他说:"我们赞成把政府对于社会事业的干涉,限在最狭的范围内"(穆勒,1936:878),但决不能用一个简单的定义来概括政府的一切职能。他列举了制造货币、制定度量衡、填补街道、建修船港、建筑灯塔、筑堤以防海潮、筑岸以防河决等事例证明,即使是最反对国家干涉的人"亦不认此种设施,是政府权力之不适当的运用"(穆勒,1936:739)。于是他进一步提出了政府干涉的一般原则:"于公众便利极有关系的事项,才应准许政府干涉。"(穆勒,1936:740)

在此,我们可以看到,约翰·穆勒对于自由主义和干涉主义这个长期争论不休的问题,和对待其他问题一样,也是抱着调和折衷的态度,既主张自由放任,又主张政府干涉,无怪乎现代资产阶级自由主义者,十分恼怒地谴责约翰·穆勒对自由主义的"变节"行为。

六、结论

综上所述,约翰·穆勒在《政治经济学原理》中所建立的这个庞大的经济理论体系,从政治经济学的研究对象、经济规律的性质到生产、分配、交换和经济增长等方面的一些主要问题,都采用了两种或两种以上的对立观点,并将它们折衷调和起来进行阐述的。在他的整个经济理论体系中,到处都"企图调和不能调和的东西"。因此,他的这个经济理论体系充满着"各种平庸的矛盾",这就是约翰·穆勒折衷主义经济理论体系的基本特征。

在约翰·穆勒的这个折衷主义经济理论体系中，既包含古典政治经济学的东西，也包含庸俗政治经济学的东西。那么，其中占主导地位的，或就其体系的本质属性来说，到底属于古典政治经济学，还是属于庸俗政治经济学？约翰·穆勒到底属于古典经济学家行列里的经济学家，还是属于庸俗经济学家行列里的经济学家？

我们认为，约翰·穆勒的经济理论体系在本质上属于资产阶级庸俗政治经济学。虽然他自己标榜是李嘉图学说的追随者，但总的说来，他并没有真正继承和发展亚当·斯密、李嘉图等人的古典政治经济学理论，相反地，在一些根本性问题上，他往往以其惯用的折衷主义手法，"为了适应资产阶级的日常需要"，"把资产阶级生产当事人关于他们自己的最美好世界的陈腐而自负的看法加以系统化"（马克思，恩格斯，1972：98）。他在分析作为其整个折衷主义经济理论体系基础的经济规律的性质时，把分配规律与生产规律完全割裂开来，这就不可能真正提示资本主义经济运动的内在联系，而只能描述一些经济现象。在作为"经济学体系的纯洁性的试金石"（马克思，恩格斯，1971：279）的价值论上，他虽然想用供求论和生产费用论去消除李嘉图劳动价值论的矛盾，但在分析工资、利润等影响价值的具体机制时，却否定了绝对价值的存在，仅仅把价值看做商品之间的交换比例，看做相对价值，这就从根本上否定了李嘉图的劳动价值论。在利润的性质问题上，他采纳了庸俗经济学家西尼耳的节欲论为资本主义的剥削辩护，把利润中的利息部分看做忍欲的报酬，并把利润的其他部分看做监督劳动的工资和保险费，又把劳动生产力看做利润（应该读做剩余价值）产生的原因。由此可见，约翰·穆勒的这个折衷主义经济理论体系，并不是什么古典经济学的"结晶"。他的《政治经济学原理》也不是什么集古典经济学之"大成"的著作，而只是古典政治经济学解体的最后标志。因此，约翰·穆勒也就不可能是古典经济学家行列里的经济学家，而只能列入庸俗经济学家的行列。

约翰·穆勒虽然是一位资产阶级庸俗经济学家,但我们认为,他并不是庸俗经济学中单纯向资产阶级统治献媚的辩护论者。他和西尼耳、巴师夏等一帮辩护士是有区别的。马克思指出:"为了避免误解,我说明一下,约翰·穆勒之流由于他们的陈旧的经济学教条和他们的现代倾向发生矛盾,固然应当受到谴责,但是,如果把他们和庸俗经济学的一帮辩护士混为一谈,也是很不公平的。"(马克思,恩格斯,1972:670)由此,我们可以把约翰·穆勒看做是一位与一般庸俗经济学的辩护士有区别的特殊的庸俗经济学家。

约翰·穆勒在 19 世纪中叶建立的这个本质上属于庸俗政治经济学的体系,可以说是资产阶级政治经济学中第一个折衷主义的经济理论体系,它是对当时已经形成的各种经济理论知识的一次大综合。为了适应当时英国资产阶级的需要,约翰·穆勒不仅采纳了亚当·斯密、李嘉图等人的资产阶级古典政治经济学理论,容纳了萨伊、马尔萨斯、詹·穆勒、西尼耳等人的资产阶级庸俗政治经济学理论,而且还吸取了资产阶级改良主义和空想社会主义思潮的某些观点。这样一个理论体系,好像是一只兼容并包的"大拼盘"。约翰·穆勒自己认为,他的这个经济理论体系,概括了亚当·斯密以来曾提出的"许多新的思想及思想的新应用",并"使其与最上流经济学的原理相调和,而在经济学的范围内全部重行考察一遍"(穆勒,1936:1)。他还说《政治经济学原理》一书是模仿亚当·斯密的《国富论》而作的,甚至以"当代的亚当·斯密"自居。对此,马克思曾做过这样的讽刺:"真不知道究竟应当赞扬这个人的天真呢,还是赞扬那些诚心诚意地承认他是当代亚当·斯密的公众的天真。其实他同亚当·斯密相比,就象卡尔斯的威廉斯将军同威灵顿公爵相比一样。"(马克思,恩格斯,1972:144)

约翰·穆勒这位"属于李嘉图学派的经济学家"(马克思,恩格斯,1973:563),在综合各种经济理论对社会经济现象进行考察时,"既要赞成他父亲詹姆斯·穆勒的见解,又要赞成相反的见解"(马克思,恩格斯,1972:144),这就决定了他不可能把亚当·斯密和李嘉图等人的古典政治经济学理论再推向前进,而只能导致李嘉图党派的解体。马克思在《剩余价值论》第二十章《李嘉图学派的解体》的最后部分里,详细地分析了约翰·穆勒对李嘉图利润理论的歪曲后,得出结论说:"以上关于李嘉图学派的全部叙述表明,这个学派的解体是在这样两点上:(1)资本和劳动之间按照价值规律交换。(2)一般利润率的形成。把剩余价值和利润等同起来。不理解价值和费用价格的关系。"(马克思,恩格斯,1973:259)由此,马克思进一步指出,如果说,约翰·穆勒的父亲——詹姆斯·穆勒等人以"注释"和"解说"的形式,庸俗化了李嘉图的学说,这是李嘉图学说开始解体的标志,那么,约翰·穆勒则以"折衷主义"的形式,庸俗化了李嘉图的学说,使李嘉图学说中的庸俗因素找到了自己至上的独立表现。他说:"政治经济学越是接近它的完成,也就是说它越是走向深入和发展成为对立的体系,它自身的庸俗因素,由于用它按照自己的方法准备的材料把自己充实起来,就越是独立地和它相对立,直到最后在学术上的混合主义和无原则的折衷主义的编纂中找到了自己至上的表现。"(马克思,恩格斯,1973:557)这就"宣告了'资产阶级'经济学的破产"(马克思,恩格斯,1972:17)。

约翰·穆勒综合各种经济理论而建立起来的这个折衷主义经济理论体系,不仅是古典政治经济学演变为庸俗经济学的最后标志,而且还盛行将近半个世纪,对以后资产阶级政治经济学的进一步演变和发展,产生相当大的影响。例如,约翰·穆勒把精神、心理等主观因素纳入政治经济学的研究对象,用支出劳动的主观感受来看待劳动,用资本家"欲望的强弱"来解释资本积累等,对以后奥地利学派、数理经济学等强调用主观心理因素来解释社会经济现象的思潮的兴起,起过一定的影响作用。又如,约翰·穆勒用供求均衡点来解释稀少性商品的价值决定时,已提到了后来为马歇尔系统论证的需求规律和需求弹性的初步概念了。约翰·穆勒的这种价值理论,可以说是从李嘉图的价值论过渡到马歇尔均衡价格论的一座桥梁。此外,约翰·穆勒关于"经济静力学"和"经济动力学"的划分以及"静态"与"动态"的分析方法,对后来资产阶级"静态经济学"和"动态经济学"的建立,也具有一定的影响。

约翰·穆勒所建立的这个折衷主义的经济理论体系,为马克思主义政治经济学的创立与发展,也提供了某些思想材料。例如,马克思在批判约翰·穆勒的利润见解时,第一次表述了他关于剩余价值转化为平均利润以及商品的价值变成与它不同的生产价格这一学说的基本思想(马克思,恩格斯,1974:615)。又如,约翰·穆勒关于供求关系对确定国际贸易商品交换比例作用的加强,从而使价值规律在国际市场上的作用形式发生了重大变化的见解,以及劳动生产率的提高对国际价值影响的看法等,对国际贸易理论的研究也具有一定的启发。

参考文献

[1]季德,利斯特,1926:《经济学史》.北京:商务印书馆.

[2]马克思,恩格斯,1962:《马克思恩格斯全集》第 12 卷. 中共中央马克思恩格斯列宁斯大林著作编译局,译. 北京:人民出版社.

[3]马克思,恩格斯,1971:《马克思恩格斯全集》第 20 卷. 中共中央马克思恩格斯列宁斯大林著作编译局,译. 北京:人民出版社.

[4]马克思,恩格斯,1972:《马克思恩格斯全集》第 23 卷. 中共中央马克思恩格斯列宁斯大林著作编译局,译. 北京:人民出版社.

[5]马克思,恩格斯,1974:《马克思恩格斯全集》第 25 卷. 中共中央马克思恩格斯列宁斯大林著作编译局,译.北京:人民出版社.

[6]马克思,恩格斯,1972:《马克思恩格斯全集》第 26 卷第 1 册. 中共中央马克思恩格斯列宁斯大林著作编译局,译.北京:人民出版社.

[7]马克思,恩格斯,1973:《马克思恩格斯全集》第 26 卷第 2 册. 中共中央

马克思恩格斯列宁斯大林著作编译局,译.北京:人民出版社.

[8]马克思,恩格斯,1974:《马克思恩格斯全集》第26卷第3册.中共中央
　　马克思恩格斯列宁斯大林著作编译局,译.北京:人民出版社.

[9]列宁,1986:《列宁全集》第5卷.中共中央马克思恩格斯列宁斯大林著
　　作编译局,译.北京:人民出版社.

[10]约翰·穆勒,1936:《穆勒经济学原理》.郭大力,译.上海:世界书局.

[11]季陶达,1963:《资产阶级庸俗政治经济学选辑》.北京:商务印书馆.

简论亚当·斯密经济理论体系中 "看不见的手"的性质与作用 *

亚当·斯密的主要著作《道德情操论》，特别是《国民财富的性质和原因的研究》（以下简称《国富论》），是经济思想史上划时代的著作。亚当·斯密在这两部著作中就"看不见的手"的性质和作用问题所做的论述，实际上是他研究资本主义经济规律及其体系的最初尝试。他在这一尝试中做出了重要贡献。

一、"自然秩序"

在亚当·斯密看来，他的那一只"看不见的手"，只有放到自然秩序这个自由世界里，才能大显身手。自然秩序是"看不见的手"赖以生存和活动的环境与条件。

自然秩序是重农主义和整个 18 世纪政治经济思想的主流。在法国资

＊　本文原发表于《马克思主义来源研究论丛》1987 年第 9 辑，是本书作者与蒋自强合作所著。

产阶级革命前夜,启蒙思想家孟德斯鸠、伏尔泰和卢梭等人曾以自然秩序为思想武器,对封建制度进行尖锐的批判。他们指出:自然和社会应当建立在自然秩序之上,自由平等是合乎人性的自然权利。因此,他们所谓的自然秩序实际上是资本主义的"完全自由"的经济制度。而与资本主义自然秩序相对立的是封建经济制度和政治制度,即"人为秩序",它被认为是违反自然的、不合理的制度。重农学派接受并发挥了自然秩序的思想,他们提出了以自然秩序为准则建立"积极秩序"的观点。在他们看来,积极秩序是随国家和时代的不同而变动的人类社会实际存在的状态,具体表现为各种经济政治制度和法令规章。只有使"积极秩序"即人为秩序始终适应于自然秩序的需要,社会经济活动才能取得最好的效果。但是,18世纪的思想家和重农学派的自然秩序思想都披着封建宗教的外衣,都以人性论和上帝创造世界为出发点来解释这种自然秩序的存在。

亚当·斯密把这个思想从一切封建、宗教的外壳中解放出来,批判地继承和发展了自然秩序的思想。但他仍然像18世纪思想家那样,以人性论为出发点来解释自然秩序,认为自然秩序就是"这种制度、政策符合于本性所要求的事物的正常秩序"。在《道德情操论》里,亚当·斯密在论述人类活动的主要动机时指出:与恻隐之心(即爱人之心)相抵的自利心,渴望自由,注重礼节,劳动习惯以及交换的倾向等行为动机的相互作用,产生了自然秩序。在《国富论》中,他把这一理论应用到经济领域,明确指出,我们每天需要的食料和饮料,不是出自屠户、酿酒家或烙面师的恩惠,而是出于他们自私的打算。这里,亚当·斯密把自利心作为人类的天性,并从此出发,将人们追求自己经济利益这一行为动机从人的各种行为动机中抽象出来,并把具有这种动机和行动的人用经济人这一思想来概括,由此建立起他的经济理论体系。在亚当·斯密看来,各种经济现象都是在经济人自利心的冲动下自然地发生的,例如,交换就是从经济人的利己要求中产生的,而分工又是人类所具有的交换倾向逐渐形成的结果,货币也是为了避免物物交换的麻烦自然而然地产生的。总之,亚当·斯密把一切经济现象都看成是在经济人利己心的支配下自然产生的,是由人的利己本性决定的自发活动的结果。而且,他还认为这种经济现象之间存在着必然性,即规律性,因为有一只"看不见的手"在自动调节经济人的行为。这样,亚当·斯密就把资本主义的经济制度看成符合人的利己本性的自然秩序了。

亚当·斯密把自由放任制度看成是顺应自然秩序的最集中的体现。在《国富论》中,他提出了废除几种政府法规达到自然的自由的广泛纲领:第一,通过废除学徒规章和居住法,实行自由选择职业,以建立雇佣劳动自由;第二,废除限嗣继承法、长子继承法,以及限制转让土地的规定,实行土地买卖自由;第三,废除地方关卡税和其他一些税收,实行国内贸易自由;第四,废除关税、奖励金、对产业的禁令和政府同意给予特许公司的商业垄断,实行对外贸易自由。亚当·斯密把经济领域实行自由经营和自由贸易,听任资本自由选择最有利的用途,以迅速增加年产物总量的情况,视为一种"自然趋势",即自然秩序。他指出:"为本国计,不应强制亦不应诱使大部分资本,违反自然趋势,流到消费品国外贸易或运送贸易方法去"(斯密,1972:342);而应"顺应事物的趋势",不要加以"拘束",不要施加"压力",这样,年产物就自然会增加。在亚当·斯密看来,寓于自然秩序中的一切动机只有不受干预地自由表现出来,即在自由制度里才能合成一种自然力量,调节人类社会自我运行。

重农学派的自然秩序思想表明,他们已模糊地认识到,人类社会发展中存在着不以人的意志为转移的客观规律,经济过程也像自然过程一样有它内在的规律性。但是,重农学派不过为经济学提出了认识客观规律的任务,而亚当·斯密的自然秩序理论是他关于自然规律及其体系,即"看不见的手"的思想的一个组成部分,他把自然秩序,即完全自由制度看成资本主义一系列经济规律赖以发生作用的环境与条件,他实际上强调了社会经济过程的物质性和客观性,这是研究经济规律及其体系的首要问题。但是,亚当·斯密的自然秩序是以利己主义的人性论为基础的,其思想基础是历史唯心主义的。他的自然秩序与马克思的生产方式范畴相去甚远。

二、"自然规律"

亚当·斯密竭力证明资本主义经济内部有自动调节的能力,在未受阻碍的自然规律的作用下,资本主义生产就能达到"生产的自然平衡"和"产业均衡"。那只"看不见的手"将会自动地、最有效地分配社会劳动于各个部门,从而达到最大的社会经济效果。

亚当·斯密把资本主义经济过程看成同自然界一样受"自然力"支配的自然过程,并由此出发,探索了资本主义经济运行受什么规律调节的问题。在论证自由竞争条件下个人利益与社会利益一致性的场合中,他说:"在这场合,象在其他许多场合一样,他受着一只看不见的手的指导……他追求自己的利益,往往使他能比在真正出于本意的情况下更有效地促进社会的利益。"(斯密,1974:27)那么,这只"看不见的手"在哪些场合支配经济运行呢?亚当·斯密在《国富论》和《道德情操论》中分别考察了"看不见的手"在生产、分配、交换等场合的自动调节的情形。在他看来,资本主义经济的一切过程和一切方面都受着一只"看不见的手"的支配,并在自然规律的正常作用下顺利运行。

亚当·斯密认为,在资本主义社会中,对个人利益的追求,具体表现为对利润的追求,对利润的无限止的追求(剩余价值规律)支配着资本主义的一切经济活动。正是这一资本主义生产关系中特有的本质规律使资本主义生产富有生机。亚当·斯密说:"生在豪富人家的人……的境遇,自然而然地使他更注意悦己的装饰,而不注意自己没有多大需要的利润。"(斯密,1972:353)相反,"把资本用来支持产业的人,既以牟取利润为唯一目的,他自然总会努力使他用其资本所支持的产业的生产物能具有最大价值,换言之,能交换最大数量的货币或其他货物。"(斯密,1974:27)但是,亚当·斯密的阶级局限性,使他不可能认识到资本主义经济内部为它设置了耗费和效果达到最大适应性的障碍。资本主义基本经济规律集中表现为:只有剩余产品价值的增长才是资产阶级的经济目的。在这种经济目的支配下,资本家只是把攫取由于个别劳动生产率高于社会劳动生产率而产生的那部分超额剩余价值作为经济效果的规定性,而将其他社会劳动生产率的任何提高都视为效果降低。因此,资本主义经济束缚了整个社会经济效果的提高。

亚当·斯密认为,在资本主义的市场关系中,市场机制为社会提供了一个自动调节的体系,即对私人利益追求的刺激和竞争的自发势力,通过市场价格围绕自然价格上下波动,来自发地调节生产和供求关系,从而使每个商品的上市量自然地适合于有效需求。因为,商品量不超过有效需求,对所有使用土地、劳动或资本而以商品供应市场者有利;商品量不少于有效需求对其他一切人有利。亚当·斯密基本上认识到了在私有制条件下价值规律的一般调节作用,即价值规律能自发地调节生产资料和劳动力在社会各生产部门的分配比例,而且他较正确地提示了价值规律对社会生产的调节作用,是通过竞争,通过市场价格波动而实现的。这是亚当·斯密的一大功绩。在亚当·斯密看来,正是这只"看不见的手"的指引,使资本主义经济建立起大体上平衡的比例关系,达到"自然平衡"。他极力把价值规律描绘成一台可以无限制地、最有效地对资本主义生产进行自动调节的机器,却没有看到资本主义经济的"自然平衡"的建立,是以社会劳动的巨大浪费为代价的,而且在资本主义条件下,价值规律本身包含着深刻的矛盾,这种矛盾随着资本主义经济的发展而尖锐化,最后必然使资本主义经济在不断的震荡和危机中运行。

在产品分配领域,那只"看不见的手"同样可以保证三大阶级的收入——工资、利润和地租的"自然分配"。在亚当·斯密看来,富人并非出于仁慈而把财富分配给穷人消费,他们之所以这样做,是由于受那只"看不见的手"的指导。他说:"富人只从这大量的产品中选用了最贵重和最使人中意的东西。他们消费得比穷人还少;尽管他们的天性是自私的和贪婪的,虽然他们的打算只是自己的便利,虽然他们雇佣千百人来为自己劳动的唯一目的是满足自己无聊而贪得无厌的欲望,但是他们还是和穷人一样分离了他们在土地上经营改良所得到的全部产品。一只看不见的手引导他们对生活必需品,做出几乎和土地在平均分配给全体居民的情况下所能有的同样的分配,就这样,不知不觉地增进了社会利益,为不断增多的人类提供生活资料。"(斯密,1976:184)

在以货币为媒介的交换过程中,"看不见的手"也引导着货币流通达到"自然平衡"。亚当·斯密把货币看成也包含价值的一种商品,他认为金银像其他一切商品一样,也须用一定的价格购买,金属倾向也是其他一切商品的价格,所以其他一切商品也都是那些金属的价格。因此,货币同其他商品一样,通过自由贸易,而不需政府的注意,也能自动平衡,满足流通时的需要。亚当·斯密指出:"在各个国家,人类勤劳所能购入或生产的每一种商品量,自然会按照有效需求,即按照愿意支付为生产这种商品和使它上市所需支付的全部地租、劳动与利润的那些人的需求,自行调节。但按照有效需求而发生的这种调节作用,在金银这种商品上最为容易,也最为准确;这是因为金银体积小而价值大,最容易从一处地方运到另一处地方,从价廉的地方运到价昂的地方,从超过有效需求的地方运到不足以满足有效需求的地方。"(斯密,1974:7)又说:"无论在哪一个国家,每年买卖的货物的价值要求有一定数量的货币来把货物流通和分配给真正的消费者,但不能使用超过必要的数量。流通的渠道必然会吸引充足的货币额,但一到饱和就不能再加容纳。"(斯密,1974:13)这里,亚当·斯密比较科学地论证了,在私有制条件下,货币流通本身有内在的规律性,即货币的流通量取决于流通中的商品价格总额;而且他还认识到了,在私有制条件下,货币流通规律和其他许多场合一样,是受一只"看不见的手"支配调节的,而其作用形式具有自发性和盲目性。但是,他把金属货币看成是一种纯粹的商品,且过分强调货币作为流通手段的作用,这是错误的。

由此可见,在亚当·斯密看来,在符合人的利己本性的自然秩序内,存在调节经济人行为的自动机制。在这个自然秩序里,人的经济活动在一切场合都受着一只"看不见的手"的支配,它指引经济人往往达到并非出于自己本意的目的。只要允许自由竞争,那就"用不着法律干涉,个人的利害关系与情欲,自然会引导人们把社会的资本,尽可能地按照最适合于全社会利害关系的比例,分配到国内一切不同用途"(斯密,1974:199)。因此,按照我们的理解,这只"看不见的手"指的是支配资本主义经济活动的"自然规律"及其体系。

我们认为,亚当·斯密在研究经济规律及其体系方面做出了很大的贡献。首先,他揭示了存在于资本主义内部充当自动调节器的一些经济规律,例如,在资本主义社会体现经济利益规律的利润规律(剩余价值规律),它成为经济人的唯一动机,支配经济人的一切活动。经济人就是凭利润的多少来衡量自己的一切活动是否有利,是否应该做。亚当·斯密还较正确地论述了价值规律、自然分配规律、倾向流通规律、国际分工规律的性质和作用等,从而在一定的范围和程度上解剖了资产阶级经济制度的隐蔽结构。其次,亚当·斯密阐述的关于经济规律具有"自然力"性质的思想,实际上强调了经济规律的作用的自然客观性和在私有制条件下作用的自发性。亚当·斯密把那只"看不见的手"看成产生并作用于自然秩序的"自然规律"。我们认为,那只"看不见的手"的"自然"性质,至少包含以下几层意思:第一,不以人的意志为转移的内在于事物的一种客观必然性(用亚当·斯密自己的语言即"事物的本性")的物理性质。第二,自发性,按照亚当·斯密的说法,就是人们对事态的发生和结果都无法预料,"并非出于本意,事前也不知道","去达到一个并非他本意想要达到的目的"。第三,同人为之手相对而言,概括了自由主义的内涵。就是任其自然发展:听任资本和劳动,寻找自然的用途"(斯密,1974:29),"听其随意寻找最有利的用途"(斯密,1974:28)。第四,宗教神秘的性质,这与亚当·斯密受重农主义的影响有关。

亚当·斯密不是把经济规律作为一个脱离了某种经济体系的独立前提进行排队研究,而是把它看成一个整体——互相制约、互相依赖而起作用的规律体系。亚当·斯密形象地把它称为"看不见的手"。他对经济规律的这种考察方法对于我们研究社会主义经济规律及其体系也有启发。

三、"自然平衡"

亚当·斯密不仅较正确地认识到了在私有制条件下经济规律的某些性质,例如作用的自发性、自然客观性等,而且论证了"看不见的手"的一些作用。在他看来,这种作用突出地表现为资本主义经济的自然平衡。

在《国富论》中,亚当·斯密从微观到宏观,从生产、分配到交换,考察了那只"看不见的手"的自然平衡作用。在第一篇《论劳动生产力增进的原因并论劳动生产物自然而然地分配给各阶级人民的顺序》中,亚当·斯密论证了生产的均衡和分配的均衡,并分析了价值规律及市场机制对资本主义经济的调节作用。他认为,达到生产均衡的一种自行调节的机制,主要是通过市场价格围绕价值的波动,通过竞争自然地把劳动和资本分配到各部门中去而起作用的。在亚当·斯密看来,在自由竞争的条件下,每种商品的供给量自然会使自己去适应有效需求,市场机制能自动调节生产的供应关系。他说:"如果市场上商品量一旦超过它的有效需求,那末它的价格的某些组成部分必定会降到自然率以下。如果下降部分为地租,地主的利害关系立刻会促使他们撤回一部分土地;如果下降部分为工资或利润,劳动者或雇主的利害关系也会促使他们把劳动或资本由原用途撤回一部分。

于是,市场上商品量不久就会恰好足够供应它的有效需求,价格中一切组成部分不久就都升到它们的自然水平,而全部价格又与自然价格一致。"(斯密,1972:52)因此,他认为:"在各个国家,人类勤劳所能购入或生产的每一种商品量,自然会按照有效需求,即按照愿意支付为生产这种商品和使它上市所需支付的全部地租、劳动与利润的那些人的需求,自行调节。"(斯密,1974:7)亚当·斯密十分赞赏他的那只"看不见的手"的自然调节作用,而贬低有形之手的"人为"干预。他在谈到对某种商品给予津贴以鼓励生产的情况时,指出:"由于发给津贴,这种货物就变为容易出售,而且产量也增加了;但另一方面津贴破坏了所谓生产的自然平衡。人们从事这种货物生产的倾向,现在不是和自然需求相称,而是和自然需求与附加的津贴相称了。它的影响,不仅限于这种货物本身,而且把从事没有得到这么大鼓励的货物的生产的人吸引过去。这样,产业的平衡就被破坏了。"(坎南,1962:195)

在第二篇《论资财的性质及其蓄积和用途》中,亚当·斯密论证了产业的平衡,即部门比例关系的平衡问题。他把社会总劳动在生产领域与非生产领域以及各个产业部门中的合理投放,看成提高社会经济效果的重要途径。他从两重性的生产劳动定义出发阐述了投资原则,认为它要根据各个生产部门所能推动的生产性劳动量的大小,即各个产业部门以最少的耗费取得最大利润的能力的大小来确立。他指出,整个社会生产包括农业、制造业、批发商业和零售商业,它们密切联系,互相依赖,任何一个产业部门不能离开其他部门而独立发展。但他又说:"各自投在这四种用途的资本虽相等,但因用途不同,等量资本所直接推动的生产性劳动量却不相同,从而,对于所属社会土地和劳动的年产物所增加的价值的比例,亦不相同。"(斯密,1972:332)因此,在亚当·斯密看来,整个社会生产的四个部门形成一个互相联系的整体。但这并不是说,在投资数量、顺序等方面要一视同仁。资本主义经济结构内部也具有达到产业自然平衡的调节机制,"看不见的手"在这场合同样起着作用,即对利润的无限制的追求和资本积累的冲动。因此,亚当·斯密反对有形之手的干预。他说:"关于可以把资本用在什么种类的国内产业上面,其生产物能有最大价值这一问题,每一个人处在他当地的地位,显然能判断得比政治家或立法家好得多。如果政治家企图指导私人应如何运用他们的资本,那不仅是自寻烦恼地去注意最不需要注意的问题,而且是僭取一种不能放心地委托给任何个人、也不能放心地委之于任何委员会或参议院的权力。把这种权力交给一个大言不惭地、荒唐地自认为有资格行使的人,是再危险也没有了。"(斯密,1974:27—28)

亚当·斯密还详细论述了三个阶级收入的流动性及其分配的自然平衡。他认为,资本积累的冲动是资本主义经济机构的主要动力和调节力量,那只"看不见的手"也只有通过这个重要的媒介才能发挥它应有的作用。从现象上看,似乎随着积累的不断进行将出现不可能再积累的情况,因为积累意味着要购买更多的机器设备,更意味着需要更多的劳动,这样发展下去,将导致工资愈来愈高,直到利润——积累的源泉——全部被吃光。但是,在亚当·斯密看来,当资本家投资建立新厂而需要工人时,积累也将提高工资,当工资上升时,进一步积累好像无利可图,这时自然平衡有被破坏的危险。但与此同时,由于工人阶级用他更多的工资去抚养他们的子女,以后工人在数量上的供应将上升,从而工人之间的竞争将发展,而这种竞争会将工资降低到维持生活费的水平。从此积累将继续进行,另一个螺旋将重新开始形成。在亚当·斯密看来,更高的市场价格将引起袜子更大规模的生产,而更大规模的袜子生产反过来又压低袜子的价格。同样,越来越高的工资将引起劳动阶级人口的更大量生产,而他们数量上的大量增长又将产生一个相反的自然力,影响他们的工资水平。三大阶级的收入的流动性及其分配像袜子一样的商品的生产一样,受着一只"看不见的手"的调节,这是一个自动调节的平衡过程。

亚当·斯密特别强调国内贸易和国际贸易,即流通过程对整个资本主义经济自然均衡的影响。他呼吁废除妨碍国内贸易和对外贸易的地方税、关税、奖励金和商业垄断等,因为它们人为地妨碍了那只"看不见的手"有效而灵活地发挥作用,从而将破坏资本主义经济的自然均衡。亚当·斯密特别反对用税收、津贴等各种人为措施干扰产业的平衡。他认为,对某种货物的生产加以奖励,不仅会破坏生产的自然平衡,而且由于人为地把其他产业部门的投资吸引过来,还会破坏产业的平衡。他指出,对各种货物进行课税,也会干扰"看不见的手"的调节作用,破坏产业的自然平衡。因此,他主张利用退税的办法来维护那只"看不见的手"的作用,维持产业的自然平衡。他说:"课在本国产物或外国产物上的关税,即使在输出时全部退回,退税亦是合理。诚然,在这场合,国产税的收入,稍受损失,而关税的收入则受大得多的损失;但多少要受这种课税的扰乱的产业的自然均衡,即劳动的自然分工和分配,却将因这种规定而更趋于均衡。"(斯密,1974:74—75)

亚当·斯密关于"看不见的手"的经济思想,不仅具有学说史上的意义,而且有助于我们认识价值规律和市场机制在社会主义经济中的作用,并在经济体制改革中加以利用和发挥。因此,我们要通过研究和批评,切实把握它的内涵,以汲取其中有益的东西,为我所用。

参考文献

[1]亚当·斯密,1972:《国民财富的性质和原因的研究》上卷. 郭大力,王亚南,译. 北京:商务印书馆.

[2]亚当·斯密,1974:《国民财富的性质和原因的研究》下卷. 郭大力,王亚南,译. 北京:商务印书馆.

[3]亚当·斯密,1998:《道德情操论》. 蒋自强,钦北愚,朱钟棣,等,译. 北京:商务印书馆.

[4]亚当·斯密,1976:《亚当·斯密著作和通信集》第1卷. 陈彪如,译. 北

京:商务印书馆.

[5]坎南,1962:《亚当·斯密关于法律、警察、岁入及军备的演讲》.陈福生,陈振骅,译.北京:商务印书馆.

蒋自强　金祥荣

布阿吉尔贝尔宏观经济均衡思想的探讨 *

比埃尔·布阿吉尔贝尔(1646—1714)是法国资产阶级古典政治经济学的创始人,法国重农学派的先驱者之一。由于 17 世纪下半期到 18 世纪初法国宏观经济严重失衡濒临危机的特殊背景,促使布阿吉尔贝尔把注意力放到了考察国民经济活动规律,探索宏观经济的均衡机理,寻求促成国民经济良性循环的途径上来。可以说,布阿吉尔贝尔的经济理论是资产阶级宏观经济学的先导,他对宏观经济运行机制的研究是他的经济理论体系中最精彩的部分之一。

一、布阿吉尔贝尔宏观经济均衡思想产生的历史背景

经济科学的发展基本上是社会经济发展的反映,经济学家的经济学观点归根到底是由他那个时代的经济现实决定的。布阿吉尔贝尔的经济理论在年代顺序上正值路易十四(1638—1715 年)当政时期。当时,法国基

＊ 本文原发表于《马克思主义来源研究论丛》1991 年第 13 辑。

本上还是以分散落后的小农经济为主的农业国,资产阶级还没有形成一支独立的社会力量,他们还和手工业者、农业一起组成纳税的第三等级。路易十四千方百计削弱地方上刚刚抬头的资产阶级势力,加强中央集权,专制王权达到了顶峰。他为了显示帝王的威严,在国内耗费巨资兴建极为豪华的凡尔赛宫,利用高职厚俸网罗各地重要贵族,使宫廷开支空前膨胀。在对外关系上,在 70 年代大肆对外扩张,争当西欧霸权,耗费了巨额军款发动战争,导致连年国库空虚,严重地挫伤了法国国民经济的元气。

为了维持宫廷贵族的挥霍浪费,筹措军费,路易十四在增收赋税的同时,也把工商业当作增加国库收入的重要来源。他采纳了财政总监柯尔倍尔(1619—1683)所制定的重商主义政策,鼓励对外贸易,禁止谷物输出,通过牺牲农业来获取高积累,发展资本主义工场手工业。重商主义政策施行的初期,法国工商业特别是奢侈品工业和对外贸易曾得到一定程度的发展,在客观上促进了法国资本主义经济的发展。但是,柯尔倍尔的重商主义政策所导致的法国工商业的发展,是依靠牺牲农业和农民的利益而实现的。柯尔倍尔所采取的禁止谷物输出,压低农产品价格的重商主义政策,使法国的农业贸易条件处于不断恶化的环境之中,农业部门丧失了获取比较利益的可能性,这就必然造成农业的日益衰落,使广大农民纷纷破产,大批农田荒芜。农业这个国民经济基础的瓦解,反过来使资本主义工商业的发展在资金积累、市场需求和原料供给等方面受到限制。因此,实行柯尔倍尔重商主义政策的最终结果,不仅没有为法国资本主义经济的进一步发展开辟道路,反而使本来就比较落后的法国国民经济,又面临严重的宏观经济比例失调的经济困境。当时,在法国的宏观经济中,一些重大的社会经济比例关系处于严重的失控状态,首先就是农业和工商业发展之间的比例关系严重失调。第二,总消费需求和生产之间严重失衡。到 17 世纪末18 世纪初,封建主义生产关系在法国仍占统治地位,工商业的发展主要是为了增加封建王朝的收入,而农业收获量的四分之三以上都作为封建贡赋,这些封建性收入不是用于奢侈花费,就是形成货币窖藏,大多难以转化为生产性投资,这样,消费需求不足严重地阻碍了法国国民经济的发展。第三,薄弱的基础工业与畸形发展的奢侈品工业之间严重失衡。由于谷物价格低廉,使占全国总人口的80%的农业人口对工业消费品的需求日益枯竭,引起了基础工业等的凋敝和这些行业中的劳动者失业。为了满足日益庞大的宫廷贵族挥霍性奢侈消费,奢侈品工业得到了长足的发展。第四,国内市场的萎缩与对外贸易迅速发展之间严重脱节。路易十四推行柯尔倍尔的重商主义政策,奖励对外贸易,创设东印度公司、西印度公司等,建立大商船队,在印度、非洲、北美等地建立殖民地,使法国跃居商业(对外贸易方面)大国的地位。相反,农业这个国民经济基础的瓦解和基础工业的不振,又使国内市场繁荣一时萎缩下去。正如恩格斯所说:"二三十年以后人们才清楚,在当时的条件下,本国的工场手工业只有靠牺牲农民的利益才能建立起来。农民的自然经济被破坏,为货币经济所排挤。国内市场建立了起来,同时,至少在一定时间内又几乎完全被破坏,其原因在于这个过程的本身和经济必然性赖以实现的从未有过的力量的作用,还在于对钱和人的需求增加,这是采取征兵办法建立常备军的结果……当最后有一两年歉收的时候,全国就呈现出布阿吉尔贝尔和沃邦元帅所描述的普遍困苦景况。"(马克思,恩格斯,1972a:305)第五,城市的繁荣与农村贫困之间尖锐对立。路易十四王权抑制农产品价格和收取沉重的农业赋税,导致农业部门丧失了积累甚至简单再生产的能力,广大农民陷入极端贫困的境地。而城市封建贵族则越来越大肆挥霍,把讲究排场和奢侈浪费的嗜好变成了必须遵守的生活习惯。奢侈浪费、奢侈需求以及由此发展起来的奢侈品工商业给人们一种城市虚假繁荣的印象。正如马克思所指出的:"那时财政、商业和工业的上层建筑,或者更确切地说是社会大厦的正面,看起来好象是对大部分(农业)生产停滞的状态和生产者挨饿的现象的一种讽刺"(马克思,恩格斯,1972b:349)。

很显然,这种靠片面发展奢侈品工业和对外贸易而在宏观经济严重失衡基础上发展起来的工商业,只能昙花一现。随着农业的衰落和农民的破产,整个法国经济很快陷入了萧条停滞状态。不少手工工场被迫关闭,对外贸易也逐渐衰退,国库收入不断减少,财政亏空越来越大。为了填补巨额的财政赤字,路易十四不得不增设"人头税"和"二十抽一税"等赋税项目,这就愈益加剧了消费和投资不足对国民经济增长的约束作用,加剧了国民经济各部门之间的比例失调,使整个国民经济走进了比例失调和经济停滞的死胡同。到 18 世纪初,显赫一时的路易十四王朝终于以军事失败和财政破产而告终。

布阿吉尔贝尔对宏观经济问题的研究,就是以当时法国各种宏观经济比例严重失调,国民经济陷入崩溃这样一幅真实的图景为出发点的。正是当时法国社会经济的这种具体的历史环境,迫使布阿吉尔贝尔不得不把探索法国宏观经济均衡运行的问题,放在他的经济理论体系的中心位置,从而使他的经济理论体系具有了浓厚的宏观分析特色。

二、布阿吉尔贝尔在宏观经济均衡机制研究方面的主要成就

布阿吉尔贝尔在寻求造成法国宏观经济失衡和崩溃的原因,探索复兴法国国民经济方案的过程中,虽然没有创立一个完整统一的宏观经济理论体系,但他阐明了国民经济均衡发展的重大意义,分析了商品经济中实现宏观经济按比例均衡发展的具体机制,就宏观经济均衡与控制的有关问题,提出了不少有价值的见解和观点。

在布阿吉尔贝尔看来,保持国民经济各部门之间的合理比例和均衡发展是促进社会经济进步,实现"普遍富裕的唯一的维护者"(布阿吉尔贝尔,1984:167),"只有平衡能够挽救一切"(布阿吉尔贝尔,1984:167)。这是因

为,国民经济的各行各业并不是相互孤立的,它们"相互关联,彼此不可或缺"(布阿吉尔贝尔,1984:89)。它们在消费需求、原材料供应等方面互为市场,互相制约,互相促进。布阿吉尔贝尔指出:"一个国家的各种职业,无论是什么,都是相互为用和相互支持的,这不仅为了供应彼此的需要,甚至还为了保持彼此本身的生存。"(布阿吉尔贝尔,1984:154)布阿吉尔贝尔不仅把社会经济按比例发展以达到均衡的思想运用到部门之间,而且把它推广到诸如各类商品之间的比价、收益关系等更为广阔的范围之中。他看到,由于整个社会经济是一个互相联系和互相制约的有机体,因此任何一个部门或行业出现不景气的负经济效果,都会通过具体的宏观经济均衡变动机制传递到国民经济各部门各行业,导致宏观经济失衡和国民财富减少。他说:"没有一种行业的失调能够不同时将它的不幸立刻地或逐渐地反映到其它一切行业上去"(布阿吉尔贝尔,1984:205)。为此,他特别强调,他所写的《法国详情》这篇重要论文的全部要旨在于说明,"既然一切全仗肥沃地区食品的增长,而其生产又受着无数情况的影响,那么在这些情况之间保持协调就是绝对必要的;因此,要是一环脱节,那么由于它们间相互的联系,全部组织就会遭到破坏"(布阿吉尔贝尔,1984:88)。

布阿吉尔贝尔不仅看到了国民经济各部门之间均衡发展的重要意义,而且进一步分析了宏观经济均衡和变动的运行机制及其传导过程。

(1)在一切商品之间通行一种符合自然秩序精神的"比例价格",从而使商品交换的等价原则成为宏观经济均衡的前提性机制。所谓"比例价格"就是指要在各种商品之间保持一种进行公平交易的合理比价。布阿吉尔贝尔认为,商品价格直接关系到各生产者和交换者的切身利益,宏观经济中各部门、各行业的比例关系的保持必须通过合理的比价才能得到保证。他从如何保持各种商品的比例关系这个角度,探讨了价格的决定及其运行机制。他实际上提出了各种商品之间保持合理的"比例价格"的两个决定原则。一是能够抵偿生产费用。他说:"为了保持幸福的境界,就必须使一切事物、一切商品继续不断地处于平衡状态,并保持一个在商品之间的、按照一定比例的价格,以及使这个价格能偿付生产商品的费用。"(布阿吉尔贝尔,1984:164)如果"由于产品的销售不能补偿垫支的资金,故人们在以后就不会再进行这样的投资,从而不仅会使产品比以前减少一半,甚至颗粒无收"(布阿吉尔贝尔,1984:15)。而且由于国民经济的各行业是按一定的比例组织成的一个社会生产的整体,"它们形成了一条财富的链条,它有组成链条的各个环节连接在一起的时候,才有价值,一旦从中脱掉一个环节,它们就会失去价值,至少会失去最大部分的价值"(布阿吉尔贝尔,1984:205)。二是耕作者能得到正常利润,确保价格中的剩余产品价值部分在地主、佃户和工人之间合理分成,否则就会挫伤任何一方的生产积极性。他说:"要是土地自己生产财富没有任何强制,完全听其自然,它给人们的给养和报酬不是象它现在那样按照劳动的比例提供,也不是依照在亚当犯罪以后上帝亲口宣布的判决那样给与,那么,一切没有土地的人就会完全处于不能生存的境地;因此,这两种身份人的(即富人和穷人的)利益,存在于一种经常不断地互通有无的交易上面;既然交易的首要规律是使交易双方都能够有利可图,各得其所,不然的话,要是破坏了交易的目的,交易就会全部停止,所以必须绝对保持平衡,使双方分离利益,这样,在天平一边的盘子里即使骤然增加了某种临时的砝码也不致使盘子过于向一边倾斜,将另一边的利益都夺走,否则就会使将来的交易不能再继续下去。"(布阿吉尔贝尔,1984:211)"为使这种安排得以实现,就需要使每一个无论是卖者或买者都同样地得到好处,就是说,使利润得以公平地分配于双方。"(布阿吉尔贝尔,1984:163)

布阿吉尔贝尔认为,保持各种商品的合理比价,对确保宏观经济均衡具有特别重要的意义。他强调指出,保持各种商品的合理比价,"不过是保持极度重要的均衡,这也可以说是财富唯一的源泉"(布阿吉尔贝尔,1984:166)。在他看来,按照自然秩序的要求,"各种货物的价格必须始终保持一定的比例,只有这样的协调才能使各种货物一起生存,它们的生产才能经常彼此相互促进。"(布阿吉尔贝尔,1984:156)一旦各种商品的价格比例失调,有些部门就不能得到均等利益,甚至不能抵补生产费用,这些部门就会丧失简单再生产的能力,从而衰败下去,它们的生产萎缩过程又会波及其他部门,甚至使整个国民经济趋于停滞状态。因此,"商品按照一定比例的价格交换,对于一个国家的繁荣,对于它的生存的维持都是同等重要的"(布阿吉尔贝尔,1984:162)。

布阿吉尔贝尔还提出要以谷物价格为中心来调节各种商品之间的价格比例。他认为,保持谷物和其他商品之间的合理比价对确保整个国民经济中各种商品之间合理的价格比例有着决定性的意义,这主要是因为农业是各行各业的基础,一套合理的比例价格首先要能使农业部门的发展处于有利的贸易条件之下。因此,"一切交易则以土地生产物、尤其是小麦作为准则"(布阿吉尔贝尔,1984:205)。"如果农民——他们是各个职业的经纪人,以使这些职业得以存在——以跟这两百个行业的劳动价值不成比例的价格,过于昂贵地出售小麦,那便会产生饥馑而使无数人死亡,这种情况我们已屡见不鲜;而反过来,如果象今天这样,小麦价格过低,不仅不能向地主缴租,而且甚至无法补偿耕种费用,切断了使这天赐的食物到达工人之手的必要渠道,因为工人们没有别的收入,只有靠他们的双手,于是,东家也受到影响,因为人们无法向他付钱。"(布阿吉尔贝尔,1984:307)

(2)按比例分配劳动于国民经济各行各业,达到总供给等于总需求是宏观经济均衡的实现机制。布阿吉尔贝尔用个人劳动时间在各个特殊产业部门间分配时所依据的正确比例来决定"真正价值",并且把自由竞争说成造成这种正确比例的社会过程。在他看来,如果社会总劳动不能按比例地分配于各行各业,就会导致有些产品的供给超过需求,而有些产品的供给小于需求,这样就要引起价格波动,使价格同劳动价值不成比例,最终导致价格比例失调,宏观经济失衡。因此,"为了维持那种稳定人民和各等级的人们、从而稳定国王收入的经济协调,就决不应该使某一部分的发展超过其他的部分:这就是说,必须使一切贸易往来这样均衡发展,每个人都能够从中同样得到好处,各得其所"(布阿吉尔贝尔,1984:205)。

布阿吉尔贝尔也看到,在现实经济生活中,从事商品生产和交换的各个经济主体都是在追求自己的私人利益中行事的,他们从来不顾宏观经济的均衡与否。那么,宏观经济均衡到底如何实现呢? 布阿吉尔贝尔把法国国民经济严重失衡的最终原因,归结于法国封建王朝违背自然规律的要求,乱加干预,并提出了自由竞争的放任政策主张。他在《法国详情》这篇论文中得出的第一个结论就是:"统治者的贤明或无能对于国家财富的影响,不亚于土地的肥沃程度和自然气候的条件。破坏经济秩序规律一定要受到惩罚。"(布阿吉尔贝尔,1984:87)他认为,自由竞争是自然秩序的基本精神,因为"大自然是酷爱自由的"(布阿吉尔贝尔,1984:268),要挽救法国的社会经济危机,必须停止政府对经济生活的干预,恢复自然规律的一切权力。他强调说:"这样,就只有平衡能够挽救一切;让我们再说一遍,也只有大自然才能够安排平衡;所以,不要妨碍大自然的作用"(布阿吉尔贝尔,1984:270)。

(3)对外贸易是宏观经济均衡的有效调节机制。从前面的分析可知,在布阿吉尔贝尔看来,法国宏观经济失衡的主要原因在于破坏了比例价格,维持过低的谷物价格。因此,他认为,恢复农业和控制宏观经济波动的关键是平衡谷物价格。"纯粹是谷物的价格决定一个王国的丰歉和贫富。(布阿吉尔贝尔,1984:245)"谷物价格过低,会影响生产者的积极性,引起消费者对谷物消费的浪费,从而引起下一期谷物供应的剧烈递减,又导致谷物价格上涨。于是在谷物价格高低、谷物的丰歉之间,存在着一种相互转化的关系。他在《谷物论》中这样阐述道:"异常的高价使得最劣等的土地也得到精耕细作而带来利润,同时对于增加上等土地的收获也不丝毫忽略,再加上对于谷物的各种用途,好象对于极宝贵的商品那样予以注意和不断节约,于是在国内就形成一种超过可供日常需要的丰裕;但是,由于数量过剩的谷物没有找到必需的出路,输到国外,象在人的身体上所遇到的那样,丰年到来时这个过剩就会变成传染性的病源,由于谷价可怕的低贱,它就败坏了不久以前还是极宝贵的一切物资,并产生了我们曾多次指出的毁灭性的结果。""于是又轮到贱价进行报复了。由于耕作的荒废或忽略以及对谷物使用的浪费,一个荒年就使平衡倒向于另一方,这时就来了惊人的高价和它那一下子出现的可怕后果,于是人们都叫苦了,但是一直还没有人知道或者懂得这完全是那些慈善为怀的人们的愿望和用来支持这样毫无根据的热情的盲目措施的后果。"(布阿吉尔贝尔,1984:237—238)在这两段论述中,布阿吉尔贝尔在分析谷物价格的高低、谷物的丰歉之间的转化关系时,已经以谷物为例子,用粗糙的方式提出了蛛网波动理论。他通过上述分析认为,要在谷物低价和高价之间建立一种平衡关系,就应该废除禁止谷物输出的重商主义政策,允许谷物自由出口,调节国内市场的供求关系,缓和由于丰歉年所引起的谷物价格和产量之间的大幅度波动。他指出:"谷物的自由输出是平衡生产者与消费者的利益或维持社会中的安定和公正的唯一方法"(布阿吉尔贝尔,1984:269)。

(4)农业和消费的衰退是法国宏观经济严重失衡的主要发生机制。布阿吉尔贝尔根据自己财富性质和本源的看法,提出了农业是社会其他一切行业产生和发展的基础的原理。他把法国的财富分为两大类,即来自农业的收益和来自实业的收益,而后者又可以划分为以下四种:"第一种是土地的赐与;第二种是这些赐与所由产生的土地所有权,它把利得在地主与佃农间加以分配;第三种是由城市房屋的出租,抵押利息,文武官员和财务人员的官俸及货币和票据所构成;第四种则包括体力劳动和批发零售商业。"(布阿吉尔贝尔,1984:203)后三种收益是从土地生产物中派生出来的,但它们反过来又推动土地生产物的产生,这样,在整个社会生产的各种收益之间形成了一种互相制约和互相促进的流量循环。布阿吉尔贝尔指出:

"这种循环是一刻也不能中断的,因为不管从哪一方面发生些微的停顿,就马上成为双方的致命伤。"(布阿吉尔贝尔,1984:203—204)当然,在布阿吉尔贝尔看来,在这个收益循环链中,并不是每个行业的重要性都是一样的。在详细考察了法国宏观经济比例失调的实情以后,他又把法国宏观经济失衡的根本原因归结于农业的衰落,从而得出了"耕作者的繁荣昌盛是一切其他等级的财富的必要基础"(布阿吉尔贝尔,1984:215)的结论。因为在整个社会生产的收益循环链中,农业是各行各业产生的基础,没有一种行业的失调能够像农业那样会立刻或逐渐反映到其他一切行业上去,导致百业凋零,整个国民经济难逃崩溃的困境。他认为,法国经济的混乱,就是由于谷物价格与其他商品的价格比例失调,谷贱伤农而引起的。他说:"当一切货物价格的比例不再被保持的时候,他们也就遭殃了。还不止此,随着国家为了维护自己而进行的改良,这样的交易绝不能继续下去;在此以后,还会回过头来影响一切其他职业的人,即那些不公平地希望高价卖出自己的货物而贱价买进谷物的人,不可避免的结果则是,他们本身也受其害。实际上,法兰西一切财富的来源,就是土地的耕种。价格比例失调所引起的混乱,首先迫使人们不得不在土地上少花人力物力,以致土地的耕作草率了事,同时甚至在许多地方将土地生产完全破坏了;这就使人们为了最初的混乱制造者的不公平而付出重大代价,而'始作俑者'则是那些主张经常贱买而贵卖的人"(布阿吉尔贝尔,1984:209—210)。

布阿吉尔贝尔认为,引起法国宏观经济失衡、国民收入减少的另一个重要原因是消费衰退。他提出了国民收入与消费支出的变动成比例的观点,并提出国民消费的不足与国家财政收入减少之间存在着依存关系。他指出:"消费和收入只是一种同一样的事物;破坏消费就是破坏收入"(布阿吉尔贝尔,1984:23—40),"法国一切收入的减少,是由于土地的收益不论在产品的售价上还是在产量上都已下降,而这两者下降,都是消费不足的结果。在这期间已经减少了一半,而世上一切财物,要是不被消费的话,都是一无用处的"(布阿吉尔贝尔,1984:23—40)。因此,在布阿吉尔贝尔看来,寻求法国经济凋零的原因,只须揭示消费衰退的发生机制。他认为,当时法国的国民消费不足主要是由不合理的税赋体制引起的。首先,按人口和产业只向平民任意配征的达依税,使广大人民破产,大大削弱了国民可支配收入及其购买力,使大部分购买力转化为封建贵族和僧侣的奢侈消费或货币窖藏。其次,国内通行税的征收,使商品流通费用剧增,阻塞了商品在地区之间的流通调剂,从而加剧了商品生产与消费需求不足之间的矛盾,甚至当邻近地区的价格奇昂时,有些消费品却在产地腐烂。第三,过高的产品税税率,特别是酒税税率,使酒类等产品的零售价格过于高昂,从而大大破坏了消费。"因为,有些年份以零售上征收的各种捐税是食物批发价格的二十倍,这就大大地破坏了消费。以至于因为零售酒类贵得要命,贫穷的手艺工人们只好喝白水了;要么他们就要以贵得多的价格出售他们的制造品,这就又会破坏对外贸易,因为当外国商人发现商品价格过于昂贵,便在其他王国建立制造厂,并且吸引了一些工人,而每天也还有工人继续前往,这一方面的实例多得不可胜数。"(布阿吉尔贝尔,1984:41)

布阿吉尔贝尔还阐述了消费的增加或减少对国民收入的倍增或倍减的作用。他曾这样指出,由于消费的减少,"那些过去地租收入一千利弗尔的人,现在只有五百利弗尔,所以雇用的工人也就只有以前的一半,而工人们也一样,只能花一半的收入来向别人购买生活必需品。这是根据这样一种自然循环进行的:运动由土地开始,通过输出他们所生产的食品而创造的资金,必须经过无数次的易手,然后才能结束周转而回转到他们手中;因为在这些流通过程中,资金只是和第一次的流通数目相同;以致我们可以说,一块土地上每年五百利弗尔的纯损失,使社会每年要损失三千利弗尔以上,结果就给国王造成极大的损害,因为国王根本不可能向贫穷的臣民同向富裕的臣民征收一样多的赋税。"(布阿吉尔贝尔,1984:14—15)在这段论述中,布阿吉尔贝尔已经较为清楚地探寻到了消费增减之所以对国民收入有倍数作用的传递机制。这种倍数的存在是由于国民经济各部门、各行业是相互关联的,某一部门的一笔消费的增加或减少不仅会增加或减少本部门的收入,而且会在国民经济各部门中引起连锁反应,从而增加或减少其他部门的消费或收入,最终使国民收入成倍增长或减少。在布阿吉尔贝尔所列举的这个例子中,这个倍数约为 6。

三、对布阿吉尔贝尔宏观经济均衡思想的评论

布阿吉尔贝尔在宏观经济问题的研究上,不仅阐明了国民经济按比例均衡发展的重大意义,而且还粗略地探索了宏观经济运行的具体过程,分析了在商品经济中实现宏观经济均衡运行的具体机制。他所取得的许多研究成果对以后法国古典政治经济学的形成和发展产生了重大影响,对马克思、恩格斯创立无产阶级政治经济学起过一定的启导作用,其中有些理论见解和观点,通过今天的挖掘和重新评价,对丰富和发展当代马克思主义经济学,搞好社会主义宏观经济控制,也有重要的启发。

(1)布阿吉尔贝尔是最早论证农业是国民经济的基础的法国古典政治经济学的重要代表人物。他明确地做出了土地及其生产物是各行各业得以产生和发展的基础的论断,反复论证了农业衰百业衰的道理,提出了要以农业为基础,实现社会经济按比例均衡发展的主张。他的这一观点,不仅直接为后来法国重农主义的"纯产品"学说奠定了理论基础,而且对经济科学正确认识和研究农业在国民经济中的地位和作用也产生了积极的影响。

(2)布阿吉尔贝尔指出,要保持宏观经济均衡运行,各种商品的价格就必须始终保持一定的比例关系。他认为,商品经济是建立在价格的自然均衡基础之上的,商品价格比例失调,商品的生产和交换就会萎缩,国民经济就要衰落。这一"比例价格"理论对如何利用商品价格来调节和控制宏观经济有重要的指导意义。同时,正因为布阿吉尔贝尔考虑到价格比例的决

定问题，所以他探索到了商品价值的秘密，在政治经济学说史上第一次提出了劳动时间在各个产业部门之间分配的正确比例决定商品价值的见解。这一杰出见解是布阿吉尔贝尔对古典政治经济学做出的重大贡献，其他资产阶级经济学家自不必说，即使像李嘉图这样较彻底的劳动价值论者也不曾领悟到这一科学结论的真正意义。只有马克思才将这一杰出的见解发掘出来，并做了高度的评价。马克思曾针对布阿吉尔贝尔的这一见解指出："布阿吉尔贝尔就他这方面来说，虽然不是有意识地，但是事实上把商品的交换价值归结于劳动时间，因为他用个人劳动时间在各个特殊产业部门间分配时所依据的正确比例来决定'真正价值'，并且把自由竞争说成是造成这种正确比例的社会过程。"（马克思，恩格斯，1962：43—44）

（3）布阿吉尔贝尔是第一个阐明社会经济按比例均衡发展的古典政治经济学家。他深入地分析了宏观经济均衡的运行机制，指出宏观经济均衡的这种具体实现机制就是在商品生产和交换中使各部门和各个经济主体的利益均等，而自由竞争是达到这一均衡的条件。当然，他的这一理论是有重大缺陷的，他没有看到以生产资料私有制为基础的商品经济中，只有通过价格变动引起各部门的利益差别，才能使整个社会经济在不断的震荡和危机中强制地实现应有的经济均衡，而这种均衡的建立，是以社会资源的巨大浪费为代价的。但是，他所提出的"利益均等"原则也有其科学内核，即在一定程度上把握了商品经济中宏观经济的运行规律。因为，在自由竞争条件下的商品社会中，如果商品的价格严重扭曲，商品生产和交换不能贯彻等价交换的原则，就会造成错误的资源配置，破坏国民经济的合理比例。此外，布阿吉尔贝尔所提出的社会收益循环的理论观点，对魁奈创建"经济表"这一较为科学完整的宏观经济模型和马克思创立再生产理论，都提供了重要的理论思路，也是明显的事实。

（4）在政治经济学说史上，布阿吉尔贝尔率先论证了消费不足对国民收入的影响，探索了在自由竞争下如何维持经济稳定，也就是总消费需求与生产之间的平衡问题。消费问题的研究在法国古典政治经济学中占有重要的地位,而布阿吉尔贝尔在这方面的理论观点,对法国古典政治经济学以至近现代西方经济学的形成和发展产生了深远影响。在英国,威廉·配第则几乎没有考察这一问题。从他们两人开始,在这个问题上,英法古典政治经济学走上了不同的道路。法国古典政治经济学的完成者西斯蒙第曾把消费不足论作为他的危机理论的基础,而英国古典经济学家们则长期忽视消费问题的研究。马尔萨斯、霍布森等人虽然也从某种角度考察过消费不足对国民收入的不良影响,但是直到凯恩斯的宏观经济学产生以后,消费影响国民收入的理论观念才被普遍接受,布阿吉尔贝尔在这方面的贡献也才为人们所理解和承认。

当然,布阿吉尔贝尔作为法国封建制度解体和资本主义生产关系兴起时代的古典政治经济学家,对宏观经济问题的研究带有法国民族特色,他的理论观点在一定程度上带有某种小资产阶级的狭隘性,具有浓厚的重农主义色彩。这主要表现在,他的经济理论体系保留着若干封建主义的外观和专制主义的阴影;片面地维护农业的利益,而轻视工商业;弄不清商品与货币以及小商品生产和资本主义商品生产之间的内在联系。

参考文献

[1]马克思,恩格斯,1972a:《马克思恩格斯全集》第 38 卷. 中共中央马克思恩格斯列宁斯大林著作编译局,译. 北京:人民出版社.

[2]马克思,恩格斯,1972b:《马克思恩格斯全集》第 34 卷. 中共中央马克思恩格斯列宁斯大林著作编译局,译. 北京:人民出版社.

[3]马克思,恩格斯,1962:《马克思恩格斯全集》第 13 卷. 中共中央马克思恩格斯列宁斯大林著作编译局,译. 北京:人民出版社.

[4]布阿吉尔贝尔,1984:《布阿吉尔贝尔选集》. 伍纯武,梁守锵,译. 北京:商务印书馆.

用经济学的方法研究经济思想的演化*

——评蒋自强、张旭昆等著《经济思想通史》①

浙江大学蒋自强、张旭昆、袁亚春、曹旭华、罗卫东等学者所著《经济思想通史》一书,不久前由浙江大学出版社正式推出,全书共分四卷,230 余万字。经济思想通史是连贯阐述各个时代经济思想发展脉络及其内在联系的经济思想史论。它一方面立足经济学前沿,叙述各种经济思想(理论)的渊源关系及其演化路径;另一方面立足史学视角,梳理这些演化进程背后的规律。经济思想史的研究不仅要求谙熟经济学各种思想体系产生和发展的脉络,翔实掌握各种经济思想内容,而且必须具备细致而敏锐的史学视角,在史实叙述中构建关于思想产生演化的历史逻辑框架。尽管改革开放以来,我国学者在大力引进和推广西方经济思想上进行了卓有成就的工作,但遗憾的是,大多数研究沿用"苏联范式"停留在介绍叙事的层面,而且往往"有古无今","有外(国)无中(国)",真正系统全面地阐释经济思想演变的研究十分鲜见。《经济思想通史》(以下简称《通史》)作为一部古今

* 本文原发表于《经济研究》2003 年第 12 期。浙江大学经济学院的叶建亮、朱希伟等参与了本文写作的讨论。

兼收、中外并蓄的经济思想史巨著,其无疑是标志中国学者研究经济思想史取得最新进展与成就的集大成之作。

一、用经济学的方法研究经济学本身:对经济思想史研究范式和方法的创新贡献

《通史》按照经济学的三次革命(以亚当·斯密为代表的古典经济学家批判重商主义、封建主义的革命,边际革命和凯恩斯革命)在时序上分为四卷,第一卷主要讲述的是前古典时期的经济思想,即 1776 年亚当·斯密的《国富论》发表之前的主要经济思想。第二卷则主要描述自亚当·斯密创建古典经济学体系到边际革命之前的古典经济学发展与演化历史。第三卷是边际革命之后到现代经济学框架基本建立过程中的主要经济思想和经济学说。最后一卷则描述了凯恩斯革命及凯恩斯革命之后的当代经济学发展及其经济思想的演变。因此,全书的基本脉络还是遵循了西方经济学或者说是主流经济学的演化路径。关于这一演变模式,本书的两位主要作者,蒋自强教授和张旭昆教授早在 7 年前(1996 年)合作出版的《三次革命与三次综合——西方经济学演化模式研究》中就有详细阐述。在这部著作中,作者在(主流)经济学说史界公认的两次革命(边际革命和凯恩斯革命)和两次综合(约翰·穆勒综合和马歇尔综合)的基础上,增加了亚当·斯密创立古典经济学体系的革命和 20 世纪中叶以来的新古典综合。这一创见得到了我国已故经济学一代宗师陈岱孙先生的肯定。而《通史》则在该书基础上进行了极大的扩展与完善。这种扩展与完善主要是试图在所谓主流经济思想框架内融合另外两条线索:一是中国经济思想的发展历程,在本书中同样是以三个阶段来划分这一经济思想史演变历程,即古代中国的零星经济思想、鸦片战争后近代中国"西学东渐"过程中的经济思想和社会主义革命和建设实践中的经济思想和政策。二是马克思主义经济

学的发生演变过程,在本书中主要划分为马克思主义经济学原创理论、在无产阶级革命和建设实践中的应用和完善、当代马克思主义经济学研究三部分内容。应该说,三条线索总体上仍然是彼此并行、各成系统的,其交汇主要体现于三处:一是主流经济学发展线索交汇于古典经济学思想的回顾和描述中;二是中国经济学和马克思经济学的研究交汇于中国社会主义实践和理论的回顾中;三是主流经济学和中国经济思想演变主要交汇于"西学东渐"这一部分内容。

近几十年来,运用现代经济学的逻辑和方法来研究一些非经济研究领域,已成为一种学术潮流。而《通史》一书将经济思想及其载体论著看成一种特殊产品,把经济学研究经济现象的方法运用到对经济思想史的研究中,也就是说借用经济学分析物质产品生产的方法来分析思想产品的生产,用经济学的方法来研究经济学本身。这不仅是经济思想史研究中有较大创新意义的尝试,更为重要的学术贡献在于用经济学方法开辟了一个新的研究领域——思想产品的生产机制分析。这是作者撰写此书的宗旨和最重要的学术贡献。正如作者在前言中所交代的,此书"所注重的并非告诉读者在某某人,某某著作中,有某些对我们今天有用的观点,而是力图说明经济学这门科学的发展过程和演化模式"(见前言第2页)。

该书认为,在分析经济思想的发展动因时,需要注意经济思想作为一种精神产品所必然存在的需求和供给两个方面(见前言第1页)。说明经济学说的演化,以现代经济学的基本假设(生产和使用思想产品的所有主体追求自身利益的最大化)为前提,对供给者(经济学家)和需求者(公众、政府及经济学家团体)的行为动机和行为方式进行实证分析。这种分析正是科学哲学所忽视了的。经济学家并非喜爱挑剔、并非固执、并非喜新厌旧。他们既非脾气怪僻,也非超凡脱俗,而是和其他人一样,追求自己的利益,从自身利益出发去从事经济思想产品的生产。区别在于,经济学家追求的利益,在性质上与各经济主体有所不同,具有更高雅的光环。他们更多地追求声誉和学术成就最大化,当然也不回避金钱。他们谋取自身利益的主要投入是通过学习积累起来的知识。他们就像投资者选择最佳投资机会那样根据自己所掌握的知识的特点进行"投资"活动——选择能获取最大预期声誉和学术成就报酬的研究课题。在这种活动中他们受到信息和制度等因素的约束,也像投资者一样面临风险和不确定性(张旭昆,1994:7)。在《通史》中,作者通过对各位经济学家生平等的介绍,着意刻画了经济学家这种"经济人"的理性。

《通史》从需求和供给两个方面揭示促进经济学演化发展的机制。首先,社会经济政治状况的变化作用于对思想产品的需求。这是因为,社会的经济政治状况,主要决定着经济理论的"问题"面。经济政治状况的变化,会造成经济学家所面临的问题集合的变化,造成经济理论中"问题"面的演化(参见序言第 3 页)。《通史》分别从每个经济学家所面临的社会经济政治状况及其变化,系统梳理了决定其理论起源和演化的"问题"面。李嘉图关心的是谷价问题、通货问题和收入分配问题,马歇尔关心的是贫困问题是否必然的问题,凯恩斯关心的是失业问题,而马克思、恩格斯关心的是阶级利益矛盾及其制度问题,等等。即使在《通史》的第一编《古代和中世纪前期的经济思想》中,作者也花了大力气,整理史料,挖掘和研究各个时代的社会经济政治状况及其面临的重大社会经济问题。需要特别指出的是,《通史》对"问题"面演变研究的"分析范式"也是对以卢森贝为代表的传统经济学说史的挑战和变革。《通史》纠正了传统经济学说史把一切社会经济政治状况的变化全概括为阶级矛盾和阶级冲突状况的变化,把一切经济行动包括私人经济选择和行动全概括为阶级集团行动或阶级斗争"运动"的做法,比较注意阶级分析方法在经济思想产生、发展和演化中的适当作用,从而对如边际革命、凯恩斯革命等经济思想史上的重要现象,做出了更有力、更科学的解释。

经济学说的发展不能单纯从社会需求等思想史外部的因素去加以说

明。任何一种新思想产品的产生，必须依赖某些早先已经存在的思想产品，《通史》称之为"技术"面的积累和供给，并贯穿全书探索了这一思想产品的"供给规律"。马克思的经济学以古典经济学提供的"技术"为先决条件；马歇尔的供求均衡价格论必须以关于价值决定的生产费用论和边际效用论为先决条件，凯恩斯经济学必须以马歇尔的均衡分析、北欧学派的投资—储蓄分析为先决条件。而对经济萧条的解释，社会早有需求；凯恩斯考虑的问题，西斯蒙第和马尔萨斯都曾经考虑过，但由于必需的"技术"积累不具备，尤其是投资—储蓄分析在那时尚未出现，所以他们都只把消费作为有效需求的全部，忽视投资也是有效需求的重要组成部分，在决定有效需求的规模时具有巨大作用。因此，西斯蒙第和马尔萨斯都只能以消费不足来解释萧条，不可能提出凯恩斯后来所提出的理论。在《通史》这种分析框架及其探索下，印证了经济思想的产生和演化存在着某种特定的秩序和自身的内在逻辑。

尤为重要的是，《通史》注重社会经济政治状况变化决定着的需求与经济理论"技术"面发展的供给之间的交互作用，借用经济学中的供求模型技术对经济思想的产生和演化加以说明。在《通史》中，用这种供求交互作用机制来说明经济思想产生和发展场合比较普遍。例如，如何说明边际革命兴起的原因，一直是经济思想史上未有圆满解答的问题。国内经济思想史方面的大多数论著，一般沿袭苏联经济思想专家布留明的论点，认为边际革命的兴起与西方资本主义国家由自由竞争向垄断的过渡有联系，并把这种"联系"纳入阶级分析的框架加以说明，未免牵强。当代西方经济思想史学者倾向于从经济思想发展的内在逻辑等方面来探讨边际革命的兴起，也是不全面的。《通史》则同时从社会环境、学术环境、内在逻辑以及个人心理素质、知识结构诸方面探讨边际革命兴起的原因，显得更具解释力。

二、以卢森贝为范本的传统经济学说史的终结

正如《通史》所界定的经济思想史是研究各种经济思想和学说的产生、发展、演化及其相互关系的历史,它的研究范围大于经济学说史、政治经济学史或经济学史。但是,这种研究范围上的大小关系,并不影响它们必须在理论和研究范式、方法上的一致性。长期以来,国内经济思想史包括经济学说史、政治经济学史的研究和教科书,一直沿袭以卢森贝为代表的传统经济学说史的"苏联范式",至今没有根本变革。《通史》一书的出版可以说标志着以卢森贝为代表的传统经济学说史"范式"(以下简称"苏联范式")的终结。研读《通史》,主要体现在以下几个方面:

(1)批判和变革了无限夸大阶级分析方法的适用范围,把经济思想产生和演化的一切动因归因于阶级矛盾的"苏联范式"。以卢森贝为代表的传统经济学说史,无限夸大阶级分析方法的有效范围。这一范式武断地把一切社会经济政治状况的变化,简化为阶级矛盾和阶级斗争的变化,再把经济学家所面临的"问题"集简化为只有"阶级矛盾和阶级斗争",推断经济思想产生、发展和演化的一切动因都源于阶级冲突,从而对经济思想史上的许多重大现象做出了错误解释。根据《通史》的研究,边际革命的产生,就不能完全用阶级矛盾和阶级斗争来解释,尤其是英国。《通史》在分析经济思想产生、发展和演化的动因时,深入探究经济学家所处时代面临的整个"问题"集及其选题行为,尽可能做到既不夸大也不缩小阶级分析方法在分析经济思想产生、发展和演化动因时的作用。

(2)《通史》批判和变革了"苏联范式"把经济理论简单概括为阶级意识形态这种"贴标签"式的评判方法。"苏联范式"抹杀经济活动中的一切个体理性和选择,把一切经济行动和选择都装进阶级范畴,以此概括出的阶级利益矛盾和制度理论作为评判一切经济思想的价值标准。例如,把边际

主义说成是在垄断资本时代资产阶级的意识形态,是资产阶级为了对抗马克思主义传播而杜撰的新的辩护理论(伊·戈·布留明,1983:第一章第十节)。用贴标签的方法来评判理论,经济思想的发展和演化就无从谈起。《通史》首次把西方经济学和马克思主义经济学两大主流放到一个分析框架中,分别考察它们的演进规律及其一定的交互作用,既有足够的描述,又有充分的分析,而不是简单地"贴标签"。例如,在《通史》的第二卷第一篇题名就是《西欧资本主义制度确立时期形成的古典政治经济学体系及其向现代经济学的演化》。顾名思义,《通史》不仅研究古典经济学对马克思主义经济学的起源和演化的作用,而且注意研究它在西方现代经济学的产生、发展和演化中的地位和作用。

(3)《通史》关注不同类别科学学说之间的相互关系、相互影响,强调研究一般的科学、文化背景对经济思想产生和演化的影响。"苏联范式"忽视科学文化背景对经济思想演化的作用,把心理学在效用理论中的应用说成唯心主义心理分析,把数学在经济学中的应用及其边际分析方法说成"庸俗的外衣"。而经《通史》的研究,一般的科学、文化背景的状况及其发展,既影响经济理论的"问题"面,又影响"技术"面。经济学家们总是在一定的科学、文化背景的制约下意识到各种现实问题的。而几乎所有有重大影响的经济学家,都是在经济学以外的学科中吸收有用的概念、推理技巧用于经济学,包括马克思。这种例子简直比比皆是。

当然,《通史》所创立的用经济学的方法研究经济学本身的研究范式,才是对以卢森贝为代表的传统经济学说史"苏联范式"的根本否定。《通史》这种"范式"上的变革,将对推动我国经济思想史的研究走出传统"苏联范式"的窠臼发挥重大作用。

三、研究的不足和进一步研究的方向

由于《通史》是一部在研究范式和方法上具有创新性的著作,是由6位作者共撰的集体作品,每个人有不同的学术背景和知识结构,也由于他们同样面临所处时代多种制度约束的因素,《通史》研究中难免存在许多不足之处。根据我们的粗浅理解归纳,主要有这样一些问题:第一,每位作者对《通史》推出的"研究范式"存在不够一致的理解和运用,这在书中有许多的体现。第二卷第一篇《西欧资本主义制度确立时期的古典政治经济学体系及其向现代经济学的演化》,取题之意是要着力研究古典经济学对西方主流经济学的产生、发展和演化的作用,但通读全篇,研究范式总体上仍保留着传统范式的较多痕迹。除了第三卷第一篇和第四卷第一篇以外,其余各章不同程度上存在着这类问题。第二,强调要正确估量阶级分析方法的有效范围,正是《通史》值得肯定的地方。但是书中较多篇章中还存在不适当地强调阶级矛盾对经济思想产生、发展和演化的作用。在梳理社会经济政治状况的变化这一"问题"面时,较多篇章仍以"阶级斗争为纲"。第三,有待进一步加强对"问题"面的研究。在"问题"面研究方面,《通史》创建了自己的"分析范式"并注意应用于该书。但在解释许多重大的经济思想产生现象时,对"问题"面的研究有些显得浅或粗。即使如解释边际革命的产生,我们认为该书作者用"与当时的社会环境较小关联"的观点是值得商榷的(参见第三卷第 4 页)。实际上,资本主义经济从自由竞争向垄断竞争过渡这样一个重大转型,标志着市场结构和产业组织的重大变化,必然推动经济学家面临的"问题"集和选题行为的根本转变,经济学从以生产为起点和供给为重点向以消费为起点和需求为重点转变。第四,把我国某些国家领导人的经济观点和政策主张列入《通史》研究,很值得商榷。因为《通史》中提出的国家领导人很少能列入经济学家队伍,他们也很少有对经济思想"技术"面的贡献。

我们认为,上述《通史》中存在的不足,也正是经济思想史研究还须努力的重要方面。除此以外,当代主流经济学已形成的发达的学术分工到底对经济思想产品技术和供给及其积累有什么影响,是很值得研究的线索;

正如《通史》也指出的,应加强经济学说史、哲学史、数学史等不同类别的学说之间的相互关系、相互影响的跨学科交叉研究;在经济思想史研究领域,也应加强前沿性的、经常性的国际交流和合作研究。

参考文献

[1]张旭昆,1994:《思想市场》.杭州:浙江人民出版社.

[2]伊·戈·布留明,1983:《政治经济学中的主观学派》上卷.张奔流,黄道南,译.北京:人民出版社.